小升初择校考试母题源泉

小学数学资优教育年鉴

MO2021

Maths

Olympic

刘嘉 主编

湖北科学技术出版社

中国数学资优教育协作体

中国数学资优教育协作体.
裘宗沪
28/12/2007

祝中国数学资优教育
继往开来,再展辉煌.
赠刘燕老师   裘宗沪
越于越好   二〇一六.十月廿八日

中国数学资优教育协作体顾问

裘宗沪　中国科学院数学与系统科学研究院研究员,前中国数学奥林匹克委员会常务副主席、中国数学会普及工作委员会主任

余其煌　中国科学院数学与系统科学研究院研究员,原全国"华罗庚金杯"少年数学邀请赛主试委员会副主任

陶晓永　北京教育学院副教授

序言一

·1. 数学资优教育·

七百多年前,英国思想家罗吉尔·培根提出:"数学是科学的大门和钥匙。"发展到今天,数学越来越呈现出其重要的基础地位,就科学角度而言,已几乎表现为自然科学、社会科学、数学三足鼎立的独立的科学体系。

数学竞赛是普及数学知识、推广数学文化、选拔数学人才、提高数学水平的一种形式。虽然参加竞赛的只是少数学生,但是通过竞赛传播了科学的数学思维方式,对人类文明的发展以及个人的人生发展起到了至关重要的作用。

在数学竞赛中没有失败者,参加数学竞赛取得成绩固然可喜,体验成功也会带给我们自信;但遭遇挫折、积累感受更是人生的宝贵财富。人生就是一道数学题,解题会遇到困难,人生会遇到挫折。遇到困难并不可怕,可怕的是你没有面对困难的勇气和解决困难的信心。做什么事都会遇到挫折和失败的挑战,只有勇敢地去迎接挑战并战胜它才能获得成功,才能为自己短暂的人生增添夺目的光彩!

学习数学、参加竞赛并不是将来一定要去当数学家,但是通过学习不仅可以拓展我们的思维,还可以让我们在学习中感受到数学的精神和文化。这样学习数学就不仅仅是掌握一门工具,而是把数学作为素质教育的载体,用数学的思想、数学的哲理与数学的精神来丰富人的智慧,为人生发展奠定坚实的基础,这远比在一次竞赛中获奖更为宝贵。

数学竞赛是数学资优教育的有机组成部分,资优教育可以从两个方面来理解:

一方面,资优教育就是针对资质优秀的孩子进行因材施教,使之潜能得到最大限度的开发,从而成为出类拔萃的人才。

另一方面,大部分孩子的天资是没有多大差异的,但是后天的教育可以使他们的人生出现差异。资优教育,就是用科学的方法,将普及与提高相结合,帮助每一个孩子增长智慧、追求卓越、成就人生。

·2. 一套书,两代人的数学资优教育情怀·

2007 年 10 月,我与天津华英学校的李忠校长自驾游川藏线,过康定后,我俩一边驾车穿行于连绵起伏的群山之中,一边畅聊数学教育,有感于当时小学数学资优教育领域缺乏一本能够帮助教师、学生及家长及时了解小学数学竞赛命题风格、命题方向及竞赛标准的资料。我们商议旅程结束后,聚集一批国内从事小学数学资优教育的专家同仁们,汇编一册能够反映当年国内外重要的小学数学竞赛试题,为数学爱好者拓展思维、形成特长、培养竞赛技能提供一份即时、实用、系统、权威的资料,以帮助他们全面掌握竞赛知识并了解数学资优教育。

旅程结束后,我们把这个设想与为中国数学竞赛事业的发展做出巨大贡献的裘宗沪教授作了沟通,得到他悉心的指导并欣然题词"中国数学资优教育协作体"。同时,也得到了中国奥数教育权威专家余其煌教授、陶晓永副教授及"华杯赛"组委会副主任兼办公室主任唐保玲女士的关心与支持,国内这方面的青年专家与同仁也积极地响应! 由此,第一本《小学数学竞赛年鉴·MO2007》诞生了!

弹指一挥间,《小学数学竞赛年鉴》今年已经出版到第15个年头了,这么多年,一路走来,一路感慨,一路感悟:

数学的美观,让这份事业愉悦;

数学的美好,让这份事业灿烂;

数学的美妙,让这份事业璀璨;

数学的完美,让这份事业辉煌!

感受数学中美的旋律、感动数学教育中一路同行的你和他! 其中留下的每一份试题、每一个命题构思都是中国数学资优教育工作者们纯真与执着的数学教育情怀的写照,正是这种纯真与执着融入了我们的事业;奏响了我们事业的征程,把事业走向永恒。

今年,《小学数学资优教育年鉴·MO2021》分3个版块展现给读者:

第一版块:览胜探幽·2021年真题在线

这一部分汇集了2021年国内外重要的小学数学竞赛试题。其中大部分试题是由一群活跃在中国"奥数江湖"的高智商精英们在数学思想与方法、数学游戏方面的精妙数学思考与创造。"奇思妙想、微言大义、意蕴隽永"的命题风格让学生能够从解题经历中探究和感悟到数学中精微、本质的数学思想。

第二版块:历事炼心·2021年模拟题精选

我们特邀:

史子贤(北京);

李亦捷(北京);

路 亨(北京);

方 非(北京);

李兆伟(北京);

周炬坤(北京);

边红旭(广州);

李冰莹(广州);

黄达鹏(广州);

黄锦熙(广州);

王天喜(广州);

郑华哲(广州);

涂思畅(武汉);

邓 希(武汉);

向璘丰(武汉);

龙 腾(武汉);

喻 星(武汉)。

这十几位年轻有为、风华正茂的80、90后(学生时代的竞赛党!)且有着丰富的奥数学习与教育经历的奥数教练为读者提供了十八套高质量的模拟题,这些不落俗套的试题,可以很好地考查学生原生态思维。

第三版块:钩沉索隐·热门专题名师讲堂

2020年9月上旬,疫情管制解除后,云南昆明乐之培优校长刘祖相盛情邀请我和全国"数学花园探秘"(迎春杯)活动秘书长严红权赴昆明小憩,在昆明期间,严红权秘书长同时组织北京、广州与武汉等地区的资深奥数教练在昆明乐之培优对云南地区部分青年奥数教练进行了为期一周的师训。师训活动的主要目的是从下面几个方面为青年教师打开数学教育的视角、提升青年教师的专业能力与职业素质:

一、梳理小学奥数的知识结构;

二、介绍奥数中的经典思维方法与技巧;

三、了解奥数知识点的来龙去脉与前世今生。

这部分授课内容就构成了本书的第三个版块——钩沉索隐·热门专题名师讲堂。2020年新增的这个版块一经出版,深受广大奥数教练的青睐。所以,我们决定在以后出版的年鉴中把这个版块固定下来。

今年,我们呈现给广大读者的专题是:

1. 射影定理 ………………………………………………………… 武汉·刘 嘉
2. 数学中的定理与证明 …………………………………………… 武汉·刘 嘉
3. 话说《九章》——算术更流长 ………………………………… 杭州·余逸舟
4. 数学三十六计搞定小升初续集之压轴:随心所欲 …………… 南京·马新成
5. 只用加法就会计数?——标数法分析 ………………………… 武汉·付 谦
6. 妙趣纵横——数轴一两根 ……………………………………… 武汉·胡志峰
7. 非胜即败,非生即死——对策问题中的胜负位分析法 ……… 北京·班 昌
8. 一道经典题引发的思考 ………………………………………… 北京·孙佳俊
9. 旋转与翻转意义下的计数问题 ………………………………… 广州·黄锦熙

本书是全国各地从事数学资优教育的专家同行们倾力合作的结晶,他们为本书的构建付出了心力,给予了建设性的帮助与支持:

陈 平("数学花园探秘"科普活动全国组委会主试委员会)

严红权(北京资优教育科技中心)

须佶成(北京高思教育集团)

管 强(希望杯全国组委会)

邹 瑾(北京高思教育集团)

卢振虎(北京顺天府学教育中心)

赵晓峰(北京桦树湾培训学校)

李 忠(天津华英学校)

李 明(天津华英学校)

崔恒兵(南京书人教育集团)

刘育涛(郑州平行线教育)

张宇鹏(北京学而思培优)

吴 旭(北京新东方教育集团)

徐占国(北京新东方教育集团)

朱　凯（武汉新东方培训学校）

成建斌（太原晨晨教育）

满　涛（南京开明数学工作室）

田　峰（合肥方田教育）

饶海波（北京优才教育）

王志波（百度作业帮）

余逸舟（杭州算学宫）

陈毅敏（湖北省孝感市实验小学）

龙　腾（武汉）

湖北明心书院的付谦、胡志峰、刘亚乔、卢韵秋、王鑫、刘昆等奥数教练承担了成书过程中大量的演算、编辑与校对工作。

3. 中国数学资优教育协作体征题启示

为推动"在普及基础上提高"的奥数教育原则,有利于奥数在中、小学阶段健康、有序地发展,在裘宗沪教授的倡导下,中国数学资优教育协作体现面向全国广大数学工作者、数学爱好者征集2022—2023年度3～9年级的中国数学资优教育协作体核心竞赛"数学花园探秘"及国内其他竞赛备选题。

一、命题要求

1. 试题需构思新颖、杜绝陈题,以现行教材知识点为纲,注重考查学生原生态思维;

2. 备选题只征集个题,注明具体适用年级（3～9年级）、命题意图,并提供参考答案;

3. 命题需注明原创或改编,改编题须附上原题并注明出处。

二、投稿方式及注意事项

1. 请于2022年10月31日前以电子邮件形式发送至邮箱:zyo2017@126.com;

2. 命题人需自觉遵守命题保密原则,提供的备选题在2022—2023赛季结束前不得泄露或变相泄露;

3. 对于正式采用为比赛试题的备选题,将在下一年度的《小学数学资优教育年鉴·MO2022》中注明署名权,同时对供题者颁发证书并参选年度最佳命题人。

"奇文共欣赏,疑义相与析",我们欢迎全国关注数学资优教育的各界人士提出积极的建议,也希望国内更多从事数学资优教育的学校与教师加入这个队伍中来,请将您宝贵的信息发至Email:zyo2017@126.com。

通信地址:武汉市江岸区中山大道1071号麟趾路三阳金城C1栋湖北明心书院（邮编:430014）

刘　嘉
2022年1月1日于武汉

序言二·一灯能破千年暗，一智能灭万年愚

"一无所知的人什么都不爱，一无所能的人什么都不懂。什么都不懂的人是毫无价值的。但是懂得很多的人，却能爱，有见识，有眼光……对一件事了解得越深，爱的程度也越深。"

一流的教育让孩子用热爱的情感去学习，二流的教育让孩子用竞争的态度去学习，末流的教育让孩子用怨恨的心情去学习。

1. 什么是奥数？

奥数是一种数学的学习眼光与思维能力。

对喜欢数学的人而言是奥妙的数学，它美观、美好、美妙、完美；对讨厌数学的人而言是懊恼的数学。

先看一个让人脑洞大开的奥数题：

家喻户晓的斐波那契数列是这样一个数列：

1, 1, 2, 3, 5, 8, 13, 21, …

这个数列从第三项开始，每一项都等于前两项之和，$F_{n+2} = F_{n+1} + F_n$。

请证明：$F_1^2 + F_2^2 + \cdots + F_n^2 = F_n F_{n+1}$，其中 $F_1 = 1, F_2 = 1$。

乍一看，冰冷、枯燥的数学符号让人对数学望而却步。

犀利的数学眼光，能看出淤泥中种子的生命力，能透过浓雾看到光明的前方。如果你能抓住问题的实质，画一幅奇妙的图（下图）来揭示烦琐算式和枯燥数字中蕴藏的意义，你就会给出一个闪闪发光的证明！

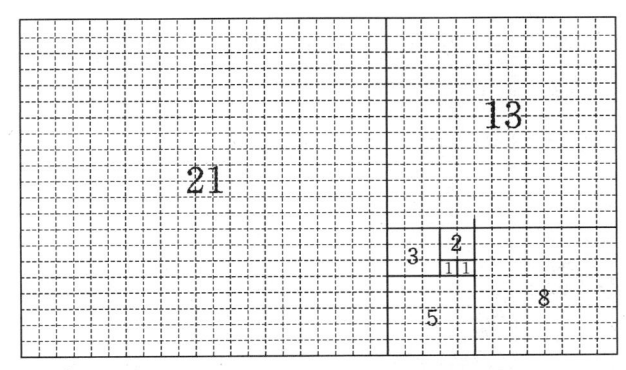

看了上面的证明，你会发觉数学简洁、有趣，甚至很"美"！

"一花一世界，一叶一菩提"，每一道数学题都是数学花园中的一朵小花，每一个数学公式都像一首小诗那样多情。在解题过程中去悟出花中的世界、叶中的菩提，才能感悟到数学之美、思维之妙。

2."知识同步、能力超前、思维灵活"是奥数的学习目标

奥数学习,不是"超前学习",更不是"数学中的杂技",而是与教学同步,通过提高与升华教材中的知识生长点,拓宽数学视野,开发思维潜能,提升思维品质。

数学的特点在于初级知识包含于高级知识之中,知识点是以螺旋式上升的方式呈现出知识的梯度、广度、深度。所以,有意义、有价值的奥数学习一定要遵循数学的这个发展规律。

我们来看初中数学中无理数计算基本公式"$\sqrt{x} \cdot \sqrt{y} = \sqrt{xy}$",课本对它的诠释是经验性的,但如果我们能够灵活地运用小学奥数中"用面积比计算面积"的数学技巧,就可以完美诠释这个公式:

如图所示,设正方形 S_1 的面积为 x,正方形 S_2 的面积为 y,长方形的面积为 S。

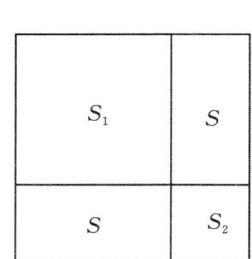
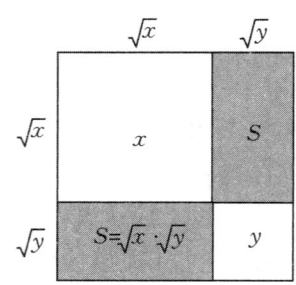

根据"长方形的宽一定,面积与长成正比"可得:

(i) 看上左图:$\dfrac{S_1}{S} = \dfrac{S}{S_2} \Rightarrow S^2 = S_1 \cdot S_2$;

(ii) 看上右图:一方面有 $S^2 = xy \Rightarrow S = \sqrt{xy}$,另一方面有 $S = \sqrt{x} \cdot \sqrt{y}$。

所以 $\sqrt{x} \cdot \sqrt{y} = \sqrt{xy}$。

古人云:"善学者穷于一物,不善学者穷于物物。"读书、做题,眼界一定要开阔,要见大场面,大观则大见,小观则小见。学习要学出灵气来,不要学出腐气,死读书的人是在读死书,读死书的人读书死。

我们再来看一道"华罗庚金杯"少年数学邀请赛的试题:

用一张斜边长为 29 的红色直角三角形纸片,一张斜边长为 49 的蓝色直角三角形纸片,一张白色的正方形纸片,如图拼成一个直角三角形。问:红、蓝两张三角形纸片面积之和是多少?

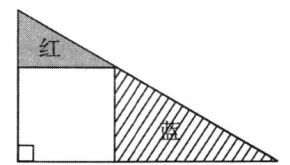
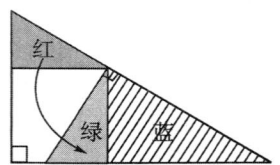

如图所示,运用几何中旋转的技巧,把求"蓝色△+红色△"的面积问题化归成求"蓝色△+绿色△"的面积问题,而"蓝色△+绿色△"构成了一个直角三角形!

其面积为:$29 \times 49 \div 2 = 710.5$。

沿着这个题接下来思考:

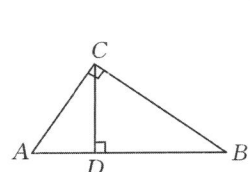 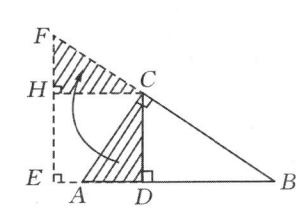 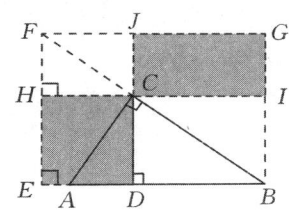

如上图所示，把左图中 △ACD 旋转至中图的 △FCH，形成直角 △BEF。然后再把直角 △BEF 补形成右图中的长方形 BEFG。

如上右图所示，$S_{正方形DEHC} = S_{长方形CIGJ}$。这说明：$CD^2 = HF \times DB = AD \times DB$。

进一步，还可借助小学生喜欢的几何切拼技巧画出著名的外弦图（下左图）与内弦图（下右图）：

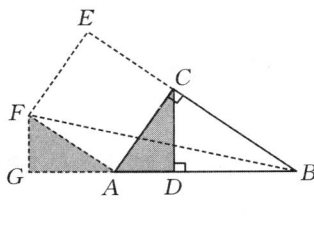 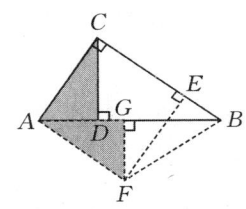

如图，把直角 △ACD 拼补至图中直角 △FAG 处，那么：

$$AC^2 = S_{正方形ACEF} = 2S_{\triangle ABF} = 2 \times \frac{1}{2} AB \times FG = AB \times AD。$$

你看，我们在不超前学习中学知识的情况下就可以得出中学《平面几何》中著名的"射影定理"！

古人云："善学者小得，善事者大得，善悟者了不得。"在平时的奥数学习中善于"玩味""感悟"问题，寻觅知识之间的联系，往往就会发现数学中曲径通幽的思维奇观，体验到思维的愉悦，同时能有效提高思维品质、数学素养和解决问题的能力。

· 3. 学习奥数"肇于行，行者无疆；臻于智，智者无涯" ·

"学"字的金文是一个象形字，符号"𢻱"表示孩子独居屋中，符号"𢻲"表示双手摆弄、练习算筹。所以"学"的本义是：孩子必须通过反复模仿和操作以获取技能与知识。

20世纪，数学家哈尔莫斯说过"问题构成数学的心脏"，美国出版的"新数学丛书"序言中对学数学有一句中肯的建议："学数学最好的方法是做数学。"

学习奥数提倡"通过解题学数学"，把学习数学分解成提出问题、分析问题、解决问题的过程，通过学习者本身的解题实践去形成数学思维能力。

解题俗称"刷题"，是学数学必不可少的经历，但"过犹不及，知止不败"，刷题必须有个度，就像吃安眠药，适量有助于睡眠，过量会让你长眠。在刷题过程中，求效不求量，不要把重量当力量，把肥大当强大。

刷题，一刷思路、二刷速度、三刷格式。

刷题，不仅要用力地吃苦，更要用心地吃苦。

所谓用心,就是要通过刷题来培养良好的数学习惯:

1. 审题清晰;
2. 书写规范;
3. 计算细心、耐心、专心;
4. 善于复习与反思;
5. 学会自我纠错;
6. 形成自学能力(在没有外界帮助的情况下自我学习的能力);
7. 培养治学能力(能够从大量的碎片信息中选择有意义、有价值的信息构建有逻辑关系的知识链)。

数学能力的形成也要经历一个循序渐进、厚积薄发、归纳与感悟的过程。

正如王国维在《人间词话》中说人生奋斗必然要经过三种境界一样,数学学习也要经历三层境界。

第一层境界:"死去活来"地苦练,熟练掌握数学基本功。这是学数学的硬功夫,一个从薄到厚的积累过程。

数学基本功的核心首先是计算能力,计算既要有速度又要有准确度,这种能力是经年累月练出来的。为什么要强调数学计算?因为数学计算是数学思维的出发点,在算的过程中才会迸发出思维的灵光,形成解决问题的策略!其次是书写表达能力,华罗庚教授要求学生在数学表达上要做到"想得清楚、说得明白、写得干净",书写的规范性体现在层次分明、条理清楚、干净整洁。

正如庄子言"且夫水之积也不厚,则其负大舟也无力……风之积也不厚,则其负大翼也无力",没有扎实的数学基本功是学不好数学的。

学习没有厚积的过程,临"死"抱佛脚地去上点睛班、冲刺班,点睛只怕是越点眼睛越瞎,冲刺只怕是从河里冲到沟里去了,"墙高基下,虽得必失"!

第二层境界:"高屋建瓴"地归纳,达到数学方法的融会贯通,这是学数学的巧功夫,一个从厚到薄的提炼过程。

没有上千小时的飞行经历成不了优秀的飞行员,不在数学题海里遨游一番培养不了数学的思维,体会不到数学的精彩。但跳进"题海"里的人必须跳得进去游得回来!什么样的人游得回来?在做题过程中会反思、纠错、归纳、总结的人。

数学的精髓不是做题的数量而是从做题中去掌握数学的思想,不同类型的数学题体现出不同的数学方法与思想,通过相互对比、借鉴,看出数学问题的"同中之异,异中之同",归纳总结出其中隐藏的数学思想与方法,把琐碎零散的知识通过数学思想与方法串成一条链,形成系统有序的知识结构,以达到"博见为馈贫之粮,贯一为拯乱之药"(刘勰《文心雕龙·神思》)的学习效果。

第三层境界:"得意忘形"地感悟,在数学思想层次得到新的认识,形成自己的数学思维品质。这是学数学的妙功夫,一个从有形到无形的升华过程。

"学贵心悟,守旧无功",疲劳驾驶不休息终究要出车祸,疯狂刷题不感悟最终会厌学。

      细心理解数学概念;
      耐心训练数学技巧;
      精心归纳数学方法;
      用心感悟数学思想。

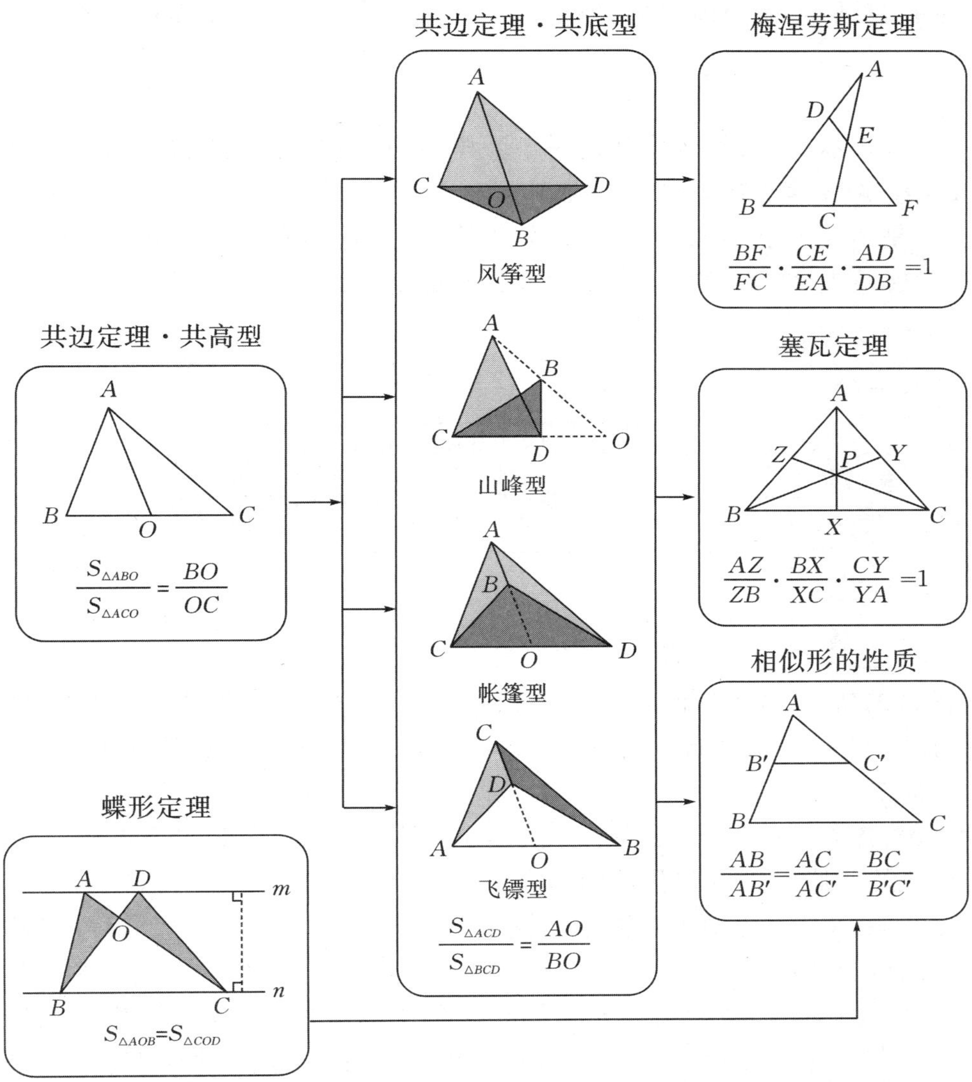

共边定理·共底型

共边定理·共高型

$$\frac{S_{\triangle ABO}}{S_{\triangle ACO}} = \frac{BO}{OC}$$

风筝型

山峰型

帐篷型

飞镖型

$$\frac{S_{\triangle ACD}}{S_{\triangle BCD}} = \frac{AO}{BO}$$

梅涅劳斯定理

$$\frac{BF}{FC} \cdot \frac{CE}{EA} \cdot \frac{AD}{DB} = 1$$

塞瓦定理

$$\frac{AZ}{ZB} \cdot \frac{BX}{XC} \cdot \frac{CY}{YA} = 1$$

相似形的性质

$$\frac{AB}{AB'} = \frac{AC}{AC'} = \frac{BC}{B'C'}$$

追根溯源、提纲挈领地让知识形成因果关系，构建知识地图，一了千明，见经识经

蝶形定理

$S_{\triangle AOB} = S_{\triangle COD}$

由薄到厚是量的积累，由厚到薄是质的提炼，从无序到有序是规律的体现，从有形到无形是思想的升华。

外修于行，内化于心，只有经历了这样一个学古师贤、穷物究理的学习过程，守得住基础，破得了成规，离得开教条，才能格物致知，求真致远，明心见性，产生数学的智慧。

·4·奥数教学要"一语天然万古新，豪华落尽见真淳"·

"教"字的甲骨文是一个象形字，符号"✗"表示算筹象征着"变化"，引申为知识与学问，符号"🙎"表示学生，符号"🏑"表示老师手持的教鞭。所以"教"字的本义是：孩子在老师的监督与指导下学习知识。

学生通过解题来学习数学，教师则通过讲题启发学生去思考，引导学生去学习从而形成思维能力。

作为一个奥数教师，数学的专业眼界决定了学生眼中的数学世界。

教师自身没有解题、学习的体验，如何能把问题讲透、讲活？更别谈解惑、授业了。

教师自身没有学习的感悟、生命的体验,如何传道?只会照本宣科地"以其昏昏使人昏昏"了。

"讲题≠讲课"!

"讲题"是"讲拳法",是张本继末、擘肌分理地讲解数学解题思路,是解惑、授业,训练学生有聪明的头脑,形成系统的数学认知结构。

"讲课"是"讲心法",是传道。除看重学生认知发展外,更注重学生在数学解题过程中学习能力的培养,情感发展及人文素养的陶冶,让学生具有健全的人格。

从"讲题"升华到"讲课":
精研专业,做一个传授知识的经师;
勤耕职业,做一个启迪智慧的导师;
敬畏事业,做一个点化生命的人师

学习数学不只是智力的提升,数学有多元价值,诸如应用价值、科学价值和文化价值等。在多元价值中,对我们的教育对象而言,什么是最重要的,抓住了这个最重要的价值,也就抓住了奥数教育的根本。

对于教师而言,奥数教育既是通过"讲题"增进学生的数学知识,更要"讲课",在通过讲题传授知识的同时进行智慧的启发,所谓"智慧的启发"就是:

1. 发展高层次的思维能力:发散思维(想象力、创造力),收敛思维(逻辑推理、解决问题的能力),批判思维(分析、综合与反思)。

2. 学习能力的形成:学生通过教师的指导而掌握科学的学习方法,也就是通常所说的"会学",学生只有懂得"会学",才能实现"学会"。培养学生由"迷时师渡法华转"的被动学习到"悟时自渡转华法"的自主学习能力形成。

古人说:"积学以储宝,酌理以富才。"能力比名次重要,经历会让你人生分数更高!名次是一时的快感,能力与经历是人一生的财富。要努力去做有一流能力的学生,不要刻意去追求做第一名的学生。

3. 培养情感与意志:学习需要意志力,而学习也是锻炼意志力的方式之一。

对学生而言,奥数考试难、奥数学习苦;对教师而言,学生在解题过程中产生的困境与逆境,既是培养学生逆境智能与意志品格的最佳机会,也是帮助学生树立正确的情感、态度与价值观的最佳素材。

有意义、有价值的奥数教育应让学生在经历解题这个学习活动的过程中,提升智力的同时去历练他的情感与意志,不仅帮助学生构建知识(认知)系统,更培养学生情(情感)与意(意志)的心理品格。

忽略了情感与意志品格培养的解题活动是枯木朽枝!

欲路上事,毋乐其便而姑为染指,一染指便深入万仞;理路上事,毋惮其难而稍为退步,一退步便远隔千山。

功夫自难处做去,如逆风鼓棹,才是一段真精神;学问自苦中得来,似披沙获金,才是一个真消息。

不畏难、不畏苦的意志品格才是助学生登上人生高原、攀上人生高峰的登山鞋与防寒服。

正如斯宾诺莎所言:"意志与智慧两者是一个相同的东西。"知识虽然重要,但智慧才是人的灵魂!

5."黄金无足色,白璧有微瑕"——理性看待奥数教育

教育生态环境的不均衡、浮躁的社会、功利的驱使为"全民奥数"提供了生存发展的环境。

奥数工具化让奥数"为学日益",强化了奥数的选拔功能,弱化了其本身培养学生兴趣、拓展孩子思维的教育功能,违背了奥数本来的教育价值。

奥数商业化让奥数"为道日损",用狭隘的应试教育手段来训练学生,过分注重应试技巧培养,一味追求"模式化"解题技巧固化学生思维,学生的应试模仿能力增强了,自主学习能力、独立探究能力丧失了。

当奥数异化为"选拔工具",沦落为"商业资本"的金融手段时,留给我们的只有残酷的应试与市侩的俗气。

奥数教育不只对应试负责,还要对人的发展负责,是以数学为平台,以数学知识为起点,通过教育提升知识到智慧层面的启发。

奥数教育不应该是简单的知识扩充,也不是盲目的题型训练,而是致力于透视数学的本质,追寻数学的来龙去脉,让学生在掌握数学之真的同时也感受到数学之善和数学之美。

奥数更多应该承载的是教育功能……

"心静者胜出,心定者致远",作为一名身处奥数教育风口浪尖的体制外教师,更应勿忘"至纯至善,至简至真"的教育初心,风雨兼程,如履薄冰地砥砺前行,真做教育,做真教育。努力做一个净心、静心、尽心和意诚、意执——"三心二意"的明心见性的明师,而不是沽名钓誉的名师。

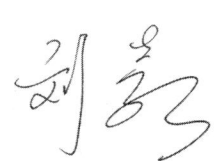

目 录

试题　参考答案

一、览胜探幽·2021年真题在线

2021年"华罗庚金杯"少年数学邀请赛

初赛 ……………………………………………………………………… (3)　(409)

　中年级组 ………………………………………………………………… (3)　(409)

　高年级组 ………………………………………………………………… (5)　(410)

国民素质问答 …………………………………………………………… (7)　(410)

　中年级组 ………………………………………………………………… (7)　(410)

　高年级组 ………………………………………………………………… (9)　(411)

广东夏令营 ……………………………………………………………… (12)　(412)

河北夏令营 ……………………………………………………………… (14)　(413)

　中年级组 ………………………………………………………………… (14)　(413)

　高年级组 ………………………………………………………………… (16)　(414)

2021年全国"数学花园探秘"(原"迎春杯")数学竞赛

　4年级 …………………………………………………………………… (18)　(415)

　5年级 …………………………………………………………………… (21)　(417)

　6年级 …………………………………………………………………… (24)　(419)

　逻辑A卷 ………………………………………………………………… (27)　(422)

　逻辑B卷 ………………………………………………………………… (31)　(425)

　图形专项 ………………………………………………………………… (35)　(429)

2021年希望杯全国数学邀请赛

思维挑战营 ……………………………………………………………… (38)　(431)

　3年级 …………………………………………………………………… (38)　(431)

　4年级 …………………………………………………………………… (45)　(432)

　5年级 …………………………………………………………………… (51)　(433)

　6年级 …………………………………………………………………… (57)　(435)

精英挑战营 ……………………………………………………………… (63)　(437)

　3年级 …………………………………………………………………… (63)　(437)

　4年级 …………………………………………………………………… (65)　(438)

　5年级 …………………………………………………………………… (67)　(438)

　6年级 …………………………………………………………………… (69)　(439)

2021年优才杯暑秋数学学情诊断

  1年级 ………………………………………………………………………… (71) (440)

  2年级 ………………………………………………………………………… (74) (440)

  3年级 ………………………………………………………………………… (77) (441)

  4年级 ………………………………………………………………………… (80) (443)

  5年级 ………………………………………………………………………… (83) (445)

  6年级 ………………………………………………………………………… (85) (446)

2021年南京市第十五届"时代杯"数学文化节活动

  初赛 ………………………………………………………………………… (87) (448)

   3年级 …………………………………………………………………… (87) (448)

   4年级 …………………………………………………………………… (90) (448)

   5年级 …………………………………………………………………… (92) (449)

   6年级 …………………………………………………………………… (95) (449)

  决赛A ……………………………………………………………………… (98) (450)

   3年级 …………………………………………………………………… (98) (450)

   4年级 …………………………………………………………………… (100) (451)

   5年级 …………………………………………………………………… (102) (451)

   6年级 …………………………………………………………………… (105) (452)

  决赛B ……………………………………………………………………… (108) (452)

   3年级 …………………………………………………………………… (108) (452)

   4年级 …………………………………………………………………… (111) (453)

   5年级 …………………………………………………………………… (114) (454)

   6年级 …………………………………………………………………… (117) (454)

  总决赛 ……………………………………………………………………… (120) (455)

   3年级 …………………………………………………………………… (120) (455)

   4年级 …………………………………………………………………… (122) (455)

   5年级 …………………………………………………………………… (124) (456)

   6年级 …………………………………………………………………… (126) (457)

2021年南京市书人教育数学竞赛试题

  3年级 ………………………………………………………………………… (128) (457)

  4年级 ………………………………………………………………………… (132) (458)

  5年级 ………………………………………………………………………… (136) (459)

  6年级 ………………………………………………………………………… (139) (459)

2021年春·广州悦教育高端班选拔考试

  1年级 ………………………………………………………………………… (143) (460)

  2年级 ………………………………………………………………………… (145) (461)

  3年级 ………………………………………………………………………… (147) (461)

  4年级 ………………………………………………………………………… (149) (463)

  5年级 ………………………………………………………………………… (151) (464)

6 年级 ……………………………………………………………………………… (153) (465)

2021 年秋·广州悦教育高端班选拔考试
　　1 年级 ……………………………………………………………………………… (155) (467)
　　2 年级 ……………………………………………………………………………… (157) (467)
　　3 年级 ……………………………………………………………………………… (159) (468)
　　4 年级 ……………………………………………………………………………… (161) (469)
　　5 年级 ……………………………………………………………………………… (163) (470)
　　6 年级 ……………………………………………………………………………… (165) (471)

2021 年郑州平行线百子菁英计划数学选拔赛
　　4 年级 ……………………………………………………………………………… (167) (473)
　　5 年级 ……………………………………………………………………………… (169) (474)
　　6 年级 ……………………………………………………………………………… (172) (475)

2021 年云南乐之培优综合素质测评
　　3 年级 ……………………………………………………………………………… (175) (476)
　　4 年级 ……………………………………………………………………………… (178) (477)
　　5 年级 ……………………………………………………………………………… (180) (478)
　　6 年级 ……………………………………………………………………………… (182) (479)

2021 年火花思维运动会挑战试题（网络活动）
　　1 年级 ……………………………………………………………………………… (184) (480)
　　2 年级 ……………………………………………………………………………… (186) (481)
　　3 年级 ……………………………………………………………………………… (188) (482)
　　4 年级 ……………………………………………………………………………… (190) (483)
　　5 年级 ……………………………………………………………………………… (192) (484)

2021 年方田教育升班定级考试
　清明节 ……………………………………………………………………………… (194) (485)
　　3 年级 ……………………………………………………………………………… (194) (485)
　　4 年级 ……………………………………………………………………………… (197) (486)
　　5 年级 ……………………………………………………………………………… (200) (487)
　　6 年级 ……………………………………………………………………………… (203) (488)
　端午节 ……………………………………………………………………………… (206) (489)
　　3 年级 ……………………………………………………………………………… (206) (489)
　　4 年级 ……………………………………………………………………………… (209) (489)
　　5 年级 ……………………………………………………………………………… (212) (490)
　　6 年级 ……………………………………………………………………………… (215) (491)

2021 年春·武汉明心资优生水平测试
　　3 年级 ……………………………………………………………………………… (220) (491)
　　4 年级 ……………………………………………………………………………… (223) (492)
　　5 年级 ……………………………………………………………………………… (226) (494)
　　6 年级 ……………………………………………………………………………… (228) (495)

2021年秋·武汉明心资优生水平测试

　　3年级 …………………………………………………………………………………… (231) (497)
　　4年级 …………………………………………………………………………………… (234) (497)
　　5年级 …………………………………………………………………………………… (237) (499)
　　6年级 …………………………………………………………………………………… (240) (500)

二、历事炼心·2021年模拟题精选

模拟试卷一(中年级组)★★★	命题人:史子贤·北京	(245) (501)
模拟试卷二(中年级组)★★★	命题人:邓希·武汉	(248) (502)
模拟试卷三(中年级组)★★★	命题人:向璘丰·武汉	(251) (504)
模拟试卷四(中年级组)★★★	命题人:涂思畅·武汉	(254) (505)
模拟试卷五(中年级组)★★★	命题人:黄达鹏·广州	(257) (506)
模拟试卷六(中年级组)★★★	命题人:李冰莹·广州	(260) (507)
模拟试卷七(中年级组)★★★	命题人:王天喜·广州	(263) (509)
模拟试卷八(高年级组)★★★	命题人:周炬坤·北京	(265) (510)
模拟试卷九(高年级组)★★★	命题人:李兆伟·北京	(268) (512)
模拟试卷十(高年级组)★★★	命题人:路亨·北京	(271) (514)
模拟试卷十一(高年级组)★★★	命题人:方非·北京	(274) (516)
模拟试卷十二(高年级组)★★★	命题人:李亦捷·北京	(276) (518)
模拟试卷十三(高年级组)★★★	命题人:龙腾·武汉	(279) (520)
模拟试卷十四(高年级组)★★★	命题人:喻星·武汉	(282) (522)
模拟试卷十五(高年级组)★★★	命题人:黄达鹏·广州	(285) (524)
模拟试卷十六(高年级组)★★★	命题人:边红旭·广州	(288) (526)
模拟试卷十七(高年级组)★★★	命题人:黄锦熙·广州	(291) (527)
模拟试卷十八(高年级组)★★★	命题人:郑华哲·广州	(294) (529)

三、钩沉索隐·热门专题名师讲堂

射影定理——武汉·刘嘉 ………………………………………………………………………… (298)
数学中的定理与证明——武汉·刘嘉 …………………………………………………………… (315)
话说《九章》——算术更流长——杭州·余逸舟 ……………………………………………… (335)
三十六计搞定小升初　续集之压轴:随心所欲——南京·马新成 …………………………… (347)
只用加法就会计数?——标数法分析——武汉·付谦 ………………………………………… (354)
妙趣纵横——数轴一两根——武汉·胡志峰 …………………………………………………… (364)
非胜即败,非生即死——对策问题中的胜负位分析法——北京·班昌 ……………………… (386)
一道经典题引发的思考——北京·孙佳俊 ……………………………………………………… (393)
旋转与翻转意义下的计数问题——广州·黄锦熙 ……………………………………………… (400)

附录:中国数学资优教育协作体2020赛季最佳命题欣赏 …………………………………… (532)
跋·"无边落木萧萧下,不尽长江滚滚来"——致身处"双减"政策中的家长与同行 ……… (534)

一、览胜探幽·2021 年真题在线

2021 年"华罗庚金杯"少年数学邀请赛

2021 年全国"数学花园探秘"（原"迎春杯"）数学竞赛

2021 年希望杯全国数学邀请赛

2021 年优才杯暑秋数学学情诊断

2021 年南京市第十五届"时代杯"数学文化节活动

2021 年南京市书人教育数学竞赛试题

2021 年春·广州悦教育高端班选拔考试

2021 年秋·广州悦教育高端班选拔考试

2021 年郑州平行线百子菁英计划数学选拔赛

2021 年云南乐之培优综合素质测评

2021 年火花思维运动会挑战试题（网络活动）

2021 年方田教育升班定级考试

2021 年春·武汉明心资优生水平测试

2021 年秋·武汉明心资优生水平测试

2021年 "华罗庚金杯"少年数学邀请赛

中年级组

1. 算式 $6783 \times 876 - 6080 + 125 \times 6783 - 703$ 的计算结果是_____。

2. x、y 是任意两个自然数，定义新运算 $x \sharp y = (x \times y + y) \div (3x + y)$，则 $(\cdots((2021 \sharp 2020) \sharp 2019) \sharp \cdots \sharp 4) \sharp 3 =$ _____。

3. 依依家在华师站附近，她准备骑共享单车去公园游玩。依依从华师站到公园中间有 3 个站，每个站都有黄、橙、红、绿四种不同颜色的共享单车。若依依不想相邻两站骑同一种颜色的共享单车，那么依依从家到公园共有_____种骑车方案。

4. 从 1~1000 的自然数中（包括 1000），能被 2 或 3 或 5 整除，但不能被 6 整除的自然数一共有_____个。

5. 哥哥和弟弟两人同时从家出发去 2000 米外的学校上学。哥哥每分钟走 60 米，弟弟每分钟走 50 米。走了 10 分钟后，哥哥发现忘记带数学错题本，就以每分钟 100 米的速度跑回家，回到家后，哥哥用了 2 分钟找到错题本，然后以每分钟 150 米的速度往学校跑。从哥哥第二次从家出发开始计算，经过_____分钟后，哥哥能追上弟弟。

6. 甲、乙两人合作加工一批零件，如果甲先做 10 天，乙再做 8 天就可以完成全部工作；如果甲先做 6 天，乙再做 16 天也可以完成全部工作。如果甲单独加工这批零件，_____天能完成全部工作。

7. 如果一个自然数 a 能表示成另一个自然数 b 的平方，也就是 $a = b^2 = b \times b$，则这个数 a 为完全平方数。那么从 1 到 500（包括 500）的自然数中，有_____个数 t，使得 $t \times 12$ 是完全平方数。

8. 暑假期间，小明在家写字。第一天，小明写了比总字数的一半还少 50 个字，第二天写了余下字数的一半还少 20 个字，第三天写了再余下字数的一半多 10 个字，第四天写了 60 个字，还剩 40 个字就全部写完了。小明假期一共要写_____个字。

9. 鸡、兔关在同一个笼子里,鸡比兔少 20 只。兔脚的数量比鸡脚的数量的 3 倍多 10 只。那么鸡有_____只。

10. 2 名老师带着 3 名男学生和 3 名女学生排成一排照相。老师只能排在两端,男学生不能相邻,那么一共有_____种排队照相的方法。

11. 某学校阶梯教室现有座位总数超过 400 个,但不超过 440 个,而且每一排都比前一排多两个座位。若第一排只有 12 个座位,这个阶梯教室一共有_____排座位。

12. 在题图 △ABC 中,BD=4DC,DF=3AE,BF=2EF,DG=FG。如果 △ABC 的面积是 60 平方厘米,那么 △EFG 的面积是_____平方厘米。

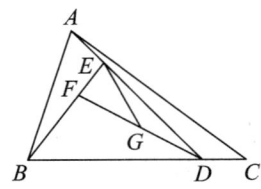

第 12 题图

13. 小花和小白一起去钓鱼。若小花把自己钓的鱼给小白 2 条后,小花剩下的鱼的数量就是小白现在的 4 倍;若小花把自己钓的鱼给小白 6 条后,小花剩下的鱼的数量则是小白现在的 2 倍。请问:小花、小白各钓了几条鱼?

14. 如图,长方形 ABCD 的长 AD=8 厘米,宽 CD=6 厘米,E 是线段 BC 上的点。将 △ABE 沿 AE 翻折,使得点 B 与 AC 上的点 F 重合,求 △CEF 的面积。

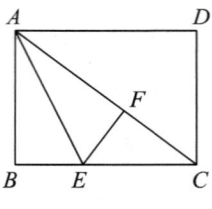

第 14 题图

高年级组

1. 一个数列为 1，2，5，10，17，26，37…则这个数列的第 50 个数是_____。

2. $A=\dfrac{0.375\times 2.6}{2\frac{1}{2}\times 1\frac{1}{3}}+\dfrac{0.625\times 1.6}{3\times 1.2\times 4\frac{1}{6}}+6\frac{2}{3}\times 0.12\div 28+\dfrac{1\div 9}{7}+\dfrac{0.2}{9\times 2.2}$，

那么当 A 用分数表达时，A 的分子为_____，A 的分母为_____。

3. 若有 5 个连续的自然数，且每个数都是合数，则这 5 个连续自然数之和的最小值为_____。

4. 现有一根足够长的细绳，第一次将它剪成 5 小根，第二次任选一根又剪成 5 小根，以后每一次都任选一根剪成更短的 5 小根。则第_____次后，一共可得到 2021 根细绳。

5. 为了提高同学们体育运动的基本技能和参加体育锻炼的热情，学校开设了篮球、足球、羽毛球、乒乓球、网球和田径 6 个训练小组，要求每位同学参加任意 2 个小组的训练。为了确保有 3 位同学参加的小组完全相同，参加活动的人数至少要有_____人。

6. 如题图所示，矩形 ABCD 的面积是 30 平方厘米，阴影部分 △CMN 的面积是 10 平方厘米。已知 M 是边 AB 的中点，则 △NDC 的面积等于_____平方厘米。

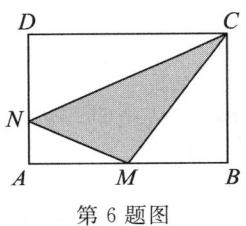

第 6 题图

7. 记 M⊖N 表示 M 和 N 中较大的数除以较小的数所得的余数，例如 3⊖10＝1。对于小于 40 的非零自然数 A，已知 20⊖(A⊖20)＝7，则 A＝_____。

8. 从 0～9 这十个数字中，组成三个三位数，使得这三个三位数的和等于 2020，那么未被选中的那个数字是_____。

9. 如题图所示，在 Rt△ABC 中，角 A 为 90°，AB＝1，BC＝2，矩形 ADEF 在 Rt△ABC 内，且点 F 在边 AB 上，点 D 在边 AC 上，点 E 在斜边 BC 上。则当矩形 ADEF 的面积最大时，矩形的底边 AF 的长应等于_____（用小数表示）。

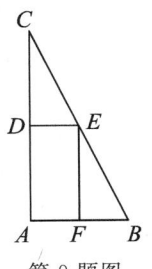

第 9 题图

10. 已知七位数 $\overline{14xy78z}$ 能被 792 整除,则 $\overline{xyz}$ 等于_____。

11. 用 $\overline{abc}$ 和 $\overline{defg}$ 分别表示一个三位数和一个四位数,a,b,c,d,e,f,g 分别代表 1~9 中不同的数字。已知 $\overline{adc}+\overline{defg}=2020$,则乘积 $\overline{abc}\times\overline{defg}$ 的最大值与最小值的差为_____。

12. 满足下列条件的正整数称为"幸运数":① 仅由数字"6"和"8"组成;② 至少有 2 个 8 相连。例如,886 为三位"幸运数",8866 为四位"幸运数",686888 为六位"幸运数"。那么八位"幸运数"有_____个。

13. 给一辆空载的洒水车加水,有 A、B、C 三个加水管可用。若同时用 A、C 两个水管加水,当 A 管注入了 4 吨水时,洒水车加满;若同时用 B、C 两管加水,当 B 管注入了 6 吨水时,洒水车也加满。已知 B 管每分钟的注水量是 A 管的 2 倍。该洒水车最多可加多少吨水?

14. 熊大和熊二周末商定沿同一线路爬白云山,他们同时从山脚开始出发,到达山顶后就立即下山。两人的下山速度都是各自上山速度的 2 倍,而且熊大比熊二速度快。出发 2 小时后,熊大与熊二在离山顶 1600 米处相遇;当熊二到达山顶时,熊大恰好下到半山腰。那么熊大自出发回到山脚共用了多少小时?

中年级组

一、选择题

1. 中国共产党成立于_____年。
  A. 1919   B. 1921   C. 1927   D. 1949

2. 中国共产党党徽为_____和锤头组成的图案,是中国共产党的象征和标志。
  A. 镰刀   B. 锤头   C. 斧头   D. 齿轮

3. 中国少年先锋队队旗是_____加火炬的红旗。队旗中央的五角星,代表中国共产党的领导,火炬象征光明,红旗象征革命胜利。
  A. 三角星   B. 四角星   C. 五角星   D. 六芒星

4. 中国少年先锋队队歌《我们是共产主义接班人》的发源地是_____。
  A. 井冈山   B. 瑞金   C. 延安   D. 厦门

5. 1949年10月1日,_____在北京天安门城楼升起五星红旗,向全世界宣布中华人民共和国成立了。中华人民共和国的成立解决了国家统一和民族独立这两个关系中华民族伟大复兴的关键性问题。
  A. 毛泽东   B. 周恩来   C. 刘少奇   D. 朱德

6. 1964年10月,中国第一颗_____爆炸成功。
  A. 导弹   B. 原子弹   C. 氢弹   D. 中子弹

7. 被誉为"杂交水稻研究的开创者"的中国工程院院士是_____。
  A. 童第周   B. 李振声   C. 袁隆平   D. 赵振东

8. 1997年7月1日,_____回归祖国。
  A. 香港   B. 澳门   C. 台湾   D. 黑瞎子岛

9. 2009年被评为"100位中华人民共和国成立以来感动中国人物"的"人民的数学家"是_____。
  A. 苏步青   B. 华罗庚   C. 陈建功   D. 吴文俊

10. 2022年冬季奥林匹克运动会主办城市是_____,该城市成为第一个举办过夏季奥林匹克运动会和冬季奥林匹克运动会以及亚洲运动会三项国际赛事的城市。
  A. 上海   B. 东京   C. 北京   D. 西安

二、填空题

11. 2021年8月1号是星期天,那么2021年_____月的1号是星期六。

12. 运动会上,A、B、C、D四个球队两两各赛一场,每场比赛胜者得3分,负者得0分,平一场两队各得1分。六场球赛完后,四个队的得分互不相同,A队未败一场,且打败了B队,可B队得了冠军。四个队得分的总和为_____。

13. 如果从 $1 \sim n$ 这 n 个自然数的和是一个三位数，并且这个和的各位数字全部相同，则 $n=$ _____。

14. 一个整数是 8 位数，这个 8 位数的各位数字之和为 B，B 的各位数字之和是 15，则最初的 8 位数有 _____ 种可能。

三、解答题

15. 如果两个三角形的三条边的长度分别相等，则看成是同一种三角形。从 10 根同样长度的火柴棒中拿出一些摆三角形（每条边由若干根火柴棒相接组成），可以摆出多少种三角形？

16. 多个大小相同的正方形通过正方形的边与边完全重合连接在一起的图形称为"连方"，两个大小相同的正方形组成的连方叫"二连方"。图(1)是二连方的两种连法。如果一个连方通过旋转、平移、对称能够和另一个连方重合，我们称这两个连方为同一种连方。不难看到二连方只有一种，而三连方有两种，如图(2)。

(1) 请画出所有的五连方；

(2) 在五连方中选出不同的 3 种，可以拼成一个 3×5 的长方形。请画出两种拼成 3×5 的长方形的组合方式。

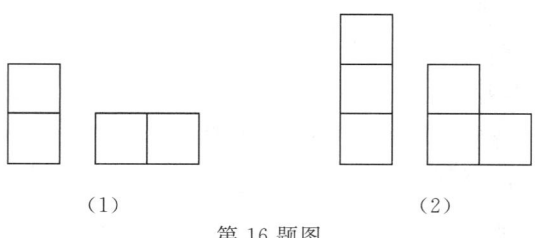

(1)   (2)

第 16 题图

四、编程填空题

17. 将任意一个大于 1 的正整数 n 输入到程序中，程序将按照以下步骤执行：

步骤 1：输出 n 的值，如果 n 等于 1，结束整个程序；否则，执行步骤 2。

步骤 2：令 p 的值等于 n 除以 2 的余数，执行步骤 3。

步骤 3：当 p 等于 0 时，将 n 的值除以 2，跳转至步骤 1；否则，将 n 的值乘以 3 再加上 1，跳转至步骤 1。

现在将正整数 27 输入到程序中，程序会输出若干个数，则数字 161 是程序输出的第 _____ 个数。

高年级组

一、选择题

1. 中国共产党成立于_____年。
  A. 1919   B. 1921   C. 1927   D. 1949

2. 中国共产党党徽为_____和锤头组成的图案,是中国共产党的象征和标志。
  A. 镰刀   B. 锤头   C. 斧头   D. 齿轮

3. 中国少年先锋队队旗是_____加火炬的红旗。队旗中央的五角星,代表中国共产党的领导,火炬象征光明,红旗象征革命胜利。
  A. 三角星   B. 四角星   C. 五角星   D. 六芒星

4. 中国少年先锋队队歌《我们是共产主义接班人》的发源地是_____。
  A. 井冈山   B. 瑞金   C. 延安   D. 厦门

5. 1949年10月1日,_____在北京天安门城楼升起五星红旗,向全世界宣布中华人民共和国成立了。中华人民共和国的成立解决了国家统一和民族独立这两个关系中华民族伟大复兴的关键性问题。
  A. 毛泽东   B. 周恩来   C. 刘少奇   D. 朱德

6. 1964年10月,中国第一颗_____爆炸成功。
  A. 导弹   B. 原子弹   C. 氢弹   D. 中子弹

7. 被誉为"杂交水稻研究的开创者"的中国工程院院士是_____。
  A. 童第周   B. 李振声   C. 袁隆平   D. 赵振东

8. 1997年7月1日,_____回归祖国。
  A. 香港   B. 澳门   C. 台湾   D. 黑瞎子岛

9. 2009年被评为"100位中华人民共和国成立以来感动中国人物"的"人民的数学家"是_____。
  A. 苏步青   B. 华罗庚   C. 陈建功   D. 吴文俊

10. 2022年冬季奥林匹克运动会主办城市是_____,该城市成为第一个举办过夏季奥林匹克运动会和冬季奥林匹克运动会以及亚洲运动会三项国际赛事的城市。
  A. 上海   B. 东京   C. 北京   D. 西安

二、填空题

11. 2020年中国政府在第七十五届联合国大会上提出,中国力争于2030年前二氧化碳排放达到峰值不再增长,达到峰值之后再慢慢减下去;争取2060年前实现碳中和,就是通过植树和节能减排等方式,将排放的二氧化碳全部抵消掉。

  关于碳排放有以下数据:

  一辆汽车每行驶2万千米,排放二氧化碳2吨。

  飞机每运输1吨物品飞行1万千米,排放二氧化碳3.2吨。

  一个人每天呼吸释放二氧化碳1.14千克。

  一棵中等大小的植物每年吸收二氧化碳6千克。

一台电脑每年排放二氧化碳10.5千克。

一台电暖器每年排放二氧化碳600千克。

一台洗衣机每年间接排放二氧化碳7.75千克。

一台冰箱每年间接排放二氧化碳6.3千克。

假设某中等城市里的一个六口之家,每年购买国外商品:水果50千克、鱼肉乳品100千克、饮料酒水50千克(为方便计算,国外商品均空运,距离均以1万千米计);2台汽车每年用于城市交通和旅游每台行驶1万千米;使用家用电器有:1台电脑、4台电暖器、1台洗衣机、1台冰箱。

请回答:要达到碳中和,这家人每年(365天)平均每人至少要种_____棵中等大小的植物;若这些中等大小的植物每棵需要4平方米土地生存,这个家庭每年至少需要_____平方米土地。(结果取整数)

12. 一个三角形,三条边长分别为整数 a、b、c,并且 $ab+bc+ca=133$,则这个三角形的周长为_____。

13. 对于自然数 n,定义"阶乘"运算 $n! = 1 \times 2 \times 3 \times \cdots \times n$,如 $5! = 1 \times 2 \times 3 \times 4 \times 5 = 120$。已知自然数 $a \geq b \geq c \geq d > 1$,且 $a! \times b! \times c! \times d! = 3! \times 16!$。

则 $a+b+c+d$ 的最大值为_____。

14. 如图所示,在 $\triangle ABC$ 中,$AD = \frac{1}{3}AB$,$EC = \frac{1}{3}BC$。F,G 是边 AC 的三等分点,连接 AE,DE,BF,BG,形成四边形 $HIJK$。已知 $\triangle ABC$ 的面积是378,则四边形 $HIJK$ 的面积为_____。

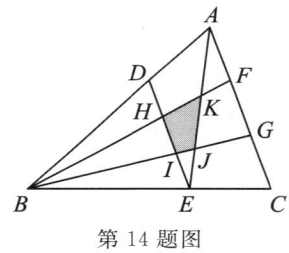

(第14题图)

三、解答题

15. 设 $A = \frac{1}{13}$,定义 $f(n)$ 表示 A 的小数点后第 n 位,例如 $f(2)=7$。设 $B = \frac{23587}{99000}$,定义 $g(n)$ 表示 B 的小数点后第 n 位。当 k 和 m 为正整数时,求 $\underbrace{f(f(f(\cdots(f(2020)))))}_{k个f} + 3 \times \underbrace{g(g(g(\cdots(g(2021)))))}_{m个g}$ 的可能值。

16. 运动会上，8 支球队进行单循环赛，求最大可能的正整数 k，使得在进行了任意 k 场比赛之后，总还能找到 3 支球队，他们两两之间没有进行过比赛，并说明理由。

四、编程填空题

17. 将任意一个大于 1 的正整数 n 输入到程序中，程序将按照以下步骤执行：

步骤 1：输出 n 的值，如果 n 等于 1，结束整个程序；否则，执行步骤 2；

步骤 2：令 p 的值等于 n 除以 2 的余数，执行步骤 3；

步骤 3：当 p 等于 0 时，将 n 的值除以 2，跳转至步骤 1；否则，将 n 的值乘以 3 再加上 1，跳转至步骤 1；

现在将正整数 27 输入到程序中，程序会输出若干个数，则数字 161 是程序输出的第_____个数。

第一试

1. 已知两个数字 A 和 B 满足 $\dfrac{\overline{AAB}}{3}=\overline{7B}+0.\dot{6}$，则 $A+B=$ _____。

2. 一个分数，分母加 2021，分子减 2021，约分后等于 $\dfrac{1}{2021}$，则分子加分母最小等于 _____。

3. 在小于 2021 的自然数中，能被 2 和 3 整除且是完全平方数的数有 _____ 个，这些自然数的和为 _____。

4. 已知长方形的三条边长度分别为 $x-5,2x+8,3x-19$，则这个长方形的面积是 _____。

5. 如图，图中四个小圆的周长都是 31.4，则阴影部分的面积是 _____。

第 5 题图

6. $1^2+2^2+3^2+\cdots+2021^2$ 的个位是 _____。

7. 如图所示，在长方形 ABCD 中，E 在 BC 上，F 在 CD 上，△AEF 的面积为 8，△ADF 的面积为 4，△ECF 的面积为 3，则长方形 ABCD 的面积为 _____。

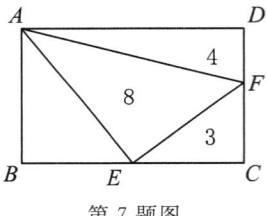

第 7 题图

8. $\dfrac{2}{1\times(1+2)}+\dfrac{3}{(1+2)\times(1+2+3)}+\dfrac{4}{(1+2+3)\times(1+2+3+4)}+\cdots+\dfrac{100}{(1+2+3+\cdots+99)\times(1+2+3+\cdots+100)}$，计算该式子，其结果写成最简分数后，分子与分母之差为 _____。

9. A、B、C 代表 1~9 中的数字，其中 $\overline{ABC}+\overline{BCA}+\overline{CAB}+\overline{AB}+\overline{BC}+\overline{CA}+A+B+C=861$。那么所有满足算式的三位数 $\overline{ABC}$ 总和是 _____。

10. 多面体顶点的曲率等于 2π 与多面体在该点的面角之和的差（多面体的面的内角叫作多面体的面角，角度用弧度制，一个完整的圆的弧度是 2π），例如一个正方体，它的每个顶点有 3 个面角，每个面角是为 $\dfrac{\pi}{2}$，所以正方体在

各顶点的曲率为 $2\pi - 3 \times \frac{\pi}{2} = \frac{\pi}{2}$，故它的总曲率为 $\frac{\pi}{2} \times 8 = 4\pi$。那么一个四棱锥(4个三角形和一个正方形)的总曲率为_____。

11. 数表如图所示，用行列号来表示位置，如(3,2)表示第三行第二列，即 $(3,2)=9$。如果 $2021=(x,y)$，那么 $x \times y=$_____。

```
 1  2  6  7 15
 3  5  8 14 ⋯
 4  9 13 ⋯
10 12 ⋯
11 ⋯
⋯
```

第11题图

12. 记 A_n 为自然数可表示不为1的数乘积的形式的方法数，即 $n = a_1 a_2 a_3 a_4 \cdots a_k$。$(a_1 \sim a_k \neq 1)$ 的方法数（交换顺序算不同的排法），如 $A_6 = 3$，$(6, 2 \times 3, 3 \times 2)$，则 $A_{72}=$_____。

第二试

1. 算式 $2^{2021} + 12^{2021}$ 的计算结果的末两位是_____。

2. 将多位数 $1234567\cdots 20202021$ 删掉奇数位的数字后，得到一个新的多位数，再对这个多位数删掉奇数位的数字，重复上述操作，最后剩下的一个数字是_____。

3. 已知算式 $\left[\frac{1}{21}\right] + \left[\frac{2}{21}\right] + \cdots + \left[\frac{n-1}{21}\right] + \left[\frac{n}{21}\right] \leq 2021$，满足的 n 的最大值为_____。

4. 如图，已知 $BE:EF:FC=1:1:2$，$AG:GD=2:1$，$DJ:JK:KC=1:3:3$，$\dfrac{S_{\text{四边形}ABCD}}{S_{\text{四边形}IJKH}}=$_____。

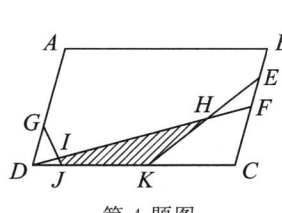

第4题图

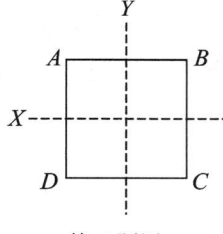

第5题图

5. 如题图，有以下4种变换方法。

T_1：逆时针旋转 $90°$；

T_2：顺时针旋转 $90°$；

T_3：绕 X 轴上下翻转；

T_4：绕 Y 轴左右翻转。

经过4次变换又回到原来状态的方法有_____种。

6. 2021年7月1日是中国共产党建党100周年的日子，可以记作 20210701，这个数中奇数位的和为 $1+7+1+0=9$，这个数中偶数位的和为 $0+0+2+2=4$，有 $\dfrac{\text{奇数位}}{\text{偶数位}} = \dfrac{9}{4}$。在 0～9 组成的8位数中（不能重复），有_____个这样的数。

中年级组

一、填空题Ⅰ

1. 算式 $81×(1920+1921+\cdots+2020)-71×(1921+1922+\cdots+2021)$ 的计算结果是_____。

2. 题图是一些汉字的若干次变换。按照这种规律,至少经过_____次变换,才会再次出现"欢迎同学们参加考试"。

	欢	迎	同	学	们	参	加	考	试
第一次变换后	迎	欢	学	们	同	加	考	试	参
第二次变换后	欢	迎	们	同	学	考	试	参	加
第三次变换后	迎	欢	同	学	们	试	参	加	考
第四次变换后	欢	迎	学	们	同	参	加	考	试
...									

第 2 题图

3. 春节期间,小明到舅舅家做客。舅舅拿出 5 张 10 元纸币摆在桌面上,看作 5 个 10,让小明在 5 个 10 中间添加"＋""－""×""÷"四个运算符号(每个运算符号使用一次),组成一个算式,最后得到的数是多少,舅舅就给小明多少元压岁钱。那么小明最多可以拿到_____元。

4. 已知买 4 个苹果、8 根香蕉和 2 个梨需要花费 50 元,买 5 个苹果、11 根香蕉和 2 个梨则需要花费 60 元。那么买 1 个苹果、1 根香蕉和 1 个梨共需要花费_____元。

二、填空题Ⅱ

5. 题图的竖式中,不同的汉字代表不同的数字,相同的汉字代表相同的数字。那么四位数 国富民安 是_____。

```
              1 科 技 兴
      ─────────────────
少 年 强 ) 2 国 4 富 民 安
           少 年 强
           ─────────
             富 富 富
             富 少 科
             ─────────
               强 科 民
               强 兴 富
               ─────────
                 少 国 安
                 少 年 强
                 ─────────
                   富 国
```

第 5 题图

6. 有一个竞技游戏：蓝队、红队、绿队三支队伍需用在同一个盛着面粉的大盘中找到糖果，获得糖果数量最多的队伍获胜。现已知盘中共有48颗糖果，中途统计糖果数量时，蓝队找到13颗,红队找到10颗,绿队找到7颗；那么在此之后蓝队至少需再找到_____颗糖果才能确保获胜。

7. 如图，在面积为12的正六边形 $ABCDEF$ 中，分别延长 AB、BC、CD、DE、EF、FA 至 B_1、C_1、D_1、E_1、F_1、A_1，使得 $AB=2BB_1$，$CD=2DD_1$，$EF=2FF_1$，$AF=AA_1$，$BC=CC_1$，$DE=EE_1$，则六边形 $A_1B_1C_1D_1E_1F_1$ 的面积是_____。

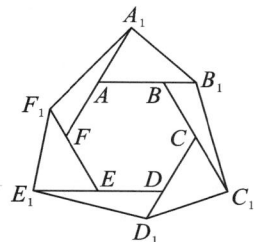

第7题图

8. 在1～2021这2021个自然数中不含数字0,1,2的数有_____个。

三、填空题Ⅲ

9. 有 n 个孩子，他们拥有的奖杯数依次为 $1,2,3,\cdots,n$。发现若把他们分成5组，每组孩子拥有的奖杯总数都相等，且每组都有一部分孩子拥有的奖杯总数等于该组其他孩子拥有的奖杯总数。那么，n 的最小值是_____。

10. 将0～9这10个数字分别填在题图的10个圆圈中，使得任意相邻两个圆圈中所填数的乘积再加1都是完全平方数。现已将"0""9"填入，那么五位数 $\overline{ABCDE}$ 等于_____。

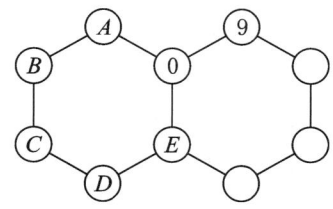

第10题图

11. 一片匀速生长的牧草。如果让5匹马和5头牛去吃，5天将草吃尽；如果让6匹马和6只羊去吃，6天将草吃尽。已知1头牛和1只羊每天的吃草量的和等于1匹马每天的吃草量，1头牛每天的吃草量等于3只羊每天的吃草量。现在让1匹马、1头牛、4只羊一起去吃草，_____天可以将这片牧草吃尽。

12. 一个整数是8位数，将这个8位数的各位数字相加，再将得到的整数的各位数字相加，最后的和是15。那么，最初的8位数有_____种不同的可能。

高年级组

一、填空题 I

1. 小蔡在一个环形跑道上走了一圈,前一半时间的速度是 1 米/秒,后一半时间的速度是 1.2 米/秒。那么,前一半路程与后一半路程所用的时间比是_____。

2. 设边长为 1 的正三角形面积为 S。如图所示,一个边长为 2 的正六边形内部有 6 个半圆,这些半圆的直径恰好是该正六边形的 6 条边。那么,图中阴影部分的面积是 S 的_____倍。

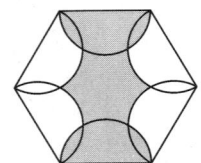

第 2 题图

3. 一个三角形的三个内角分别为 $a°$、$b°$、$c°$,a、b、c 均为质数,且满足 $a \leqslant b \leqslant c$。那么 c 的不同可能取值共有_____个。

4. 若进价便宜 10%,售价降低 5%,则利润率上升了 7 个百分点。那么,原来的利润率是_____%。

二、填空题 II

5. 由数字 3、4、5、6、7 各一个组成一个五位数,使得:从左往右数,它的第 1 位是 3 的倍数,前 2 位组成的两位数是 4 的倍数,前 3 位组成的三位数是 5 的倍数,前 4 位组成的四位数是 6 的倍数,前 5 位组成的五位数是 7 的倍数。那么,这个五位数是_____。

6. 如图,在一个四阶幻方(每行、每列、每条对角线所填四个数的和都相等)中。已知其中的八个数,那么算式 $a+b+f+h$ 的计算结果等于_____。

3	13	h	0
8	a	5	11
c	d	9	b
15	e	g	f

第 6 题图

7. 由六个数字 1、2、3、4、5、6 组成的所有六位数中(每个数字用一次且仅用一次),满足数字 1 和 3 都在数字 2 左边的共有_____个。

8. 有 200 枚硬币,一开始都正面朝上。规定:每次操作恰好翻动其中的 197 枚。那么最少需要经过_____次这样的操作,可以将所有的硬币变成反面朝上。

三、填空题 III

9. 如图,平行四边形 $ABCD$ 的面积是 40,E 是 AB 上一点,连接 AC、DE、CE,AC 与 DE 相交于点 F,连接 BF,BF 与 CE 相交于点 G。如果

△AEF 的面积是 1,那么△CGF 的面积是_____。

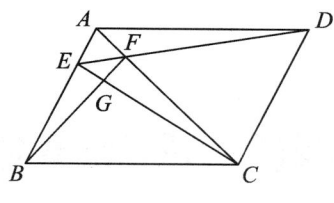

第 9 题图

10. 定义新运算:$m \oplus n = \dfrac{mn+4}{m+2}$。

那么,算式 $2021 \oplus 2020 \oplus 2019 \oplus \cdots \oplus 3 \oplus 2 \oplus 1$ 的值等于_____。

11. 从 10~2021 这 2012 个自然数,对每个数我们如下对应:每个数对应其各位数字的乘积。

例如,20 对应于 $2 \times 0 = 0$,345 对应于 $3 \times 4 \times 5 = 60$。

那么,对应数为质数的所有数之和是_____。

12. 已知 $n \geqslant 2$,且 $1^2, 2^2, 3^2, 4^2, \cdots, n^2$ 的平均数也是完全平方数,那么 n 的最小值是_____。

2021年 全国"数学花园探秘"(原"迎春杯")数学竞赛

4年级

第一试

一、填空题(每小题10分,共30分)

1. 在下面的算式中,A、B、C、D 代表互不相同的奇数数字。那么,四位数 $\overline{ABCD}$ 是_____。

$$A \times B + C = B \times C + D$$

(陈景发 供题)

2. 把一个两位数的十位和个位互换,我们称这两个两位数互为"反序数"。如果一个由9个两位数构成的等差数列的首项和末项互为反序数,那么,这个等差数列所有数的总和是_____。

(胡志峰 供题)

3. 两个正六边形如图摆放,A 是正六边形边上一点,线段 AB 过正六边形顶点 M,△ABC 的面积是 180,△ADE 的面积是 70。那么,一个正六边形的面积是_____。

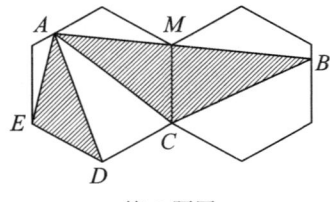

第3题图

(李兆伟 供题)

二、解答题(每小题15分,共30分)

4. 悟空带回 3 筐仙桃准备分给猴儿们,每筐仙桃一样多。如果将 1 筐仙桃分给第一棵树上的猴子,且树上有几只猴子每只猴子就分几个仙桃,那么恰好分完;如果将 3 筐仙桃分给第二棵树上的猴子,也是树上有几只猴子每只猴子就分几个仙桃,则差 1 筐仙桃;如果将 3 筐仙桃分给两棵树上所有的猴子,则每只猴子恰好分得 6 个仙桃。那么,悟空一共带回多少个仙桃?

(胡志峰 供题)

5. 第 8 届"华山论剑"上,10 位高手根据初、复赛结果编号①~⑩。总决赛赛制为冒泡赛,即由第⑩号高手向第⑨号高手发起挑战,负者为第 10

名,胜者向第⑧号高手发起挑战,负者为第9名,胜者向第⑦号高手发起挑战……直至决出冠军。

(1)如果最后的名次从第1名至第10名依次是③①②⑤④⑧⑥⑦⑩⑨,那么,请按比赛先后顺序写出所有比赛的比赛结果。(直接写比赛结果即可,无须写过程)

(2)如果第⑦号高手最终获得了第5名,那么,最终的名次共有多少种不同的可能?

(3)如果没有任何限制,最终的名次共有多少种不同的可能?

(朱雍容 供题)

第二试

一、填空题(每小题10分,共30分)

1. 如图,A、B、C、D、E五个人站在正五边形的5个顶点上,老师把数字0~9分别发给5人,每人两个数字,组成一个两位数放在帽子上。每人能看见他相邻两人帽子上的数,但看不见自己的,并且他们都是聪明且诚实的好孩子。

A:"我不知道谁的数最大,也不知道谁的数最小。"

B:"我不知道谁的数最大,但我知道谁的数最小。"

C:"我看到的2个数是最大和第二大的,它们之间差3,A也看到了最大的数。"

D:"我看到的2个数是最小和第二小的,我还知道第二小的数和第三小的数差5。"

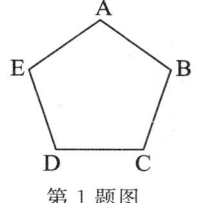

第1题图

那么,A拿到的两位数是_____。

(孙奕青 供题)

2. 有37人排成一列,每两人之间间距相等,队伍里所有人走的速度也都相等。开始时,甲与站在队伍排头的人对齐,乙与站在队伍排尾的人对齐,队伍与两人同时出发。如果甲与队伍行走方向相反,乙与队伍行走方向相同,那么甲、乙相遇时恰好与队伍中从后往前数第10个人对齐;如果两人都与队伍行进方向一致,那么当乙追上甲时,恰好与队伍从前往后数第10个人对齐。如果甲、乙相向而行,队伍原地不动,那么,甲、乙相遇时与队伍从前往后数第_____个人对齐。

(张蕴达 供题)

3. 在图(1)的4×4网格中,每格填入数字0或1或2,使得每行每列的数和都为5(第一列已经填好)。那么,剩下的方格有_____种满足要求的填法。(图(2)为一种正确的填法)

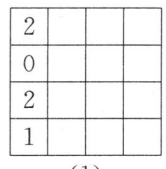

第3题图

(张宇平 供题)

二、解答题(每小题 15 分,共 30 分)

4. (1)求证:将 1~7 这 7 个自然数分别填入题图(1)的圆圈中时,不可能使得各条直线上所填数的和都相等。

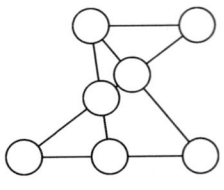

第 4 题图(1)

(2)请你从 1~8 中选出 7 个互不相同的自然数分别填入图(2)的圆圈中,使得各条直线上所填数的和都相等。(填出即可,无须写过程)

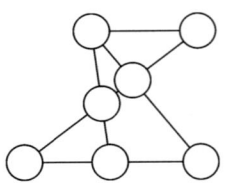

第 4 题图(2)

(陈平 供题)

5. 甲和乙是乒乓球队队友,他们之间的练习赛每场采取 5 局 3 胜制,即哪个人先赢 3 局即可获得本场的胜利。如果一个人以 3∶0 或 3∶1 的比分获胜,本场的胜者积 3 分,负者积 0 分;如果一个人以 3∶2 的比分获胜,本场的胜者积 2 分,负者积 1 分。甲、乙两人在全年一共进行了 101 场练习赛。

(1)如果甲胜了其中的 60 场,得了 200 分,那么,其中甲 3∶2 战胜乙的场次和乙 3∶2 战胜甲的场次哪一个多?多的比少的多多少场?

(2)如果最终两人赢得的总局数相同,那么两人的总积分最多可相差多少分?

(3)如果丙也加入练习,结果甲乙、甲丙、乙丙之间均进行了 n 场,结果发现丙得 3 分的场次和得 2 分的场次都是最少的(不与甲乙并列),但总得分却最高(也不与甲乙并列)。那么,请你给出一种合理的构造。(构造正确即可得分,在构造正确的前提下,n 的取值越小,得分越高)

(马云龙 供题)

5 年级

第一试

一、填空题(每小题10分,共30分)

1. 在下面的等式中,A、B、C、D 代表互不相同的合数数字,那么四位数 $\overline{ABCD}$ 是_____。

$$A \times B + C = D \times C - B$$

(命题组 供题)

2. 如图所示,已知 $\angle DAB = 90°$,$AB = AC = AD$。若 $BC = 30$,$CD = 20$,那么 $\triangle ABC$ 与 $\triangle ACD$ 的面积差是_____。

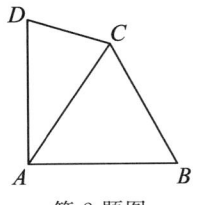

第2题图

(石健 供题)

3. 将写有 $1, 2, 3, \cdots, 12$ 的卡片各一张背面向上放在桌上,甲、乙、丙从中各抽取三张。

甲看了看剩下的3张卡片,说:"你们两人取的三个数的乘积有可能相同。"

乙看了看剩下的3张卡片,说:"甲一定有一个5,但他的另两张我不能确定,但你们两人取的三个数的和有可能相同。"

丙说:"我不用看剩下的卡片,就已经知道你们两人取的数了,而且甲猜对了。"

如果三人都足够聪明,且说的都是真话,则甲取的三个数之和是_____。

(赵晓峰 供题)

二、解答题(每小题15分,共30分)

4. 如图所示,将 4×3 的方格纸(不可翻转或旋转)中每个小方格染成黑色或白色,使得其中不存在相同染法的  形(可旋转),即不存在  形的三个方格同色。

(1) 至少要将多少个方格染成黑色?
(2) 若规定将5个方格染成黑色,共有多少种不同的染色方式?
(3) 依原题意,总共有多少种不同的染色方式?

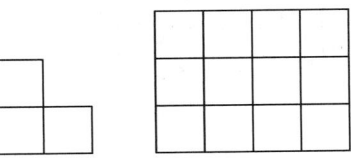

第4题图

(陈景发 供题)

5. 10名小朋友围成一圈,每人有一个号码,其中最小的号码是1号。他们惊讶地发现:手中的号码互不相同且均为相邻两人号码和的约数。老师要求每人用相邻两人的号码和除以自己的号码,得到的商称为自己的"幸运数"。请问:

(1) 小朋友们的号码总和最少是多少?
(2) 小朋友们的号码总和最多是多少?
(3) 小朋友们的"幸运数"之和是多少?

(纪云飞、付谦 供题)

第二试

一、填空题(每小题10分,共30分)

1. 有一类四位数具有如下性质:它的前两位数字所组成的两位数比后两位数字组成的两位数小1,且能写成差为4的两个整数的乘积。例如,四位数2021就具有这样的特点(20+1=21,2021=43×47)。那么,另一个具有此性质的四位数是_____。

(陈景发 供题)

2. 如图所示,最大正八边形的边长等于10。那么阴影部分的面积和是_____。

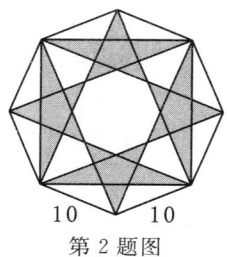

第2题图

(周炬坤 供题)

3. 甲、乙二人进行中国象棋比赛。两人约定:当至少每人均获胜2局后且再次出现平局时,游戏结束。最终两人共进行了10局比赛,且两人获胜的次数相同。那么不同的胜负顺序共有_____种。

(王进平 供题)

二、解答题(每小题15分,共30分)

4. 甲、乙两车同时从A地出发,向B地行驶,同时丙车从B地出发驶向A地。甲、丙相遇时,乙距A地80千米;相遇后,甲将速度提高到原来的3.2倍,并在3小时后到达B地,此时乙、丙恰好相遇;之后甲车调头,3小时40分后与乙相遇,此时丙恰好到达A地。那么A、B两地相距多少千米?

(路亨 供题)

5. 如图所示,菱形被分成了18个相等的等边三角形。再将1,2,3,…,16写在图中的16个格点上。若某个小三角形顶点处的三个数从小到大逆时针排列,就将这个三角形染成红色。否则,就将它染成蓝色。那么,最多可以有多少个红色三角形?

第5题图

(纪云飞 供题)

6年级

第一试

一、填空题(每小题10分,共30分)

1. 算式$(A+B+C)\times(D+E)=F\times(G+H+I)$中,每个字母代表1～9中互不相同的数字,并且等号左边的字母代表的都是奇数数字,等号右边的字母代表的都是偶数数字。那么,符合条件的五位数$\overline{ABCDE}$最小是_____。

(黄达鹏 供题)

2. 小东、小西、小南、小北四人共有28颗糖果。如果小西把糖果全部给小东,则小北的糖果数将是小东的$\frac{1}{3}$;如果小北把糖果全部平均分给小东和小西,则小西与小东的糖果数之比为1∶2。已知小南和小北的糖果数相差不超过5。那么,小东有_____颗糖果。

(陈景发 供题)

3. 如图,长方形$ABCD$中有一个直角扇形(空白部分),扇形恰好与长方形四边各有一个公共点。如果△EFG、长方形$ABCD$的面积分别是40、280,那么图中阴影面积之和是_____。(圆周率π取3.14)

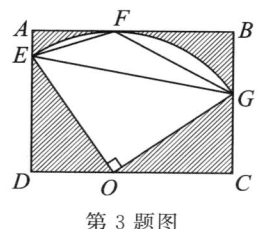

第3题图

(陈平 供题)

二、解答题(每小题15分,共30分)

4. 如图,甲、乙、丙三个微型机器人从点A同时出发,匀速沿正方形导轨$ABCD$顺时针运动;出发一段时间后,以三个微型机器人所在地为顶点的三角形的面积恰好是正方形$ABCD$面积的一半,此时他们停止运动,进行了如下对话:

甲:"这是我首次到达我现在所在的位置。"

乙:"你太慢了,我已经是第8次到达我现在所在的位置了。"

丙:"你别得意,我到现在的位置的次数恰好是你到你现在位置的次数的两倍呢!"

已知以上三个微型机器人说的都是真话,且甲、乙、丙每秒走的厘米数恰好是小于100的质数。求三个微型机器人的速度。

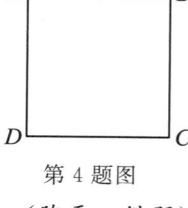

第4题图

(陈平 供题)

5. 在题图(1)所示的 4×4 网格中,每格填入数字 0 或 1 或 2,使得每行、每列四个数字之和都为奇数,第一列的"2021"已经填好。

(1)图(2)为其中一种正确的填法,请你在图(3)、图(4)中再填出另外两种不同的正确填法。

(2)如果余下的 12 个方格中一共填了 9 个 1,一共有多少种满足要求的填法?

(3)余下的 12 个方格一共有多少种满足要求的填法?

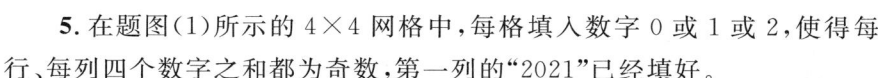

第 5 题图

（张宇平　供题）

第二试

一、填空题(每小题 10 分,共 30 分)

1. 老师让小航在试卷上写出某个自然数的所有因数,然后分别计算这些因数的个数与总和。小航的计算结果是"共有 10 个因数,总和是 100"。老师批改时发现,小航将其中一个因数多写了一遍,导致两个答案都错误了。那么小航多写的因数是_____。

（付谦　供题）

2. 将三位数 123 与 456 不改变各自数字的前后顺序组合到一起,可以得到很多六位数,例如 123456,124536,415263,415623 都符合条件,但 143526 就不符合条件,容易知道符合条件的六位数有 20 个。那么,如果将四位数 1223 与 4226 类似地组合到一起,一共能得到_____个不同的八位数。

（李明　供题）

3. 如题图,E、P、Q 分别为 $\triangle ABC$ 的 AB、AC 边上的点,且 $EB=2EA$,$QC=2QA$,$QF=2QD$,$\triangle AEP$ 的面积为 87,$\triangle BFC$ 的面积为 282。那么,$\triangle DPQ$ 的面积为_____。

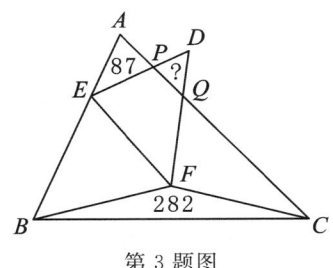

第 3 题图

（周炬坤　供题）

二、解答题(每小题15分,共30分)

4. 甲、乙、丙容器中分别有浓度为1%、5%和27%的盐水溶液。从乙容器中取出 m 克盐水倒入甲容器,再给乙容器加入一些清水,当甲、乙容器盐水重量相同时,乙容器的浓度恰好是甲容器的2倍;再从丙容器中取出 m 克盐水按2∶1的比例倒入甲、乙两个容器,然后再向乙、丙容器中加入清水,使三个容器中盐水的重量相等,这时三个容器中盐水浓度恰好也相同。若最初乙容器中的盐水重量比甲容器多60克,那么,原来丙容器的盐水重量是多少克?

(胡球 供题)

5. 四年一届的疯狂动物城市长大选进入到最后的计票阶段。树懒"闪电"担任计票员,他每清点一张选票,就会立即在大屏幕上更新两位候选人最新的得票数和已经开出的总票数,并以最简分数的形式表示出两位候选人的实时得票率(实时得票率=得票数÷已经开出的总票数)。兔子警官"朱迪"将候选人狮子在屏幕上出现过的每个实时得票率都记录在了自己的笔记本上。她发现,虽然第一张选票没有投给狮子,但最终狮子获得了超过了97%的选票。

(1)请说明:$\dfrac{1}{2}$一定出现在所有"朱迪"的记事本里。

(2)一共有多少个大于0的分数一定出现在所有"朱迪"的记事本里?

(陶晓永、纪云飞 供题)

逻辑A卷

一、单选题Ⅰ（每小题4分，共40分）

> 第1小题到第5小题公用条件：
> 将1~7这7个数字排成一排，满足：
> (1) 1右边的某个位置是2，2右边的某个位置是3。
> (2) 4左边的某个位置是5，5左边的某个位置是6。
> (3) 7排在正中间。

1. 左起前5个数字依次组成的五位数可能是下面哪个？ （　　）

A. 62573　　B. 61527　　C. 61472　　D. 61475　　E. 61574

2. 如果左起第3个数字是3，那么左起第5个数字必然是下面哪个？

（　　）

A. 6　　　B. 5　　　C. 4　　　D. 2　　　E. 1

3. 如果3、7相邻，那么左起前3个数字依次组成的三位数不可能是下面哪个？ （　　）

A. 123　　B. 126　　C. 162　　D. 165　　E. 612

4. 如果5、6之间恰好有两个数字，那么这两个数字可以是下面哪种情况？ （　　）

A. 2和3　　B. 3和7　　C. 7和1　　D. 1和2　　E. 2和4

5. 下面五个选项中错误的是哪个？ （　　）

　A. 最左边的3个数字的和可以是奇数

　B. 最左边的3个数字的和可以是偶数

　C. 最右边的3个数字的和可以是奇数

　D. 最右边的3个数字的和可以是偶数

　E. 最中间的3个数字的和可以是奇数

> 第6小题到第10小题公用条件：
> 甲、乙、丙、丁四人参加了学校的足球队、篮球队、游泳队、田径队中的一个或几个，已知：
> (1) 这四人中每人至多参加三队，每队至少有这四人中的一人参加。
> (2) 甲参加的队乙都参加了，但甲参加的队丙都没参加。
> (3) 这四人中，任意两人参加的队都不完全相同。
> (4) 丁没参加足球队，但参加了篮球队。

6. 如果恰有两人各参加了两队，那么这两人不可能是下面的哪个选项？

（　　）

A. 甲和乙　　B. 甲和丙　　C. 甲和丁　　D. 乙和丙　　E. 丙和丁

7. 至多有几人参加了三个队？ （　　）

A. 0人　　B. 1人　　C. 2人　　D. 3人　　E. 4人

8. 如果乙只参加了游泳队和田径队,那么下面必然正确的选项是哪个?

( )

A. 甲参加了游泳队　　　　　　　　B. 甲参加了田径队

C. 丙参加了足球队　　　　　　　　D. 丙参加了篮球队

E. 丁参加了游泳队

9. 如果丙参加了篮球队、游泳队、田径队,那么下面哪种情况是可能的?

( )

A. 甲参加了篮球队,丁没有参加游泳队

B. 丁参加了田径队,甲没有参加足球队

C. 乙、丁都参加了三队

D. 甲、丁都恰好参加了两队

E. 乙、丁都恰好参加了两队

10. 下面哪个选项能唯一确定每人参加了哪些队?　　　　　　　　　( )

A. 如果甲参加了足球队和篮球队,乙参加了田径队,且每人至少参加两队

B. 如果甲参加了篮球队和游泳队,乙参加了田径队,且每人至少参加两队

C. 如果甲参加了篮球队,乙参加了田径队,且每人至多参加两队

D. 如果乙参加了田径队,丙参加了田径队和游泳队,且每人至多参加两队

E. 如果乙参加了田径队,丙参加了游泳队,且有三人只参加一队

(陈平　供题)

二、填空题Ⅰ(每小题 7 分,共 14 分)

11. 刘老师告诉五位同学各一个一位整数(可能相同),每位同学都只知道自己的数。

刘老师问:"已知这五个整数的乘积是 60,你能确定这五个数的和吗?"

五位同学一起回答:"不能!"

如果他们说的都是对的,那么这五个数的和是_____。

(刘立东　供题)

12. 在 1、3、5、7、9 中选择三个不同的数字,从小到大排列组成一个三位数(例如 135,359 等)。张老师将这个三位数的百位数字告诉了花花,十位数字告诉了园园,个位数字告诉了蜜蜜,然后四人依次对话如下:

张老师:"你们知道这个三位数是多少吗?"

花花:"我根本不知道,简直无从下手。"

园园:"虽然我不知道,但我早就知道花花肯定也不知道。"

蜜蜜:"我也不知道,但是我可以告诉你们,我手中的数字不是 9。"

花花:"我还是不知道。"

园园:"在花花说这句话前我还不知道,但是现在我知道了。"

如果他们说的都是对的,那么这个三位数是_____。

(张旭　供题)

三、单选题 II(每小题 6 分,共 30 分)

> 第 13 小题到第 17 小题公用条件:
>
> 斗气大陆上的武者们分为 6 个等级,由低到高依次是斗者、斗师、斗灵、斗王、斗皇、斗宗。有一天有代号为 A~H 的八个武者来佣兵团应聘。佣兵团团长发现:
>
> (1)他们分属 5 个等级,而且有 3 个人的等级相同。
>
> (2)他们分属 3 个家族,同一家族的都是同辈的兄弟姐妹。
>
> (3)A 虽然比他妹妹 B 高 1 级,但是却比他哥哥 C 低 2 级,毕竟他哥哥比他大 2 岁。
>
> (4)D、E 是等级相同的一对姐妹,D 比 E 大 1 岁。
>
> (5)8 人年龄各不相同,其中年龄最小的武者是唯一一位斗皇。
>
> (6)有 3 人等级是连续的,年龄排列也是连续的。
>
> (7)年龄最大的人等级是斗宗,而且是家族里唯一的女武者。

13. 下列哪一项不可能成立?　　　　　　　　　　　　　　　　(　　)

A. 8 人中有三位斗宗　　　　　　　B. 8 人中没有斗王

C. 有三位斗灵,都是女生　　　　　D. F 是斗皇

E. 8 人中有三位斗王

14. 如果 8 人中没有斗灵,那么下列哪一项不一定成立?　　　　(　　)

A. 8 人中只有一名斗者　　　　　　B. 8 人中只有一名斗师

C. 有人和 C 等级相同　　　　　　　D. 年龄第二小的人是斗宗

E. A 的年龄排行第三

15. 如果 8 人中没有斗灵,再加哪组条件就能知道所有人的等级和年龄顺序?　　　　　　　　　　　　　　　　　　　　　　　　(　　)

A. 有三位斗王,分别是 C、D、E

B. 有包括 G、H 在内的三位斗宗

C. 第三大的是 A,第七大的是 F,F 是 H 的姐姐

D. 年龄最小的是 F,第二小的是 G,H 的年龄最大

E. F 是斗宗,比 G 大一岁

16. 如果 8 人中恰有两位斗者,那么下列哪一项不一定成立?　　(　　)

A. A 的年龄排行第六　　　　　B. 8 人中有三位斗宗

C. 8 人中没有斗师　　　　　　D. C 和年龄最大的人等级相同

E. G 和 H 等级差一级

17. 如果 8 人中恰有两位斗师,那么再加哪组条件就能知道所有人的等级和年龄顺序?　　　　　　　　　　　　　　　　　　(　　)

A. A 年龄排行第五,G 和 H 等级相同

B. A 年龄排行第四,D 是斗师,G 是斗皇

C. G、F 是姐妹俩,G 比 F 大一岁

D. F、G、B 三人年龄依次差一岁

E. G 是斗皇,F 是斗师,H 比 F 大一岁

(余飞　供题)

四、填空题Ⅱ(每小题12分,共36分)

18. 董老师在下面文字中的7个空格内填入1~7中的数字,使描述全部成立:

第1题:第一道答案是质数的题目是第_____题。

第2题:本题答案是_____。

第3题:唯一一道和本题答案相同的是第_____题。

第4题:答案数字大于本题答案的题目数量有_____个。

第5题:第一道答案是完全平方数的题目是第_____题。

第6题:唯一一道答案与该题题号相同的题目是第_____题。

第7题:第一道答案是奇数的题目是第_____题。

那么,在文字中前五题空格处填写的数字顺次组成的五位数是_____。

(董博聪 供题)

19. 如图所示,正方体8个顶点的编号分别为1~8号。其中4个顶点分别有一个小矮人,按照所处位置编号从小到大依次为甲、乙、丙、丁;处于同一条棱上的小矮人才可以互相看见(例如1号位置和4号位置的小矮人可以互相看见,2号位置和7号位置的小矮人互相看不见)。

乙说:"我看不见丙,但甲也一定看不见丁。"

甲说:"事实上我谁都看不见,但在乙说之前我就知道乙看不见丙。"

丙说:"在你们说之前我就知道甲看不见丁。"

如果他们说的都是对的,那么,甲、乙、丙、丁所在位置的编号依次组成的四位数是_____。

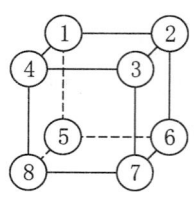

第19题图

(石健 供题)

20. C将两个不同的数分别告诉A和B,且这两个数都是形如 $m-\left(\dfrac{1}{2}\right)^n$ 的数(m、n 均为正整数),然后C让A和B推测谁手上的数更大,结果他们依次有如下对话。

A:"我不知道。"

B:"我也不知道。"

A:"我还是不知道。"

B:"我也还是不知道。"

C:"这样下去是没用的,无论你们说多少轮,都不可能知道谁的数更大。"

A:"哦……C的话倒是有所提示,不过我还是不知道谁的数大。"

B:"我也不知道。"

A:"我现在知道谁的数比较大了。"

B:"那我现在知道A的数是多少了。"

如果他们说的都是对的,A拿的数是 a,B拿的数是 b,那么算式 $64 \times (a+b)$ 的计算结果是_____。

(陆承祺 供题)

逻辑 B 卷

一、单选题 I（每小题 4 分，共 40 分）

> 第 1 小题到第 5 小题公用条件：
>
> 将 1～7 这 7 个数字排成一排，满足：
>
> (1) 1、2 之间恰有 1 个数字，3、4 之间恰有 3 个数字。
>
> (2) 5 右边的某个位置是 6，6 右边的某个位置是 7。

1. 左起前 5 个数字依次组成的五位数可能是下面哪个？ （ ）

    A. 12356   B. 13265   C. 52613   D. 53261   E. 56231

2. 如果左起第 2、第 3 个数字依次是 2、3，那么左起第 6 个数字必然是下面哪个？ （ ）

    A. 1   B. 4   C. 5   D. 6   E. 7

3. 如果最右边 3 个数字的和是 7，那么左起前 3 个数字依次组成的三位数必然是下面哪个？ （ ）

    A. 356   B. 536   C. 563   D. 456   E. 546

4. 最中间 3 个数字的和的最大值是多少？ （ ）

    A. 18   B. 17   C. 16   D. 15   E. 14

5. 下面哪种情况是不可能的？ （ ）

    A. 1、5 相邻且 3、7 相邻   B. 1、7 相邻且 3、5 相邻

    C. 2、4 相邻且 2、6 相邻   D. 2、4 相邻且 4、6 相邻

    E. 2、6 相邻且 4、6 相邻

> 第 6 小题到第 10 小题公用条件：
>
> 学校组织同学去美国、英国、法国、德国这四个国家游学。甲、乙、丙、丁、戊五位同学中，每人都至少去过其中的一个，且任意两人去过的国家都不全相同，且满足：
>
> (1) 甲去过的国家，乙和丙也都去过。
>
> (2) 乙或丙去过的国家，丁都去过。
>
> (3) 乙没有去过的国家，戊都去过。
>
> (4) 甲没有去过美国，乙没有去过英国，丙没有去过法国。

6. 谁去游学过这四个国家中的哪几个已经唯一确定？ （ ）

    A. 甲   B. 乙   C. 丙   D. 丁   E. 戊

7. 这五位同学中去这四个国家中的恰好两个游学过的人数不可能是几人？ （ ）

    A. 0   B. 1   C. 2   D. 3   E. 4

8. 如果乙、丙都去美国游学过,那么下面哪项是必然成立的? (   )

A. 乙去过法国留学　　　　　　B. 丙去过英国留学

C. 丁去过英国留学　　　　　　D. 戊去过美国留学

E. 戊去过法国留学

9. 如果有一个国家只有这五位同学中的一位去游学过,那么这个国家是哪个? (   )

A. 只可能是美国　　　　　　　B. 只可能是英国

C. 只可能是法国　　　　　　　D. 只可能是德国

E. 美国、英国、法国都有可能

10. 下面哪个选项能唯一确定这五位同学分别去过哪些国家游学? (   )

A. 恰好有两人去过两个国家游学,且乙去过美国

B. 恰好有两人去过三个国家游学,且丙去过英国

C. 恰好有三人去过两个国家游学,且丙没有去过英国

D. 恰好有三人去过三个国家游学,且丁去过法国

E. 恰好有三人去过三个国家游学,且戊没有去过德国

(陈平　供题)

二、填空题 I(每小题5分,共10分)

11. 甲、乙、丙三只动物去参加化装晚会,这三只动物中,一只是狐狸,另一只是兔子,余下一只是考拉熊。狐狸肯定不说真话,其他两只动物也未必说真话。

甲说:"我不是兔子。"

乙说:"我也不是兔子。"

那么丙是_____。(请填写序号作答:1.狐狸;2.兔子;3.考拉熊)

(付谦　供题)

12. 小白、毛毛、小浮、小绿、小水在参加学校演讲比赛前对比赛的结果进行了如下预测:

小白说:"如果毛毛或小浮进了前三,那我就会得第一。"

毛毛说:"如果小白得了第一,那小浮和小绿就都会进前三。"

小浮说:"如果我进了前三,那小绿或小水就会得第一。"

小绿说:"如果我进了前三,那小水就会得第二。"

小水说:"如果毛毛比小浮名次高,那我就会得第一。"

比赛结果:这五人恰好得了这次演讲比赛的前五名(无并列),且这五人都预测正确。

那么,小白、毛毛、小浮、小绿、小水所获名次依次组成的五位数是_____。

(命题组　供题)

三、单选题 Ⅱ（每小题 8 分，共 40 分）

第 13 题到第 17 题公用条件：

斗气大陆上的少年都有着不同的武学天赋，从高到低分别是天地人三个阶层，每个阶层从高到低又是一品到九品九个品级，所以总共有 27 个天赋级别。比如天字九品，就比地字一品高了一级天赋。今天，八位来自四大武学家族的少年来测试天赋。测试官发现：

(1) 四个家族各来了两个少年，分别是林家兄妹、萧家兄妹、唐家姐弟、王家姐弟。

(2) 有三个男生的天赋是同阶层的，而且品级数正好依次相邻。

(3) 有三个女生的天赋是相同品级数的，但是阶层各不相同。

(4) 林家哥哥比妹妹天赋高，唐家姐姐比弟弟天赋高，而且这四个人天赋级别从高到低依次都差 3 级。

13. 根据条件(1)~(4)，下面哪一项有可能是正确的？　　　（　　）

A. 这次没有天字阶层的少年前来测试

B. 没有一个阶层的人数达到四人或以上

C. 王家弟弟和另外三个男生阶层都不同

D. 唐家姐姐的天赋是唯一的人字阶层

E. 萧家哥哥是天赋最低的人

14. 后来测试官发现：

(5) 王家姐弟的天赋恰好是同阶层同品级。

那么根据条件(1)~(5)，下列哪一项有可能是正确的？　　　（　　）

A. 天赋最高者是一位男生　　　　B. 天赋最低者是一位男生

C. 年龄最小的人天赋最高　　　　D. 年龄最大的人天赋最低

E. 萧家两位少年的天赋也是同阶层同品级数

15. 后来测试官又发现：

(6) 这些少年中居然有千年罕见的天字一品天赋，真是武学奇才！

那么根据条件(1)~(6)，下列哪一项一定是错误的？　　　（　　）

A. 天字一品有两个人

B. 唐家姐姐是天字一品

C. 有六个人的天赋都是天字阶层

D. 有两位女生阶层相同，品级数相邻

E. 四个男生的天赋都在同一阶层，而且品级数依次相邻

16. 后来测试官又发现：

(7) 萧家兄妹的天赋相差 10 级。

那么根据条件(1)~(7)，下列哪一项一定是正确的？　　　（　　）

A. 天字阶层的少年只有一位

B. 地字阶层的少年只有一位
C. 人字阶层的少年只有一位
D. 王家姐姐的天赋是天字八品
E. 唐家弟弟的天赋是天字四品

17. 有了条件(1)~(7),再加上哪个条件依然无法得知所有人的天赋等级? ( )

A. 唐家弟弟比王家弟弟天赋高一级
B. 王家弟弟比萧家哥哥天赋高一级
C. 林家哥哥比萧家哥哥天赋高两级
D. 林家哥哥天赋在所有人里面排倒数第三
E. 萧家哥哥天赋在所有人里面排倒数第三

(佘飞 供题)

四、填空题 II (每小题 10 分,共 30 分)

18. 老师有 5 张卡片,上面分别写着数字 1~5。甲、乙、丙三人各选择了 1 张,并放到自己的帽子上,每个人能看到别人头上的卡片,但不能看到自己头上的卡片。游戏规定:三人轮流判定自己头上的卡片是否最大。

甲说:"我无法判断。"

乙说:"我现在也无法判断。"

丙说:"我现在能判断出我头上的卡片一定不是最大的。"

如果三人聪明且诚实,那么丙头上卡片写的数字是_____。

(付谦 供题)

19. 一个袋子中有红、黄、蓝、绿四种颜色的袜子各若干只,A、B、C、D、E 五人对话如下:

A:"至少取出 11 只袜子,才能保证有 1 双不是红色的同色袜子。"
B:"至少取出 12 只袜子,才能保证有 4 种不同颜色的袜子。"
C:"至少取出 13 只袜子,才能保证有 3 种不同颜色的袜子。"
D:"至少取出 14 只袜子,才能保证有 1 只黄色袜子。"
E:"必须要取走所有袜子,才能保证 4 种颜色的袜子各有 1 双。"

已知五人中有四人说真话,一人说假话,且蓝色袜子是最少的。那么,袋子中红、黄、蓝、绿袜子的只数依次组成的四位数是_____。

(胡浩、刘立东 供题)

20. 桌上有 5 袋糖果,其中最少的一袋有 10 颗,最多的一袋有 50 颗。甲、乙两人进行分配,已知,无论甲选择哪两袋糖果,乙都可以将剩下三袋糖果进行分配,使两人所得糖果总数一样多(不可以将一袋糖果拆开分配)。那么,5 袋中共有_____颗糖果。

(付谦 供题)

图形专项

一、填空题Ⅰ(每小题6分,共24分)

1. 题图是由5个完全相同的等腰三角形构成的,那么等腰三角形的顶角是_____。

第1题图

(命题组　供题)

2. 如图,一个边长是8米的正方形迷宫,道路的宽度都是1米。小昆沿虚线从点 A 走进迷宫,从点 B 走出。如果小昆一直沿着道路的中心线走,那么他在迷宫中一共走了_____米。

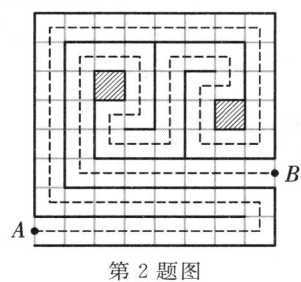

第2题图

(陈平　供题)

3. 如图(1),在△ABC中,∠$C=90°$,D为BC边上一点,$AC=2$,$CD=1$,$BD=3$。

弦图(2)由四个直角△构成,弦图(3)由四个直角△ADC构成。

那么弦图(2)中的大正方形面积(阴影部分)与弦图(3)中的小正方形面积(阴影部分)的比值为_____。

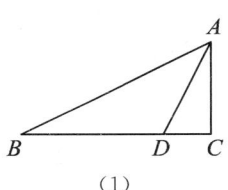 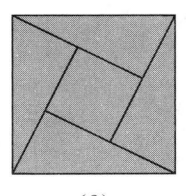 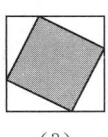

(1)　　　　　(2)　　　　(3)

第3题图

(付宇　供题)

4. 如图,在△ABC中,$AC=3$,$BC=4$,$AB=5$,点D、E、F分别是顶点A、B、C关于对边的对称点,则△DEF的面积为_____。

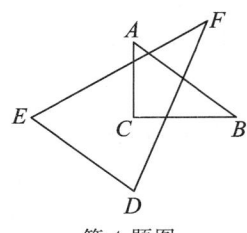

第4题图

(班昌　供题)

二、填空题 Ⅱ（每小题 8 分，共 32 分）

5. 如图，小长方形①、②、③和小正方形④、⑤拼成了大长方形。如果小长方形①、②、③的周长依次为 36 厘米、40 厘米、44 厘米，那么小正方形④的面积是_____平方厘米。

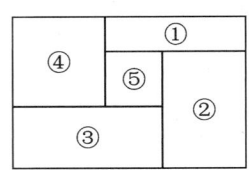

第 5 题图

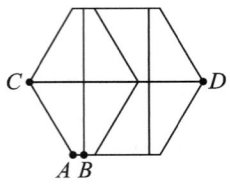

第 6 题图

（陈平　供题）

6. 如图，正六边形被分割成了八个完全一样的直角梯形。如果 AB 长 1 厘米，那么 CD 长_____厘米。

（陈平　供题）

7. 如图，E、F、G 是长方形 ABCD 边上的点，且四边形 ABEF 为正方形，已知 EG＝AB，BG＝30。那么，长方形 ABCD 的面积为_____。

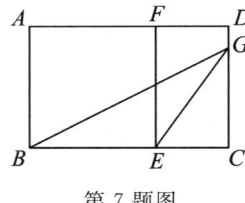

第 7 题图

第 8 题图

（胡浩　供题）

8. 如图，边长为 60 的等边三角形内有 3 个大小相同的半圆，每个半圆的直径在三角形的边上，且与三角形的另一边和另外两个半圆均只有一个公共点，那么这 3 个半圆的面积之和为_____。（π 取 3.14）

（许欣　供题）

三、填空题 Ⅲ（每小题 10 分，共 40 分）

9. 如图，在正方形 ABCD 中，E、F 分别在 BC 和 AD 上，AE、EF 分别与 BD 交于 P、Q。已知 △ABP 的面积为 3，△DFQ 的面积为 2，△EPQ 的面积为 1，那么正方形 ABCD 的面积为_____。

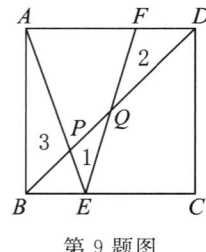

第 9 题图

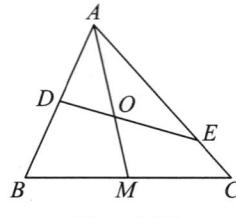

第 10 题图

（胡浩　供题）

10. 如图，在 △ABC 中，M 是 BC 的中点。如果 AD＝BD，AE＝3CE，AO＝36，那么 OM 的长度为_____。

（纪云飞　供题）

11. 如图,在△ABC 中,AB=26,AC=7,D 为 BC 边上一点,$\dfrac{BD}{DC}=4$,AD=6。

则△ABC 的面积为 _____。

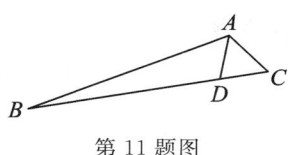

第 11 题图

(班昌 供题)

12. 如图,在△ABC 中,D 是 AB 的中点,E、F 是 AC 上两点,DC、DF 分别交 BE 于点 G、H。已知 FG∥BC,AE=8,四边形 ADHE 和四边形 CFHG 面积相等,则 CF^2 的值为 _____。

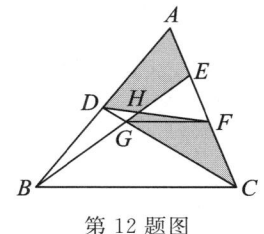

第 12 题图

(张蕴达 供题)

四、填空题 Ⅳ(每小题 12 分,共 24 分)

13. 如图,△ABC 的面积为 336 平方厘米,BC 的长度为 28 厘米,梯形 DEFG 和梯形 DEHI 的底边分别与 AB、AC 平行。如果 BD 的长度等于 10 厘米,梯形 DEFG 和梯形 DEHI 的面积之和等于 192 平方厘米,那么 CE 的长度等于 _____ 厘米。

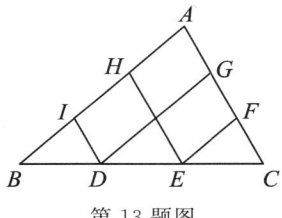

第 13 题图

(纪云飞 供题)

14. 如图,长方形 ABCD 四条边由光滑的不透明的玻璃组成,且长和宽都是整数。如果从点 A 发出的光经过 2021 次反射之后恰好第一次击中 A、B、C、D 中的某点,那么这样的发光方向一共有 _____ 种。

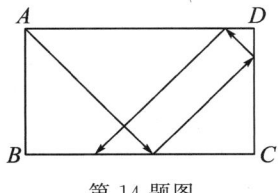

第 14 题图

(纪云飞 供题)

2021年 希望杯全国数学邀请赛

思维挑战营

3年级

1. 根据规律，"?"是_____。

    14，23，32，?，50

2. _____路更短。

第2题图

3. 根据规律，"?"是_____。

11	8	13	17
3	0	?	9

第3题图

4. 四阶数独中，每一行、每一列、每一个粗线框里都有数字1～4，"?"是_____。

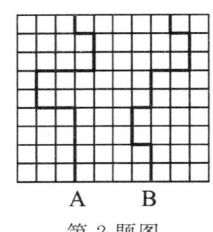

第4题图

5.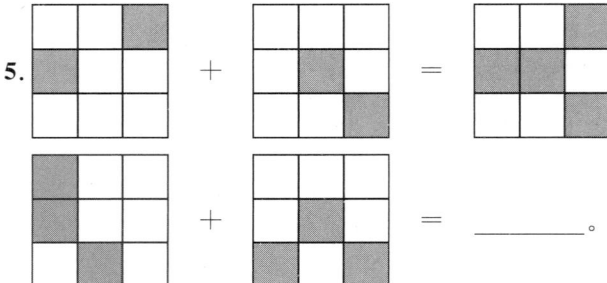

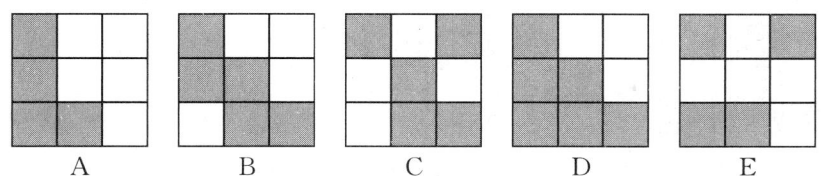

A　　　B　　　C　　　D　　　E

6.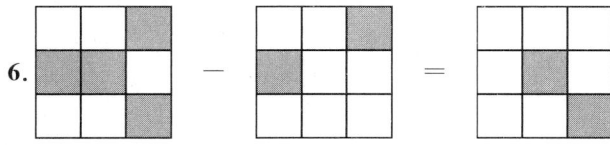

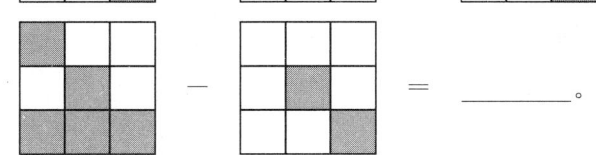

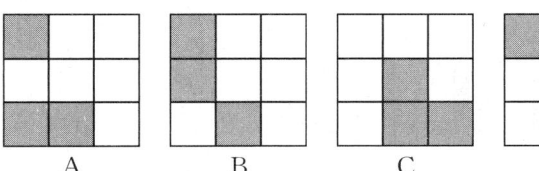

A　　　B　　　C　　　D　　　E

7. "?"处填_____。

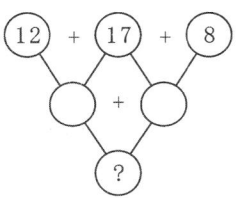

第 7 题图

8. "?"处填_____。

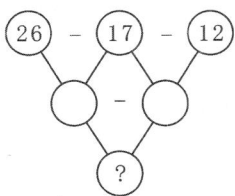

第 8 题图

9. ☆+☆=22

☆+☀=13

☀=_____

10. 根据规律，A 和 B 分别是_____。

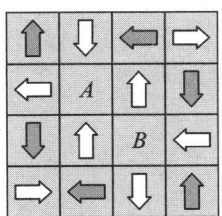

第 10 题图

A. 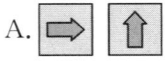　　　　B. 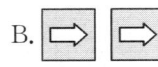　　　　C.

D. 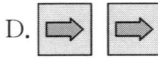　　　　E.

11. 爱做手工的小淘将一张正方形纸片对折再对折,然后剪掉3个角上的部分,如图所示:

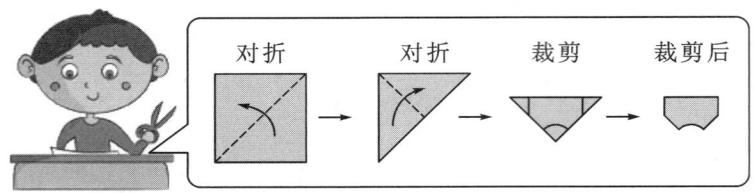

第11题图

将纸片展开,这时得到的图形是_____。

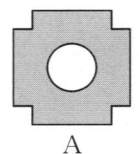 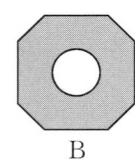 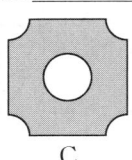 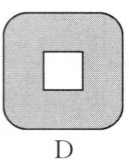 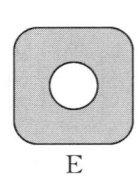
　A　　　　　B　　　　　C　　　　　D　　　　　E

12. 小王的西瓜地丰收了。第一天,他卖了全部西瓜的一半后又卖了3个;第二天,他卖了剩下西瓜的一半后又卖了4个;第三天,他卖了最后的18个西瓜。原来一共有_____个西瓜。

13. 五盘水果排成一排。苹果和橘子相邻,橘子和草莓相邻,苹果和香蕉不相邻,香蕉和杧果不相邻。那么一定和杧果相邻的是_____。

　A. 只有苹果　　　　B. 只有橘子　　　　C. 只有草莓

　D. 香蕉和草莓　　　E. 橘子和香蕉

14. 中国四大名著之一《水浒传》中梁山共有108将,男将人数是女将人数的35倍,男将比女将多_____人。

15. 如图,紫球的重量为10千克,那么图中7个球的总重量为_____千克。(不计托盘和秤杆的重量)

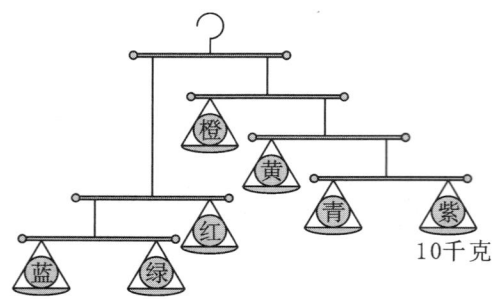

第15题图

16. 2020年2月2日是一个很有趣的"对称日",这一天的年份、月份、日期数连写是20200202,从左向右读和从右向左读是一样的。那么,下一个"对称日"的年份、月份、日期数连写是_____。

17. 10个海盗一起去寻宝,开始时他们共有100个金币。在第一座海岛上,他们找到了一个宝盒,每人各分得20个金币;在第二座海岛上,他们遇到了魔法师,魔法师使他们每人的金币数都翻了一番(乘2);在第三座海岛上,他们不小心掉入陷阱,每人都弄丢了10个金币;在第四座海岛上,他们遭遇风暴,每人的金币数都减少了一半。这时,他们一共有_____个金币。

18. 阿凡提去赶集,他在集市上用羊奶换蜂蜜。5罐羊奶可以换3罐蜂蜜,结果阿凡提换回来的蜂蜜比换出去的羊奶少8罐。那么阿凡提换回来_____罐蜂蜜。

19. 老爷爷今年_____岁。

第19题图

20. 偶偶国的人都非常讨厌奇数,以至于连任何奇数都不想看见,所以他们平时交流的时候都用☆代替奇数数字。例如偶偶国的人书写"3×4＝12",会写成"☆×4＝☆2"。

将一个偶偶国的减法算式"☆66－☆☆＝☆☆"还原成正常的算式,共有_____种不同的可能。

21. 果蔬王国正在举行国王竞选,全国有205人,每人只能投1票(不能弃票)。从番茄勇士、香蕉超人、胡萝卜博士中选择1人,票数最多的人当选国王。截至今日,番茄勇士得54票,香蕉超人得46票,胡萝卜博士得36票。那么,番茄勇士至少再得_____票就能够保证当选国王。

22. 魔法学院规定:学生上学上衣穿短袖或长袖,裤子穿短裤或长裤。有一天,到校的150名学生中,有90人穿长裤,有41人穿长袖,有32人同时穿短袖和短裤,那么同时穿长袖和长裤的有_____人。

23. 猪猪侠拼了一个拼图,如图(1)所示。超人强想把拼图改成图(2),但只有相邻方格(相邻指有公共边)的数字才能进行交换,那么超人强至少要进行_____次交换。

1	3	5
2	4	6

1	2	3
4	5	6

(1)   (2)

第23题图

24. 将6,7,9,12,13,15分别填入题图的圆圈内(其中13已经填好),使三角形每边上的三个数之和都等于28。"?"处应该填_____。

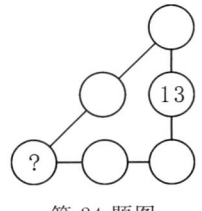

第24题图

25. 题图中_____的面积最大。

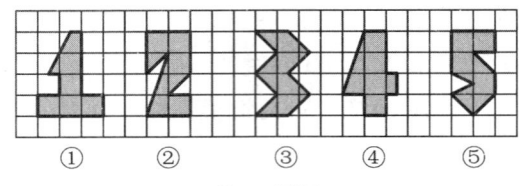

第 25 题图

A. ① B. ② C. ③ D. ④ E. ⑤

26. 如图,葫芦七兄弟按从小到大的顺序依次排列。如果每次只能对调相邻两个葫芦的位置,那么至少经过_____次对调,可以使它们按从大到小的顺序依次排列。

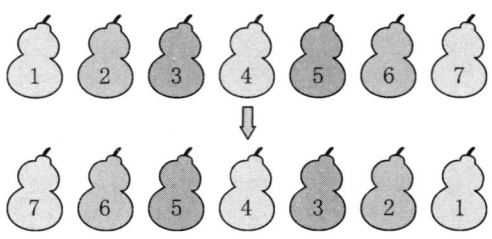

第 26 题图

27. 有 5 个不同颜色的木块堆在一起,如图所示,每次操作都将最上方的 3 个木块(不改变顺序)移动到最下方。当红色木块在最上方时,经过的操作次数可能是_____。

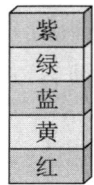

第 27 题图

A. 21 B. 24 C. 57 D. 63 E. 75

28. 一个小正方形按如图的规律"生长",第 100 个图的周长是_____。

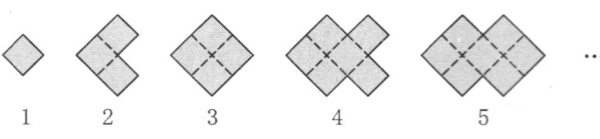

第 28 题图

29. 小青蛙和 5 个好朋友的家之间的距离如题图(单位:千米)。小青蛙从家出发,依次拜访它的 5 个好朋友。从小青蛙家到最后一个朋友家的总路线最少是_____千米。

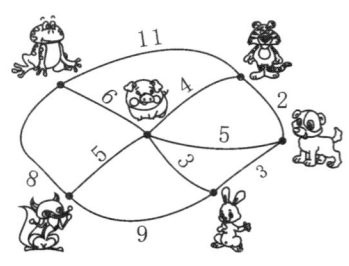

第 29 题图

30. 某个闰年的元旦是星期日,那么这一年的2月有5个_____。

A. 星期一　　B. 星期二　　C. 星期三　　D. 星期四　　E. 星期五

F. 星期六　　G. 星期日

31. 15个男孩和15个女孩围成一圈,相邻的三个小朋友称为1个组,共有30个不同的组。其中,有10个组全是男孩,有5个组有2个男孩和1个女孩。那么,有_____个组全是女孩。

32. 一共有_____个胡萝卜。

我们家有白兔和灰兔共12只。你拿这些胡萝卜给兔子吃,每只白兔5个胡萝卜,每只灰兔4个胡萝卜,这些胡萝卜刚好够分。

糟糕,我给了每只白兔4个胡萝卜,每只灰兔5个胡萝卜,最后剩了2个胡萝卜。

第32题图

33. 遥远的未来,人类在火星上建了6座城市,如图,城市均匀分布在一个圆上。如果任意两座城市之间都铺设一条笔直的高速轨道,轨道相交处设立一个车站,6座城市也分别设立一个车站,那么一共设立了_____个车站。

第33题图

34. 下面哪个算式的计算结果是单数?_____。

A. $1+2+3+4+\cdots+2019+2020$

B. $1+3+5+7+\cdots+2021+2023$

C. $2+4+6+8+\cdots+2018+2020$

D. $2021-2020+2019-2018+\cdots+3-2+1$

E. $1\times2\times3\times4\times5\times\cdots\times2020\times2021$

35. 小精灵把从1开始的连续自然数写成一排:

第30个数字
↓
123456789101112131415161718192021222324⋯

从第30个数字开始首次出现2021(标粗的四个数字)。小精灵一直这样写下去,从第_____个数字开始首次出现2022。

36. 哪吒有100张卡片,上面分别标有自然数1~100。他把偶数卡片都送给敖丙,又送了一些奇数卡片给太乙真人,剩下卡片上的数相加,和正好是2021。哪吒最多剩下_____张卡片。

37. 计算：$79 \times 99 + 81 \times 66 + 33 = $ _____ 。

38. 如图，四块完全相同的小正方体积木堆放在地面上，积木上的六个不同颜色分别代表数字1~6，那么下底面对应的四个数字之和是_____。

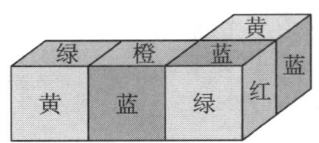

红：1　青：4
绿：2　蓝：5
黄：3　橙：6

第38题图

39. 题图中，四种动物分别代表0~9中四个不同的数字（相同的动物代表相同的数字，不同的动物代表不同的数字）。方格外面的数是这一行四个数字的和，那么"?"=_____。

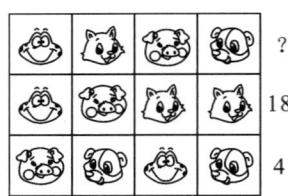

第39题图

40. 题图是未来城市的交通运输线路图，图中共有_____个三角形。

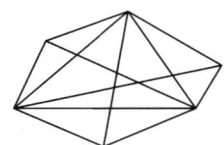

第40题图

4 年级

1. 根据规律,"?"是_____。

   14,23,32,?,50

2. _____路更短。

   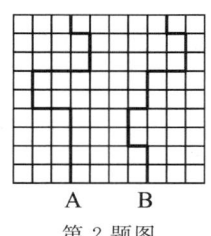

   第2题图

3. 根据规律,"?"是_____。

11		8		13		17
3		0		?		9

   第3题图

4. 四阶数独中,每一行、每一列、每一个粗线框里都有数字 1~4,"?"是_____。

   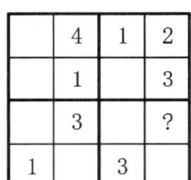

   第4题图

5.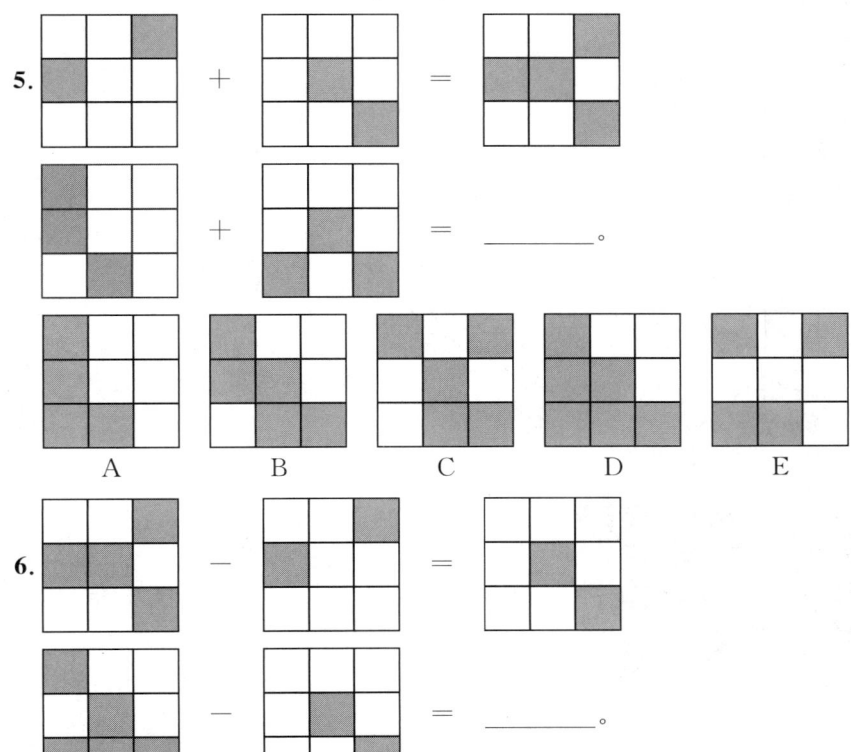

6.

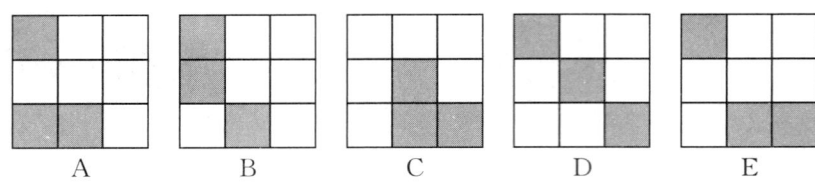

| A | B | C | D | E |

7. "?"处填_____。

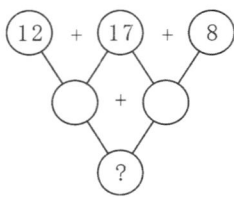

第 7 题图

8. "?"处填_____。

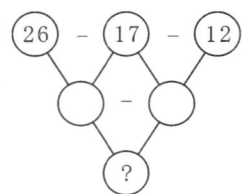

第 8 题图

9.

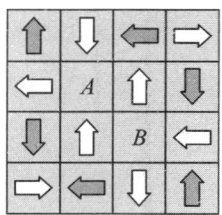

10. 根据规律，A 和 B 分别是_____。

第 10 题图

A. 　　B. 　　C.

D. 　　E.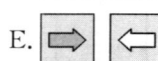

11. 米奇妙妙屋的黑板上写有一些算式：

$1 ※ 2 = 5$　　$6 ※ 6 = 72$
$3 ※ 4 = 25$　　$10 ※ 3 = 109$
$7 ※ 1 = 50$　　$5 ※ 12 = ?$

第 11 题图

唐老鸭开动脑筋，根据规律很快算出了"?"代表的数是_____。

12. 在乐高城市的广场上,有一个由相同正方体拼接而成的建筑,如图所示。至少再拼接_____个这样的正方体,就可以使这个建筑变成一个实心的大长方体。

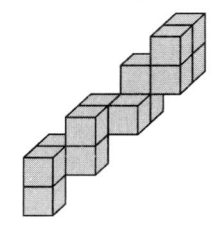

第12题图

13. 从地球到沙拉达行星有80光年(注:光年是一个长度单位)。贝吉塔和孙悟空从地球出发前往沙拉达行星。贝吉塔比孙悟空先出发1天,如果贝吉塔和孙悟空沿直线飞行,他们每天都能飞行10光年,那么孙悟空出发_____天后,贝吉塔正好在孙悟空和沙拉达行星的正中间。

14. 有一个奇怪的城市叫作"不可能城",这里的人说话都要带上"不可能"三个字。在城门口,有这样一道题:"一个三角形中两个较小的内角之和不可能是多少度?"答对才能进城。为了进城,应选择下面哪个选项回答呢?_____。

A. 不可能是 85°   B. 不可能是 100°   C. 不可能是 115°
D. 不可能是 119° E. 不可能是 130°

15. 计算:$2788 \div 4 \div 27 + 565 \div (27 \times 5) = $_____。

16. 池塘里有5条鱼,有3条都重3千克,有一条重5千克,有一条重10千克。撒一次网,收网上来,鱼的总重有_____种可能。(没鱼的情况不算)

17. 如图是乐乐家到公园的路线图,图上的数字表示乐乐走完这段路所需的时间(单位:分钟)。乐乐从家到公园最少需要_____分钟。

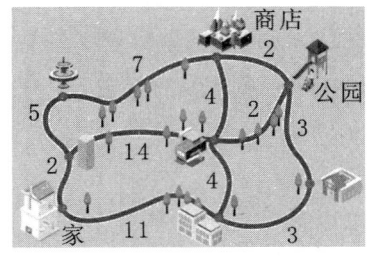

第17题图

18. 精灵王国的运动会开幕式上,小精灵们组成魔法方阵,无论是从前面数还是从后面数,从左边数还是从右边数,小精灵乐乐都排在第5个。这个魔法方阵的最外圈一共有_____个小精灵。

19. 如图是一幅2020的简笔画,要画出这个图中的黑色线条(不重复画同一线条),至少需要画_____笔。

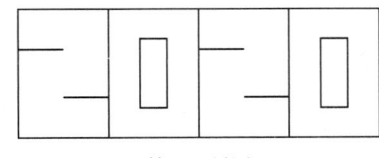

第19题图

20. 如图,将"数少希学俱部望年乐"重新排列为"希望数学少年俱乐部"。每次交换两个字的位置,最少需要交换_____次。

数少希学俱部望年乐

↓

希望数学少年俱乐部

第20题图

21. 如图,边长分别为 8、11、16 的三个正方形放在一起,则四边形 $ABCD$ 的面积是_____。

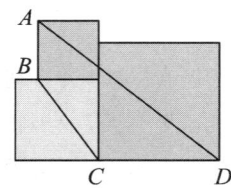

第21题图

22. 偶偶国的人都非常讨厌奇数,以至于连任何奇数数字都不想看见,所以他们平时交流的时候都用☆代替奇数数字。例如偶偶国的人书写"3×4＝12",会写成"☆×4＝☆2"。

偶偶国表示一个一位数乘三位数的横式乘法算式,这个算式中(包含两个因数与最后的乘积)最多包含_____个☆。

23. "希望"所代表的两位数是_____。

 12×231=132×21,23×352=253×32。这两个等式的左右两侧是完全对称的。

 "希望"×275=572×"望希"也是这样的数字对称等式,那么"希望"所代表的两位数是多少?

第23题图

24. 云宝和柔柔分别做一道除法算式题,被除数相同。云宝用的除数是11,柔柔用的除数是19,结果云宝得到的商比柔柔的大17,而柔柔得到的余数比云宝的大3,那么柔柔得到的商是_____。

25. 韩信带了1000多名士兵打仗,这些士兵既可以恰好排成如图(1)所示的正三角形阵列,也可以恰好排成如图(2)所示的正方形阵列。韩信带的士兵共有_____人。

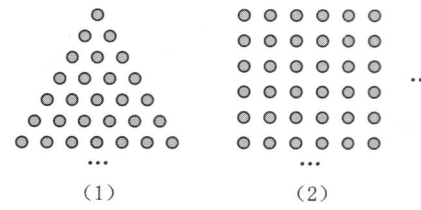

第25题图

26. 小木偶匹诺曹的鼻子会根据他说的话变长或变短。每当他说1句假话,他的鼻子就会变长5厘米;每当他说1句真话,他的鼻子就会变短1厘米。一开始匹诺曹的鼻子长11厘米,当他说完10句话后,他的鼻子长13厘米,如果这10句话不是真话就是假话,那么这10句话中有_____句真话。

27. 黑板上写有1~100这100个自然数,那么猪猪至少擦去_____个数,才能使剩下数的乘积的个位数字是5。

28. 魔法学院有一种运算法则:$\boxed{\begin{array}{cc} a & b \\ c & d \end{array}} = (\overline{ab} + \overline{cd}) - (\overline{ac} + \overline{bd})$,其中$a,b,c,d$均为1~9中的数字。例如,当数组$(a,b,c,d)$为$(2,2,3,4)$时,$\boxed{\begin{array}{cc} 2 & 2 \\ 3 & 4 \end{array}}=(22+34)-(23+24)=9$。

按照这个法则,能使运算结果为45的数组(a,b,c,d)有_____种可能。

29. 特种兵黑鹰和银剑训练的赛道先是一段平路,再是一个斜坡(斜坡两侧赛道一样长)。他们在平路上都是每秒跑8米,上坡都是每秒跑6米,下坡都是每秒跑9米。如图(1),银剑先跑了10秒,黑鹰再从同一起点出发。黑鹰开始上坡时银剑还未到达坡顶。如图(2),当两人到坡顶的距离相同时,银剑比黑鹰多跑_____米。

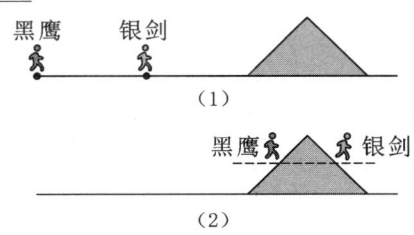

第29题图

30. 柠檬老师住的小区有100户人家养猫、狗,其中有15户人家既养猫又养狗。养狗人家的数量是养猫的4倍,那么有_____户人家养猫。

31. 数字王国的吉祥物是一条数字龙,它是由100个数字1组成的100位数。这个多位数与2021相乘的积是一个很大的数,这个乘积的各位数字和是_____。

32. 1~2021这2021个连续自然数按如图所示的规律排列,用一张等腰直角三角形纸片可以盖住其中三个数,有4种盖法。如果纸片盖住的三个数的和是2022,那么这三个数中的最小数是_____。

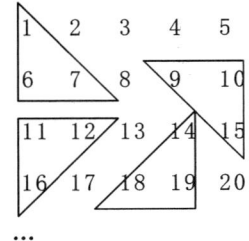

第32题图

33. 蚂蚁王国的地铁第一站有1名乘客上车,最后一站也有1名乘客上车,任意相邻的两站之间上车的乘客数量最多相差1。全程有2021名乘客上车,那么全程最少设有_____站。

34. 有一种数被称为抬杠数。从第三位开始,抬杠数每一个数位上的数字都大于或等于它前两个数位上数字的和,比如1235、269都是抬杠数。最大的抬杠数是_____。

35. 阿凡提最多可以得到_____个金币。

阿凡提：?

你给我家干了22天活。你把22分成若干个自然数的和，再计算这些数的乘积，乘积是几，我就给你几个金币。 ——巴依老爷

第35题图

36. 哪吒制作了一个走马灯，敖丙从灯上可以读出 7 个走马灯数：
1234567，2345671，3456712，4567123，5671234，6712345，7123456。
这 7 个数的平均数是_____。

37. 如图所示，81 号农场有 8 块连在一起的农田，其中 3 块要分给小宝，3 块要分给波波，2 块要分给麦咕。为了保证每人各自分到的农田都有公共点或公共边，小宝分到的农田有_____种可能的情况。

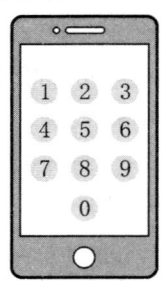

第37题图

38. 光头强今年 34 岁，他给自己的新手机设置了一个四位数密码。有一天，光头强忘了开机密码，只记得这个四位数的各位上的数字和为 34。那么光头强至少试_____次密码才能保证开机。

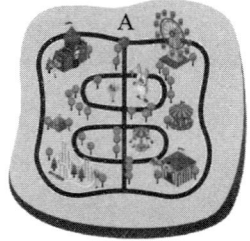

第38题图

39. 皮皮鲁从点 A 开始一次走遍游乐场里的全部道路（不重复经过同一条路），共有_____种走法。

第39题图

40. 有一位智者不小心触犯了国王，国王大怒，说："在太阳下山之前你要算出 $\underbrace{1515\cdots15}_{1010个15} \times \underbrace{3333\cdots33}_{2021个3}$ 的计算结果所有数位上的数字之和，否则我把你关进大牢。"智者很快就说出了答案。那么，这个答案是_____。

1. 根据规律,"?"是_____。

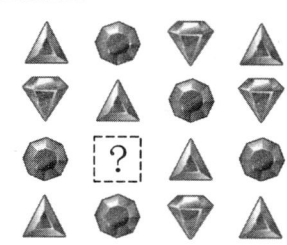

第1题图

A.   B. ●   C.

2. "?"处的运算符号是_____。

$$78 \text{ ? } 56 \text{ ? } 7 = 86$$

A. － ×   B. × ＋   C. ÷ ÷   D. ＋ ÷

3. 根据规律,"?"是_____。

12	8	35	68
3	2	?	4
4	4	7	17

第3题图

4. 在字母四阶数独中,每一行、每一列、每一个粗线框里都有 A、B、C、D。"?"应该是_____。

	D		A
C		B	
			C
	?	D	

第4题图

5. "?"处填_____。

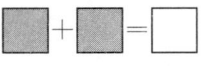

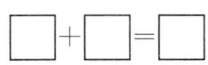

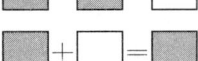

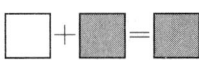

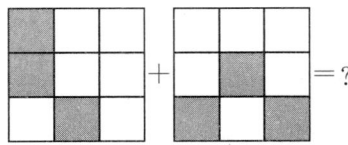

第5题图

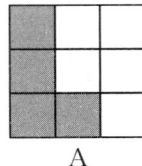   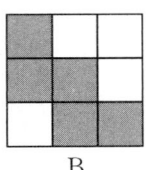   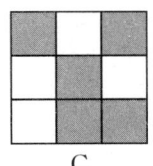   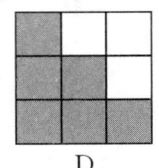

A   B   C   D

6. "?"处填_____。

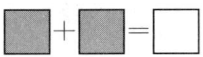

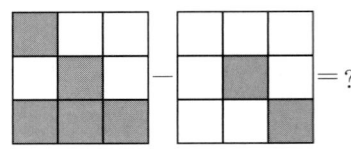

第 6 题图

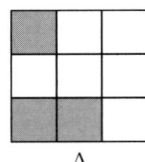 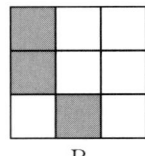 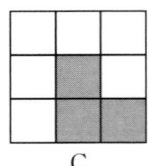 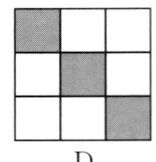
   A   B   C   D

7. "?"处填_____。

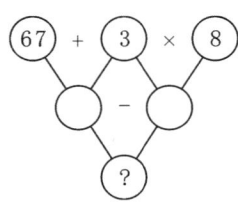   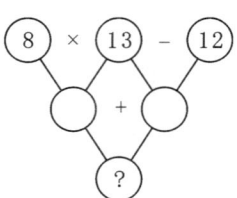

    第 7 题图   第 8 题图

8. "?"处填_____。

9. "?"处填_____。

第 9 题图

10. "?"处填_____。

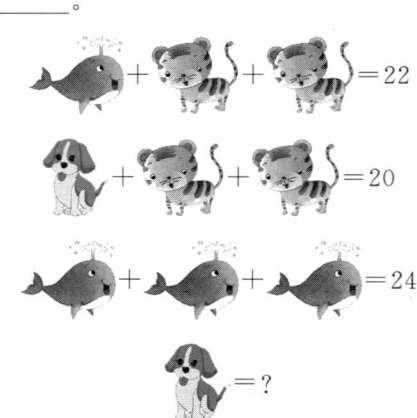

第 10 题图

11. 淘气包马小跳设计了一个计算机程序,程序中原来写有 1~2020 这 2020 个自然数,每次执行以下操作:擦掉两个数,并写上它们的和的数字和。如:擦掉 99 和 100 两个数,并写上 19(99+100=199,1+9+9=19)。经过多次操作,当最后只剩下 4 个数时,发现它们的乘积为 27,那么这 4 个数的和是_____。

12. 游乐园有一条河流,如图所示。8:00 飞飞乘坐小船顺水出发。飞飞在静水中划船的速度为每小时 4 千米,水流速度为每小时 2 千米,飞飞每划半小时要休息 5 分钟,休息时船随水漂流。如果飞飞在 10:00 恰好回到出发点,那么这条河流的长度为_____千米。

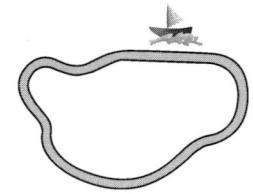

第 12 题图

13. 羊羊天团的 5 人参加竞技选拔赛,有 2 人只有"攀爬"得满分,另外 2 人只有"跳跃"得满分,还有 1 人"攀爬""跳跃"都得满分。现在要从这 5 人中选出 2 人进入决赛,要求选出的 2 人中有"攀爬"得满分的,也有"跳跃"得满分的,共有_____种不同的选法。

14. 在比武大会上,熊猫阿宝和金猴两人进行比试,最多比 7 局,谁先获得 4 局胜利,谁就是胜者。那么一共有_____种可能的比试情况。

15. 选项中不能围成长方体的是_____。

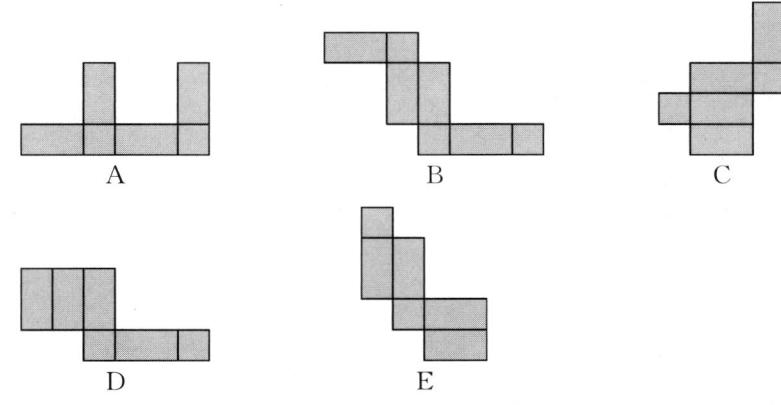

16. 如图,棋盘上点 A 有一只㊙。按规定,㊙走"日"字,如:从点 A 到点 B 最少走 1 步,从点 A 到点 C 最少走 2 步。那么从点 A 到点 Q 最少走_____步。

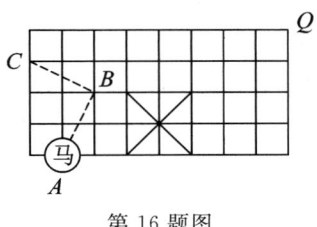

第 16 题图

17. 汤姆和杰瑞打台球,共有 10 个球,编号分别是 1~10。开始时 10 个球都在球桌上,汤姆至少要把_____个球击入洞,才能保证洞中必有 3 个球的编号之和大于 14。

18. "水仙花数"是指这样一类数:将各位数字的立方相加,得到的和正好是原来的数,比如 370,$3^3+7^3+0^3=27+343+0=370$。将一个数的各位数字的立方相加,得到一个新的数,这称为一次操作。从 645 开始不断重复操作,最后得到的水仙花数是_____。

19. 韩信带兵,士兵们站成一个实心长方形阵列,步兵站在阵列内部,弓箭手围在最外一圈。如果弓箭手有 130 人,那么步兵最多有_____人。

20. 佩奇用一些相同的小正方体积木摆好一个城堡后,发现从正面观察和从侧面观察都是如图所示的形状。佩奇最多用了_____个小正方体积木。

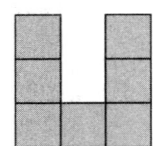

第 20 题图

21. 如图是一个 5×5 的点阵,每行和每列相邻两个点的距离都为 1。以其中 4 个点为顶点画出的正方形中,空心点在正方形边上(含顶点)的正方形有_____个。

第 21 题图

22. 江流儿用 30 枚棋子围成一圈,每一枚黑子都恰好与一枚白子相邻,跟黑子相邻的白子占白子总数的一半,那么 30 枚棋子中最多有_____枚黑子。

23. 一个自然数除以 4、6、8 后,得到的三个余数的和是 15,那么这个数除以 12 后,得到的余数是_____。

24. 金属王国有金、银、铜三种正方形地砖,边长之比为 2∶3∶5,三种地砖数量相同。国王要用地砖铺满宫殿,如果只用金地砖恰好缺 75 块,只用银地砖恰好多 50 块,那么只用铜地砖恰好多_____块。(地砖不能分割)

25. 有的自然数,它最大的因数和第二大的因数的和是 2700,满足条件的自然数有_____个。

26. 美羊羊的糖罐里有 10 粒完全相同的巧克力豆,每次可以取出 1 粒或 2 粒。要把 10 粒巧克力豆全部取出,共有_____种不同的取法。

27. 从 1~10 的 10 个整数中选出若干个数相乘,最接近 2021 的乘积是_____。

28. 如图,梯形 $ABCD$ 中,$AB \parallel CD$,$AB:DC=1:3$,点 E、F 分别在 AD、BC 上,BE 交 AF 于点 G,EC 交 DF 于点 H,△AGE、△BGF、△DHE

的面积分别为 8、10、30，△FHC 的面积为_____。

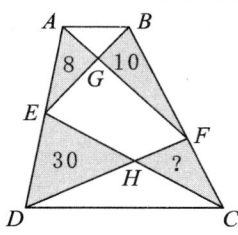

第28题图

29. 在海洋王国跨年晚会上，2022 只水母按"①②③④⑤⑥"的顺序从左到右重复排列，如图所示。

①②③④⑤⑥①②③④⑤⑥①②③④⑤⑥…①②③④⑤⑥

第29题图

它们开始表演节目，先是从左到右第 1,3,5,… 只水母向上游，剩下的水母从左到右重新排序编号，然后又是第 1,3,5,… 只水母向上游。按这样的规则，每次都是序号为奇数的水母向上游，直到剩下最后一只水母为止。最后剩下的水母的标号是_____。

A. ①　　B. ②　　C. ③　　D. ④　　E. ⑤　　F. ⑥

30. 卢克乘坐飞船来到奥尔德兰星球，发现这里一年的天数和地球不同。在奥尔德兰星球的一年中，如果 3 天为一周，则正好有整数周；如果 5 天为一周，将余下 4 天；如果 7 天为一周，将余下 6 天。那么奥尔德兰星球的一年至少有_____天。

31. 乖乖虎用 3 个不同的数字 a、b、c 组成 6 个两位数 $\overline{ab}$、$\overline{ac}$、$\overline{ba}$、$\overline{bc}$、$\overline{ca}$、$\overline{cb}$，他发现这 6 个两位数的和恰好等于 $(a+2)\times(b+2)\times(c+2)$，那么三位数 $\overline{abc}$ 最小是_____。

32. 孙悟空打算给 19 只小猴分桃，每只小猴分得 a 个桃，还剩 b 个桃 ($b<a$) 留给自己。结果有 2 只小猴已经离开花果山，孙悟空把桃分给了剩下的 17 只小猴，每只小猴分得 $(a+1)$ 个桃，还剩 $(b+1)$ 个桃留给自己，则 $a=$_____。

33. 超能陆战队的大白把一些巴克球摆成了正四面体状（如图摆了 3 层）。如果他要摆 100 层，那么一共需要_____个巴克球。

第33题图

34. 如图，在 Rt△ABC 中，D 是斜边 AB 上一点，正方形 $CEDF$ 的边长为 4。若斜线阴影部分的面积为 12，则黑色阴影部分的面积为_____。

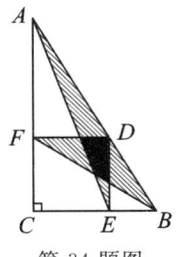

第34题图

35. 四十大盗要把一些相同的金币藏在一个 4×4 的迷宫里,要求:①每个迷宫方格最多只能放 1 枚金币;②每行每列都有金币;③每行金币数互不相同,每列金币数也互不相同。不同的放法共有_____种。

第 35 题图

36. 图图和好朋友壮壮分别从 A、B 两地同时出发相向而行,原计划在 C 地相遇,$AC=\dfrac{4}{7}AB$,但图图途中休息了 35 秒,结果壮壮比原计划多走了 60 米才和图图相遇,那么图图的速度为_____米/秒。

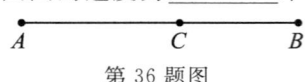

第 36 题图

37. 算式 $(1011×1012×1013×\cdots×2022)÷(1×3×5×\cdots×2021)$ 计算结果的末位数字是_____。

38. 数学王子高斯小时候有一件趣事。一天,老师对淘气的孩子们说:"对从 1 开始的连续自然数依次相加求和,每次只加一个数,一直加到 100,在计算过程中一共发生了多少次进位?答对才能放学回家。"结果高斯很快就得出了正确答案,高高兴兴回家去了。那么,高斯给的答案是_____。

39. 2021 年,疯狂动物城警察局为了表彰表现优异的警察,给他们授予特殊的警号,这些警号是形如 □2021□ 的六位数,并且都能被 21 整除,这样的警号有_____个。

40. 用数字 0~9 组成无重复数字的十位数,其中能被 11 整除的有_____个。

1. 根据规律,"?"是_____。

第 1 题图

A. 　　B. 　　C.

2. "?"处的运算符号是_____。

$$78 \; ? \; 56 \; ? \; 7 = 86$$

A. $-$　$\times$　　B. $\times$　$+$　　C. $\div$　$\div$　　D. $+$　$\div$

3. 根据规律,"?"是_____。

12	8	35	68
3	2	?	4
4	4	7	17

第 3 题图

4. 在字母四阶数独中,每一行、每一列、每一个粗线框里都有 A、B、C、D。"?"应该是_____。

	D	A	
C		B	
			C
	?	D	

第 4 题图

5. "?"处填_____。

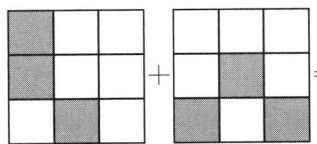

第 5 题图

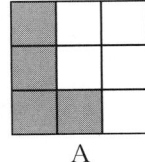　　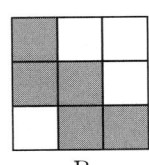　　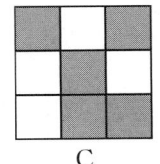　　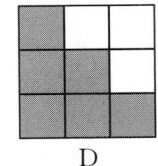

　A　　　　　　B　　　　　　C　　　　　　D

6. "?"处填_____。

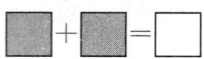 

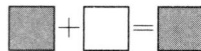 

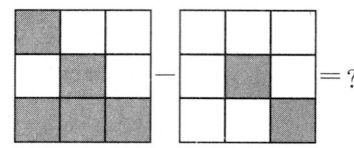

第 6 题图

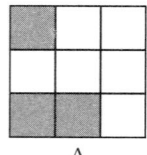 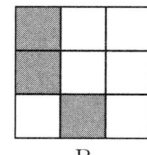 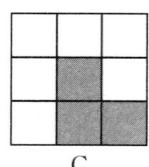 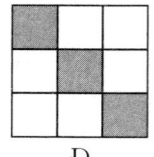
A   B   C   D

7. "?"处填_____。

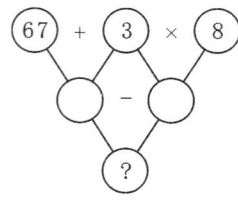 

第 7 题图   第 8 题图

8. "?"处填_____。

9. "?"处填_____。

```
     ?
     ÷
40 ÷ ♥ = 10
     =
     7
```

第 9 题图

10. "?"处填_____。

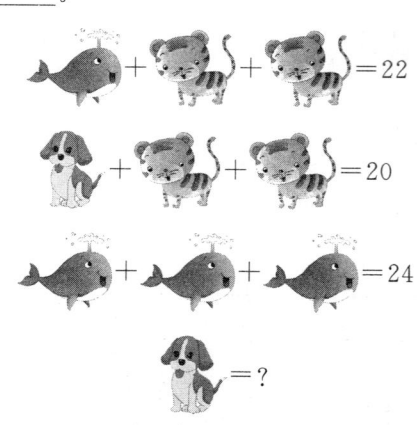

第 10 题图

11. 小糊涂遇到一个问题：比较 $\frac{99}{100}$、$\frac{100}{101}$、$\frac{199}{201}$ 的大小。他感到很迷糊，正确答案是_____。

A. $\frac{99}{100} > \frac{100}{101} > \frac{199}{201}$ B. $\frac{199}{201} > \frac{100}{101} > \frac{99}{100}$ C. $\frac{99}{100} > \frac{199}{201} > \frac{100}{101}$

D. $\frac{100}{101} > \frac{199}{201} > \frac{99}{100}$ E. $\frac{100}{101} > \frac{99}{100} > \frac{199}{201}$

12. 小仙子有一根魔法棒，挥动一下可以让"死"变为"生"，或让"生"变为"死"。一天，小仙子看到 4 棵树，其中 2 棵已经枯萎，如图。她挥动魔法棒希望所有的树都是"生"的状态，可惜魔法棒出了故障，不仅会对她指向的树起作用，也会对相邻的树起作用，那么她至少要挥动_____次魔法棒才能实现心愿。

第12题图

13. 森林女巫有一个容积为 1 升的药瓶，药瓶中装满了药液。每轮操作，女巫把瓶中的药液倒掉一半，再倒入 0.5 升的水，均匀混合。至少经过_____轮操作，瓶中药液的浓度不超过最初时的 $\frac{1}{1000}$。

14. 猴山上金丝猴的数量是长尾猴的 $\frac{4}{7}$。几年后，金丝猴的数量变为原来的 2 倍，长尾猴增加了 24 只，且金丝猴的数量是长尾猴的 $\frac{4}{5}$，这时金丝猴有_____只。

15. 凯文和鲍勃从环形跑道的同一点同时出发，同向而行，每 60 秒凯文从后面追上鲍勃一次。如果凯文用 40 秒走完一圈，则鲍勃走完一圈需要_____秒。

16. 莱洛三角形是一个非常有名的图形。以正三角形的顶点为圆心，以其边长为半径作三条圆弧就可以画出一个莱洛三角形。题图中的莱洛三角形的外周长是 314 厘米，则中心正三角形的边长是_____厘米。（π 取 3.14）

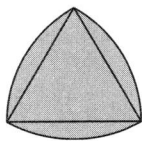 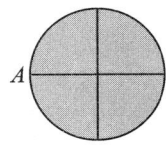

第16题图　　第17题图

17. 如图，青青草原有一条圆形步道和两条直步道，两条直步道恰好都通过圆形步道的圆心，圆的半径为 50 米。慢羊羊从点 A 出发沿步道散步，他要走遍全部的步道再回到点 A，至少走_____米。（π 取 3.14）

18. 在一场意大利和巴西的足球比赛中，支持意大利队与支持巴西队的观众人数比为 5:4。打完半场时，由于比分差距过大，有 $\frac{1}{3}$ 的观众离场，剩余观众中支持意大利队与支持巴西队的人数比为 3:1。如果离场的观众中有 35 人支持意大利队，则最初共有观众_____人。

19. 对角巷的魔药店进了一批曼德拉草,按 100% 的利润率来定价,结果只售出 30% 的曼德拉草。为尽早售出剩下的曼德拉草,魔药店决定打六折销售,结果剩余的曼德拉草销售一空。这批曼德拉草的利润率是_____%。

20. 喜羊羊、美羊羊和暖羊羊去寻宝,他们各自都找到了一些金币。喜羊羊的金币数是其他两人金币总数的 $\frac{1}{4}$,美羊羊的金币数是其他两人金币总数的 $\frac{1}{3}$,暖羊羊的金币数是 176 枚。那么他们三人一共找到了_____枚金币。

21. 计算:
$$\frac{\frac{2019+2020+2021}{2018} - \frac{2020+2021+2022}{2019} + \frac{2021+2022+2023}{2020} - \frac{2022+2023+2024}{2021}}{\frac{1}{2018} - \frac{1}{2019} + \frac{1}{2020} - \frac{1}{2021}}$$
=_____。

22. 2021 最多可以表示成_____个连续自然数的和。

23. 如图,只打开甲,注满一桶水用 5 小时;只打开乙,排光一桶水用 6 小时;只打开丙,注满一桶水用 3 小时;只打开丁,排光一桶水用 4 小时。开始时桶内没有水,现在按甲、乙、丙、丁、甲、乙、丙、丁……的顺序轮流各开 1 小时,经过_____分钟水桶将注满水。

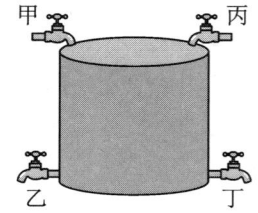

第 23 题图

24. 如图,正六边形 ABCDEF 的面积为 125,且 CM:MD = AN:NM = NP:PD = 2:3,则 △PDE 的面积是_____。

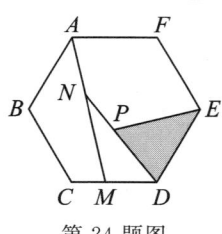

第 24 题图

25. 如图所示,用 5 块相同的小长方形地砖铺成一个大长方形。在此基础上,要铺成一个大正方形,至少再铺_____块同样的小长方形地砖。

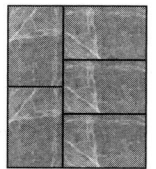

第 25 题图

26. 数字岛上住着很多数,其中有一些六位数都属于一个家族,它们都可以表示为 $\overline{66ABCD}$,而且它们都能被 495 整除。这个家族有_____个成员。

27. 几何王国的广场上有一个由相同的小立方体堆成的建筑,这个建筑从正面看,从左面看,从上面看,看到的视图都相同,如图所示。那么这个建筑最多由_____个小立方体组成。

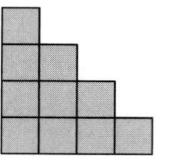

第27题图

28. 迷糊老师今天上课讲解高斯记号,告诉我们 $[a]$ 表示不大于 a 的最大整数,例如 $[1.1]=1$,$[3]=3$。然后计算:$\left[\dfrac{1}{7}\right]+\left[\dfrac{3}{7}\right]+\left[\dfrac{5}{7}\right]+\cdots+\left[\dfrac{2019}{7}\right]+\left[\dfrac{2021}{7}\right]=$_____。

29. 在一个神奇的字母王国,人们用字母表示数字。在题图所示的竖式中,相同的字母表示相同的数字,不同的字母表示不同的数字,那么 $\overline{ABCDEFG}$ 表示的七位数是_____。

$$\begin{array}{r} A\,A \\ \times\ B\,B \\ \hline C\,D\,C \\ C\,D\,C \\ \hline C\,A\,A\,C \end{array} \qquad \begin{array}{r} E\,E \\ \times\ F\,F \\ \hline G\,F\,E \\ G\,F\,E \\ \hline E\,G\,G\,E \end{array}$$

第29题图

30. 国王让金匠和银匠做钱币。因为只有一个模具,国王让金匠先做,金匠做完后银匠紧接着做。他们共用 2 小时完成,两人做的钱币恰好一样多。已知他们在第二个小时内做好的钱币比第一个小时多 6 个,并且每小时银匠比金匠多做 8 个钱币。那么他们一共做了_____个钱币。

31. 粗心的猪八戒在计算 $2.0\dot{2}\dot{1} \times 165000$ 时,没注意到循环小数上的小圆点,他的计算结果比正确结果少了_____。

32. 机械战警在执行任务时遇到一个谜题任务,要求在一个 8×8 的棋盘中放入一些棋子,每格最多放一枚。那么,最多可以在棋盘中放_____枚棋子,使得无论怎样放,总能选出 4 行 4 列,这些棋子都在选出的行列中。

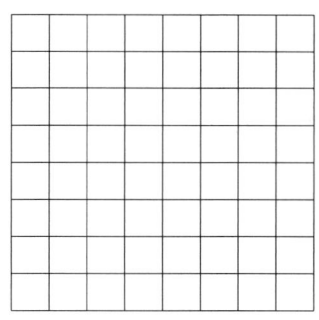

第32题图

33. 如图,长方形 $POQR$ 中嵌入 3 个相同的正方形。已知 $PR=8$ 厘米,$RQ=10$ 厘米,那么每一个正方形的面积为_____平方厘米。

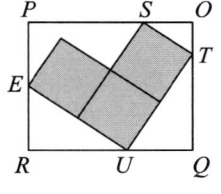

第33题图

34. 朵拉编了一个程序,用计算机按如图所示规律写了100行数,计算机写下的这100行所有数的和是_____。

$$
\begin{array}{c}
5\\
6\quad 6\\
7\quad 7\quad 7\\
8\quad 8\quad 8\quad 8\\
9\quad 9\quad 9\quad 9\quad 9\\
10\ 10\ 10\ 10\ 10\ 10\\
\cdots\ \cdots\ \cdots\ \cdots\ \cdots\ \cdots
\end{array}
$$

第34题图

35. 长寿村有一位老人2021年就101岁啦!如果将老人的年龄作为分子,当年的年份数作为分母,可写出一个分数,如2001年这位老人是81岁,可以写出分数$\dfrac{81}{2001}$。这位老人从1岁至100岁,可以写出100个分数,其中最简分数有_____个。

36. 公元2222年,为了方便星际旅行,人类要在太阳系的金星、木星、水星、火星、土星这5颗行星之间建设4条航路,每条航路连接其中2颗行星,从其中任意1颗行星出发,都可以到达其他4颗行星。一共有_____种不同的建设方案。

37. 如图是多多岛上的地图,图上的数表示该段铁路的长度。一天,托马斯和爱德华同时从提茅斯机房出发背向而行,高登在同一时刻也从采石场出发。当托马斯和高登第一次相遇时,爱德华刚好第一次经过采石场;当托马斯和爱德华第一次相遇时,高登刚好第一次经过提茅斯机房。那么,当高登第一次追上爱德华时,托马斯行驶了_____千米。

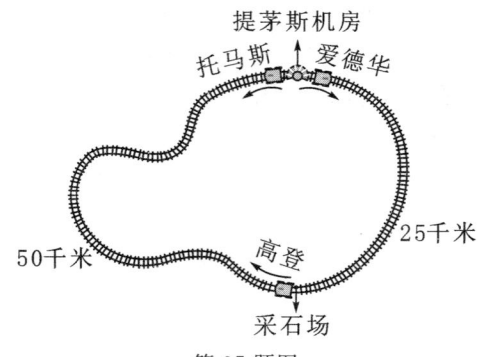

第37题图

38. 小飞最近正在研究一些新的运算法则。规定:※n表示不大于n的所有非零偶数的积,□n表示不能整除n的最小自然数。例如:※$6=2\times 4\times 6=48$,□$10=3$。如果□(※x)$=13$,那么x最小是_____。

39. 四个海盗分15枚相同的金币,第一个海盗至少要4枚,第二个海盗可以不要,第三个海盗至少要2枚,第四个海盗至少要1枚。共有_____种不同的分法。

40. 如果999是$\underbrace{1222\cdots 21}_{n\text{个}2}$的一个因数,那么$n$最小是_____。

3 年级

1. 罗马数字的基本数字只有 7 个：I＝1，V＝5，X＝10，L＝50，C＝100，D＝500，M＝1000。相同的数字连写，所表示的数等于这些数字相加得到的数，如：Ⅲ＝1＋1＋1＝3；小的数字在大的数字的右边，所表示的数等于这些数字相加得到的数，如：Ⅷ＝5＋1＋1＋1＝8、ⅩⅡ＝10＋1＋1＝12，CVI＝100＋5＋1＝106。罗马数字 MMXXI＝_____。

2. 大山羊的年龄 a 与小山羊的年龄 b 都是一位数，两位数 ab 和 ba 的差是 27，小山羊最多_____岁。

3. 根据规律，题图中的"？"＝_____。

3	6	1	2	5	9
0	4	6	7	?	1
4	12	10	13	17	16

第 3 题图

4. 题图的加法竖式中，每个方格中有一个数字，方格中的数字之和最大是_____。

```
   □ □ □ 6
 + □ □ □ □
 ─────────
   2 0 2 1
```

第 4 题图

5. 黑猫警长抓捕一只耳，两人轮流走一步，每次只能从所在的圆圈走到有线段连接的相邻圆圈中，不能不走，初始位置如题图。聪明的黑猫警长先走，他至少走_____步就一定能抓到一只耳。

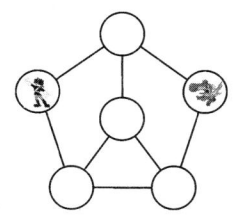

第 5 题图

6. 在题图(1)中，对任意相邻的上下或左右两格中的数同时加 1 或同时减 1，算作一次操作，经过若干次操作后变为题图(2)。那么，图(2)中的数 $A＝$_____。

0	1	0	1
1	0	1	0
0	1	0	1
1	0	1	0

(1)

1	1	1	1
1	1	A	1
1	1	1	1
0	1	0	1

(2)

第 6 题图

7. 题图中共有_____个三角形。

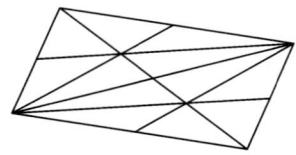

第7题图

8. 一张长 10 厘米,宽 7 厘米的长方形纸片,最多能裁出_____张长 4 厘米,宽 1 厘米的小纸条。

第8题图

9. 如题图(1),正方体的 6 个表面上分别写有数字 1～6(虚线表示通过透视所能看到的情况)。现在将这个正方体剪开,如题图(2),请你在剩下的 5 个方格中标出数字,这些数字的大小及方向要和原来的正方体保持一致。

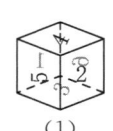 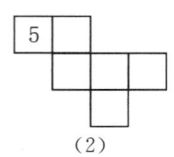
　(1)　　　　(2)

第9题图

10. 三年级(1)班召开联欢会,小希负责采购饮料。全班共 48 人,计划给每人购买 1 瓶汽水和 2 瓶果汁。小希到商店发现有促销活动,4 个汽水空瓶能换 1 瓶果汁,4 个果汁空瓶能换 1 瓶汽水。汽水每瓶 3 元,果汁每瓶 5 元。小希至少花_____元才能采购所需的饮料。(可以借瓶子但必须归还)

4 年级

1. 题图中 A、B、C、D、E 是正五边形各边的中点，那么，图中共有 _____ 个梯形。

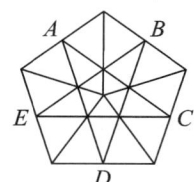

第 1 题图

2. 桌上有若干枚硬币，双方轮流从中取走 1 枚、3 枚或 6 枚硬币，谁取走最后一枚硬币谁就输了。当桌上的硬币数是下列选项中的 _____ 时，后取硬币的人有必胜策略。

A. 6　　　B. 7　　　C. 8　　　D. 9　　　E. 10

3. 明明从家出发以每秒 4 米的速度在马路上匀速跑步，他出发的那一刻打开手机音乐播放器开始播放歌单里的全部歌曲，从第一首顺序播放至最后一首，然后自动跳转至第一首，如此循环播放。当他路过路边的大榕树时播放器第一次开始播放《天路》，他继续往前跑，到达公园时立即原路返回。再次路过那棵榕树时，播放器正好第二次开始播放《天路》。他跑回起点后，原地休息 10 分钟，然后再次启程，当他第三次路过那棵榕树时播放器正好第三次开始播放《天路》。已知从家到公园的马路全长 6 千米，那么音乐播放器里歌单的总时长是 _____ 分钟。

4. 现有若干个边长为 1、边长为 2 和边长为 3 的小正方形。用这些小正方形不重合地拼成一个边长为 4 的大正方形，有 _____ 种不同的拼法。（旋转或翻转之后能重合的拼法视为同一种）

5. 小希同学要从家去学校上学，从家到学校的街道分布简化如题图，家在点 A，学校在点 B，只能走图中的直线，现在图中有 3 个路口（即图中直线的交点，但不包括 A 和 B）进行施工，导致不能通过，小希惊讶地发现，自己去不了学校了！这 3 个路口的位置有 _____ 种可能情况。

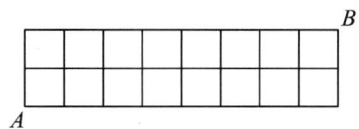

第 5 题图

6. 至少画 _____ 个正方形，可以画出一个 4×4 的网格。

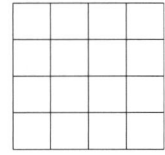

第 6 题图

7. 用红、蓝、黄 3 种颜色对英文单词 MATHEMATICS 进行染色,要求:

(1)相同的字母染相同的颜色;

(2)不同的字母可以染相同的颜色;

(3)相邻字母染不同颜色。

共有_____种不同的染色方法。

8. 两条平行的直线,其中一条直线上有 11 个点,另一条直线上有 12 个点,如果把不同直线上的每两个点都连成线段,那么在这两条直线之间最多有_____个交点。

9. 某班 36 名学生站成题图所示的三角形阵列,老师拿来一些红衣服和黄衣服随机发给班里的学生,学生换完后,老师数了数,穿红衣服的学生比穿黄衣服的多 6 人。他觉得颜色过于凌乱,于是要求:奇数行学生的衣服保持不变,偶数行学生原本穿黄衣服的换成红衣服,原本穿红衣服的换成黄衣服。换完后,偶数行穿黄衣服的学生比奇数行穿黄衣服的学生多_____人。

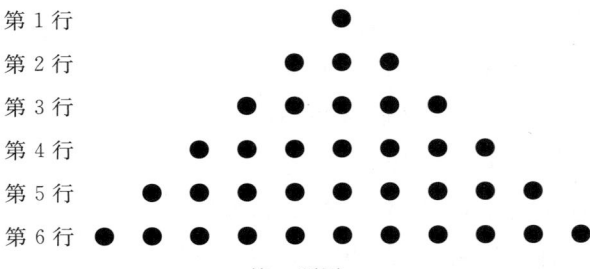

第 9 题图

10. 用火柴棒可以摆出数字 0~9,如题图所示。现有 10 根火柴棒,恰好可以摆出一个两位数,这个两位数有_____种不同的可能。

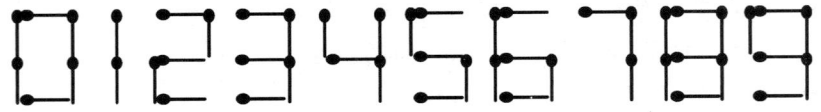

第 10 题图

5年级

1. 有自然数 n 使得下面数列中的每一个分数都是最简真分数:

$$\frac{2}{7n+1}, \frac{3}{7n+2}, \frac{4}{7n+3}, \cdots, \frac{301}{7n+300}。$$

则 n 最小是_____。

2. 下面算式中不同的汉字表示 1~9 中不同的数字。那么"希望数学"与"有趣"两数之差最大值是_____。

$$\begin{array}{r} 希\ 望\ 数\ 学 \\ 十\ 分 \\ +\quad\quad 有\ 趣 \\ \hline 2\ 0\ 2\ 1 \end{array}$$

第 2 题图

3. 如题图所示,四边形 $ABCD$ 是平行四边形,$\triangle BDE$ 是等边三角形,$BC=\frac{3}{2}AB$,$\angle ADB=\angle CDE$,且"飞镖"$DCBE$ 的面积是 52 平方厘米,那么 $\square ABCD$ 的面积是_____平方厘米。

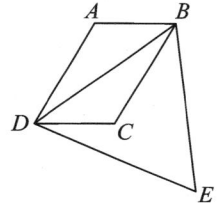

第 3 题图

4. 奇异博士自制了一台探测仪,这台探测仪中没有数字 6,计数时会从 5 直接跳至 7,如:8595 的下一个数为 8597。该探测仪从 0000 开始计数,第 1 次计数后变为 0001,第 2 次计数后变为 0002……第 9 次计数后变为 0010。按这个规律,第 2021 次计数后变为_____。

5. 如果一个数除以 5 的余数与它除以 7 的余数相加,和为 8,我们就称这个数为"吉祥数"。小于 2021 的"吉祥数"有_____个。

6. 题图所示是一个国际象棋棋盘。棋子"马"的走法是:从一个格子出发,沿着横向或者纵向跳 2 格的同时,在另一个方向上跳 1 格,走出一个"日"字形。例如从图中 A 出发一步可到达任意 B 的位置。那么一个棋子"马"从棋盘的左下角跳至右上角最快的走法共有_____种。

第 6 题图

7. 在题图所示的 16 个方格中填入数字 1、2、3、4,要求任意相邻的 2 个方格中数字之和是奇数,且 1、2、3、4 至少各用 1 次,一共有_____种不同的填法。

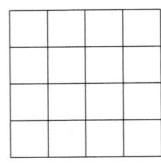

第 7 题图

8. 一架天平有 16 个整数克的砝码,砝码的总重量是 2021 克,使用天平时砝码只能放在右盘。如果用这架天平能一次称出 1 克至 2021 克(含 1 克和 2021 克)的任意整数重量,那么这 16 个砝码中最重的砝码至少是_____克。

9. 甲、乙两支足球队比赛,最终进球数为 5∶4,并且比赛过程中未出现两队相差 3 分的情况。那么两队进球的顺序一共有_____种可能的情况。

10. 葫芦娃七兄弟各有一件宝物,每一个葫芦娃都送出自己的宝物,也得到另一个葫芦娃的宝物,但不允许任意两个葫芦娃互相交换宝物。一共有_____种不同的交换方案。

6年级

1. 计算：$\dfrac{5}{1^2+2^2}+\dfrac{7}{1^2+2^2+3^2}+\dfrac{9}{1^2+2^2+3^2+4^2}+\dfrac{11}{1^2+2^2+3^2+4^2+5^2}$
$+\cdots+\dfrac{4043}{1^2+2^2+3^2+\cdots+2021^2}=$ _____。

2. 如题图所示，有一个正方体铁丝架，把它的各棱中点也用铁丝连上。现有一只蚂蚁沿着铁丝从点 A 爬到点 B，最短的线路一共有_____条。

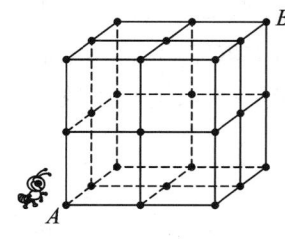

第 2 题图

3. 如题图所示，$\triangle ADE$ 的面积为 12，$\triangle DEC$ 的面积为 48，$AD：BC=2：7$，那么梯形 $ABCD$ 的面积是_____。

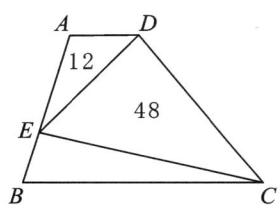

第 3 题图

4. 传说沈万三有一个聚宝盆能够自动生钱。如果第一天投入一文钱，第二天就会变成两文钱，如果不取出来，到了第三天就能变成四文钱，以此类推。第一天，沈万三向聚宝盆中投入一文钱，直到第 2021 天时，他才把盆里面的钱全部取出来。沈万三先把自己投入的一文钱收好，接着把剩下的钱平均分给村里的 248 人，最后不够每人分一文时又把没分完的钱全部投入聚宝盆中。那么沈万三最后向聚宝盆中投了_____文钱。

5. 如题图所示，有四条半径为 100 米的环形跑道，四人别从 A、B、C、D 四点同时出发，以 5 米/秒的速度分别沿着圆 O_1、圆 O_2、圆 O_3、圆 O_4 顺时针跑步，当以这四人为顶点构成的四边形面积最大时，至少经过_____秒。（π 取 3.14）

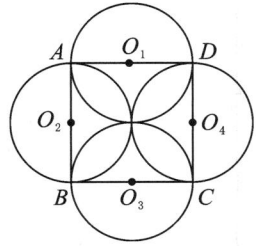

第 5 题图

6. A、B、C、D、E 五人排成一行照相。

A 说："和我相邻的人只有一个。"

B 说:"A 和 E 两人一个在我的左手方向,另一个在我的右手方向。"

C 说:"我既不和 B 相邻,又不和 D 相邻。"

D 说:"我和 A、C 这两人其中一人相邻,和另一人不相邻。"

E 说:"我左手方向的人数比我右手方向的人数要多。"

这五人中,只有拍照时站在正中间(左数第三个)的人说了假话,其余的人都说真话,并且拍照时 C 比 D 所处的位置更靠左,那么他们的站位顺序从左至右依次是_____。

7. 两人玩取棋子游戏。桌上有 101 枚棋子,两人轮流取走一定数量的棋子,如果谁取的棋子数是合数或 0 就算输(如果棋子被对方取完,自己无法取也算输)。这个游戏中最先取棋子的人有必胜策略,他第一次取的棋子数有_____种选择。

8. 按规则用黑白棋子将题图所示的所有方格填满。

规则:①每行或每列黑棋和白棋数量相等;②行或列不能出现连续 3 枚颜色相同的棋子;③不能出现完全相同的行或者列。

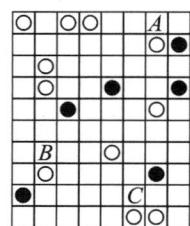

第 8 题图

则 A、B、C 三个格子中棋子的颜色分别是_____。

A. 黑、黑、黑 B. 黑、白、黑 C. 白、黑、白

D. 白、黑、黑 E. 白、白、白

9. 从 360 的约数中任取两个不同的数,使其不成倍数关系,有_____种不同的取法。

10. 博士发明了一种新型机器,这种机器在放入一定数量的小球之后,每次运行都会随机取出其中的两个小球,判断它们的颜色并且按照下表的规则放回对应的小球。顽皮的艾迪启动机器并放入 2020 个红色小球、2021 个黄色小球和 2021 个绿色小球,然后离开了。等到他再回来时,机器已经因为内部只剩一个小球,无法再取出两个小球而停止运行,那么剩下的这个小球是_____色的。

取出的小球	放回的小球
两个红球	两个绿球
两个黄球	一个黄球
两个绿球	两个黄球
一红一黄	一个红球
一红一绿	两个黄球
一黄一绿	一个红球

第 10 题图

2021年 优才杯暑秋数学学情诊断

1年级

一、填空题 I

1. 观察一下,康康的水果糖比皮皮少_____块。

第 1 题图

2. 请在空格里填上正确的数。

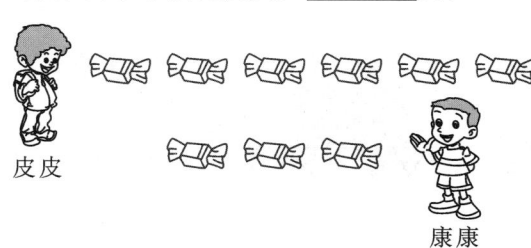

第 2 题图

3. 数一数,图中有_____个圆形。

第 3 题图

4. 如图,豆豆和康康面对面坐在桌子旁。豆豆拿起笔在纸上画了 4 个不同的图形,坐在豆豆对面的康康看到的图形应该是_____。(填选项)

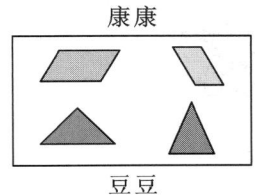

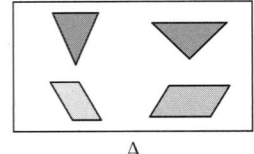 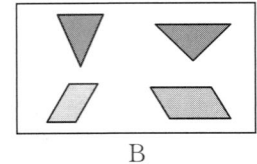 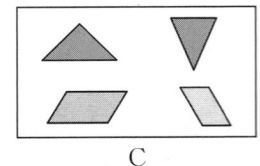

A　　　　　　　　　　B　　　　　　　　　　C

第 4 题图

5. 五只小动物进行跑步比赛,小猫比小兔快,小狗比小猫慢,小鸡没有小兔快,小狗比小羊快,那么第一名是_____。(填选项)

A. 小羊　　　　B. 小鸡　　　　C. 小兔　　　　D. 小猫

6. 图中 3 个大三角形的形状、大小一模一样,它们被分成了好多个小三角形。那么图中 3 条加粗的路线,哪一条更长呢?_____。(填选项)

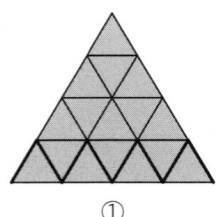 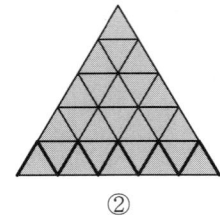 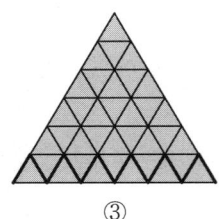

①　　　　　　　　　②　　　　　　　　　③

第 6 题图

A. ①最长　　　B. ②最长　　　C. ③最长　　　D. 一样长

7. 如图,6 个小朋友围成一圈传球,开始时球在康康手中,按照康康→妮妮→皮皮→豆豆→呦呦→艾玛→康康→……的顺序传下去,那么传了 9 次后,球在谁的手中?_____。(填选项)

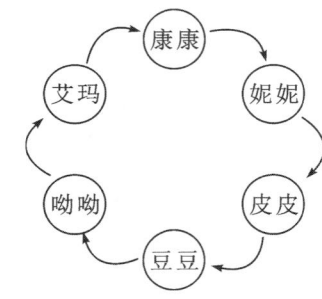

第 7 题图

A. 皮皮　　　　B. 艾玛　　　　C. 呦呦　　　　D. 豆豆

二、填空题 Ⅱ

8. 妮妮:"我家门前没有树。"

呦呦:"我家门前没有小红花。"

皮皮:"我家房顶上没有汉堡。"

其中,妮妮和呦呦说的是真话,皮皮说的是假话。

你们知道妮妮家的房子是什么样的吗?_____。(填选项)

A　　　　　　　　B　　　　　　　　C

第 8 题图

9. 观察题图，1只玩具小熊的身高是_____厘米。

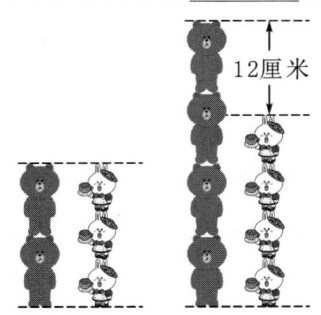

第9题图

10. 图中"火箭"形状的图形中至少包含_____个小正方体。

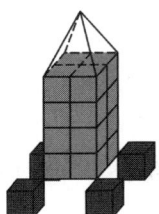

第10题图

11. 图中有16个房间，每个房间都编有号码，相邻的房间可随意通行。豆豆从图中的入口进入，刚好经过了8个房间后走了出来，那么豆豆最多能经过_____个编号为偶数的房间。（房间不可重复经过）

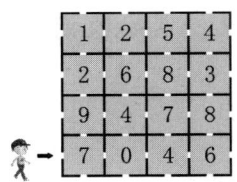

第11题图

三、填空题 III

12. 妮妮、皮皮和豆豆在学校表现优异，老师给了三人一些小红花作为奖励。妮妮小红花的数量比皮皮多8朵，如果给豆豆加2朵小红花，豆豆的小红花数量就只比皮皮少6朵了，那么原来妮妮比豆豆多_____朵小红花。

13. 图中水管的七个阀门全部开着，调皮的康康只要关闭其中一些阀门，就能让水无法正常流出来。（箭头为水流方向）

(1) 康康最少需要关闭_____个阀门。

(2) 如果关闭4个阀门不让水流出，有_____种不同的方法。

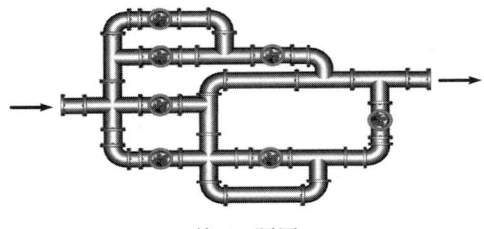

第13题图

2年级

一、填空题 I

1. 成语:一鸣惊人、二龙戏珠、三足鼎立、四面楚歌、五彩斑斓、六神无主、七步成诗、八面威风、九曲回肠,那么这些成语中所含数字的和是_____。

2. 第24届冬奥会于2022年在北京举办,题图是奥运五环,则该图中共有_____个区域。

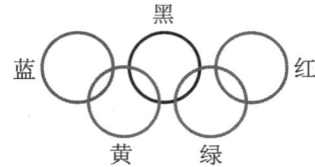

第2题图

3. 在每两个数之间填上"＋"或"－",使等式成立,那么数字"7"前面的符号是_____。(填字母 A 或 B)

$$9 \quad 8 \quad 7 \quad 6 = 4$$

A:减号(－)　　　　　　　　　　　B:加号(＋)

4. 孙悟空打妖怪:一群妖怪排成一行,从左往右数红毛怪是第10个,从右往左数绿毛怪是第8个。已知红毛怪和绿毛怪之间还有2个妖怪,那么这群妖怪共有_____个。

 ……　 ……

　　　　　　绿毛怪　　　　　　红毛怪

第4题图

5. 根据图形规律,"?"处空白格子里应该画的是第_____幅图。(填数字)

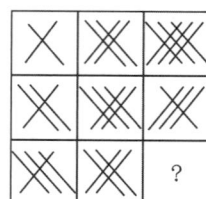　　
　　　　　　　　　　1　2　3　4

第5题图

6. 题图是一个正方体的展开图,那么与A相对面上的数字是_____。

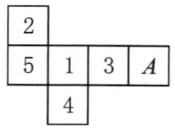

第6题图

二、填空题 Ⅱ

7. 乐乐今天要去参加"优才杯",如果 9:30 出门,刚好能够赶上考试,可是乐乐因为贪玩忘记了准时出发,现在时钟已经走到了题图的时间。那么乐乐现在出发的话会迟到_____分钟。

第 7 题图

8. 12 个小朋友们排成三队去测体温。由于第 1 队的人数太多了,李老师就让第 1 队的 2 个小朋友去了第 2 队,第 1 队的 3 个小朋友去了第 3 队,这时三个队的人数就相等了。那么原来第 1 队有_____个小朋友。

9. 一张纸片上面印着四只可爱的小动物,沿虚线剪开分成两部分,然后分给优优和才才,那么优优拿到的那部分纸片有_____种不同的可能。

第 9 题图

10. 将 5、10、15、20、25 五个数填在题图中空白部分,使每个椭圆中三个数或两个数的和都等于 35,那么 $A+B$ 等于_____。

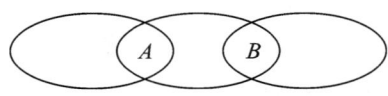

第 10 题图

11. 根据图中的等量关系,16 只玩具猴子的重量等于_____只玩具大象的重量。

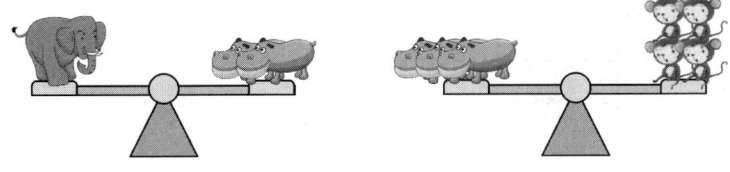

第 11 题图

三、填空题 Ⅲ

12. 聪明又淘气的熊猫和和喜欢吃竹子,她每 4 分钟吃 5 节竹子,然后在旁边玩 6 分钟,那么她吃完 20 节竹子需要_____分钟。

13. 森林里住着八个小矮人,有些小矮人总说假话,有些小矮人总说真话。一天,白雪公主来到了森林,问他们中间究竟有几个说真话的小矮人。其中第一个小矮人说:"这里没有一个说真话的。"第二个小矮人说:"这里最多有1个说真话的。"第三个小矮人说："这里最多有2个说真话的。"如此往下，到第八个小矮人说："这里最多有7个说真话的。"那么，说真话的小矮人有＿＿＿＿＿＿＿个。

14．李奶奶家刚换了一把密码锁，由于她没记住锁的密码，只知道锁的密码是一个数字和为12的四位数，任意相邻两个数字和都相等，那么李奶奶至少试＿＿＿＿＿＿＿次才能保证把门打开。

15．把1～9填入题图的方格中，每个数字只能使用一次，其中6、7、8、9已经填好。如果两个方格有一条公共边，那么我们就称这两个方格相邻。若与填5的方格相邻的方格里的数字和是21，那么与填4的方格相邻的方格里的数字和是＿＿＿＿＿＿＿。

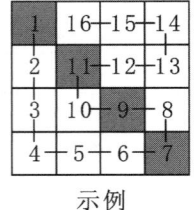

第15题图

四、填空题Ⅳ

16．开、心、麻、花、团、队这6个汉字分别代表1、2、3、4、5、6中的一个数字，其中"开心"、"麻花"和"团队"各代表一个两位数，已知：

(1) $\overline{开心}+\overline{团队}=61$。

(2) $\overline{麻花}+\overline{团队}=66$。

那么，开＋心＋麻＋花＝＿＿＿＿＿＿＿。

17．如题图，有一个4×4的方格表，爸爸想让豆豆将1～16这16个数字填入方格表中，要求填完后可以按着1～16的顺序将所有的方格串联起来，有公共边的两个方格才可以串联，并且1和16所在方格必须相邻，那么四个阴影方格中所填数之和最大是＿＿＿＿＿＿＿。

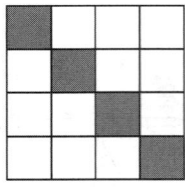

第17题图

3 年级

一、填空题 I

1. 计算：$16+69+64+31=$ _____ 。

2. 有两根长度一样的绳子，第一根剪掉 5 米，第二根剪掉 15 米。结果剩下的绳子，第一根的长度是第二根的 3 倍，那么原来每根绳子长 _____ 米。

3. 找规律填数：1，2，4，6，9，12，15，19，23，_____ ，31，36，41。

4. 题图中共有 _____ 个正方形。

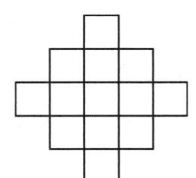

第 4 题图

5. 图中能一笔画成的是 _____ 。（填选项）

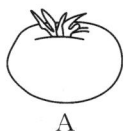   
A　　　　　　B　　　　　　C　　　　　　D

6. 卡奇王国有座琉璃桥，由 15 块长方形的琉璃铺成，每块琉璃的长度为 2 米。为了欢迎国王的到来，现准备在桥的两侧挂上彩旗，每隔 1 米挂一面彩旗，两端都挂。一共可以挂 _____ 面彩旗。

7. 题图所示图形由 30 根火柴棒拼成，如果拿掉其中 2 根火柴，剩下的图形中最少有 _____ 个三角形。

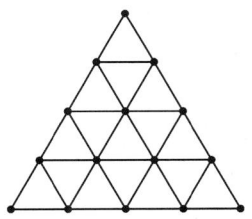

第 7 题图

8. 某文具店进行促销活动，买 5 支铅笔赠送一块橡皮，买 4 支圆珠笔也赠送一块橡皮。王老师买完以后，发现自己一共有 10 块橡皮，并且铅笔的数量比圆珠笔多 14 支，那么王老师一共买了 _____ 支铅笔。

二、填空题 II

9. 计算：$3+6+9+12+\cdots+27=$ _____ 。

10. 15 位老师排队打疫苗。从前往后数，王老师是第 12 个；从后往前数，李老师是第 9 个。那么王老师和李老师之间有 _____ 人。

11. 猪猪侠拼了一个拼图,如图(1)所示。超人强想把拼图改成图(2),但只有相邻方格(相邻指有公共边)的数字才能进行交换,那么超人强至少要进行_____次交换。

1	4	5
2	3	6

(1)

1	2	3
4	5	6

(2)

第11题图

12. 康康妈妈的生日到了,康康决定用自己积攒的零花钱为妈妈买一束鲜花。一束鲜花160元。康康的储钱罐里有100元、50元、20元、10元的纸币各5张,在不找钱的情况下,康康共有_____种不同的付钱方法。

13. 数学课上,康康、豆豆、禾禾表现优异,老师根据课堂表现一共奖励三个人37个奖杯。已知康康得到的奖杯数量比豆豆与禾禾之和少3个,豆豆得到的奖杯数量是禾禾的2倍少4个,那么豆豆得到了_____个奖杯。

14. 老师和小木、小林和小森玩猜纸牌游戏,这三个小朋友都很聪明且从不说谎。老师告诉小朋友们:"我有6张纸牌,纸牌上的数字分别为1、2、3、4、5、6。"然后给每个小朋友分了2张牌(每个小朋友只能看到自己的2张牌,看不到其他人的牌)。

小木看了自己手中的牌,说:"我手中的牌,一张牌是另外一张牌的两倍。"

小林听了后,说:"那我知道小木手里的牌是哪两张牌了。顺便告诉你们,我两张牌的和比小木的小,比小森的大。"

那么小森的两张牌数字之和是_____。

三、填空题Ⅲ

15. 春天来了,花园里开满鲜花。定义△、○运算:

桃花△玉兰花=桃花,梨花△月季花=梨花,玉兰花△月季花=玉兰花,月季花△桃花=月季花;

玉兰花○桃花=桃花,月季花○梨花=梨花,梨花○玉兰花=玉兰花,桃花○月季花=月季花。

对于以上运算可以混合运算,运算法则从左到右,小括号优先算。

那么,月季花△(梨花○桃花)○桃花△(梨花○玉兰花)=_____。
(填选项)

A. 桃花　　　B. 梨花　　　C. 玉兰花　　　D. 月季花

16. 小张、小王和小梁去超市里买一个西瓜。如果只用小张的钱去买,则缺19元;只用小王的钱去买,则缺14元;而三人带的钱凑在一起,则多2元。已知小梁带了7元,那么这个西瓜的价格是_____元。

17. 如题图，一只小乌龟沿长 6 分米、宽 4 分米、高 5 分米的长方体爬行。如果它只能进不能退，并且同一条棱不能爬两次，那么它最多能爬_____分米。

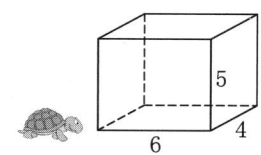

第 17 题图

18. 将 1～5 这 5 个数字填入方格中，规则如下：

(1)方格中横行和竖行 1～5 的数字不能重复出现。

(2)黑点两边一个数字是另一个的 2 倍，白点两边的数字必须是连续的数字。

(3)边上没有白点、黑点的两侧数字一定不满足连续或 2 倍的规则。

那么 $\overline{ABCDE}$ = _____。

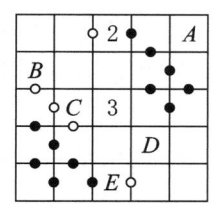

第 18 题图

四、填空题 Ⅳ

19. 数学考试结束后，小明、小红、小丽、小强四人一起讨论分数。

小明说："我的分数是一个大于 90 分的奇数。"

小红说："我的分数比小强多 4 分。"

小丽说："我比你们三个的平均分少 3 分。"

小强说："小明的分数比我少 4 分。"

已知试卷满分是 100 分，那么小丽考了 _____ 分，小红考了 _____ 分。

20. 根据画出的前 4 个图的规律，第 8 个图中共有_____个圆点，第 10 个图中共有_____个圆点。

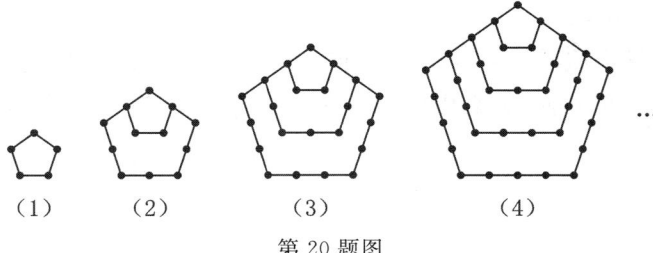

第 20 题图

4 年级

一、填空题 I

1. 算式 2021×4＋2020 的结果是_____。

2. 如图是一个正八面体,该图形有_____个顶点,_____条棱。

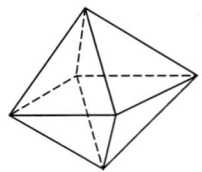

第 2 题图

3. 猪妈妈买了 10 块巧克力,要分给佩奇和乔治,要求每人至少分 3 块,共有_____种分法。

4. 哈利与赫敏一起对抗食死徒,哈利比赫敏少击杀 2 个食死徒,且两人一共击杀 112 个食死徒。那么哈利击杀了_____个食死徒。

5. 灰太狼调集了一群大灰狼攻打羊村,狼群刚好站成一个 6×6 实心的方阵。灰太狼担心人手不足,又调来若干只狼排成了一个更大的方阵,那么灰太狼最少再调来_____只狼。

6. 某社区组织飞行棋比赛,已知社区共有 64 人参赛,且 20 场比赛同时进行。有 2 人的一对一赛,也有 4 人的混合赛。那么有_____场一对一赛。

7. 某厂家要回收桃核,生产桃核雕刻产品,所以推出"5 个桃核可以换 1 个桃"这项活动。已知优优从家里翻出 40 个桃核,那么优优最多可以换到_____个桃。(可以借桃核,但是要还清)

8. 如图,在 Rt△ABC 中,E、F 分别为 AC、BC 边的中点,沿着 EF 对折,点 C 刚好与点 B 重合。已知∠1＝60°,那么,∠2 等于_____°。

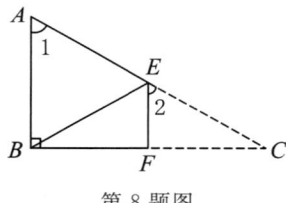

第 8 题图

二、填空题 II

9. 算式 22×78＋22×22 的结果是_____。

10. 优优想从 4 个不同的表情"😲😖😊😆"中选出三个表情画入圆圈中。已知有线段相连的两个圆圈的表情不能相同,那么优优一共有_____种画法。(图形固定,不能旋转)

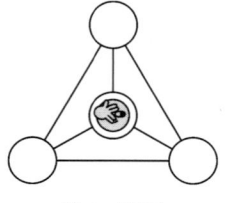

第 10 题图

11. 狮驼岭青狮、白象、大鹏三兄弟的金库财宝众多。青狮施法一次可将金豆数量先减少 5 颗再变为 6 倍,白象施法一次可将金豆数量先变为 8 倍再减少 42 颗,大鹏施法一次可将金豆数量变为原来数的平方[例如原来是 7 颗,施法后变为 $7^2=7\times7=49$(颗)]。某天,青狮和白象轮流对金豆各施法 5 次,最后大鹏再施法 1 次,最终金豆数量变为 36 颗,那么原来有_____颗金豆。

12. 学校给老师们买了一些橘子,已知男老师比女老师多 4 名。若将所有橘子都分给男老师,则每个男老师分 3 个,还剩余 7 个;若将所有橘子都分给女老师,则每个女老师分 4 个,还剩余 4 个。那么学校买了_____个橘子。

13. 如图,有一个正方形的花坛,将一些相同的长方形瓷砖围在花坛周围,组成一个大正方形。已知大正方形的周长是 72 厘米,小正方形的周长是 48 厘米。那么小长方形瓷砖的周长是_____厘米。

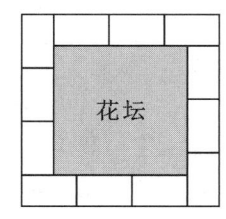

第 13 题图

14. 小小心里想了一个四位数,让大家猜。

小小:"我心里想的是一个四位数,而且各个数位上的数字互不相同。"

豪豪:"我猜是 1234。"

小小:"猜对了两个数字,而且在它们各自正确的数位上。"

鹏鹏:"我猜是 5678。"

小小:"我的四位数里面没有这 4 种数字。"

锟锟:"我猜是 3019。"

小小:"猜对了两个数字,但是不在它们正确的数位上。"

桦桦:"我猜到答案了,答案是_____。"

三、填空题 Ⅲ

15. 某条公交线路上有 A、B、C、D、E、F 六个站牌,公交车从始发站 A 站出发,之后在每一站都停靠,到终点 F 站停靠后原路返回 A 站(返回时每站也都停靠)。如此往返,第 2021 次停车是在_____站。(填写字母)

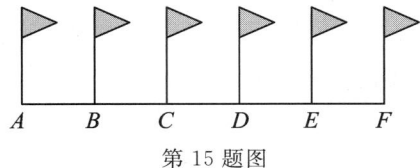

第 15 题图

16. 大型出租客运汽车使用年限为 12 年,超过使用年限必须报废处理。一辆大型出租客运汽车第一年运营收入 100 万元,但是需要花费 2 万元管理费;往后每年运营收入减少 5 万元,管理费上涨 1 万元。购买一辆这样的汽车需要花费 200 万元,那么这辆车从购买到报废一共能赚_____万元。

17. 锟锟对桦桦说:"当你像我现在这么大时,我们俩的年龄和是69岁;当我像你现在这么大时,我的年龄恰好是你的2倍少3岁。"那么桦桦现在的年龄是_____岁。

18. 题图是一个除法竖式,那么这个算式的被除数是_____。

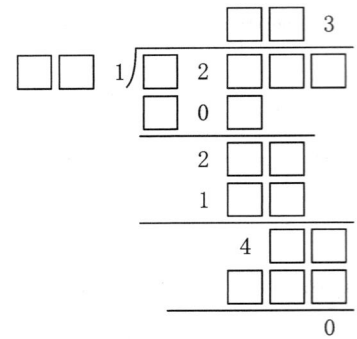

第18题图

四、填空题Ⅳ

19. 如图所示,图形由30根火柴棒拼成。

(1)图中一共有_____个三角形。

(2)如果拿掉其中1根火柴,剩下的图形中最少有_____个三角形。

(3)如果拿掉其中2根火柴,剩下的图形中最少有_____个三角形。

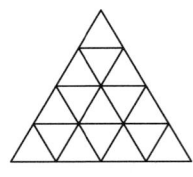

第19题图

20. 豪豪有7块立方体积木,某天他发现他摆出来的物体的正视图如图所示。

摆放要求:积木不能悬空,且每个小立方体都至少有一个面与其他小立方体相贴。

(1)该物体的左视图(从左面看)不可能是_____。(填选项)

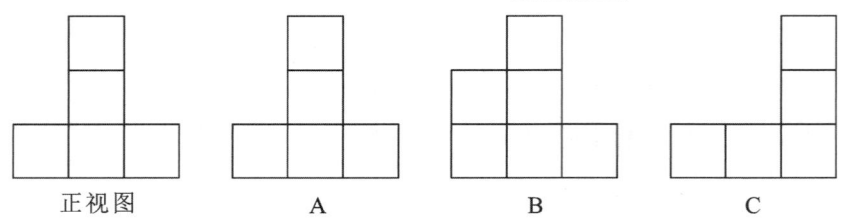

第20题图

(2)豪豪摆出的物体有_____种情况。(三视图不完全相同则视为不同情况)

5年级

一、填空题 Ⅰ

1. 计算：$2020 \times 202.1 - 2021 \times 201 =$ _____。

2. 鹏鹏在游戏里花了420宝石购买了9个宝箱，其中每个大宝箱30宝石，每个超级宝箱80宝石，那么其中大宝箱有_____个。

3. 庆庆画了个飞机的俯视图，如图所示，经测量知$\angle 1 = 111°$，$\angle 2 = 82°$，$\angle 3 = 104°$。那么$\angle 4 =$ _____°。

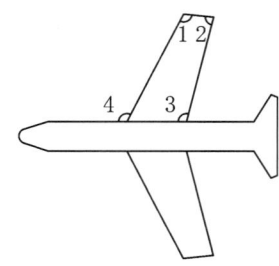

第3题图

4. 音乐节上，五(3)班的同学排练了中英文混合版《小星星》，这首歌一共有48句歌词，其中包含中文的歌词32句，包含英文的歌词24句，那么同时包含中英文的歌词有_____句。

5. 一副扑克牌共54张(含大小王)，至少要从中抽出_____张，才能保证其中有2张牌的点数为相邻的自然数。(J、Q、K视为11、12、13)

6. 睿睿、静静两人带着相同数量的钱一起去买包子。睿睿花光了自己所有的钱，还向静静借了24元，刚好买了12个，静静剩下的钱恰好还可以买9个，那么睿睿带了_____元钱。

7. 马里奥想测试自己的速度，假设他的速度是匀速且不变的，顺风跑90米花费了10秒，在同样的风速下逆风跑70米，也花费了10秒，那么在无风时他的速度是_____米/秒。

8. 正方形$ABCD$的边长为6，$AE + CG = 3$，$HD + BF = 8$，则阴影部分$EFGH$的面积是_____。

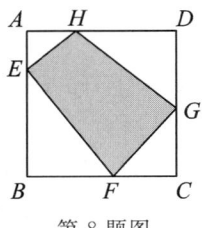

第8题图

二、填空题 Ⅱ

9. 计算：$4443 \times 3333 =$ _____。

10. 球球最近要减肥，在能量的总摄入量不变的情况下，调整了自己的食谱，其中蛋白质、脂肪、碳水化合物的比例由$1:2:3$调整为$3:1:1$。若蛋白质的摄入量增加了1040kJ，那么其中脂肪的摄入量降低了_____kJ。

11. 潇潇、小孔两人在环形跑道上练习跑步。假设两人的速度一直保持不变，若两人都按顺时针方向跑，则每9分钟潇潇追上小孔一次；若小孔改成按逆时针方向跑,则每隔 6 分钟相遇一次。那么小孔跑一圈需要_____分钟。

12. 端午节到了,小小老师带着刚上幼儿园的泉泉给图中的"粽子"染色。泉泉手里有 5 种颜色的画笔,若小小老师要求相邻的两块不能染同一种颜色,那么泉泉有_____种染色方法。

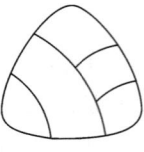

第 12 题图

13. 四个质数的倒数之和是 $\dfrac{15047}{20210}$,那么这四个质数的和为_____。

14. 如图,在乘法竖式的每个空格中填入一个数字,使其成为正确的竖式,那么所得的乘积应该是_____。

$$\begin{array}{r} 2\ 0\ \square \\ \times\ \ \square\ \square \\ \hline \square\ \square\ 2 \\ \square\ \square\ \square \\ \hline \square\ 1\ \square\ \square \end{array}$$

第 14 题图

三、填空题 Ⅲ

15. 华华和琴琴分别从相距 24 千米的两地同时出发相向而行。华华的速度是 4 千米/时,琴琴的速度是 2 千米/时。与华华同时、同地、同向出发的还有一只小狗特丽莎,速度为 6 千米/时,特丽莎碰到琴琴后就调头跑向华华,碰到华华后就调头跑向琴琴……直到华华、琴琴两人相遇为止,那么特丽莎跑向琴琴的距离之和是_____千米。

16. 已知一个数的 5 倍共有 5 个因数,那么这个数的 50 倍共有_____个因数。

17. 静静老师带领 6 名小朋友排成一队去做核酸检测,其中有 3 名男生和 3 名女生,要求静静老师必须站在队伍正中间,小朋友中 3 个男生互不相邻、3 个女生互不相邻,那么一共有_____种不同的排队方式。

18. 用 0～9 各一个数字组成算式 □□□×□□□－□□×□＋□,那么算式结果的最小值为_____。

四、填空题 Ⅳ

19. 如果一个数的平方等于它所有因数之积,则将这个数叫作"优才数"。那么最小的 10 个"优才数"之和为_____。

20. 如图,△ABC 的面积为 12,E、F 分别为 BC、AC 的中点,连接 AE、BF 交于点 D,四边形 DCNF、DCME 均为平行四边形,则 △ABD、△BEM、△CMN、△ANF 的面积之和为_____。

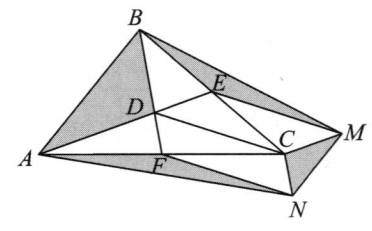

第 20 题图

一、填空题 Ⅰ

1. 计算：$99 \times \dfrac{5}{8} - 0.625 \times 67 =$ _____。

2. 有一个数，除以 18 余数为 13，那么这个数除以 6 余数为_____。

3. 五(1)班的男生比女生多 $\dfrac{1}{4}$，如果男生有 20 人，女生有_____人。

4. 某商店购进某种钢笔，老板加价 20% 出售，每支卖 30 元，那么每支钢笔的进价为_____元。

5. 题图是由 3 个 2×4 的长方形和 2 个相同的 $\dfrac{1}{4}$ 圆构成，那么图中阴影部分的面积为_____。

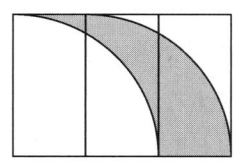

第 5 题图

6. 有一批图书总数在 100 本以内，若按 10 本书包成一捆，则最后一捆差 1 本；若按 9 本书包成一捆，最后一捆差 2 本书。那么这批图书共有_____本。

7. 课间，A、B、C、D、E、F 六人分成红、蓝、绿三组，每组两人玩对抗类游戏，一共有_____种不同的分法。

8. 一条河流边上有两个港口，A 在上游，B 在下游，甲、乙两船分别从 A、B 两个港口相对开出，往返行驶。静水中，甲船每小时行 60 千米，乙船每小时行 70 千米。若河流的水速为每小时 5 千米，两船的前两次相遇地点相距 20 千米，那么 A、B 两港之间的距离为_____千米。（掉头时间忽略不计）

二、填空题 Ⅱ

9. 计算：$177 \times \dfrac{46}{149} - 56 \times \dfrac{47}{149} + 28 \times \dfrac{48}{149} =$ _____。

10. 一次测试，5 个人做若干道判断题，结果发现，任意两人至少有一题都没有做对，而任意三人都没有都做错的题，那么这次测试至少有_____道题。

11. 一个四位数，它的前两位组成的两位数能被 3 整除，后两位组成的两位数能被 4 整除，这样的四位数有_____个。

12. 已知 n 是 1～2021 中的某个自然数，若 n 的 72 倍是一个完全平方数，那么 n 的最大值为_____。

13. 办公室里有三桶相同大小的桶装饮用水，其中 A 桶水的剩余水量是 B 桶水剩余水量的 $\dfrac{5}{6}$，B 桶水的剩余水量是 C 桶水剩余水量的 $\dfrac{2}{3}$，此时三桶水总剩余水量恰为两桶原有水量。若每桶水原有水量为 20 升，那么此时 C 桶比 A 桶水多_____升。

14. 如图,BC 与 DE 平行,DM=MP=6,PN=8,则 EN 的长为_____。

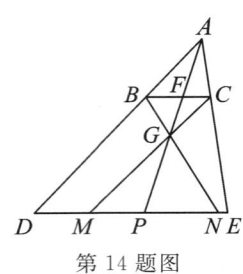

第14题图

三、填空题 Ⅲ

15. 老师将分别写有 2688、688、68、6 的四张卡片并排摆在桌子上,之后小睿把这四个数的十个数码逐一擦掉。如果老师要求必须先擦位数最多的数的最小数码(如果位数相同,则任选一个操作,如当位数最多的数为 123、645 时,可擦 123 的 1 变成 23 或可擦 645 的 4 变成 65),那么这 10 个数字的擦除顺序有_____种不同的情况。

16. 有 2021 个数,每个数为 0 或 1。如果要求把这些数以任意的方式排列在圆周上时,总能找到 10 个连续的数都是 1,那么这些数中最多有_____个 0。

17. 将 1~9 中的某些数字填入算式 $(\overline{AB}-C) \div D \times (\overline{EA}-F^2) = 2021$ 中,相同的字母代表相同的数字,不同的字母代表不同的数字,其中 $C、D、\overline{AB}、\overline{EA}$ 均为质数,那么 $\overline{ABCDEF}$ 所代表的六位数是_____。

18. 五年级一班某次考试后,A、B、C、D、E、F 分别为 1~6 名,老师让他们站成一圈,然后只告诉每个人他相邻两人各自获得的名次,接下来他们依次进行如下对话:

A 说:"我边上两人的名次之和为奇数。"

B 说:"听了 A 的话以后,我知道他和我的名次都是偶数。"

C 说:"我边上两人的名次之和为 6。"

D 说:"我边上两人的名次之和为 5。"

E 说:"现在,我知道我是第 1 名了。"

如果这 6 人足够聪明,且说的都是真话,那么 A、B、C、D、E、F 这 6 人的名次从左到右组成一个六位数,这个六位数是_____。

四、填空题 Ⅳ

19. 甲、乙两车分别从 A、B 两地同时出发,相向而行。出发时,甲、乙两车的速度比是 5:6,相遇后,两车速度都减少 20%。又过了 6 分钟,甲车遇到了从 B 地出发开往 A 地的丙车。相遇后,甲、丙两车的速度都增加 50%,这样,当甲车到达 B 地时,乙、丙两车同时到达 A 地。那么丙车一共行驶了_____分钟。

20. 如图,在长方形中,E 是边 BC 的中点,且 $GF = \frac{1}{3}DC$,若 $S_{四边形AHFD} = S_{四边形ECGH} = 142$,

(1) 线段 CG 的长度是线段 DF 长度的_____倍。

(2) 长方形的面积为_____。

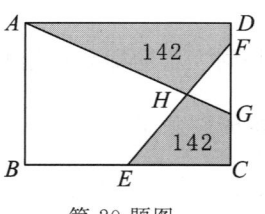

第20题图

2021年 南京市第十五届"时代杯"数学文化节活动

3年级

1. 神机妙算 计算下面各题。

5×110＝_____   850×6＝_____

642÷6＝_____   870÷3＝_____

7625＋257－1625＝_____

2018＋2019＋2020＋2021＋2022＝_____

2. 平移重合 _____的两个图形经过平移可以重合。

A

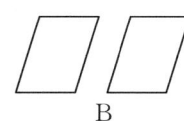
B

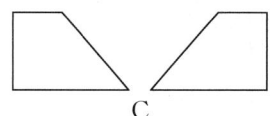
C

3. 车来车往 下面是某路口某天下午统计的机动车辆来往情况。_____的辆数最多。

大客车	小汽车	面包车
正一	正正下	正正

A. 大客车   B. 小汽车   C. 面包车

4. 搭配条件 知道条件_____和_____,就可以求出"一共运来了多少瓶矿泉水"。

   A. 运来了8箱矿泉水   B. 每瓶矿泉水3元

   C. 每箱矿泉水12瓶   D. 还有12箱矿泉水没有送来

5. 围长方形 按记号折,能围成一个长方形的铁丝是_____。

A. ├──┼──┼──┼──┼──┤

B. ├──┼──┼──┼──┼──┤

C. ├──┼──┼──┼──┼──┤

6. 对折剪纸 如图,将一张正方形纸对折、再对折,然后从中间剪掉一个圆。打开后,正方形纸上一共有_____个圆。

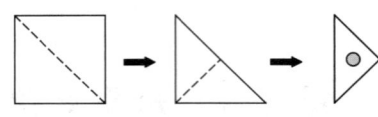

第6题图

7. 同一个数 在□里填上一个相同的数,使算式成立。

＝65

8. 数棋子 三堆棋子共99颗。其中第二堆棋子的数量是第一堆的2倍,第三堆棋子的数量是第二堆的3倍,第三堆棋子有_____颗。

9. 烤肠和饭团 便利店售卖烤肠和饭团。一根烤肠4元钱,一个饭团6元钱。下面组合_____中,烤肠和饭团花的钱一样多。

A. 12根烤肠和18个饭团   B. 12根烤肠和12个饭团

C. 18根烤肠和18个饭团   D. 18根烤肠和12个饭团

10. 视觉推理 题图是一个科技馆的俯视图,每个"○"表示A、B、C、D四人中的一个人,在科技馆中央有一根石柱。如果A看不到任何人,B只能看到C,C既可以看到B也可以看到D,D只能看到C。那么,_____在点P。(填A、B、C或D)

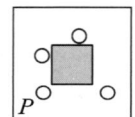

第10题图

11. 铺地锦 我国明朝的《算法统宗》里讲述了一种"铺地锦"的乘法计算方法。例如,计算62×37＝2294的方法如题图(1)所示。

请按照这样的方法计算26×43,并在图(2)中的每个（ ）里填上合适的数。

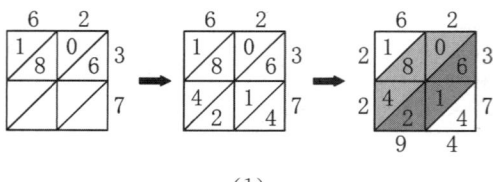

（1）   （2）

第11题图

12. 大学校徽 法国巴黎高科路桥大学是法国高级工程师的摇篮,也是法国最顶尖的工程师学校之一,学校的校徽如图所示。

图中一共有_____个三角形,图中最小的三角形的大小是最大的三角形的_____(填分数)。

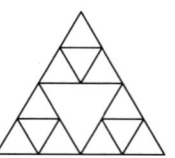

第12题图

13. 图形周长 大长方形中有一个小正方形,根据题图中信息,可以求出大长方形的周长是_____厘米。

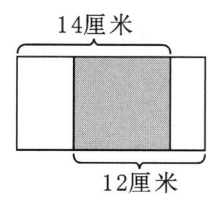

第 13 题图

14. 布朗克家族 布朗克家族的兄弟姐妹很多,姐姐贝玲、弟弟安东是其中两位。姐姐贝玲说:"我的姐妹人数正好比我的兄弟多2人。"那么,安东的姐妹人数比安东的兄弟多_____人。

15. 数形结合 古希腊的数学家们将自然数按照以下方式与多边形联系起来。

三边形数:1,3,6,10,15,…

四边形数:1,4,9,16,25,…

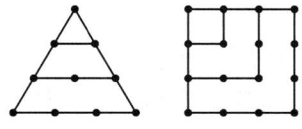

第 15 题图

按照上面的规律,第 10 个三边形数为_____,第 10 个四边形数为_____。

4 年级

1. 神机妙算 计算下面各题。

540÷[(80－77)×15]＝_____

66666×99999÷11111÷11111＝_____

100000÷25÷125÷4÷8＝_____

2. 平行线段 题图中一共有_____组互相平行的线段。

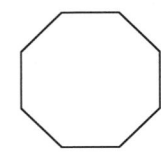

第2题图

3. 除法试商 566÷□7，要使商是两位数，□里最大能填_____，此时商是_____，余数是_____。

4. 水壶倒水 用一个杯子向空水壶里倒水。如果倒进2杯水，连壶重500克；如果倒进5杯水，连壶重860克。每杯水重_____克，空水壶重_____克。

5. 获胜的可能性 小华和小玲玩游戏，每人每次同时出1~3中的一个数。如果两人出的数相加，和是单数就算小华赢，和是偶数就算小玲赢。那么，小华赢的可能性_____。

A. 比小玲大　　B. 比小玲小　　C. 与小玲一样大　　D. 无法确定

6. 剪绳子 把一条绳子对折后，从中间剪断，就成了_____段。把一条绳子对折后再对折，从中间剪断，就成了_____段。把一条绳子对折3次后，从中间剪断，就成了_____段。

7. 最佳解答 中超第12轮比赛前，上海上港队发布了"最佳解答"的海报。如图，不同图案代表不同数字，那么第三行算式的结果最大是_____。

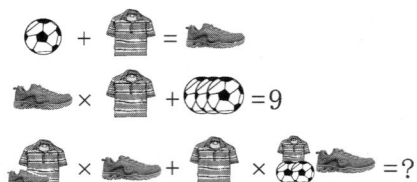

第7题图

8. 三军仪仗扬国威 2020年6月，中国人民解放军三军仪仗队震撼亮相俄罗斯。已知北京时间比莫斯科时间早5个小时。仪仗队乘飞机于北京时间14:00从北京起飞，6小时后到达莫斯科，这时当地时间是_____。（24时计时法）

9. 火星移民 有4个不同的人参与火星移民计划。如果他们将被分成3批前往火星，那么，一共有_____种不同的前往方式。

10. 交通事故 在一条高速公路上，前车以每小时90千米的速度匀速行驶，后车以每小时108千米的速度行驶。后车刹车突然失控，车速不变，并在鸣笛5秒后撞上前车，那么鸣笛前，两车相距_____米。

11. 摆正方形 先数一数,再填一填,发现规律并回答问题。

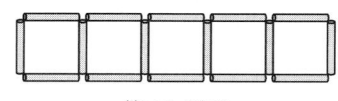

第 11 题图

(1)把下列表格填写完整。

正方形的个数/个	需要小棒的根数/根
1	4
2	7
3	
4	
5	

(2)这样摆 20 个正方形,需要_____根小棒。

(3)现在有 2021 根小棒,可以摆_____个这样的正方形。

12. 最少运费 如图所示,在一条公路上,每隔 10 千米有一座仓库,共有五座,图中数字表示各仓库库存货物的质量。现在要把所有的货物集中存放在一个仓库里。

```
10吨    30吨    20吨    20吨    60吨
─●──────●──────●──────●──────●─
 A      B      C      D      E
```

第 12 题图

(1)集中到仓库_____运费最少。

(2)如果每吨货物运 1 千米需要运费 1 元,运费最少是_____元。

13. 统计顾客 芳芳爸爸经营着一家咖啡奶茶店,一天回到家,爸爸拿出一张顾客统计单,从表中可以看出顾客的总人数是_____人。

喝咖啡的人数/人	13
喝奶茶的人数/人	16
既喝咖啡又喝奶茶的人数/人	8

14. 步行时间 张老师从甲地到乙地。如果骑车,3 小时可以到达;如果步行,需要 30 小时。有一天,张老师骑车从甲地到乙地,2 小时后车坏了,张老师只好步行,还需步行_____小时才能到达乙地。

15. 数形结合 古希腊的数学家们将自然数按照以下方式与多边形联系起来。

四边形数:1,4,9,16,25,…

五边形数:1,5,12,22,35,…

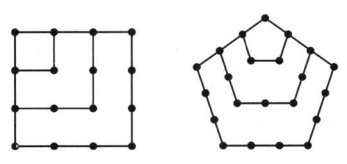

第 15 题图

按照上面的规律,第 10 个四边形数为_____,第 10 个五边形数为_____。

5年级

1. 神机妙算 计算下面各题。

9.72＋12.35＋10.28－5.35＝_____

14.28÷3.5÷2＝_____

0.8×0.25×0.4×12.5＝_____

2.021×2021000＋20.2×202000－202.1×20200－2020×2019＝_____

2. 潜水之王 柯氏喙鲸被称为"哺乳动物潜水之王"。一头柯氏喙鲸下潜到了海拔－2992米处，排名第二的南象海豹只能下潜到其上方604米处。南象海豹所在的位置是海拔_____米。

3. 分割图形 如题图所示，一个长方形的每一条边都被点平均分成了4份。请用一条线段连接其中两个点，将长方形分成一个三角形和一个梯形，并使分成的梯形面积是三角形面积的3倍。

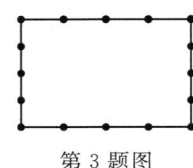

第3题图

4. 火车过桥 南京长江大桥是南京的标志性建筑、江苏的文化符号，被列为新金陵四十八景。南京长江大桥全长6800米，一列火车长760米，车速为每小时180千米，这列火车通过南京长江大桥需要_____秒。

5. 苹果橘子 小红用27.2元正好可以买5千克苹果和4千克橘子，结果她把要买的水果的质量弄颠倒了，最终剩下0.4元。则橘子每千克_____元。

6. 光盘行动 某自助餐厅的收费标准是每人50元。为响应国家"勤俭节约"的倡议，现推行"光盘行动"。如果客人达到"光盘"要求，则奖励5元；若未达到"光盘"要求，则罚款20元。某天晚上共有120人前来用餐，共收入5650元。用餐的人中有_____人没达到"光盘"要求。

7. 分段计费 如题图所示，李老师和张老师一起从希望小学出发，顺路合乘一辆出租车，张老师去实验小学，李老师去光明小学。两人商定出租车费同行部分由两人分摊，多行部分自己承担。已知出租车的车费标准为0～3千米（包括3千米）7元；超过3千米的部分每千米2.5元。李老师承担车费_____元，张老师承担车费_____元。

希望小学 ├──5千米──┤ 实验小学

希望小学 ├────────15千米────────┤ 光明小学

第7题图

8. 缺8数 12345679被称为"缺8数"，它有许多有趣的性质。比如，12345679×9＝111111111，那么，12345679012345679×9的积中有_____个1。

9. 四面碰壁 如题图所示，小球 P 从 $(0,3)$ 出发，沿着箭头所示方向运动，每当碰到长方形的边时就会反弹。当小球 P 第 2020 次碰到的长方形的边时，小球 P 的位置用数对表示是_____。

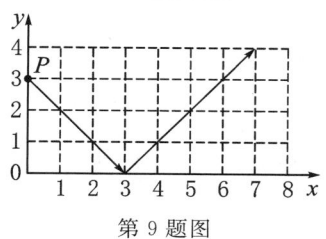

第 9 题图

10. 分割图形 把下面的多边形分成三角形，最少能分成多少个？

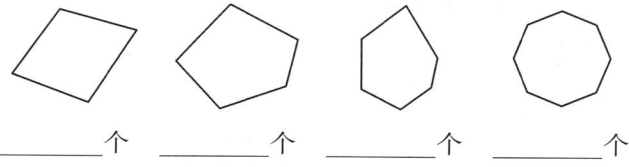

____个　____个　____个　____个

请用一个等式表示分割成的三角表的数量 K 与多边形的边数 n 之间的关系：_____。

再想一想，多边形的内角和 H 与多边形的边数 n 之间的关系：_____。

11. 猜年龄 已经退休的爷爷的年龄的平方数是一个四位数，有趣的是，这个四位数的个位数字与十位数字相同，百位数字与千位数字相同。爷爷今年____岁。

12. 巧算成绩 题图是李斌、王欢和朱桂三人期末考试成绩的统计图。已知三人的语文平均成绩比三人的数学平均成绩少 1 分，朱桂的语文成绩和数学成绩一共是 186 分。朱桂的语文成绩是____分，数学成绩是____分。

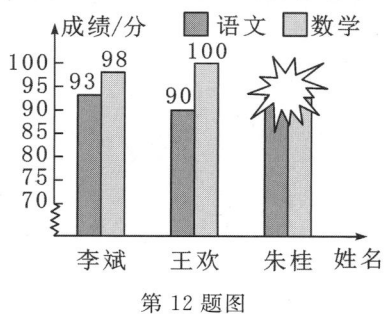

第 12 题图

13. 剪方块 从题图中剪下一个如涂色所示的五联方块，有____种不同的剪法。（五联方块不允许翻转，但允许旋转）

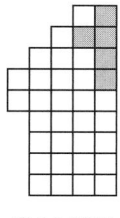

第 13 题图

14. 糊涂的商人 一位商人发现自己收藏的一幅名画不翼而飞,有盗窃嫌疑的有管家、保姆和秘书三人。三人进行了激烈的辩解。糊涂的商人只听懂了下面的信息。

管家说:"我可没偷画,而且我知道保姆没撒谎。"

保姆说:"秘书在撒谎,画是秘书偷的。"

秘书说:"除了我,其他两人说的都是假话。"

最终破案后,发现三人中只有一人说了真话。根据以上信息判断,_____偷了名画。

15. 类比推理 有一次,鲁班进深山砍树木时一不小心,手被一种野草的叶片划破了,渗出血来。他摘下叶片轻轻一摸,原来叶片两边长着锋利的齿。鲁班从这件事上受到启发,发明了锋利的锯子,提高了工作效率。鲁班用类比的方法发明了锯子。类比也是数学发现的重要方法之一。

$2+4=6=2\times 3$

$2+4+6=12=3\times 4$

$2+4+6+8=20=4\times 5$

$2+4+6+8+10=30=5\times 6$

请你利用类比推理的方法,完成填空:

$1+3+5+7+9+\cdots +19=$ _____ $=$ _____ $\times$ _____。

6年级

1. 神机妙算　计算下面各题。

$\dfrac{1}{3} \times 4\dfrac{4}{5} \div 3\dfrac{5}{9} =$ _____

$\dfrac{5}{6} \times 0.25 + \dfrac{1}{4} \times \dfrac{1}{6} =$ _____

$\dfrac{9}{20} \div 6 + \dfrac{1}{6} \times \dfrac{1}{20} =$ _____

$\dfrac{1}{5} + \dfrac{1}{10} + \dfrac{1}{20} + \dfrac{1}{40} + \cdots + \dfrac{1}{1280} =$ _____

2. 国土无双　钟南山院士出生于江苏南京,他出生的年份是20世纪唯一的一个平方数。为表彰他在疫情防控中做出的巨大贡献,2020年国家授予他"共和国勋章"。钟南山院士获得"共和国勋章"时的年龄是_____岁。

3. 求表面积　一堆积木是由18块边长是2厘米的小正方体堆成的。它的表面积是_____平方厘米。

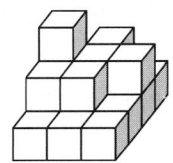

第3题图

4. 测影知高　小明和姐姐测量学校旗杆的高度,在一个阳光明媚的中午,他们测得小明的影长为0.4米。同一时间,旗杆的影子一部分落在地面上,一部分落在墙上,测得旗杆落在地面上这部分的影长为3米,旗杆落在墙上那部分的影长为2米。已知小明的身高为1.6米,那么旗杆高_____米。(太阳光近似认为是平行光)

5. 盈亏问题　某商店同时卖出两件商品,每件各得30元,其中一件盈利20%,另一件亏本20%。这个商店卖出这两件商品总体上是_____(填"亏本"或"盈利"),与两件商品的进货价相差_____元。

6. 行程记录　王阿姨从公司下班,先坐公交车到菜市场买菜,再步行回家。图(1)和图(2)记录了她的行程。王阿姨从公司下班、买菜后回家,一共用了_____分钟。王阿姨买菜后步行回家,平均每分钟约走_____米。

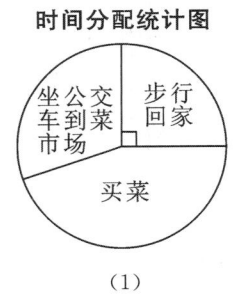 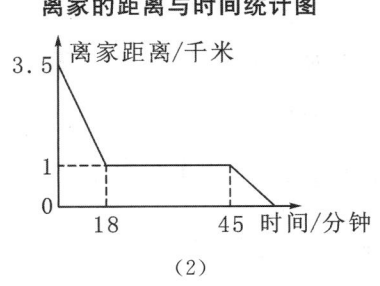

(1)　　　　　　(2)

第6题图

7. **兴趣多多** 光明小学六年级学生参加课外兴趣小组,有绘画、摄影、象棋三个兴趣小组,每人限报一个。报名绘画的人数和报名摄影的人数比是5∶3,报名摄影的人数和报名象棋的人数比是4∶7。已知报名象棋的人数比报名绘画的人数多1人,光明小学六年级参加课外兴趣小组的共有_____人。

8. **杨辉三角** 我国_____(填朝代)数学家杨辉在公元1261年撰写了《详解九章算法》,他在这本著作中画了一个由数构成的三角形图,我们把它称为"杨辉三角"。请把题图截取的部分"杨辉三角图"填完整。

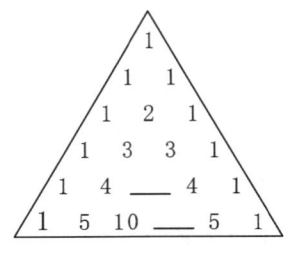

第8题图

9. **最短路径** 南京八卦洲湿地公园是经江苏省林业局批复设立的省级湿地公园,地理位置如题图所示。一位志愿者要先到长江A岸,然后再去长江B岸,最后回到小屋休息。但是他怕走的路太多,想找到最短的路线,请同学们在图中帮他画出。(保留作图痕迹)

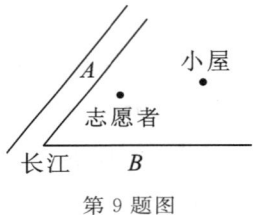

第9题图

10. **黑白拼图** 奇奇用■和□两种卡片摆出如图所示的白围黑的"围城"拼图:

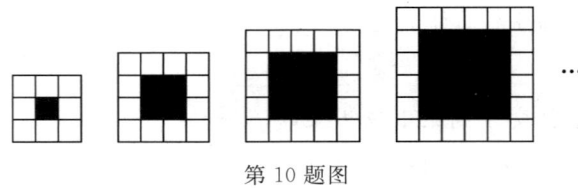

第10题图

(1) 照这样接着摆下去,如果图形中用了 n^2 个■,那么用了_____个□。

(2) 如果奇奇围成的图形用了200个□,那么需要_____个■。

11. **工程测算** 有一项工作,如果甲、乙、丙三人合作,4小时可以完成;如果甲做4小时后,乙、丙合做2小时,可以完成这项工作的 $\frac{13}{18}$;如果甲、乙合做2小时后,丙再做4小时,可以完成这项工作的 $\frac{11}{18}$。这项工作如果由甲、丙合做需要_____小时完成。

12. 最大容积 用一块长40厘米、宽20厘米的铁皮,进行适当裁切和焊接,制成一个高5厘米的长方体无盖容器。这个容器最大能盛水_____升。

13. 时钟问题 小俞在正午的时候看了一眼家里的时钟,发现时针与分针重合,那么时针与分针下一次重合是_____时_____分。

14. 推算日历 某个月有3个周三的日期是质数,那么下个月第11天是周_____。

15. 干支纪年法 我国除了用公元纪年法外,在很多场合还采用干支纪年法表示年份。

天干有10个,依次循环:甲乙丙丁戊己庚辛壬癸。

地支有12个,依次循环:子丑寅卯辰巳午未申酉戌亥。

例如:公元2020年,干支纪年法为庚子年,到下一年2021年,干支纪年法为辛丑年。

中华人民共和国成立于1949年,那么中华人民共和国成立100周年的年份用干支纪年法表示是_____年。

3 年级

1. **数说中国** 选择合适的数填到括号中。
   (1) 2021 年是中国共产党成立 _____ 周年。
   (2) "嫦娥五号"月球探测器重约 _____ 吨。
   (3) "天问一号"火星探测器目前飞行总里程已经超过 _____ 千米。
   A. 8 　　　　B. 100 　　　　C. 450000000

2. **圣诞树** 如题图所示，为圣诞树准备装饰物，每棵树顶要放一颗幸运星，每一层树的两侧各需要放一个许愿球，一共 3 层。已知用去的许愿球比幸运星多 40 个。那么，一共装饰了 _____ 棵圣诞树。

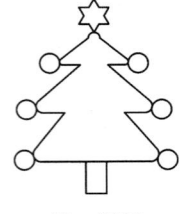

第 2 题图

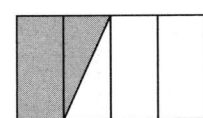

第 3 题图

3. **阴影部分** 题图阴影部分用分数表示是 _____。
   A. $\dfrac{1}{4}$ 　　　　B. $\dfrac{3}{8}$ 　　　　C. $\dfrac{2}{5}$

4. **活动统计** 下面是三(1)班同学参加体育活动的人数统计表，每位同学都参加其中一项，请你将表格填写完整。

项目	跳绳	踢毽子	拍球	跑步	合计
人数/人	12		6	10	36

性别	男生	女生	合计
人数/人	20		

5. **三人植树** "植树节"到了，小明、小文和小芳三人一起去植树，甲地要植 45 棵树，乙地要植 36 棵树。已知小明每小时植树 4 棵，小文每小时植树 2 棵，小芳每小时植树 3 棵。小明在甲地植树，小文在乙地植树，小芳在甲地植树，然后转到乙地植树。若两块地的种植任务同时完成，小芳应在植树 _____ 小时后转到乙地。

6. **竹竿长度** 把一根竹竿插入水池中，有 98 厘米是干的，把这根竹竿调过头来再插入水池中，还有 15 厘米是干的。这根竹竿长 _____ 厘米。

7. **推算日期** 某年的 2 月有 5 个星期天，那么这年的 3 月 1 日是星期 _____。

8. **天平称重** 天平可以称量比较轻的物体。现在有 1 克、2 克、4 克、8 克的砝码各一个，规定砝码只能放在天平的右端，用这架天平和这些砝码能称出 _____ 种不同的质量。

9. 数三角形 题图中一共有_____个三角形。

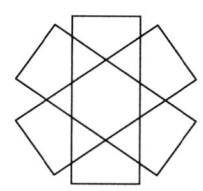

第9题图

10. 时针分针 子豪是个数学迷,最近他对着钟表研究了起来。他发现,时针走得慢,分针走得快。那么,一昼夜,时针和分针重合_____次。

11. 正方形拼图 用边长是1厘米的小正方形依次拼成一些图形。

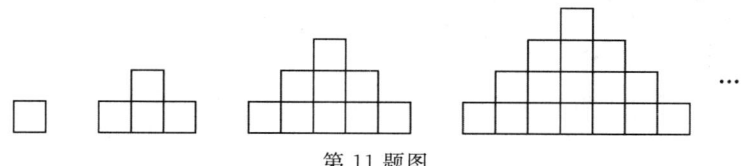

第11题图

第一个图形的周长是4厘米,第二个图形的周长是10厘米。

(1) 第三个图形的周长是_____厘米。

(2) 第四个图形的周长是_____厘米。

(3) 如果像这样用36个小正方形拼成一个图形,它的周长是_____厘米。

12. 汉字与数字 已知 $\overline{好学}+学=学……好$,且相同的汉字代表相同的数字,不同的汉字代表不同的数字。要使算式成立,那么,"好学"所代表的两位数是_____。

13. 黑白互变 盒子里有一些黑球和白球。如果将黑球的数量变成原来的4倍,总球数将会变成原来的2倍。如果将白球的数量变成原来的4倍,总球数将会变成原来的_____倍。

14. 图上选数 孙老师准备了1~40的数字卡片,他让40名同学每人抽取一张作为自己的号码。孙老师请一些同学围成一个圈做游戏,圈上任意相邻两个同学的号码数乘积都要小于100。最多可以选出_____名同学。

15. 贾宪三角形 贾宪三角形,又称杨辉三角形,是中国古代数学的杰出研究成果之一。观察图中数的排列规律。

(1) 第10行第1个数是_____,第2个数是_____,第3个数是_____。

(2) 第10行所有数的和是_____。

```
              1
            1   1
          1   2   1
        1   3   3   1
      1   4   6   4   1
    1   5  10  10   5   1
             ……
```

第15题图

4年级

1. 数与单位 选择合适的答案,填在括号里。

(1) 2021年7月1日,是中国共产党成立100周_____。

　A. 日　　　　B. 月　　　　C. 年

(2) 我国自主研发的"天问一号"火星探测器总质量约5_____。

　A. 克　　　　B. 千克　　　C. 吨

(3) "奋斗者"号是中国研发的载人潜水器,它在马里亚纳海沟成功下潜10058_____,创造了中国载人深潜的新纪录。

　A. 厘米　　　B. 米　　　　C. 千米

2. 猴子吃桃 4只猴子5分钟吃了12个桃子,按照这样的速度,5只猴子6分钟能吃_____个桃子。

3. 符号和括号 填上适当的运算符号和括号,使得下面的算式成立。请写出2种不同的方法。

　　5　5　5　5　5　=　10
　　5　5　5　5　5　=　10

　　　　第3题图

4. 步测田地 平常老百姓说,长十六(步),宽十五(步),不多不少整一亩。那么,我们可知长十步,宽_____步是半亩田。

5. 竞选班长 四(2)班46名同学选举班长。候选人是甲、乙、丙三人,得票最多的人当选。在开票中途统计时,甲得15票,乙得12票,丙得8票。甲最少还要得_____票才能确保当选。

6. 图书编号 小明将自己书架上的书整理之后进行编号,从1开始,贴标签的每个数字要花3分钱。例如,标号为7的标签要花3分钱,而标号为15的标签就要花6分钱。小明将书架上所有的书全部贴上标签,总共花费了27元钱。书架上一共有_____本书。

7. 蝌蚪与青蛙 蝌蚪没有腿,青蛙有4条腿,蜻蜓有6条腿,它们有46只,一共192条腿。一段时间后,一半蝌蚪变成青蛙,这时总腿数增加了24条,此时有_____只青蛙。

8. 吃冰激凌 30名同学相约吃冰激凌,吃每种冰激凌的人数统计如下表。从表中可以知道,吃了3种冰激凌的同学最多有_____人。

冰激凌种类	人数
原味	正正一
巧克力	正一
抹茶	正正下
香草	正正下

9. 折叠次数 如题图,AOB 是三角形卡纸,$OA=OB$,图中的虚线是折痕。至少折_____次就可以得到图中的 8 个相同的三角形。

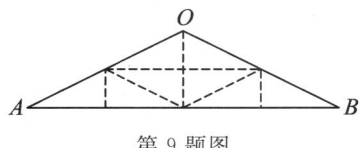

第 9 题图

10. 时针与分针 子豪是个数学迷,最近他对着钟表研究了起来。他发现,时针走得慢,分针走得快。那么,一昼夜时针和分针重合_____次,时针和分针能形成_____次直角。

11. 哥伦布大发现 几百年前,哥伦布发现美洲新大陆,那年年份的四个数字各不相同,它们的和等于 16。如果将年份的十位数字加 1,则十位数字恰好等于个位数字的 5 倍。哥伦布发现美洲新大陆是在公元_____年。

12. 数对角线 如题图,四边形有_____条对角线,五边形有_____条对角线,六边形有_____条对角线,n 边形有_____条对角线。

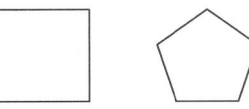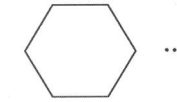

第 12 题图

13. 七个小矮人 七个小矮人在雪地里排队玩耍,编号依次为 1~7,已知 1、2、3 号的平均身高比 5、6、7 号的平均身高少 3 厘米,而 2、3、4 号的平均身高比 4、5、6 号的平均身高多 1 厘米,那么,1 号小矮人比 7 号小矮人_____(填"高"或"矮")_____厘米。

14. 巧求面积 题图中三个正方形的边长分别为 3 厘米、4 厘米、5 厘米。图中的四边形 ABCD 的面积为_____平方厘米。

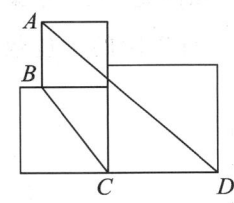

第 14 题图

15. "刻"的演变 我国古代曾经用"漏"作为计时工具。"漏"是一种盛水的器皿,一般用铜制,它下部有孔,不停地滴水。"漏"上有刻痕,古人把一昼夜分成一百份,每份为一刻,由于百刻制不能与十二个时辰相对应,又先后改为 96 刻、108 刻和 120 刻。

(1) 古代的一昼夜分为 12 个时辰,1 个时辰等于现在的_____小时。

(2) "子时"是 12 个时辰中的第一个,从晚上 11 时开始,到第二天的_____时。

(3) 古代的一昼夜分为 100 刻,那时的一刻钟相当于现在的_____分钟_____秒。清代规定一昼夜为 96 刻,每个时辰 8 刻,清代的一刻钟相当于现在的_____分钟。

2021 年南京市第十五届"时代杯"数学文化节活动

5年级

1. 神机妙算 计算下面各题。

$4.8 \div 5 \div 0.48 = $ _____

$2.24 \times 1.5 + 0.03 + 67.4 \times 0.15 = $ _____

$56.43 + 12.96 + 13.57 - 4.33 - 8.96 - 5.67 = $ _____

$(12.3 + 23.4 + 34.5 + \cdots + 67.8 + 78.9) + (0.123 + 0.234 + 0.345 + \cdots + 0.678 + 0.789) = $ _____

2. 一分为八 如题图，A,B,C,D 分别是大平行四边形四条边上的中点，大平行四边形的高是 18 厘米，底是 30 厘米。阴影部分的面积是 _____ 平方厘米。

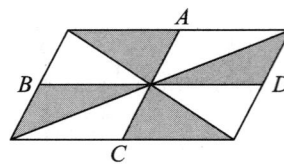

第 2 题图

3. 火眼金睛 在括号里填上"√"或"×"。

(1) 最早记载负数的是我国古代的数学著作《九章算术》。　　(　)

(2) 祖冲之和他的儿子祖暅都是数学家。　　(　)

(3) 公元 3 世纪，我国伟大的数学家刘徽就用小圆点来表示小数的小数点。　　(　)

(4) 直角三角形斜边的平方等于两条直角边的平方和。　　(　)

4. 茎叶分明 茎叶图是统计学家常用的一种统计图。题图是 2021 年某市"庆祝建党一百周年"诗歌比赛获奖选手年龄的茎叶图。将年龄的十位数字作为茎，个位数字作为叶。

茎（十位）	叶（个位）
1	1　5　9
2	0　2　2　4　8
3	1　3　3　7　7
4	1　1　2　5　5　8　9
5	2　3　6　8　9
6	2　4　8
7	4　7
8	2

第 4 题图

(1) 获奖选手中年龄最大的是 _____ 岁，年龄最小的是 _____ 岁。

(2) _____ 岁获奖的人数最多。

(3) 这次比赛共有 _____ 人获奖。

5. 飞向火星 2020年7月23日,我国第一个火星探测器"天问一号"由长征五号运载火箭发射升空。截至2021年2月3日,"天问一号"探测器总飞行里程已超过4.5亿千米,距地球约1.7亿千米。2月10日,"天问一号"进入环火星轨道,将围绕火星飞行3个月左右,计划于2021年5月至6月在火星着陆。根据以上报道可算出,"天问一号"探测器从发射至2月3日的平均飞行速度最接近_____。

A.30千米/秒　　　　　　　　B.20千米/秒

C.10千米/秒　　　　　　　　D.3千米/秒

6. 粗心的小熊 小熊采摘了鸭梨和葡萄共8千克到市场售卖。鸭梨每千克3元,葡萄每千克5元。粗心的小熊把两种水果的价格弄反了,鸭梨按每千克5元,葡萄按每千克3元出售,全部售出共得28元。小熊一共少赚了_____元。

7. 古代趣题 《九章算术》中有许多盈亏问题。例如,若干人出资买羊,每人出5枚钱,差45枚钱;每人出7枚钱,差3枚钱。算一算,共有_____人,羊的价格是_____枚钱。

8. 窗里窗外 一块玻璃窗的外面贴有三块长方形的纸条。小明从玻璃窗的外面看到的图形如题图。如果小明从玻璃窗的里面看,看到的图形是_____。

　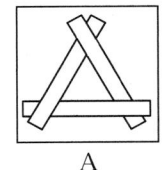　　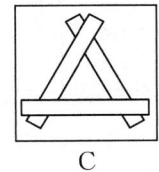

第8题图　　　A　　　　　B　　　　　C

9. 算式谜题 在题图中的□里填上合适的数字,使算式成立。

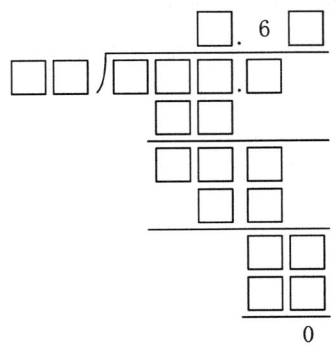

第9题图

10. 寻找规律 A,B,C,D 分别代表不同的数字。

$A \times A = \overline{BD}$

$\overline{AA} \times \overline{AA} = \overline{ABCD}$

$\overline{AAA} \times \overline{AAA} = \overline{AABCCD}$

$\overline{AAAA} \times \overline{AAAA} = \overline{AAABCCCD}$

观察算式,要使等式都成立,$A = $_____,$B = $_____,$C = $_____,

$D = $_____。

11. 格点三角形 由边长为 1 的单位正方形组成的方格阵中,顶点都在格点(即各单位正方形的顶点)的三角形,它的面积可以是_____。

A. 6.3　　　　B. 6.5　　　　C. 6.7　　　　D. 6.9

12. 环湖健身 玄武湖环湖健身步道全长 10 千米,是南京市的一条"网红健身步道"。一天,军军和爸爸同时从同一个起点出发沿这条环湖健身步道反向慢跑,经过一段时间两人相遇。另一天,军军和爸爸还从原来的起点出发,速度也和上次保持一样,不过这回两人同向慢跑,爸爸追上军军所用时间是上次相遇所用时间的 2 倍。爸爸的速度是军军的_____倍。

13. 智巧取胜 猴山上的猴王拿出 50 个桃子,让小猴弥弥和灵灵轮流拿桃子,每次只能拿 1~5 个,谁拿到最后一个,谁就获胜。灵灵想了想,只要自己先拿,就能保证获胜。灵灵第一次应该取_____个桃子。

14. 诵读古诗 语文老师要求同学们从 5 月 1 日开始按固定顺序依次诵读古诗,奇数日期读奇数首古诗,偶数日期读偶数首古诗,每天都要读。孩子们读完 13 首古诗有_____种方法。

15. 和的平方 如题图,最大的正方形的面积是 $(a+b)^2$。这个正方形由 A、B、C、D 四部分组成。请分别用字母表示出 A、B、C、D 四部分的面积。

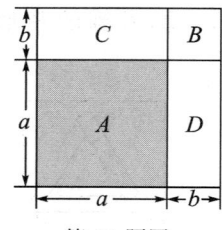

第 15 题图

$A=$_____,$B=$_____,$C=$_____,$D=$_____。

据此,我们可知:$(a+b)^2=$_____,这就是两数和的完全平方公式。

根据两数和的完全平方公式,如果 $x^2+y^2=2021$,$xy=2$,那么 $x+y=$_____。

6年级

1. 神机妙算 计算下面各题。

$$\frac{7}{24} \div \frac{1}{4} + \frac{7}{24} \div \frac{7}{4} = \underline{\qquad}$$

$$\frac{5}{8} \times 8 \div \frac{5}{8} \times 8 = \underline{\qquad}$$

$$\frac{1}{1 \times 3} + \frac{1}{3 \times 5} + \frac{1}{5 \times 7} + \frac{1}{7 \times 9} = \underline{\qquad}$$

$$1 + \cfrac{1}{1 + \cfrac{2}{1 + \cfrac{3}{4}}} = \underline{\qquad}$$

2. 新春拜年 题图是欢欢大年初一去亲戚家拜年的行程图。若亲戚在家,他就会进屋拜年并停留一段时间。

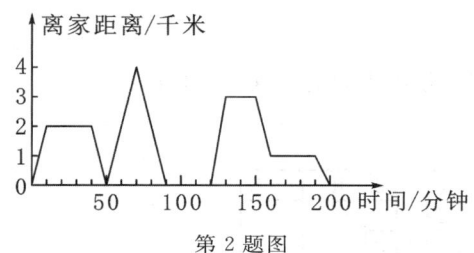

第2题图

(1)欢欢去了_____户亲戚家拜年,实际_____户在家。

(2)欢欢在亲戚家共停留了_____分钟。

3. 火眼金睛 在括号里填上"√"或"×"。

(1)高斯是德国著名的数学家,享有"数学王子"的美誉。 (　　)

(2)微积分是微分学和积分学的简称。牛顿和莱布尼兹是创立微积分的两大先驱。 (　　)

(3)我国数学家陈景润解决了"哥德巴赫猜想"。 (　　)

(4)利用尺规作图,可以作一个正方形,使它的面积等于已知圆的面积。 (　　)

4. 摆木块 桌面上摆着一些相同的正方体木块,题图是从正面和从右面看到的情况,要摆出这样的图形,至少需要_____个木块,最多用_____个木块。

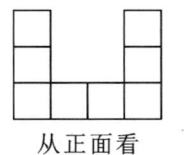 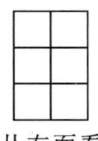

从正面看　　从右面看

第4题图

5. 铭记交规 根据交通法规:机动车如果超速50%及以上扣12分;超速20%及以上未达50%扣6分;超速未达20%扣3分。

(1)王叔叔以100千米/时的车速在一条公路上行驶,前方出现限速80千米/时的标志。如果王叔叔保持原速继续行驶,他将受到扣_____分的处罚。

(2)在(1)中限速标志处,如果王叔叔受到了扣12分的处罚,王叔叔的速度至少达到了每小时_____千米。

6.**猴孙摘桃** 孙悟空在花果山上栽了一棵仙桃树。他的孙子每天从树上摘下一些仙桃和邻居的小伙伴们分着吃,第一天摘下树上仙桃总个数的 $\frac{1}{10}$,以后8天分别摘下当天树上仙桃个数的 $\frac{1}{9}$,$\frac{1}{8}$,$\frac{1}{7}$,…,$\frac{1}{3}$,$\frac{1}{2}$。摘了9天,树上还留下10个仙桃。树上原来有_____个仙桃。

7.**儿童节礼物** "六一"儿童节,某校准备了很多笔记本和铅笔分给同学们,铅笔的总数是笔记本的3倍。每位同学分得2本笔记本和5支铅笔后,还剩下8本笔记本和45支铅笔。学校一共准备了_____本笔记本,有_____位同学。

8.**一心向党** 请将题图的纸片,划分为大小、形状相同的七块,每块上要有一颗爱心和一个党徽。

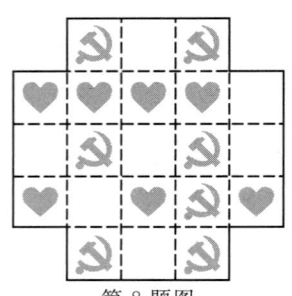

第8题图

第9题图

9.**九宫填数** "数独"是风靡全世界的一种填数游戏。数独的规则很简单:大九宫格由9个小九宫格组成,在每个小九宫格中分别填入1~9,使大九宫格的每一行与每一列中的9个数字互不相同。题图是一个未完成的数独,请你将图中 A,B,C,D 表示的数分别填出来。

$A=$_____,$B=$_____,$C=$_____,$D=$_____。

10.**探索规律** 观察下列算式:

$1 \times 5 + 4 = 3^2$,$2 \times 6 + 4 = 4^2$,$3 \times 7 + 4 = 5^2$,$4 \times 8 + 4 = 6^2$。

根据找到的规律填空:_____ $\times$ _____ $+$ _____ $= 100^2$,第 n 个算式是_____。

11.**巧比妙化** A,B 两个服装厂一个月生产的服装的数量比是6:5,这两个服装厂生产的服装的单价比是11:10。已知这两个服装厂这个月的总产值为348万元,这个月,A 服装厂的产值是_____万元,B 服装厂的产值是_____万元。

12. 追本溯源 一个自然数可以分拆成 3 个连续自然数的和,又可以分拆成 5 个、7 个、8 个连续自然数的和,这个自然数最小是_____。

13. 巧辨假币 五个硬币中有一个假币,假币与真币除了质量不同(但不知道孰重孰轻)外,没有任何区别。已知真币的质量为 5 克,现有只带一个 5 克砝码的天平,最少_____次称量就一定能找出假币。

14. 局部构思 如题图,正八边形 $ABCDEFGH$,O 为正八边形中心,双向延长正八边形的对角线 AE,BF,CG,DH,使得 $AI=BJ=CK=DL=EM=FN=GP=HQ=\dfrac{1}{2}OH$,连接 IB,IH,JA,JC,KB,KD,LC,LE,MD,MF,NE,NG,PF,PH,QG,QA。已知正八边形的面积是 2021 平方厘米,那么图中阴影部分的面积为_____平方厘米。

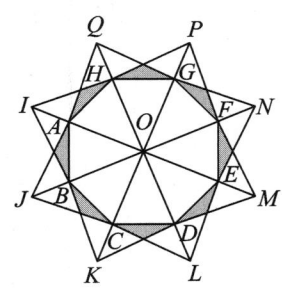

第 14 题图

15. π 节算 π 联合国教科文组织在 2019 年 11 月宣布每年 3 月 14 日为"国际数学日",也称"国际圆周率日"或"π 节"。

$$1-\dfrac{1}{3}+\dfrac{1}{5}-\dfrac{1}{7}+\dfrac{1}{9}-\dfrac{1}{11}+\cdots=\text{_____}。$$

等号左边这个算式的结果居然与圆周率 π 有关!他觉得太神奇、太美妙了,想弄清楚为什么。后来,他成为一个数学家。根据这个算式的前几项,推算出它的结果应该是_____。

A. $\dfrac{\pi}{3}$ B. $\dfrac{\pi}{4}$ C. $\dfrac{\pi}{5}$ D. $\dfrac{\pi}{6}$

3年级

1. 党的生日 2021年是中国共产党成立100周年。中国共产党的100年,是不忘初心、牢记使命、接续奋斗的100年,是解放思想、实事求是、与时俱进的100年,是开创历史、奠定基业、开辟未来的100年。中国共产党是_____年成立的。

2. 阴影部分 题图由9个相同的小正方形拼成,图中阴影部分用分数表示是_____。

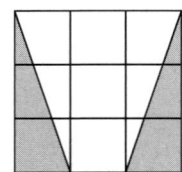

第2题图

A. $\dfrac{1}{3}$ B. $\dfrac{1}{4}$ C. $\dfrac{1}{5}$

3. 活动统计 下面是三(1)班同学参加体育活动的人数统计表,每位同学都参加其中一项,请你将表格填写完整。

	合计	项目					合计	性别	
		跳绳	踢毽子	拍球	跑步			男生	女生
人数/人	36	12		6	10	人数/人		20	

4. 秋收冬藏 秋天刚到,松鼠们就开始囤积食物。松鼠宁宁的板栗比卡卡的5倍还多1颗,又是跳跳的板栗数的3倍。卡卡和淘气一共有66颗板栗,其中淘气有44颗。那么,跳跳有板栗_____颗。

5. 父子年龄 今年父亲与3个儿子的年龄和是112岁,再过6年,父亲的年龄正好是3个儿子的年龄和,今年父亲_____岁。

6. 拔河比赛 三年级的师生进行拔河比赛。已知4个男学生和5个女学生的实力相当;1个男学生加上2个女学生和2个女教师的实力相当。现在,甲队由2个女教师与3个女学生组成,乙队由1个女学生与4个男学生组成。当甲队遇到乙队时,拔河比赛的结果是_____。(填"打平"、"甲队获胜"或"乙队获胜")

7. 竹竿长度 把一根竹竿插入水池中,有98厘米是干的,把这根竹竿调过头来再插入水池中,还有15厘米是干的。这根竹竿长_____厘米。

8. 数三角形 题图中一共有 _____ 个三角形。

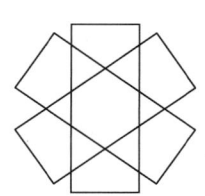

第 8 题图   第 9 题图

9. 数独游戏 数独游戏风靡世界,请你在题图空格内填入数字 1～6,使得每行、每列和每个方框内数字都不重复,那么数"$\overline{ABCD}$"是 _____。

10. 帽子周长 题图是一个戴帽子的小人,这顶帽子由 6 个完全相同的长方形拼成。如果这 6 个长方形的长都是 6 厘米,那么,这顶帽子的周长是 _____ 厘米。

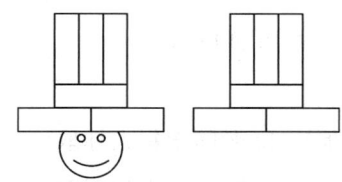

第 10 题图

11. 狼人杀游戏 一天,5 个同学在玩狼人杀游戏。他们 5 个人中有 2 个狼人、1 个预言家、1 个女巫、1 个猎人。狼人是邪恶的,剩下的 3 个人是好人。第一晚过去了,他们的对话如下。

1 号:"我是预言家,我查出 2 号是狼人。"

2 号:"我不是狼人。"

3 号:"我是女巫,昨晚我用了解药。"

4 号:"3 号是好人。"

5 号:"1 号是狼人,我是猎人。"

已知狼人说的话都是假话,好人说的话都是真话,那么,猎人是 _____ 号玩家。

12. 断臂的维纳斯 "断臂的维纳斯"体现的是一种残缺美,数学中有一种数也有类似的美妙之处,12345679 这个数中唯独缺少了数字 8,所以我们称它为"缺 8 数"。它有一些很美妙的性质:

12345679×9=111111111

12345679×18=222222222

12345679×27=333333333

……

请你根据下面前三题的规律,完成填空。

12345679×10=123456790

12345679×19=234567901

12345679×28＝345679012

12345679×_____＝456790123

……

12345679×73＝_____

13. 正方形拼图 用边长是 1 厘米的小正方形依次拼出一些图形。

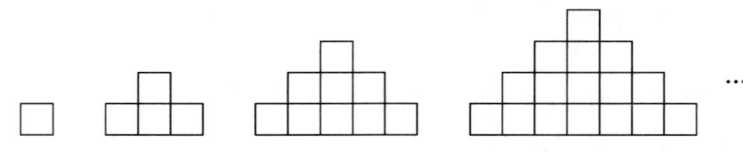

第 13 题图

第一个图形的周长是 4 厘米,第二个图形的周长是 10 厘米。

(1)第三个图形的周长是_____厘米。

(2)第四个图形的周长是_____厘米。

(3)如果像这样用 36 个小正方形拼成一个图形,它的周长是_____厘米。

14. 图上选数 孙老师准备了 1～40 的数字卡片,他让 40 名同学每人抽取一张作为自己的号码。孙老师选一些同学围成一个圈做游戏,圈上任意相邻两个同学的号码数乘积都要小于 100。最多可以选出_____名同学。

15. 贾宪三角形 贾宪三角形又称杨辉三角形,是中国古代数学的杰出研究成果之一。观察图中数的排列规律。

(1)第 10 行第 1 个数是_____,第 2 个数是_____,第 3 个数是_____。

(2)第 10 行所有数的和是_____。

```
            1
           1 1
          1 2 1
         1 3 3 1
        1 4 6 4 1
       1 5 10 10 5 1
              ……
```

第 15 题图

4年级

1. 亚洲运动会 2022年9月,第19届亚洲运动会将在中国杭州举行。已知亚运会每4年举行一次,那么第11届亚洲运动会是_____年在北京举办的。

2. 节约用水 小勇家的一个水龙头坏了,这个水龙头每分钟滴水100毫升。如果不把这个水龙头修好,每天会浪费_____升水。

3. 阴影面积 如题图,长方形中所有竖线都是平行的,所有的水平线之间的距离都相等。如果长方形的面积是128平方厘米,那么阴影部分的面积是_____平方厘米。

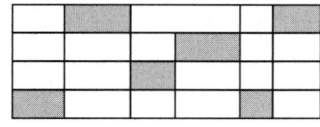

第3题图

4. 吃冰激凌 30名同学相约吃冰激凌,每种冰激凌吃的人数统计如图。从图中可以知道,吃了3种冰激凌的同学最多有_____人。

冰激凌种类	人数
原味	正正一
巧克力	正一
抹茶	正正丁
香草	正正下

第4题图

5. 火车速度 小明坐在行驶的火车甲上,看到自己通过一座180米的桥用了12秒,后来又从窗外看到迎面开来的另一列火车乙通过用了6秒。已知火车乙长168米,火车乙的速度是每秒_____米。

6. 外星时钟 假设某个星球的一天只有6小时,每小时36分钟,那么3点18分时,时针和分针所形成的锐角是_____°。

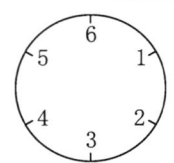

第6题图

7. 母子年龄 哥哥比弟弟大3岁。2年前妈妈的年龄是弟弟的6倍,1年后妈妈的年龄是哥哥的3倍。那么,妈妈今年_____岁。

8. 假话王国 传说有个假话王国,这个王国的男人在星期四、五、六、日说真话,在星期一、二、三说假话;女人在星期一、二、三、日说真话,在星期四、五、六说假话。有一天,假话王国的一男一女在聊天。

男人说:"昨天是我说假话的日子。"

女人说:"昨天是我说假话的日子。"

那么,今天是星期_____。

9. 折叠次数 如题图，AOB 是三角形卡纸，$OA=OB$，图中的虚线是折痕。至少折_____次就可以得到图中 8 个相同的三角形。

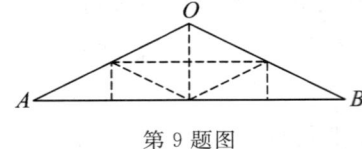

第 9 题图

10. 春去夏来 题图所示乘法竖式中，相同的汉字代表相同的数字，不同的汉字代表不同的数字。那么，"迎接夏天"代表的四位数是_____。

```
      迎 春
  ×   春 天
  ─────────
      春 天
    晚 春
  ─────────
  迎 接 夏 天
```

第 10 题图

11. 图形和数 如果数字 1, 2, 3, 4, 5, 6 的表示方法如图(1)所示。

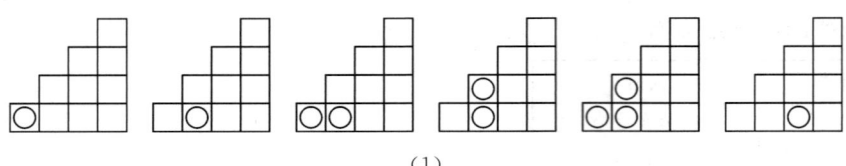

(1)

那么图(2)表示_____，在图(3)中画出表示 66 的图。

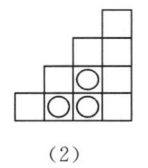 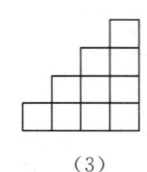

(2)　　　　(3)

第 11 题图

12. 断臂的维纳斯 "断臂的维纳斯"体现的是一种残缺美，数学中有一种数也有类似的美妙之处，12345679 这个数中唯独缺少了数字 8，所以我们称它为"缺 8 数"。它有一些很美妙的性质：

12345679×9＝111111111

12345679×18＝222222222

12345679×27＝333333333

……

请你根据下面前三题的规律，完成填空。

12345679×10＝123456790

12345679×19＝234567901

12345679×28＝345679012

12345679×_____＝456790123

……

12345679×73＝_____

13. 数对角线 四边形有_____条对角线,五边形有_____条对角线,六边形有_____条对角线,n 边形有_____条对角线。

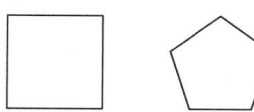

第 13 题图

14. 搭积木 用蓝、白两种颜色的正方体积木摆成题图所示的物体,最底层有 $3×4=12$(个)小正方体。已知相邻的积木颜色不同,标 A 的为蓝色,其余的蓝色积木未标出。这个物体一共由_____个积木摆成,其中共有蓝色积木_____个。

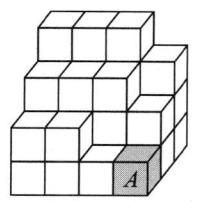

第 14 题图

15. "刻"的演变 我国古代曾经用"漏"作为计时工具。"漏"是一种盛水器皿,一般用铜制,它下部有孔,不停地滴水。"漏"上有刻痕,古人把一昼夜分成 100 份,每份为 1 刻,由于百刻制不能与 12 个时辰相对应,又先后改为 96 刻、108 刻和 120 刻。

(1)古代的一昼夜分为 12 个时辰,1 个时辰等于现在的_____小时。

(2)"子时"是 12 个时辰中的第一个,从晚上 11 时开始,到第二天的_____时。

(3)古代的一昼夜分为 100 刻,那时的一刻钟相当于现在的_____分钟_____秒。清代规定一昼夜为 96 刻,每个时辰 8 刻,清代的一刻钟相当于现在的_____分钟。

5 年级

1. 神机妙算 计算下面各题。

45.2×28.6－45.2×8.6＝_____

3.2×0.5÷3.2×0.5＝_____

(12.3×34.5×56.7×78.9)÷(0.123×0.345×0.567×0.789)＝_____

10－10.5÷[5.2×14.6－(9.2×5.2＋5.4×3.7－4.6×1.5)]＝_____

2. 画龙点睛 给下面各小数都点上循环点，使不等式成立。

0.2021＜0.2021＜0.2021＜0.2021

3. 火眼金睛 在括号里填上"√"或"×"。

(1)古希腊数学家埃拉托塞尼是第一个测量出地球周长的人。(   )

(2)祖冲之和他的儿子祖暅都是数学家。(   )

(3)公元3世纪，我国伟大的数学家刘徽就用小圆点来表示小数的小数点。(   )

(4)直角三角形斜边的长度等于两条直角边的长度和。(   )

4. 茎叶分明 茎叶图是统计学家常用的一种统计图。题图是2021年某市"庆祝建党一百周年"诗歌比赛获奖选手年龄的茎叶图。将年龄的十位数字作为茎，个位数字作为叶。

茎（十位）	叶（个位）
1	1 5 9
2	0 2 2 4 8
3	1 3 3 7 7
4	1 1 1 2 5 5 8 9
5	2 3 6 8 8 9
6	2 4 8
7	4 7
8	2

第4题图

(1)获奖选手中年龄最大的是_____岁，年龄最小的是_____岁。

(2)这次比赛共有_____人获奖。

(3)_____获奖选手人数最多。（1940—1949年出生的人称为40后，1950—1959年出生的人称为50后，依此类推）

A. 40后   B. 50后   C. 70后   D. 80后

5. 飞向火星 2020年7月23日，我国第一个火星探测器"天问一号"由长征五号运载火箭发射升空。截至2021年2月3日，"天问一号"探测器总飞行里程已超过4.5亿千米，距地球约1.7亿千米。2月10日，"天问一号"进入环火星轨道，将围绕火星飞行3个月左右，计划于2021年5月至6月在火星着陆。根据以上报道可算出，"天问一号"探测器从发射至2月3日的平均飞行速度最接近_____。

A. 30 千米/秒　　　　　　　　B. 20 千米/秒

C. 10 千米/秒　　　　　　　　D. 3 千米/秒

6. 快递资费　某快递公司邮递距离 5000 千米以内的包裹收费标准如下：首重不超过 1000 克 8 元；续重不超过 5000 克，每 500 克 2.2 元；续重超过 5000 克的部分，每 500 克 1.5 元。现在要将一件重 5500 克的包裹从 A 地邮递到相距 350 千米的 B 地，需要支付邮递费_____元。（续重＝包裹重量－1000 克）

7. 环湖健身　玄武湖环湖健身步道全长 10 千米，是南京市的一条"网红健身步道"。一天，军军和爸爸同时从同一个起点出发沿这条环湖健身步道反向慢跑，经过一段时间两人相遇。另一天，军军和爸爸还从原来的起点出发，速度也和上次保持一样，不过这回两人同向慢跑，爸爸追上军军所用时间是上次相遇所用时间的 2 倍。爸爸的速度是军军的_____倍。

8. 六宫填数　在空格里填入 1~6 的数字，使得每行、每列、每个小六宫（粗线隔开的区域）都不出现重复的数字。

第 8 题图

9. "牛"转乾坤　如图(1)，一个小八边形被划分成四块相同的"牛角形"，请将图(2)的大八边形分割成 8 块和左边同样大小的"牛角形"。

(1)　　(2)

第 9 题图

10. 寻找规律　A,B,C,D 分别表示不同的数字。

$$A \times A = \overline{BD}$$
$$\overline{AA} \times \overline{AA} = \overline{ABCD}$$
$$\overline{AAA} \times \overline{AAA} = \overline{AABCCD}$$
$$\overline{AAAA} \times \overline{AAAA} = \overline{AAABCCCD}$$

观察算式，要使等式都成立，$A=$_____，$B=$_____，$C=$_____，$D=$_____。

11. 框数猜数　如题图是一个数表，现用一个矩形在数表中任意框出 4 个数 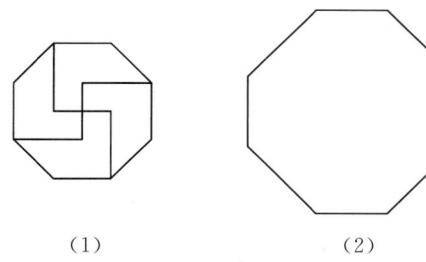，则当 $a+b+c+d=36$ 时，$a=$_____。

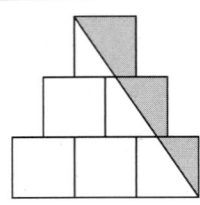

第11题图

12. 阶梯阴影 6个小正方形如题图叠放,阴影部分的面积是384平方厘米。每个小正方形的边长是_____厘米。

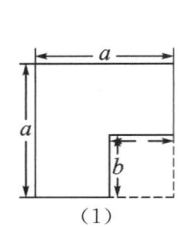

第12题图

13. 位数和尾数 1.7^{2021}表示2021个1.7连乘,它的积是_____位小数,末尾数字是_____。

14. 诵读古诗 语文老师要求同学们从5月1日开始按固定顺序依次诵读古诗,奇数日期读奇数首古诗,偶数日期读偶数首古诗,每天都要读。同学们读完13首古诗有_____种方法。

15. 平方差公式 图(1)可视为边长为a的大正方形中挖去一个边长为b的小正方形,其面积可表示为_____,图(2)是将图(1)拆分,摆成一个大长方形,其面积可表示为$(a+b)(a-b)$。

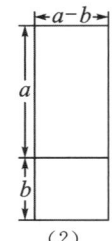

第15题图

据此,我们可知:_____$=(a+b)(a-b)$,这就是平方差公式。

请你应用平方差公式简算下面两题。(要写出简算过程)

89^2-11^2 $2020^2\div(2021\times 2019+1)$

1. 神机妙算 计算下面各题。

$\dfrac{3}{7} \div \left(\dfrac{3}{7} + \dfrac{3}{5}\right) = $ _____

$\left[\dfrac{8}{15} - \left(\dfrac{4}{5} - \dfrac{3}{10}\right)\right] \times \dfrac{15}{14} = $ _____

$\dfrac{15}{13} \div 8 + \dfrac{3}{8} \times \dfrac{10}{13} - \dfrac{7}{13} \times 37.5\% = $ _____

$1 + \dfrac{1}{1+2} + \dfrac{1}{1+2+3} + \dfrac{1}{1+2+3+4} + \cdots + \dfrac{1}{1+2+3+4+\cdots+10} = $ _____

2. 新春拜年 题图是欢欢大年初一去亲戚家拜年的行程图。若亲戚在家,他就会进屋拜年并停留一段时间。

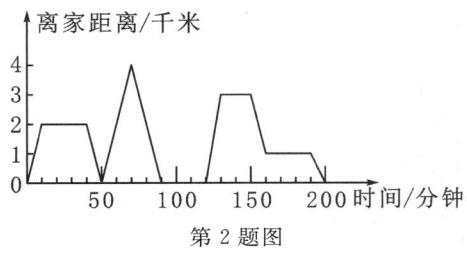

第2题图

(1) 欢欢打算去_____户亲戚家拜年,_____户不在家。

(2) 欢欢中途回家休息了_____分钟。

3. 火眼金睛 在括号里填上"√"或"×"。

(1) 高斯是英国著名的数学家,享有"数学王子"的美誉。( )

(2) 古希腊数学家丢番图是代数学的创始人之一。( )

(3) 欧拉在解决哥尼斯堡七桥问题时,开创了数学的一个新的分支——图论。( )

(4) 利用尺规作图,可以三等分任意角。( )

4. 天堑通途 南京长江大桥是长江上第一座由中国自行设计和建造的双层式铁路、公路两用桥梁。大桥全长约4600米,每隔40米安装一盏白玉兰花形的路灯。小俞乘坐一辆汽车从第1盏路灯到第41盏路灯用了4分钟,那么还要_____分钟小俞才能通过大桥。

5. 掐指数数 请同学们伸出左手,如题图所示,从这只手的大拇指开始数1,2,3,4,5,6…则2021落在_____上。(图上手指从上至下依次为大拇指、食指、中指、无名指、小指)

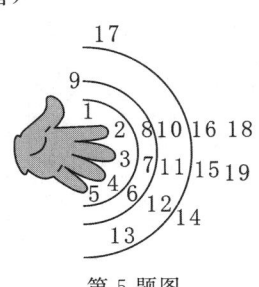

第5题图

6. 猴孙摘桃 孙悟空在花果山上栽了一棵仙桃树。他的猴孙每天从树上摘下一些仙桃和邻居的小伙伴们分着吃,第一天摘下树上仙桃总个数的 $\frac{1}{10}$,以后 8 天分别摘下当天树上仙桃个数的 $\frac{1}{9},\frac{1}{8},\frac{1}{7},\cdots,\frac{1}{3},\frac{1}{2}$。摘了 9 天,树上还留下 10 个仙桃。树上原来有_____个仙桃。

7. 师徒年龄 小斌进入一家公司工作,一天闲聊时,小斌问起自己师傅的年龄,师傅卖起了关子:"今年你的年龄是我的 $\frac{7}{13}$。你当年进公司当学徒时我只有 44 岁,而那年你的年龄恰好是今年我们师徒两人年龄之和的 $\frac{1}{4}$。"今年小斌_____岁,小斌的师傅_____岁。

8. 摆金字塔 小军在题图(1)的底座上摆放小正方体,使之成为如图(2)的金字塔形。一共需要准备_____个小正方体。

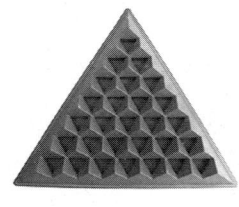 

(1)　　　　　　(2)

第 8 题图

9. 九宫填数 "数独"是风靡全世界的一种填数游戏。数独的规则很简单:大九宫格由 9 个小九宫格组成,在每个小九宫格中分别填入 1~9,使大九宫格的每一行与每一列中的 9 个数字互不相同。如题图是一个未完成的数独,请你将图中 A,B,C,D 表示的数分别填出来。

$A=$_____,$B=$_____,$C=$_____,$D=$_____。

第 9 题图

10. 楼层数码 如题图,有一座四层楼房,每个窗户有 4 块玻璃,分别涂上蓝色(阴影)和白色,每个窗户代表一个数字。每层楼从左向右的三个窗户构成一个三位数。四个楼层表示的三位数有:791,275,362,612。第三层楼表示的三位数是_____。

第 10 题图

11. 截圆柱 将一个圆柱的上部和下部分别截去高为 3 厘米和 2 厘米的小圆柱,表面积减少了 157 平方厘米,此时剩下的圆柱的侧面展开图正好是一个正方形。原来圆柱的体积是_____立方厘米。(π 取 3.14)

12. 不断稀释 从装满 200 克浓度为 50% 的盐水中倒出 40 克盐水,然后加满清水将杯子倒满。搅拌均匀后再倒出 40 克盐水,然后再倒入清水将杯子倒满。这样反复三次后,杯子中盐水的浓度是_____%。

13. 小之又小 有三个不相等的非零自然数,和是 1155,它们的最小公倍数的最小值是_____。

14. 局部构思 如题图,O 为正八边形 $ABCDEFGH$ 的中心,双向延长正八边形的对角线 AE,BF,CG,DH,使得 $AI=BJ=CK=DL=EM=FN=GP=HQ=\frac{1}{2}OH$,连接 $IB,IH,JA,JC,KB,KD,LC,LE,MD,MF,NE,NG,PF,PH,QG,QA$。已知正八边形的面积是 2021 平方厘米,那么图中阴影部分的面积为_____平方厘米。

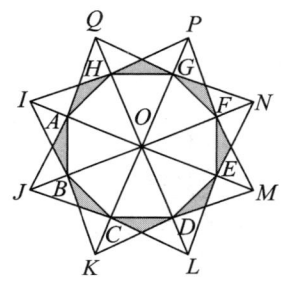

第 14 题图

15. π 节算 π 联合国教科文组织在 2019 年 11 月宣布每年 3 月 14 日为"国际数学日",也称"国际圆周率日"或"π 节"。

有一位名叫华理斯的英国数学家,在研究计算圆面积的新方法时,发现了一个数学算式:

$$\frac{2\times 2\times 4\times 4\times 6\times 6\times 8\times \cdots}{1\times 3\times 3\times 5\times 5\times 7\times 7\times \cdots}=\text{_____}。$$

等号左边这个算式的结果居然与圆周率 π 有关!根据这个算式,推算出它的结果应该是_____。

A. $\frac{\pi}{2}$ B. $\frac{\pi}{3}$ C. $\frac{\pi}{4}$ D. $\frac{\pi}{5}$

3 年级

1. 计算题。

$69 \div 3 =$ _____ $\qquad$ $21 \times 0 =$ _____

$200 \div 8 =$ _____ $\qquad$ $24 \times 50 =$ _____

$2.5 + 0.8 =$ _____ $\qquad$ $16 \times 20 - 16 =$ _____

$9.8 - 0.9 =$ _____ $\qquad$ $125 \div 5 + 18 =$ _____

$\dfrac{5}{7} - \dfrac{3}{7} =$ _____ $\qquad$ $\dfrac{5}{9} + \dfrac{4}{9} =$ _____

2. 2021 年是中国共产党成立 100 周年,那么中国共产党是在_____年成立的。

3. 下面_____中的阴影部分表示 0.3。

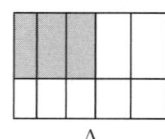 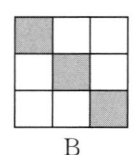 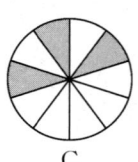

4. 题图(1)是由 9 个小人排列的方阵,但有一个小人没有到。请你从图(2)的 6 个小人中,选 1 个小人放到问号的位置,最合适的人选是_____号。

第 4 题图

5. "天舟二号"货运飞船于 2021 年 5 月 29 日 20 时 55 分发射,经过 22 分钟,太阳能帆板两翼顺利展开工作,此时时间是_____时_____分。

6. 一个皮球从 32 米的高处落下,如果每次弹起的高度总是它下落高度的一半,那么它第三次弹起_____米。

7. 今年爸爸的年龄比明明大 28 岁,四年后爸爸的年龄是明明年龄的 5 倍,今年明明_____岁。

8. 抖空竹有悠久的历史，是国家级非物质文化遗产之一。小宁设计了一个新式空竹，题图所示是他设计方案的截面图，图中共有_____个三角形。

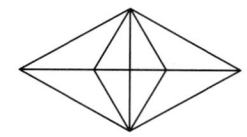

第 8 题图

9. 丁丁、莉莉、菲菲分 20 个苹果，全部分完，每人至少分 1 个，分配的方法一共有_____种。

10. 森林中有对姐妹精灵，姐姐上午说真话、下午说假话，妹妹上午说假话、下午说真话。一天，一个猎人在森林里迷路了。

猎人问："你们谁是姐姐？"

高个说自己是姐姐，矮个也说自己是姐姐。

猎人又问："现在是上午还是下午？"

高个说是下午，矮个说是上午。

那么现在是_____（填"上午"或"下午"），高个的是_____（填"姐姐"或"妹妹"）。

11. 在空格内填入数字 1,2,3,4,5，使得每行、每列都有数字 1,2,3,4,5 且不重复。题图中▭表示胶囊，每个胶囊中必须是一个单数和一个双数，如图(1)，图(2)中 A,B,C,D 依次是_____，_____，_____，_____。

第 11 题图

4年级

1. 计算题。

360÷90＝_____   25×40＝_____

12－2×4＝_____   36×9÷36×9＝_____

252÷36＝_____   729÷27＝_____

68＋32×5＋240＝_____   (86－46)×(57＋33)＝_____

525÷[(81－56)×3]＝_____   480÷[16×(40－34)]＝_____

2. 有一种程序运行时,会反复进行两类操作。其中,第一类操作会申请"内存"空间 4MB,"快速缓存"空间 8KB;第二类操作会申请"内存"空间 2MB,"快速缓存"空间 4KB。如果该程序运行一段时间后,共申请了 40MB"内存"空间,那么,这段时间它一共申请了_____KB"快速缓存"空间。

3. 在如图所示 1 号、2 号、3 号、4 号四个图形中:

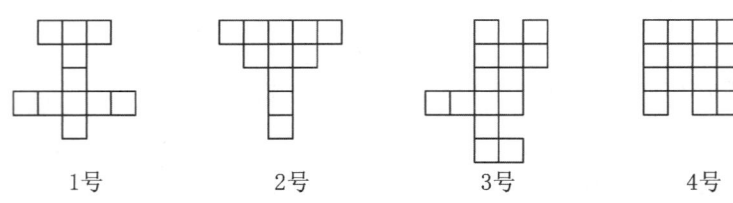

第 3 题图

可以用若干块 ▭▭▭▭、▭▭▭ 拼成的图形是_____号。

4. 2 点时,钟面上的时针和分针夹角是_____度,时针和分针成_____角;再过 1 小时,时针和分针成_____角;接着再过 2 分钟,时针和分针成_____角。

5. 题图是一个正六角形的公园(每条边都相等),沿公园的边线是公路。甲骑自行车沿公园的边线从 A 到 B,而乙步行走直线也从 A 到 B。如果 AB 的长度是六角形每条边长度的 2 倍,骑自行车的速度是步行的 3 倍,那么谁先到达?_____(填"甲先到达"、"乙先到达"或"同时到达")。

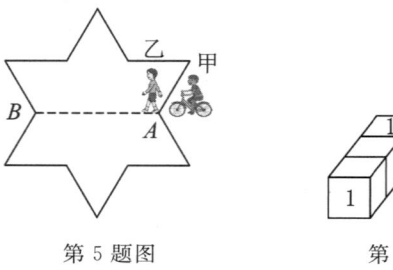

第 5 题图   第 6 题图

6. 已知在每个正方体的 6 个面上分别写着 1,2,3,4,5,6 这 6 个数,并且任意两个相对的面上所写的两个数的和都等于 7。如题图,现在把 5 个这样的正方体一个挨着一个连接起来,紧挨着的两个面上的两个数之和都等于 8,那么图中标有问号的那个面上所写的数是_____。

7. 8张电影票连在一起(如图所示),如果要选择位置有边相连的 4 张电影票,一共有_____种不同的选法。

| 1 | 2 | 3 | 4 |
| 5 | 6 | 7 | 8 |

第 7 题图

8. 一个五位数号码,甲猜是 24580,乙猜是 36971,丙猜是 67503。如果每人都猜中了两个不相邻的号码数字,那么正确的五位数号码是_____或_____。

9. 2021 年,父母年龄之和是 78 岁,兄弟两人年龄之和是 17 岁。4 年后(2025 年)父亲的年龄是弟弟的年龄的 4 倍,母亲的年龄是哥哥的年龄的 3 倍。那么当父亲的年龄是哥哥的年龄的 3 倍时,是公元_____年。

10. 如题图,中间小正方形的周长是 20 厘米,左右两个正方形的中心分别是 A 和 B,左右两个正方形的周长和是 160 厘米。那么,以 A,B 为两个相对顶点的阴影长方形的面积是_____平方厘米。

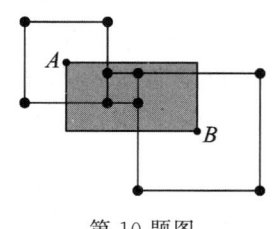

第 10 题图

11. 北宋著名哲学家邵雍有一首诗《山村咏怀》:"一去二三里,烟村四五家。亭台六七座,八九十枝花。"诗中巧用数字,体现了数字魅力,被后世用作孩子启蒙的"识数诗"。下面的算式中,不同汉字代表不同的数字,那么"烟村家"所代表的三位数是_____。

第 11 题图

5年级

1. 计算题。

$3.75 \times 32 \times 12.5 = $ _____

$445 \times 7.6 + 112 \div \dfrac{5}{38} + 44.3 \times 76 = $ _____

$\dfrac{1}{1 \times 4} + \dfrac{1}{4 \times 7} + \dfrac{1}{7 \times 10} + \dfrac{1}{10 \times 13} = $ _____

$(0.1+0.2+0.3)-(0.2+0.3+0.4)+(0.3+0.4+0.5)-(0.4+0.5+0.6)+\cdots+(1.5+1.6+1.7) = $ _____

2. 为庆祝西瓜大丰收，某地举办吃西瓜大赛。甲每分钟能吃 8 块西瓜，乙每分钟能吃 10 块西瓜。经过几分钟的比拼，乙吃的西瓜块数比两人吃的平均数多 5 块。甲吃了_____块西瓜，乙吃了_____块西瓜。

3. 一日，阿庆嫂带了一筐鸡蛋分给伤员补充营养。如果每位伤员分 3 个，则多 21 个；如果每位伤员分 5 个，则少 15 个。阿庆嫂一共带了_____个鸡蛋。

4. 莫尔斯电码发明于 1837 年，是一种早期的数字化通信形式。通过短促的点信号"滴"（·）和保持一定时间的长信号"嗒"（—）的不同的排列顺序来表达不同的字符。比如 S(···)，O(— — —)。

规定信号"滴"的时长是 1 个单位时间，信号"嗒"的时长是 3 个单位时间，字符内信号之间的间隔都是 1 个单位时间，字符间的间隔是 3 个单位时间。比如要表达出"S"，需要 5 个单位时间，那么，要表达出"SOS"，需要_____个单位时间。

5. 小明在记录循环小数 0.987654321 时忘点了循环点，不过他记得刚算出这个小数小数点后第 100 位的数字是 6，那么这个循环小数是_____，小数点后前 100 位的数字和是_____。

6. 牛吃草问题是一类有趣的世界名题。

有一片牧场，若 17 头牛吃草，则 30 天吃完；若 19 头牛吃草，则 24 天吃完。现在牧场有牛若干头，6 天后卖掉了 4 头牛，剩下的牛再吃 2 天，牧草吃完。原来牧场有_____头牛。（草每天匀速生长）

7.《新青年》由中国共产党早期领导人陈独秀先生在上海创刊，共出版 9 卷 54 号。该杂志发起新文化运动，宣传倡导民主与科学，唤醒了一代青年，为马克思主义在中国的传播，创造了有利的条件。

题图的算式中，民、主、科、学、新、青、年分别代表不同的数字，并且民＋主＝科＋学＝青＋年＝新，要使"新青年"表示的三位数最大，$\overline{新青年} = $_____。

```
    民 主
  ×  科 学
  ─────────
   新 青 年
```

第 7 题图

8. 为庆祝建党一百周年,小明设计了如下图案(单位:厘米,A,C是圆心)。根据图中的信息,可计算出这个图案的面积是_____平方厘米。(得数保留π)

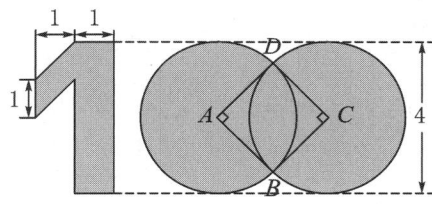

第 8 题图

9. 小胖将一个六位数乘它的各位数字之和,得到的乘积再乘这时的各位数字之和,仍然得到一个六位数。最初的六位数一共有_____种可能。

10. 据统计,我国新冠疫苗接种突破 11 亿剂次,以下是甲、乙、丙、丁四人在讨论疫苗接种情况。

甲说:"我打过疫苗了,但丁没有打疫苗。"

乙说:"我和丙一起打的疫苗。"

丙说:"我没有甲打得早,可也打过疫苗了。"

丁说:"我和甲都还没打疫苗。"

实际上,其中只有一人说了假话。那么,_____还没有打疫苗。

11. 请在以下□中填入 1~9,使等式成立,要求每个□中的数字均不相同且"分""秒"前的数字不能超过 59。

□□分□□秒×□=□□分□□秒

第 11 题图

6年级

1. 计算题。

$\dfrac{1}{9} \times 34 + \dfrac{1}{9} + 64 \div 9 = $ _____

$\left(\dfrac{1}{43} + \dfrac{1}{47}\right) \div \dfrac{2020}{2021} = $ _____

$2\dfrac{1}{2} + 3\dfrac{2}{3} + 4\dfrac{3}{4} + 5\dfrac{4}{5} + 6\dfrac{5}{6} = $ _____

$\left(\dfrac{1}{2} + \dfrac{1}{6} + \dfrac{1}{12} + \cdots + \dfrac{1}{132}\right) \div \left(\dfrac{1}{2} + \dfrac{1}{4} + \dfrac{1}{8} + \cdots + \dfrac{1}{128}\right) = $ _____

2. (1)购买6个冰激凌需要_____元,购买12个冰激凌需要_____元。

(2)小明比小芳多购买了2个冰激凌,付款时小明反而比小芳少付了2元,小明购买了_____个冰激凌。

暑期大酬宾
冰激凌每个10元,一次购买超过10个,享受八折优惠。

第2题图

3. 王老师要从网上下载一个容量为46GB的文件。他查了一下电脑D盘和E盘,得到以下信息。

D盘	总容量300GB	已用85%
E盘	总容量200GB	已用:未用＝7:3

根据以上信息,王老师应该把文件下载保存在_____盘。

4. 小明的父亲和爷爷都是党员。小明的爷爷最近拿到了"光荣在党50年"纪念章。

爷爷对小明的父亲说:"我的党龄是你的2倍。"

小明的父亲说:"我今年55岁,再过18年,我也能拿到这个纪念章。"

爷爷又说:"我像你这么大时,已经有30年党龄了。"

现在爷爷的党龄是_____年,年龄是_____岁。

5. 某商场自动售卖机里有10个盲盒,里面只有3个盲盒中有天天想要的玩具。天天一次性买了3个盲盒,他至少买到一个想要的玩具的可能性是_____。(填分数)

6. $1921 \times 1922 \times 1923 \times \cdots \times 2020 \times 2021$的积的末尾有_____个0。

7. 雨哗哗不停地下着。在雨中的地上平放着如图所示两个容器。雨水将图(1)长方体容器灌满要用 5 小时,雨水将图(2)两边开口的容器灌满需要_____小时。

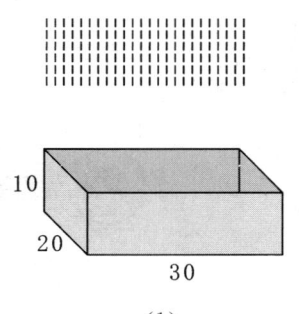
(1)

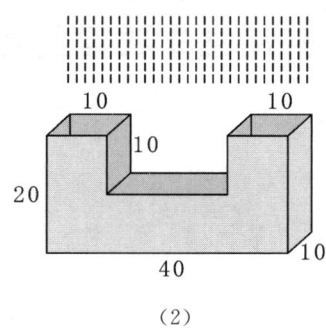
(2)

第 7 题图

8. 在题图九宫格中填数,使每行、每列、每条对角线上的数的和都相等。

18		
		11
6		

第 8 题图

9. A,B,C,D,E,F,G 七人准备表演诗朗诵。为确保朗诵效果,需要安排朗诵顺序。已知:

(1) A 要么第一个朗诵,要么最后一个朗诵。

(2) B 和 C 之间有三人。

(3) D 和 E 之间有三人,且 D 在 E 之前朗诵。

(4) F 排在第三个朗诵。

(5) G 与 B 站在一起。

请将七人按朗诵的顺序从前往后排列:_____。

10. 甲、乙二人同时分别从 A,B 两地出发相向而行。已知甲的速度为每分钟 80 米,乙的速度为每分钟 60 米,二人相遇在 C 处。若甲晚出发 7 分钟,三人在 D 处相遇。已知 C,D 距 A,B 两地中点的距离相等,则 A,B 两地之间相距_____米。

11. 庆祝中国共产党成立 100 周年,某部队官兵排列成长方形队列唱国歌。队列中恰好每行有 8 人是士官,每列有 10 人是尉官,还有 6 人是校官。这个长方形队列至少有_____人。

2021年 南京市书人教育数学竞赛试题

3年级

第一部分　基础题

一、填空题 I

1. 计算：15－2×5＝_____。

2. 8 吨＝_____千克。

3. 2021 年的二月有_____天。

4. 杨绵绵晚上 9 点睡觉,第二天早上 6 点起床,他共睡了_____个小时。

5. 把一盘桃平均分成 2 份,每份是这盘桃的_____。（填分数）

6. 一条小路被分成了 5 段,如果两端都栽树,需要栽_____棵。

7. 花花在走廊上摆了 6 盆盆栽,两端都没有摆,这条走廊被分成_____段。

8. 一圆形花台,周长 80 米,每隔 8 米摆一盆花。共需要_____盆花。

9. 若干个棋子正好排成每边 4 粒的实心方阵,棋子共有_____个。

10. 如题图,要使横行和竖行 3 个数的和相等,那么 A＝_____。

第 10 题图　　　第 11 题图

11. 如题图,要使竖式成立,"?"处应填_____。

12. 小明跑 100 米需要 20 秒,他的速度是_____米/秒。

13. 计算：26×11＝_____。

14. 强仔参加暑期夏令营,从 7 月 27 日到 8 月 8 日,这次夏令营共_____天。

15. 小马虎在计算加数相加时,把一个加数个位上的 6 错写成 8 后得到的结果是 23,那么正确的结果是_____。

16. 小白在计算减法计算题时,由于粗心,把被减数个位上的 3 错写成 8,得到的结果是 55,那么正确的结果是_____。

17. 一个正方形的边长为 6 厘米,它的周长是_____厘米。

18. 一个长方形长为3分米,宽为2分米,它的面积是_____平方分米。

19. 如题图,图形的周长是_____厘米。

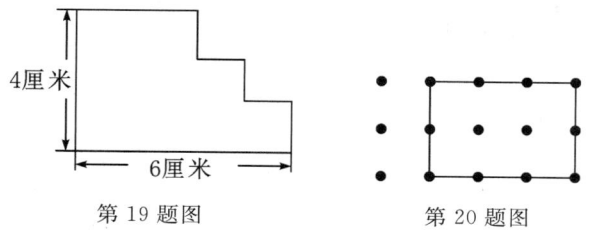

第19题图　　　　　第20题图

20. 如题图,相邻两个格点间距离为1,图形的面积是_____。

二、填空题Ⅱ

21. 一座大楼每层的台阶数都相等,小红从1层到3层共走了20个台阶。那么,小红从1层走到7层,共需走_____个台阶。

22. 绿化工人要在20米的路的一边栽树,每隔5米栽1棵,一端栽一端不栽,一共需要栽_____棵。

23. 若干名学生正好排成每边8人的实心方阵,方阵最外层有_____人。

24. 如题图,把1~5填入图中的○里,使每条线上三个数的和都等于10,那么A=_____。

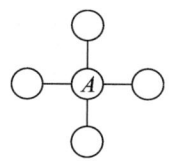

第24题图

25. 爸爸从南京开车出发,沿高速公路开往杭州。如果每小时行驶60千米,行驶3小时后距终点还有15千米,那么南京到杭州的距离是_____千米。

26. 计算:5×99=_____。

27. 今天是星期五,从今天算起,到第16天是星期_____。

28. 马跳跳在计算一道除法算式时,把被除数28末尾的"8"错写成了"4",得到的商是6,原来正确的商应该是_____。

29. 如题图,图形的面积是_____平方厘米。

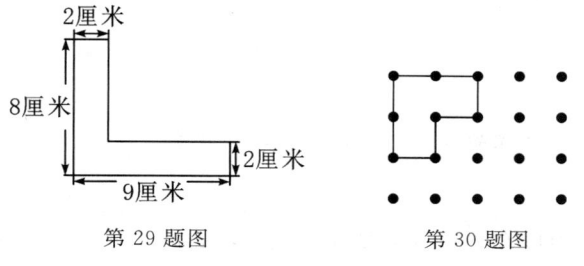

第29题图　　　　　第30题图

30. 如题图,相邻两个格点间距离为1,图形的面积是_____。

第二部分 提高题

31. 一个圆形花坛,它的外周长为 150 米,沿着它的外周每隔 5 米栽一棵丁香花,再在相邻的两株丁香花之间等距离栽上 2 棵月季花。那么分别可栽多少棵丁香花和月季花?

32. 强仔在做加法算式时,把一个加数十位上的 6 错写成 2,个位上的 1 错写成 5,这样算得的和是 319。请问正确的和是多少?

33. 昨天是星期六,从今天算起,到第 30 天是星期几?

34. 求题图图形的周长。(单位:米)

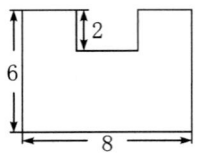

第 34 题图

35. 题图是一个宽为 5 米的操场,它的长是宽的两倍,在操场正中间有一个边长为 2 米的正方形升旗台,其他地方都是草坪。草坪的面积是多少平方米?

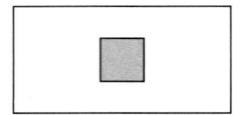

第 35 题图

第三部分 综合题

36. 计算:$98 \times 101 =$ _____。

37. 计算:$12 \times 15 =$ _____。

38. 在学校的走廊一边,小朋友们每隔 2 米摆放一盆花,从头到尾一共放了 10 盆。这条走廊长 _____ 米。

39. 如题图,将 5、6、7、8、9 这 5 个数分别填在下面的圆圈里,使每条线上的 3 个数的和相等且最大,那么 $A =$ _____。

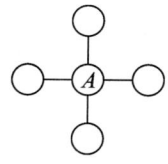

第 39 题图

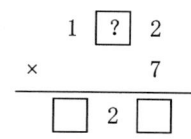

第 40 题图

40. 如题图,要使竖式成立,"?"处应填_____。

41. 暑假里,爸爸从南京开车到杭州旅游,计划每小时行驶 80 千米,6 小时到达。后来推迟 2 小时到达杭州,爸爸实际每小时行驶了_____千米。

42. 黄乐乐从 8 月 20 日开始看故事书,决定 13 天看完整本书,那么最后一天看这本书是_____月_____日。

43. 2021 年的"六一"儿童节是星期二,那么 2021 年的 7 月 5 日是星期_____。

44. 小白在计算减法计算题时,由于粗心,把减数个位上的 7 错写成 6,这样算得的差是 20。正确的差是_____。

45. 花花做乘法计算题时,把其中一个乘数 5 看成了 25,结果得到的积比正确的积多 100,正确的积应该是_____。

46. 如题图,已知相邻两个格点距离为 1,折线围成的图形的面积是_____。

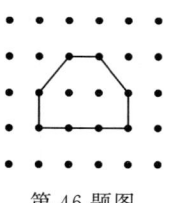

第 46 题图

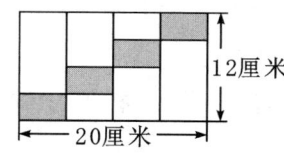

第 47 题图

47. 如题图,每个阴影部分形状完全相同,阴影部分的面积之和是_____平方厘米。

48. 一个长方形,长增加 5 厘米,面积增加 20 平方厘米,宽减少 3 厘米,面积减少 21 厘米,原长方形面积是_____平方厘米。

49. 在一张长 24 厘米,宽 10 厘米的长方形纸上剪一个最大的正方形。剩下部分的周长是_____厘米。

50. 用 4 张边长为 3 厘米的正方形纸拼成一个长方形,这个长方形的周长最多是_____厘米。

51. 由 24 个边长为 1 厘米的小正方形组成了如题图所示的图形(图只展示一部分),整个图形的周长是_____厘米。

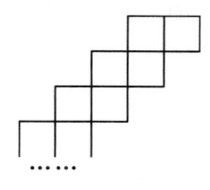

第 51 题图

4年级

第一部分 基础题

一、填空题 I

1. 4000123 最高位是_____位。

2. 等边三角形有_____条对称轴。

3. 18×500 的积的末尾有_____个零。

4. 一个等腰三角形的底角是 65°,则它的顶角是_____。

5. 用 3 根长度分别为 5 厘米、5 厘米和 11 厘米的小棍_____(填"能"或"不能")围成一个等腰三角形。

6. 3□+5=43,□=_____。

7. 1 只羊 3 天能吃 30 千克的青草,照这样计算,2 只羊 3 天能吃_____千克的青草。

8. 把 10 个苹果任意分在 9 个抽屉里,其中必有一个抽屉至少有_____个苹果。

9. 妈妈买 1 条毛巾和 2 块肥皂共花 12 元,已知 1 条毛巾的价钱与 2 块肥皂的价钱相等,1 块肥皂_____元。

10. 农场上的草因枯萎每天减少 3 份,农场上原有草 88 份,则一周后草还剩下_____份。

11. 湘湘和梅梅同时从 A、B 两地相向而行,5 分钟后湘湘和梅梅相遇,湘湘每分钟行 10 米,梅梅每分钟行 40 米,那么 A、B 两地相距_____米。

12. 一艘船顺流而下,水流速度是每小时 2 千米,船的静水速度是每小时行 30 千米。这艘船顺流而下每小时可以行驶_____千米。

13. 一艘船逆流而上,2 小时行驶 40 千米,则该船的逆水速度是每小时行驶_____千米。

14. 一条环形跑道长 400 米,强仔和杨绵绵两人同时同地反向出发,第一次相遇时两人的路程和是_____米。

15. 一条环形跑道长 200 米,明明和芳芳同时同地同向出发,当明明第一次追上芳芳时,明明比芳芳多跑_____米。

16. 题图所示的算式里,4 个小纸片各盖住了一个数字。被盖住的 4 个数字之和是_____。

第 16 题图

第 17 题图

17. 如题图,在平行四边形 ABCD 中,BC=8 厘米,高 AE=3 厘米,则平行四边形 ABCD 的面积是_____平方厘米。

18. 如题图,已知 $BC=10$ 厘米,平行四边形 $ABCD$ 的面积为 60 平方厘米,则高 $AE=$ _____厘米。

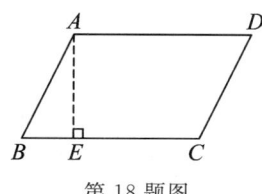

第 18 题图

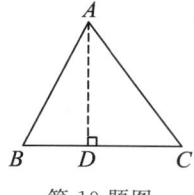

第 19 题图

19. 如题图,在三角形 ABC 中,$BC=10$ 厘米,$AD=8$ 厘米,则三角形 ABC 的面积是_____平方厘米。

20. 2 个一位数字之和最大是_____。

二、填空题 Ⅱ

21. 2 个三角形一定可以拼成一个平行四边形。_____(填"√"或"×")

22. 麦兜和小新同时从学校出发去图书馆,麦兜每分钟比小新多走 10 米,则 5 分钟后,两人相距_____米。

23. 安安和吉吉分别从 A、B 两地同时出发,相向而行,A、B 两地相距 255 米,安安每分钟走 40 米,吉吉每分钟走 45 米,他们经过_____分钟相遇。

24. 一艘船的静水速度是 55 千米/时,若水流速度是每小时 3 千米,这艘船的顺水速度是每小时_____千米。

25. 一艘货船的逆水速度是 80 千米/时,若水流速度是每小时 5 千米,这艘船的顺水速度是每小时_____千米。

26. 盒子里有黑、蓝 2 种不同颜色的袜子各若干只,小明想拿出一双袜子,则他一次至少要取出_____只才能保证拿出的袜子中一定有 2 只颜色是相同的。

27. 有 38 名同学参加比赛,每人至少参加一项。其中参加田径的有 22 人,参加排球的有 26 人,则两项运动都参加的同学有_____名。

28. 小明跑步去追在他前面 100 米处的小红,小明跑步的速度是 90 米/分,小红的速度是 40 米/分,小明经过_____分钟后能够追上小红。

29. 辛巴和娜娜在 600 米环形跑道上赛跑,同时同地反向出发,辛巴每分钟跑 70 米,娜娜每分钟跑 80 米,则经过_____分钟他们第一次相遇。

30. 跑道一圈有 400 米,小明 10 分钟能跑 2 圈,小明跑步的速度是_____米/分。

第二部分 提高题

31. 买同样的笔记本和同样的钢笔若干。若买 3 本笔记本和 5 支钢笔需要付 39 元,买 3 本笔记本和 10 支钢笔则需要付 69 元。那么笔记本和钢笔的单价分别是多少元?

32. 欢欢步行上学,每分钟行 50 米。一天早上欢欢出门 5 分钟后,爸爸发现他没有带课本,立即骑上自行车去追,爸爸骑车的速度是每分钟 300 米,则爸爸出发后多久能追上欢欢?

33. 在 400 米的环形跑道上,甲、乙两人同时同地起跑,如果同向而行 3 分 20 秒相遇,如果反向而行 40 秒相遇。已知甲比乙快,求甲、乙的速度分别是多少?

34. 题图所示的竖式里,四个小纸片分别盖住了一个数字。被盖住的四个数字之和是多少?

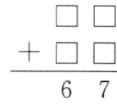

第 34 题图

35. 如题图,在平行四边形 ABCD 中,已知 BC = 12 厘米,高 EC = 6 厘米,AB = 9 厘米,求高 AF 的长。

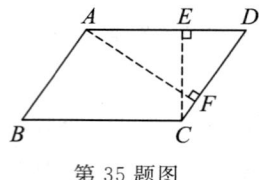

第 35 题图

第三部分 综合题

36. 学校组织了一次游泳比赛,有蛙泳和自由泳 2 个项目,已知四(1)班报名蛙泳的学生有 20 人,报名自由泳的有 18 人,两个项目都报名的有 5 人,还有 8 人未报名比赛,则四(1)班有学生_____人。

37. 一副扑克牌有 4 种花色,每种花色各 13 张,另外还有 2 张王牌,共 54 张。至少要取出_____张牌,才能保证其中必有 2 张牌的花色相同。

38. 如图所示,已知 △ABC 的面积是 36 平方厘米,BC = 12 厘米,则高 AD 长_____厘米。

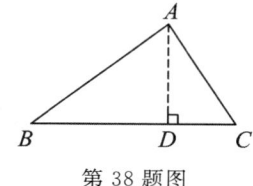 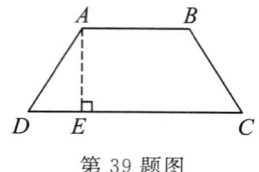

第 38 题图　　　第 39 题图

39. 在题图所示梯形 ABCD 中，上底 AB 长 5 厘米，下底 CD 长 10 厘米，高 AE 长 4 厘米，梯形 ABCD 的面积是_____平方厘米。

40. 题图所示的竖式中的 A 代表 1~9 中的某个数字，则 A 是_____。

```
    A 4 2 8 5 7                2 A 2 A
  ×           4              − 1 B 4 B
  ─────────────              ─────────
    5 7 A 4 2 8                    7 1
```

第40题图   第41题图

41. 题图所示的减法算式中，相同的字母代表相同的数字，不同的字母代表不同的数字，则 B＝_____。

42. 甲、乙两人分别开车从 A、B 两地同时出发，相向而行，甲每小时行驶 80 千米，乙每小时行驶 60 千米，经过 2 小时两人还相距 20 千米，A、B 两地相距_____千米。

43. 两辆汽车同时从 A、B 两地相对开出，速度分别是 40 千米/时和 60 千米/时，在距离两地中点 20 千米的某处相遇。A、B 两地相距_____千米。

44. 小张和小王分别以一定速度，在周长为 800 米的环形跑道上跑步，小王的速度是 210 米/分。小张和小王同时从同一地点出发，反向跑步，2 分钟后两人第一次相遇，小张的速度是_____米/分。

45. 一条环形跑道长 300 米，甲乙两人在练习跑步，两人同时同地同向出发，甲的速度是每分钟 150 米，乙的速度是每分钟 120 米，_____分钟后甲第一次追上乙。

46. 两名运动员在湖边的环形道上练习长跑，甲每分钟跑 250 米，乙每分钟跑 200 米，两人同时同地同向出发，经过 45 分钟甲追上乙；如果两人同时同地反向出发，经过_____分钟两人相遇。

47. 在同一个河道里航行，一艘船顺水速度是每小时 30 千米，逆水速度是每小时 26 千米。那么水流速度是_____千米/时。

48. 甲、乙两个港口相距 96 千米，船速为每小时 10 千米，水流速度为每小时 2 千米，这艘船在甲、乙两港之间往返一次共用_____小时。

49. 甲、乙两个码头相距 280 千米，一艘船从甲码头逆水航行，经过 14 小时到达乙码头，已知船在静水中每小时行驶 24 千米，那么此船返回甲码头需要_____小时。

50. 小伟回家，在距家门 660 米时，妹妹和小狗一起向他奔来，小伟和妹妹的速度都是每分钟 50 米，小狗的速度是每分钟 200 米，小狗遇到小伟后用同样的速度不停往返于小伟和妹妹之间。当小伟和妹妹还相距 60 米时，小狗一共跑了_____米。

51. 在 400 米的环形跑道上，甲、乙两人同时同向出发，乙在甲前面 100 米处。甲每秒跑 5 米，乙每秒跑 4 米，每人每跑 100 米都要停 10 秒。那么他们出发后_____秒甲可第一次追上乙。

5年级

第一部分 基础题

一、填空题Ⅰ

1. 若 $4x=20$，则 $x=$ _____。

2. 若 $x-7=3$，则 $x=$ _____。

3. 4 和 12 的最大公因数是 _____。

4. 8 和 16 的最小公倍数是 _____。

5. 暑假期间，小明 5 天去一次图书馆，小丽 3 天去一次图书馆。7 月 1 日两人在图书馆相遇，至少再过 _____ 天两人会再次在图书馆相遇。

6. 计算：$\frac{5}{9}-\frac{2}{9}=$ _____。

7. $101\div25$ 的余数是 _____。

8. 比较分数的大小：$\frac{9}{29}$ _____ $\frac{7}{29}$。（填">"、"<"或"="）

9. 比较分数的大小：$\frac{10}{31}$ _____ $\frac{10}{33}$。（填">"、"<"或"="）

10. 半径为 2 的圆的面积是 _____。

11. 计算：$\frac{2}{3}\times\frac{3}{2}=$ _____。

12. 计算：$\frac{5}{7}\times\frac{4}{5}=$ _____。

13. $\overline{69\square}$ 是 9 的倍数，则 $\square=$ _____。

14. 将分数 $\frac{1}{4}$ 化为小数后的结果是 _____。

15. $88\div3$ 的余数是 _____。

16. 一个圆的半径是 2 厘米，则周长是 _____ 厘米。

17. 自然数 3971 除以 5 的余数是 _____。

18. 5 个 6 相乘，乘积的个位数字是 _____。

19. 将纯循环小数 $0.\dot{1}$ 化为最简真分数后的结果是 _____。

20. 一张圆形纸片的直径是 8 厘米，那么这个圆形纸片的面积是 _____ 平方厘米。

二、填空题Ⅱ

21. 将分数 $\frac{1}{3}$ 化成无限循环小数后，所得的循环小数属于 _____（请填"纯"或"混"）循环小数。

22. 用圆规在纸上画一个完整的圆，圆规两脚张开的距离是 4 厘米，这个圆的直径是 _____ 厘米。

23. 将小数 0.2 化为最简分数后，所得结果是 _____。

24. 把一个边长是 4 分米的正方形铁皮加工成一个最大的圆，这个圆的面积是 _____ 平方分米。

25. 一个圆的周长为 12.56 厘米，那么圆的面积是 _____ 平方厘米。

26. 计算：$\frac{3}{4}+\frac{2}{5}=$ _____。

27. 计算：$7\frac{19}{21} + 2\frac{2}{21} = $ _____。

28. 计算：$\frac{5}{9} \div \frac{2}{3} = $ _____。

29. 计算：$0.3 \times 3 = $ _____。

30. 分母为 7 的最简真分数有 _____ 个。

第二部分　提高题

31. 一个半径为 2 米的圆的面积是多少平方分米？（π 取 3.14）

32. 算式 $89 \times 17 + 20 \times 11$ 的计算结果除以 5 的余数是多少？

33. 计算：$0.\dot{2} \times 4 + 0.\dot{5} \times 0.4$

34. 计算：$\frac{7}{8} \times \frac{3}{7} \div \frac{1}{16}$

35. 题图所示的边长为 4 厘米的正方形中间有一个圆，求出阴影部分的面积。（π 取 3.14）

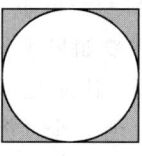

第 35 题图

第三部分　综合题

36. 56 和 70 的最大公因数是 _____。

37. 12 和 24 的最小公倍数是 _____。

38. 计算：$\frac{3}{7} + \frac{2}{9} + \frac{4}{7} + \frac{7}{9} = $ _____。

39. 计算：$21 \times \frac{19}{20} = $ _____。

40. 将小数 0.35 化为最简分数是 _____。

41. 将混循环小数 $0.4\dot{5}$ 化为最简分数是_____。

42. 将分数 $\dfrac{3}{8}$ 化为小数是_____。

43. 循环小数 $0.4\dot{8}96\dot{2}$ 小数点后第 2021 位的数字是_____。

44. 比较分数大小：$\dfrac{2}{11}$_____$\dfrac{22}{110}$。（填">"、"<"或"="）

45. 算式 $\left(\dfrac{2}{9}+\dfrac{3}{8}+\dfrac{1}{4}\right)\div\dfrac{1}{72}$ 的计算结果是_____。

46. 如图，△OAB 是等腰直角三角形，$OA = 6$ 厘米，阴影部分面积是_____平方厘米。（π 取 3）

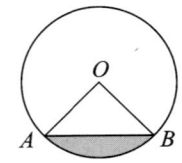

第 46 题图

47. 小明在将 $3.\dot{2}\dot{3}\times a$ 时，把 $3.\dot{2}\dot{3}$ 看成了 3.23，使得乘积比正确的乘积少 0.6，正确的结果是_____。

48. 如题图所示正方形的面积是 80 平方厘米，阴影部分面积是_____平方厘米。

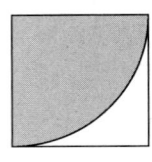 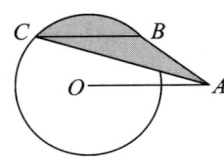 

第 48 题图   第 49 题图   第 50 题图

49. 如题图所示，点 A 是半径为 6 厘米的圆 O 外的一点，$BC \parallel AO$，且 $BC = 6$ 厘米，连接 AC、AB，阴影部分的面积是_____平方厘米。

50. 题图所示是一个十字架木框，它的每条边长都是 4 米，现有一个直径为 2 米的圆形木框，这个圆形木框沿着十字架木框滚动一圈，那么圆形木框扫过的区域面积是_____平方米。（π 取 3）

51. 已知只能被 1 与其自身整除的大于 1 的自然数称为质数，比如 2、3、5、7、11、13 等，大于 1 的自然数如果不是质数，则称为合数。古希腊时代的人们已经知道，质数有无穷多个，其证明思路蕴含在以下问题中：前两个质数组成的算式 $2\times3+1=7$；同样，前三个质数的算式 $2\times3\times5+1=31$，也是质数；前 4 个质数的算式 $2\times3\times5\times7+1=211$，前 5 个质数的算式 $2\times3\times5\times7\times11+1=2311$，可以验证也是质数。

(1) 前 6 个质数的算式 $2\times3\times5\times7\times11\times13+1=30031$ 不是质数，显然 2,3,5,7,11,13 都不能整除这个数。所以，一定有比前 6 个质数大的质数能整除 30031，请写出满足条件的最小质数。

(2) 前 7 个质数的算式 $2\times3\times5\times7\times11\times13\times17+1=510511$ 不是质数，所以一定有质数能整除 510511，其中最大的质数是多少？

第一部分　基础题

一、填空题 I

1. 一个圆柱的底面积是 0.5 平方分米，高是 4 分米，体积是_____立方分米。

2. 一个圆柱和一个圆锥底面积相等，高也相等。圆柱的体积是 21 立方厘米，圆锥的体积是_____立方厘米。

3. 一根铁丝，用去 $\frac{3}{8}$，还剩下 30 厘米，用去_____厘米。

4. 一个等腰三角形的三条边的长度都是整厘米数，它的一条腰长 10 厘米，它的底边最长是_____厘米。

5. 一块梯形稻田上底 80 米，下底 60 米，高 40 米。在这块田里收稻谷 6720 千克，平均每平方米收稻谷_____千克。

6. 用一根长 3.6 米的铁丝，焊接成一个正方体框架。在这个正方体框架表面糊上彩纸，至少要用彩纸_____平方分米。

7. 文艺书和科技书本数的比是 6∶5。文艺书的本数比科技书多_____。（用最简分数作答）

8. 甲地到乙地的公路长 300 千米。一辆客车和一辆货车同时从甲地开往乙地，客车每小时行 100 千米，货车每小时行 90 千米。客车到达乙地时，货车离乙地还有_____千米。

9. 学校安排学生乘汽车去春游，每人一个座位。如果用每辆坐 54 名学生的汽车，5 辆能让全部学生上车，而且每辆车都坐满。如果用每辆坐 45 名学生的汽车，每辆车都坐满，需要_____辆。

10. 凤凰小区的一个花坛里，月季花的面积占 $\frac{2}{5}$，杜鹃花的面积占 $\frac{1}{4}$，剩下的 35 平方米都种了海棠花。这个花坛的面积是_____平方米。

11. -2 _____ -3。（填">"、"<"或"="）

12. 小李爸爸的年龄是小李的 8 倍，爸爸比小李大 28 岁，小李的年龄是_____岁。

13. 浓度为 20% 的 120 克盐水中盐的含量是_____克。

14. $4\frac{1}{5}$ 的倒数是_____。

15. 一本书共有 300 页，张华已经看了总页数的 $\frac{1}{6}$，则他还有_____页没有看。

16. 方程 $4x+5=25$ 的解是 $x=$_____。

17. 已知 x、y 满足方程组 $\begin{cases} 2x+y=8, \\ x-y=1, \end{cases}$ 则 $x=$_____。

18. 六位数 20000□ 能被 9 整除，□里填_____。

19. 判断：91 _____（填"是"或"不是"）质数。

20. 18 有_____个约数。

二、填空题 Ⅱ

21. 一个数由三个 6 和三个 0 组成,如果这个数只读出两个零,那么这个数是_____。

22. $a \div b = 5$（a、b 是非零的自然数），a 和 b 的最大公因数是_____,最小公倍数是_____。

23. 28000 平方米＝_____公顷。

24. 当 n 表示 1,2,3…时,$2n-1$ 表示_____。（填"奇数"或"偶数"）

25. 有一些糖果,个数在 45～65 之间,把这些糖果平均分给 4 个或 6 个小朋友都正好分完。这些糖果的个数可能是_____个,也可能是_____个。

26. 我国《国旗法》规定:国旗的长和高的比是 3∶2,学校操场上的国旗高是 128 厘米,长应是_____厘米。

27. 行一段路,甲车用 5 小时,乙车用 7 小时,甲乙两车所用的时间比是_____,速度比是_____。

28. 一个三角形的三个内角度数的比是 1∶4∶5,这个三角形一定是_____三角形。（填"锐角"、"直角"或"钝角"）

29. 用一个非零自然数除以 18 和 30,正好都能整除,这个自然数最小是_____。

30. 用圆规画一个周长是 18.84 厘米的圆,圆规两脚间的距离是_____厘米。

第二部分　提高题

31. 把边长为 1 米的 5 个相同正方体拼成如题图所示的形式,然后把露出的表面全部涂上颜色(包括底面),则涂色面积为多少平方米?

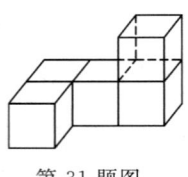

第 31 题图

32. 两个两位数的积是 360,最小公倍数是 60,这两个数的差为多少?

33. 将一空池加满水,若同时开启 1、2、3、4 号进水管,则 12 分钟可以完成;若同时开启 2、3、4、5 号进水管,则 9 分钟可以完成;若同时开启 1、5 号进水管,则 18 分钟可以完成。若同时开启 1、2、3、4、5 号进水管,则需多少分钟可以完成?

34. 如题图所示，在长方形 ABCD 中，E，F 是 CD 和 CB 的中点，长方形 ABCD 的面积是 40 平方厘米，那么四边形 DBFE 的面积是多少平方厘米？

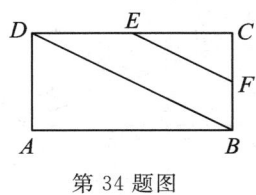

第 34 题图

35. 甲、乙两车分别从 A、B 两地同时出发，相向而行，相遇点距离 A、B 中点 200 米。已知甲车的速度是乙车的速度的 $\frac{4}{5}$，求 A、B 两地的路程。

第三部分　综合题

36. 在□内填上_____，可以使 74□0 能同时被 2、3、4、5 整除。

37. 甲、乙两列火车从相距 464 千米的两地相向而行，甲车每小时行 48 千米，乙车每小时行 64 千米，乙车先出发 2 小时后，甲车才出发。那么甲车行_____小时后与乙车相遇。

38. 200 克浓度为 20% 的盐水中含盐_____克。

39. 一项工作，甲、乙两人合作 20 天可以完成，共同做了 5 天后，甲离开了，由乙继续做了 36 天才完成。那么，如果这项工作由乙单独完成需要_____天。

40. 三位数 21□ 能被 9 整除，那么□内的数是_____。

41. 要使连乘积 375×170×286×□ 的最后 4 个数字都是 0，那么□内最小应填_____。

42. 如题图所示，一个正方体木块，棱长是 2 米，沿着水平方向将它锯成 2 片，每片又锯成 3 长条，每条又锯成 4 小块，共得到大大小小的长方体 24 块，那么这 24 块长方体的表面积之和是_____平方米。

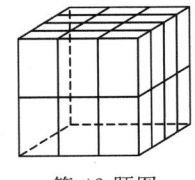

第 42 题图

43. 甲、乙两数的和是 297，甲数除以乙数商 8 余 18，那么甲数是_____。

44. 如题图,已知阴影部分面积是 10 平方厘米,那么长方形 ABED 面积是_____平方厘米。

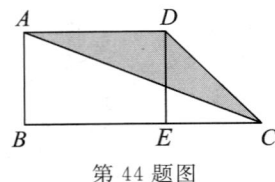

第 44 题图

45. 一个自然数减去 9 是一个完全平方数,加上 4 也是一个完全平方数,这个数是_____。

46. 360 共有_____个因数。

47. 用数字 3、1、5、8 可以组成_____个没有重复数字的三位数。

48. 一件工程,甲、乙合作需要 30 天完成,乙、丙合作需要 36 天完成,甲、丙合作需要 45 天完成,那么甲、乙、丙三人合作需要_____天完成。

49. 算式 $1\times 2\times 3\times 4\times\cdots\times n$ 的结果末尾有 25 个连续的 0,那么 n 最大是_____。

50. 一列客车通过 700 米长的大桥需要 45 秒,用同样的速度穿过 400 米长的隧道需要 35 秒,这列客车行驶的速度是每秒_____米。

51. 勾股定理又称为"毕达哥拉斯定理",是一个有着 4000 多年历史的重要几何定理。它指出:对任何一个直角三角形而言,以它的两条直角边的长度为边长的正方形的面积之和,等于以斜边的长度为边长的正方形的面积。关于勾股定理,人们发现了 400 多种证明方法,在众多证明方法中,我国古代数学家刘徽给出的证明简单直观(如题图所示)。这个证明实际上给出了一个通过有限次直线切割,将两个正方形拼补为一个更大的正方形的方法。设两个小正方形的边长分别为 3 和 4,按照刘徽的方法,这两个小正方形被切割成五部分。

(1) AD 的长是多少?
(2) 求 △CDI 的面积。

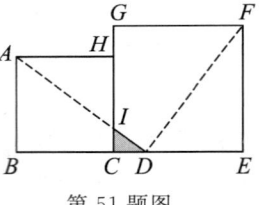

第 51 题图

2021年 春·广州悦教育高端班选拔考试

1年级

一、填空题 I（每题 7 分，共 70 分）

1. 计算。

(1) $31+32=$ _____；　　(2) $32+(51-32)=$ _____；

(3) $88+28+44-28-88=$ _____；　　(4) $1000-141=$ _____。

2. 相同图案代表相同的数，不同图案代表不同的数，题图中的图案分别代表什么数？请填写在横线上。

 = _____
 = _____

第 2 题图

3. 数一数，题图共有_____个正方体。

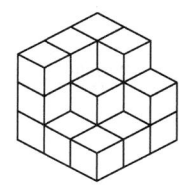

第 3 题图

4. 甜甜老师和三个小朋友一起拍照留念，如果甜甜老师要站在最右边，那么四个人一共有_____种不同的站法。

5. 小娇和小钰都有 12 个蛋糕，小娇给小钰 4 个蛋糕以后，小娇比小钰多_____个蛋糕。

6. 小悦一共有 44 个玩具，送了 12 个给大悦后，小悦剩下的玩具比送给大悦的玩具多_____个。

7. 根据所给算式，请推算出每个字母各代表的数字。

```
    A  1
  -  3  B
  -------
     2  4
```

$A=$ _____　　$B=$ _____

第 7 题图

8. 悦悦的手机支付宝有 40 元,已知一个汉堡 12 元,一杯果汁 5 元,买了 1 个汉堡和 2 杯果汁后,还剩 _____ 元。

12元　　5元

第 8 题图

9. 数学竞赛的前三名分别是 A、B、C 三人。A 说:"我不是第一名。"C 说:"我不是第一名也不是第二名。"那么第二名是 _____。

10. 请在圆圈中填上合适的数,使每条线上的三个数之和为 10。

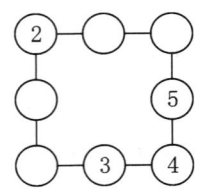

第 10 题图

二、填空题 II(每题 10 分,共 50 分)

11. 学校的楼道长 15 米。在楼道的一侧从起点到终点每隔 3 米摆一盆花,一共能摆 _____ 盆花。

12. 不计算,判断从 88 加到 99 的结果是 _____ 数。(填字母即可)

88＋89＋90＋91＋92＋93＋94＋95＋96＋97＋98＋99

A. 单数　　　　　　　　　　B. 双数

13. 孙悟空有一些蟠桃,他又到果园摘了 5 个,然后送了 8 个蟠桃给紫霞仙子,最后孙悟空剩下 10 个蟠桃。原来孙悟空有 _____ 个蟠桃。

14. "小""甜""真""美"这 4 个汉字,分别代表"2""0""1""9"这四个数字中的一个。观察下面的算式,"真"＝ _____。

小＋甜＋真＋美－真＝真真

第 14 题图

15. 七个同样的圆如图放置,它有 _____ 条对称轴。

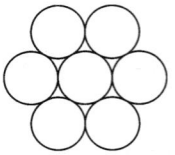

第 15 题图

2年级

一、填空题Ⅰ（每题7分，共70分）

1. 计算。

(1) $1000-345=$ _____；   (2) $25\times 8=$ _____；

(3) $137-(48+37)=$ _____；   (4) $309\div 3=$ _____。

2. 下面是按规律排列的一串数，第26个数是_____。

$$1,3,5,7,9,\cdots$$

3. 鸡兔同笼，有10个头，鸡和兔共有36条腿。兔有_____只。

4. 两个相同的正方形拼在一起后成为新的长方形，如题图所示。现在知道周长和减少了10厘米，那么拼出的新长方形的周长是_____。

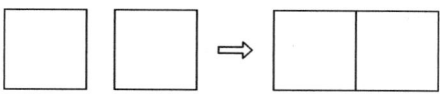

第4题图

5. 老师共买了48个奇趣蛋（有男版和女版两种）。已知男版的个数是女版的2倍，老师买了_____个男版奇趣蛋。

6. 两个车队共有汽车66辆，如果从第一车队调8辆到第二车队，两个车队的汽车辆数就相等。原来第二车队有车_____辆。

7. 大悦悦在计算加法时，把一个加数十位上的6错写成4，把另一个加数个位上的6错写成2，所得的和是333，正确的和应该是_____。

8. 甲15年前的年龄与乙8年后的年龄相等，甲和乙相差_____岁。

9. 甲、乙、丙三人，一个是医生，一个是歌手，一个是画家。①甲和歌手的年龄不相同；②丙比医生的年龄大；③歌手比乙的年龄小。根据给出的线索，可知_____是画家。

10. 小朋友参加学校的兴趣小组。已知数学组的人数是语文组的3倍，数学组比语文组多88人。数学组和语文组一共有_____人。

二、填空题Ⅱ（每题10分，共50分）

11. 两袋大米共重96千克，从A袋取出12千克放入B袋后，此时B袋的千克数是A袋的3倍。原来A袋有大米_____千克，B袋有大米_____千克。

12. 今年小悦和妈妈两人的年龄和是48岁，5年前，小悦比妈妈小26岁。今年妈妈_____岁。

13. 将三根长度均为50厘米的铁丝焊接为一根长度为110厘米的长铁丝（如题图所示），已知中间每处重叠部分长度都是相等的。那么，中间每处焊接的重叠部分长为_____厘米。

第13题图

14. 题图是由若干个小正方体拼成的立体模型,甜甜要给这个模型的表面涂上颜色,那么有_____个面不能涂上颜色。

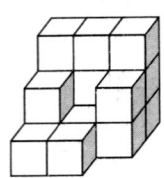

第 14 题图

15. 将 8、9、10、11、12、13、14 这 7 个数填入如题图所示的圆圈内,使两个正方形中 4 个数之和为 44。

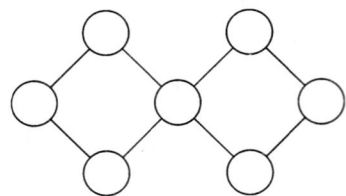

第 15 题图

3年级

一、填空题Ⅰ（每题5分，共20分）

1. 计算：$(20\times21-21+2021)\div20=$ _____。

2. 计算：$79\times99+79\times20=$ _____。

3. 解方程：$7\times(3x+4)=469$，$x=$ _____。

4. 题图中的汉字代表1~9中的数字，不同汉字代表不同的数字，相同的汉字代表相同的数字，其中"悦"代表8，"数"代表5，"学"代表1，那么"教"代表数字_____。

$$\begin{array}{r}悦\ 教\ 育\\ 数\ 学\ 好\\ +\ 哈\ 哈\ 哈\\ \hline 2\ 0\ 2\ 1\end{array}$$

第4题图

二、填空题Ⅱ（每题6分，共30分）

5. 按照下列规律：1，3，5，7，7，9，13，11，13，19…，那么第21个数是_____。

6. 悦学校举办收集树叶做书签活动，文文收集的树叶数量是喧喧的2倍少20片，飞飞收集到的是喧喧数量的2倍多30片，而飞飞的数量是文文的2倍。这三位同学共收集了_____片树叶。

7. 狐狸王国里有一群怪异的狐狸，有2条尾巴的，有4条尾巴的，还有9条尾巴的。已知一共有86只狐狸，498条尾巴，且二尾狐和四尾狐的数量相等，那么，二尾狐有_____只，四尾狐有_____只，九尾狐有_____只。

8. 如题图所示，一共能数出_____个三角形。

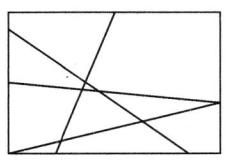

第8题图

9. 喜喜一共有7张卡片，每张卡片上都写了一个数字，其中有2张上面的数字是1，2张卡片上的数字是6，3张卡片上的数字是9。喜喜想用这些卡片组成一些三位数，那么喜喜一共能组成_____个不同的三位数。（卡片可旋转）

三、填空题Ⅲ（每题8分，共40分）

10. 今天是2月21日，若 $\overline{21A37}$ 是221的倍数，A 的值是_____。

11. 喜姐的珠子数是喜宝的20倍，若喜宝给喜姐21颗，喜姐的珠子数比喜宝的21倍多20颗。喜宝还有_____颗珠子。

12. 10个不同的自然数之和为2021,若最大数是最小数的21倍,那么,最大数的最大值是_____。

13. 喜姐写了一个两位数,甲、乙、丙、丁四位同学分别说了下面的话。

甲说:"这个数比80大,它是个奇数。"

乙说:"这个数比70小,它是个偶数。"

丙说:"这个数加上20是21的倍数,加上21是22的倍数。"

丁说:"这个数的数字和是奇数,这个数的十位也是奇数。"

若喜姐发现四位同学每人都说对了一半,也说错了一半,那么喜姐写的这个两位数最大是_____。

14. 题图由两块面积为3的正方形、一块面积为45的长方形和一块面积未知的阴影长方形拼成一个大正方形,那么阴影长方形的面积为_____。

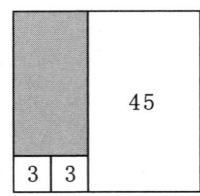

第14题图

四、解答题(每题15分,共30分)

15. 恰由2种数字组成的不同四位数(比如2020,但2021不满足条件)中,比2021小的有多少个?

16. 喜姐家里养了2021只鸡和兔,过年的时候卖掉了一些鸡和兔,且卖掉鸡比兔多21只;若剩下的鸡和兔中,兔的腿数比鸡的头数的21倍还多20只。当卖掉的鸡的数量最少时,剩下的鸡和兔中,鸡有多少只?

4年级

一、填空题Ⅰ（每题5分，共20分）

1. 计算：$2+0.2+1+2\times20\div5=$ _____。

2. 定义新运算：$a\odot b=a\times(b-21)\div20$。那么 $2021\odot2021=$ _____。

3. $21.21x+5289\div(111\times9-876)\times47=4321+1.21x$，则 $x=$ _____。

4. 两个两位数的减法数字谜：$\overline{AB}-\overline{CD}=\overline{EF}$，其中 $A、B、C、D、E、F$ 代表不同的数字。当被减数 $\overline{AB}$ 取最小值时，$A\times B+(C+E)\times(D+F)=$ _____。

二、填空题Ⅱ（每题6分，共30分）

5. 悦悦上学，若每分钟行50米，则8:00准时到校；若每分钟行60米，则7:55准时到校。悦悦的家与学校的距离是 _____ 米。

6. 鸡兔同笼，共44个头，兔脚的数目比鸡脚的数目的10倍多8只，兔有 _____ 只。

7. 将22颗珠子围成一圈按1～22逆时针依次编号。小悦开始玩数珠子游戏，规则是从1号珠子开始顺时针一颗颗珠子连续地数，那么数到2021时是编号为 _____ 的珠子。

8. 有这样一类四位数，它满足 $\overline{ABAC}$ 的形式，如2021。这样的四位数中偶数有 _____ 个。

9. 如题图共有 _____ 个三角形。

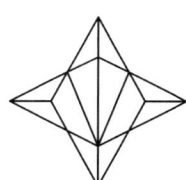

第9题图

三、填空题Ⅲ（每题8分，共40分）

10. 喜姐的珠子数比喜宝的20倍还多21颗，接着喜姐给了喜宝459颗，这时喜宝的珠子数比喜姐的21倍多20颗。此时喜宝有 _____ 颗珠子。

11. 用0、2、4、6、8各一个组成一个五位数，它的前 n 位组成的 n 位数恰好是 n 的倍数，这个五位数最大是 _____。

12. 正方形 $ABCD$ 每条边上的点均为三等分点，如题图摆放两个相同的长方形 $EFGH、MNPQ$，如果 $NE=12$，那么正方形 $EPGM$ 与长方形 $EFGH$ 的面积差是 _____。

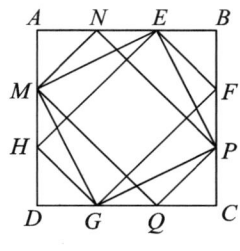

第12题图

13. 将 1、2、3、4、5 各一个组成一个五位数,三位一段可以截出 3 个三位数(顺序不变)。若截出的 3 个三位数中恰有两个偶数,这两个偶数的和最小是_____。

14. 喜姐用 1~6 各一个组成三个两位数分别给甲、乙、丙三位同学,并依次发生如下对话:

甲说:"我手里的两位数一定不是最大的,并且它是一个奇数。"

乙说:"我手里的两位数有可能是最大的。"

丙说:"我知道我们三人的数了。"

若他们都是聪明且诚实的好孩子。当丙取得最小可能值时,乙手里的两位数是_____。

四、解答题(每题 15 分,共 30 分)

15. 喜姐参加了 n(n 为非零自然数)次测试,接着又参加了 2 次测试。已知前面 n 次测试的平均成绩、所有测试($n+2$)次的平均成绩,以及后面 2 次的成绩(共 4 项)从大到小恰好组成一个公差为 5、项数为 4 项的等差数列,那么 n 的值是多少?

16. 恰由 3 种不同数字组成的不同四位数中(比如 2021),不超过 2021 的有多少个?

5年级

一、填空题Ⅰ（每题5分，共20分）

1. 计算：$2.021 \times 35 + 20.21 \times 4.8 + 202.1 \times 0.17 = $ _____。

2. 计算：$\dfrac{3 \times 3\frac{4}{5} - 8\frac{1}{7}}{2\frac{1}{7} - \frac{11}{14}} = $ _____。

3. 在某个星期内，飞飞星期一到星期三这3天每天做题数量之比为3∶4∶5，而星期二和星期三这两天做题总数与星期四做题数量之比为5∶4。已知飞飞星期四比星期二多做了48道题，那么飞飞星期一做了_____道题。

4. 若一个五位数$\overline{ABCBA}$能被12整除，其中不同字母代表不同数字，满足条件的所有五位数中最大的数比最小的数多_____。

二、填空题Ⅱ（每题6分，共30分）

5. 计算：$\dfrac{4}{1 \times 2 \times 3} + \dfrac{6}{2 \times 3 \times 4} + \dfrac{8}{3 \times 4 \times 5} + \cdots + \dfrac{40}{19 \times 20 \times 21} = $ _____。

6. 从2000~2021中至少选出_____数，才能保证其中必有两个数的和被3整除。

7. 用一些棱长为1的小正方体堆放成的一个立体图形从上往下看如图(1)所示，从正面看如图(2)所示，那么这个立体图形最少有_____个小正方体。

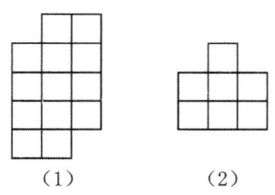

第7题图

8. 如题图所示，在面积为1560的六边形$ABCDEF$中，$AB\parallel CF\parallel DE$，$BC\parallel AD\parallel EF$，$AF\parallel BE\parallel CD$，且$AB=CD=EF=2$，$AF=BC=DE=1$，那么$\triangle BDF$的面积为_____，阴影部分的面积为_____。

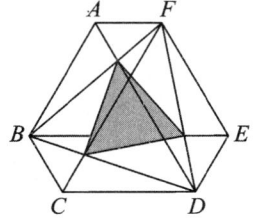

第8题图

9. 哲哲参加的考试共有50道题，做对一题得4分，做错一题扣2分，不做扣1分。哲哲这次考试得了100分，那么他最多做对_____道题。

三、填空题Ⅲ（每题8分，共40分）

10. 一项工程，甲队独做24天完成，乙队独做36天完成。实际中甲队每做2天要休息2天，乙队每做2天要休息3天，这项工程甲、乙合做需要_____天完成。

11. 将题图棋盘中的 3 个格子染黑，要求任意两个染黑的格子无公共点，那么有_____种不同的染色方式。（棋盘不可转）

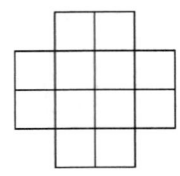

第 11 题图

12. 有三杯酒精溶液，A 杯中酒精溶液浓度为 90%，B 杯中酒精溶液浓度为 80%，C 杯中为纯酒精。三杯溶液混合后得到浓度为 85% 的酒精溶液，已知三杯溶液总重量等于 350 克，并且已知 A 杯溶液重量不超过 C 杯溶液重量，那么 A 杯溶液重量最多是_____克。

13. 完全平方数 m^2 以 256 结尾，m 还能被 3 整除，三位数 m 所有取值的和是_____。

14. 悦悦小学放学后，飞飞和喜喜比赛看谁先到达地铁口。两人同时从学校出发，一开始喜喜比飞飞每分钟多走 30 米，喜喜走到学校和地铁口的中点时，喜喜的速度变为原来的一半，而飞飞速度变为原来的 3 倍，之后两人速度保持不变，同时到达地铁口。飞飞原来每分钟走_____米。

四、解答题（每题 15 分，共 30 分）

15. 甲、乙从 A 地去往 B 地，与此同时丙从 B 地同时出发去往 A 地，甲、丙两人在距离 B 地 280 千米处的 C 地相遇，当甲走到 B 地立即返回时，乙、丙正好相遇。当甲返回到 C 地时，甲、乙恰好第一次迎面相遇，A 地到 B 地有多少千米？

16. 从 0、0、5、5、6、6 共 6 张卡片中取出 4 张组成一个四位数，可以组成多少个不同的四位数？（6 可以旋转为 9）

6年级

一、填空题Ⅰ（每题5分，共20分）

1. 计算：$2021 \times \dfrac{\dfrac{5}{7}}{\dfrac{3}{7}-\dfrac{1}{4}} - \dfrac{177}{194} \div \dfrac{531}{582} = $ _____。

2. 计算：$1700 \times 2021 \times \left(\dfrac{1}{800\times900} - \dfrac{1}{800\times1221} - \dfrac{1}{900\times1121}\right) + 1700 \times \left(\dfrac{1}{1221} + \dfrac{1}{1121}\right) = $ _____。

3. 规定 $x*y = ax+by+cxy$（a、b、c 为自然数），且 $1*2=7$，$2*3=16$，$2*4=18$，则 $1*2+2*3+3*4+\cdots+9*10 = $ _____。

4. 每个方框里的数都为质数，且相同汉字为相同数字，则算式的计算结果为_____。

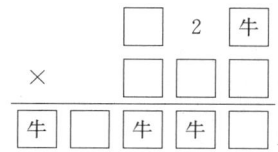

第4题图

二、填空题Ⅱ（每题6分，共30分）

5. 哲哲今年的压岁钱中，妈妈给的占55%，如果爸爸再给800元，那么妈妈给的就占45%，原来哲哲共有压岁钱_____元。

6. 一个三位数的因数中，奇因数的个数比能被3整除的个数少4个，这个三位数最小为_____。

7. 一条铁路，甲修10天完成，乙修12天完成，丙修15天完成。在合作时，甲、乙、丙效率分别降低10%、16%、20%。现3个队合作，但甲做了一段时间后离开，结果用了6天才修完，则甲离开后，乙、丙又修了_____天。

8. 悦悦取80克 A 种糖水和120克 B 种糖水混合后浓度为56%，若悦悦取同样多的 A、B 两种糖水，混合后浓度为52%，则 A 种糖水的浓度为_____。

9. 桌面上有2021根火柴棒，哲哲、翔翔与韬韬轮流取走火柴棒，每人每次可以取走 1~4 根，规定取完最后一根火柴棒的人获胜，且在胜者的上一轮取火柴棒的人为失败。_____有必胜策略。

三、填空题Ⅲ（每题8分，共40分）

10. 由相邻的两个两位数组成的四位完全平方数是_____。

11. 将5颗红珠子跟5颗黄珠子排成一行，若任意多个连续相邻的珠子中红珠子跟黄珠子的颗数之差最多为2，就称这种排法为好的排法。好的排法共有_____种。

12. 在 1~999 中，有_____个数除以3、6、9、12所得的余数之和为17。

13. 在 240 的因数中取出 n 个数,这 n 个数中任意两个数都不为倍数关系。当 n 最大时,取法有_____种。

14. 正方形 $ABCD$ 的面积为 1,有 $AE:EF:FB=1:2:1$,$BG:BC=3:5$,$DI:IH:HC=1:5:2$,则四边形 $MNPI$ 的面积为_____。

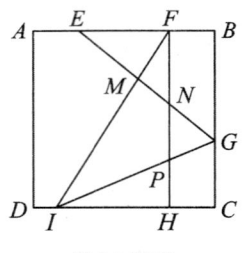

第 14 题图

四、解答题(每题 15 分,共 30 分)

15. 如题图所示,将 6×6 的方格图中的某些小方格涂黑,使得其中必有四个被涂黑的小方格可以组成图中的 L 形方块,请问至少要涂黑多少个小方格?

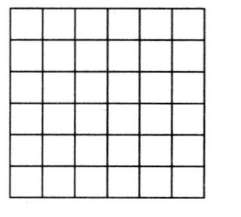

第 15 题图

16. 甲、丙两人同时从 A 地出发到 B 地,乙同时从 B 地出发到 A 地。经过 84 分钟,当乙第一次走到甲、丙两人之间的中点时调头往 B 地行走;又经过 12 分钟乙追上了甲;再经过 114 分钟,乙走到 B 地调头后再次走到甲、丙两人之间的中点,此时甲、丙两人都没到达 B 地。请问丙从 A 地到 B 地共需要走多少分钟?

2021年 秋·广州悦教育高端班选拔考试

1年级

一、填空题 I（每题 5 分，共 20 分）

1. 计算。

(1) $5+9=$ _____。　　(2) $16-7=$ _____。

(3) $100-21=$ _____。　　(4) $66+54=$ _____。

(5) $102+88+12=$ _____。

2. 数一数，题图有 _____ 个角。

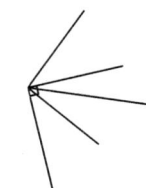

第 2 题图

3. 在横线上写出钟面上所表示的时间。

第 3 题图

_____

4. 用数字 4、6、7 能组成 _____ 个无重复数字的三位数。

二、填空题 II（每题 6 分，共 30 分）

5. 将题图中的硬纸片折起来，便可以做成一个正方体，这个正方体的 A 对面的字母是 _____。

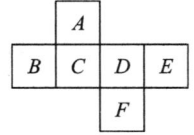

第 5 题图

6. 用数字 0、1、2、6 能组成 _____ 个无重复数字的四位数偶数。

7. 熊猫欢欢有 35 根竹子，送给了熊猫晶晶 16 根，欢欢送给晶晶的竹子数量比它剩下的竹子数量少 _____ 根。

8. 妈妈买了 13 千克苹果、6 千克梨，买的香蕉比梨少 2 千克，妈妈共买来水果 _____ 千克。

9. 悦悦去河边钓鱼,一共钓了三种鱼——金鱼、鲤鱼和小黑鱼。已知钓到了金鱼 15 条,钓到了鲤鱼 13 条,钓到的小黑鱼的数量比金鱼和鲤鱼的总数少 14 条,一共钓了_____条鱼。

三、填空题Ⅲ(每题 8 分,共 40 分)

10. 观察图中的规律,请按照这种规律,画出第 5 个图形。

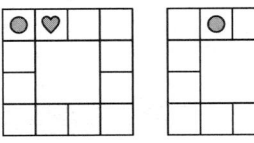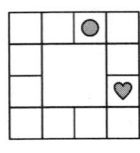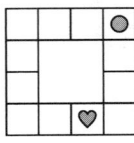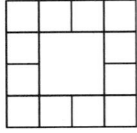

第 10 题图

11. 现在是 3 时 35 分,再过_____时_____分是 6 时整。

12. 同样大小的黄、绿、蓝小球共有 78 个,按"一黄二绿三蓝"的规律排列,恰好排完。那么蓝色小球有_____个。

13. 用绿色染料给粘在地上的立体模型表面染色,有_____个面没有被染色。

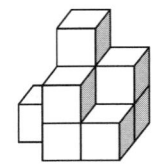

第 13 题图

14. 观察题图,哪个水果是最重的?请在天平下方把最重的水果圈起来。

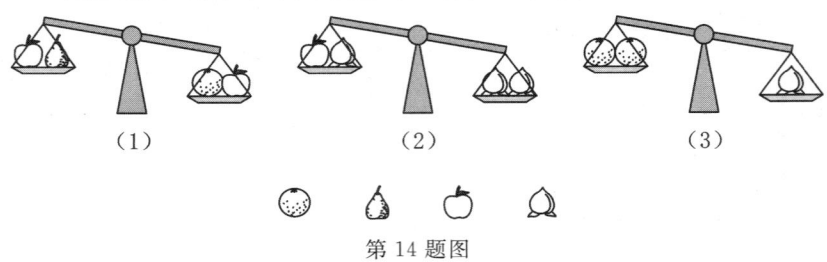

第 14 题图

四、填空题Ⅳ(每题 15 分,共 30 分)

15. 自然数 12、456、1256 这些数有一个共同的特点:相邻两个数字,左边的数字小于右边的数字。这样的数我们取名为"上升数"。用 1、3、4、8 这四个数,可以组成_____个"上升数"。

16. 玲玲老师和三个小朋友小悦、小娇和小钰一起玩"猜一猜"游戏。玲玲老师对小朋友们说:"我把手中的红球、黄球和蓝球分别放在这个柜子的三层抽屉里,请你们猜一猜每只抽屉里放的是什么颜色的球?"然后,她请小朋友们闭上眼睛,把三只球分别放在三个抽屉里,小朋友猜的情况如下:

小悦说:"红球在最上层的抽屉,黄球在中间的抽屉。"

小娇说:"红球在中间的抽屉,蓝球在最上层的抽屉。"

小钰说:"红球在最下层的抽屉,黄球在最上层的抽屉。"

老师告诉她们,每人都猜对了一半。那么最下层抽屉里放的是_____球。

2年级

一、填空题 I（每题 5 分，共 20 分）

1. 计算。

(1) $3\times 9=$ _____。　　　(2) $4\times 4=$ _____。

(3) $7\times 6=$ _____。　　　(4) $8\times 0=$ _____。

(5) $5\times 6=$ _____。

2. 计算。

(1) $2\times 74\times 5=$ _____。　　　(2) $4\times 17\times 25=$ _____。

(3) $125\times 21\times 8=$ _____。　　　(4) $276\div 4=$ _____。

(5) $575\div 25=$ _____。

3. 横线上最大能填几？

_____$\times 5<38$　　　$8\times$ _____<72　　　$35>9\times$ _____

4. 在每两个数之间填入"＋"或"－"，使等式成立。

$1\bigcirc 2\bigcirc 3\bigcirc 4\bigcirc 5\bigcirc 6\bigcirc 7\bigcirc 8=12$

二、填空题 II（每题 6 分，共 30 分）

5. 题图中有_____个三角形。

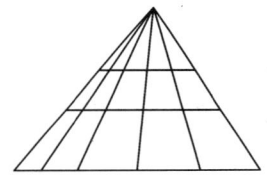

第 5 题图

6. 姐姐和妹妹比赛折星星，在相同的时间里姐姐折了 27 个，比妹妹的 4 倍多 3 个。妹妹折了_____个。

7. 小熙和小悦共有 81 张卡片，其中小悦拥有的卡片数量是小熙的 8 倍。小悦有_____张卡片。

8. 文文计划 10 天做 120 道计算题，实际每天比计划多做 8 道，文文实际花了_____天做完所有计算题。

9. 小猴和大猴共摘了 88 个桃。如果小猴多摘 4 个桃，大猴少摘 2 个桃，那么大猴的桃子数就比小猴多 10 个。实际上小猴摘了_____个桃。

三、填空题 III（每题 8 分，共 40 分）

10. 第一个货架上有 20 箱饮料，第二个货架上有 2 箱饮料，店员每分钟可以搬运 3 箱饮料，_____分钟后两个货架上饮料同样多。

11. 有一口井深 17 米，有只青蛙从井底往上爬。白天爬 3 米，晚上往下滑落 1 米，这只青蛙第_____天能从井里爬出来。

12. 有三个小朋友，如果两个两个地称他们的重量，分别是 50 千克、54 千克和 56 千克。其中最重的小朋友重_____千克。

13. 桌上有 4 个杯口朝上的水杯,每次只允许翻其中的 3 个,至少翻_____次可以使这些水杯杯口全都朝下。

14. 将题图沿格线分割成 5 个形状不同的长方形(包含正方形),请在图中用实线标出分割线。

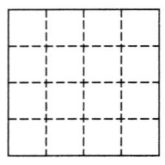

第 14 题图

四、解答题(每题 15 分,共 30 分)

15. 快快和乐乐收集了一些卡片,快快有 20 张,乐乐有 25 张,要使乐乐的卡片数量是快快的 4 倍,快快需要给乐乐多少张自己的卡片?

16. 火柴棒搭成的图案的一部分如图所示。如果在这个图案中用了 2021 根火柴棒,那么它一共有多少个三角形?

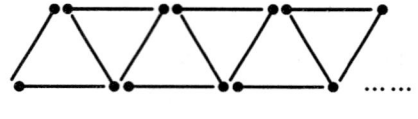

第 16 题图

3 年级

一、填空题 I（每题 5 分，共 20 分）

1. 计算：$(128-108\div 2)\div 2\times 9=$ _____ 。

2. 计算：$2021\times 21-2021\times 13+2021=$ _____ 。

3. 解方程：$2(x-20)=x-13(x+2)$。那么 $x=$ _____ 。

4. 下面的加法竖式中，不同的汉字代表 1～9 中的不同数字，且"上"代表的数字是 6。那么"爱"代表的数字可能值之和是 _____ 。

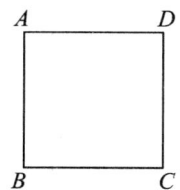

第 4 题图

二、填空题 II（每题 6 分，共 30 分）

5. 一项工程，原计划需 30 人用 80 天完成。现在工作 20 天后，又增加了 30 人，工作 10 天后，又调走 10 人。那么，剩下的工程还需要 _____ 天可以完成。

6. 某校组织学生排成最外层有 76 人的实心方阵，若改成 4 层的空心方阵。那么，最外层的每边有 _____ 人。

7. 一只蝴蝶绕着一个正方形的花坛逆时针飞行，从点 A 出发，2 分钟后到达点 B，停留 1 分钟再继续飞行；2 分钟后到达点 C，停留 2 分钟后再继续飞行；2 分钟后到达点 D，停留 3 分钟后继续飞行……之后每到达一个点，都会比上一个点多停留 1 分钟。这样下去，经过 _____ 分钟，蝴蝶正好第 4 次到达点 A。（出发的那一次不算第一次）

第 7 题图

8. 在一个长为 20 厘米、宽为 18 厘米的长方形纸上剪下一个最大的正方形后，在剩下的纸上再剪下一个最大的正方形。那么，重复这样的操作剪下 4 个正方形后，剩下的纸的周长是 _____ 厘米。

9. 数一数，题图中有 _____ 个三角形。

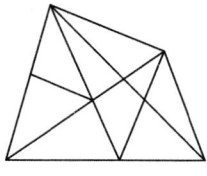

第 9 题图

三、填空题 Ⅲ（每题 8 分，共 40 分）

10. 10 个不同的自然数之和是 2022，已知最小数比最大数少 22。那么，最大数的最小值是_____。

11. 如图所示，一个大长方形被分割成 12 个小长方形，其中有 6 个小长方形的面积已在图中标出。大长方形的面积是_____。

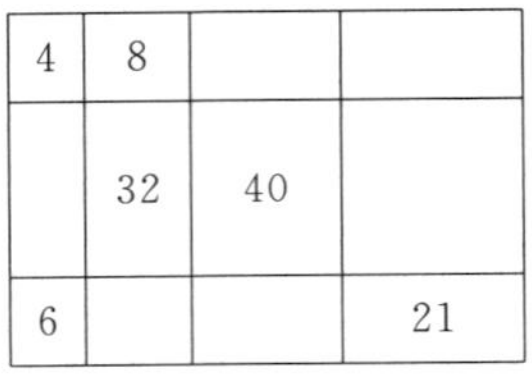

4	8		
	32	40	
6			21

第 11 题图

12. 甲、乙两人从 A、B 两地同时出发，相向而行，且甲的速度大于乙的速度。当甲、乙相遇时，甲走了 2021 米，此时甲的速度变得和乙的速度一样；当甲到达 B 地，乙到达 A 地时，两人立即掉头并且发生了第二次相遇。若第一次和第二次相遇点的距离是 21 米。那么，AB 的全长是_____米。

13. 有_____个三位数 $\overline{ABC}$ 满足 $A \times A = B + C$（例如 101，318）。

14. 喜喜老师写了一个 600～700 之间的自然数。

 甲说："这个数比 650 小，它是个偶数。"

 乙说："这个数加上 20 是 21 的倍数，加上 21 是 20 的倍数。"

 丙说："这个数是 3 的倍数，也是 6 的倍数。"

 若他们三人恰好每人说对了一半也说错了一半，那么，这个三位数是_____。

四、解答题（每题 15 分，共 30 分）

15. 甲、乙、丙三人年龄和为 84 岁。若将甲的年龄变为乙的 2 倍还多 3 岁，乙的年龄变为丙的一半，丙的年龄增加 5 岁，则乙的年龄还和原来的一样，但三人的年龄和变为 118 岁。甲原来的年龄为多少岁？

16. 有 1 元、2 元、5 元人民币若干张，10 元人民币 17 张，需要从中拿出 201 元且 10 元人民币必须全部拿出，共有多少种不同的拿法？

4年级

一、填空题Ⅰ（每题5分，共20分）

1. 计算：$61.1 \times 21 \div 13 - 4.7 + 6 = $ _____。

2. 计算：$4.5 \times 135 + 21 + 45 \times 6.5 = $ _____。

3. 定义 $a \triangle b = a^2 - bk$，已知 $10 \triangle 7 = 8 \triangle 3$，那么 $20 \triangle 21 = $ _____。

4. 如图的乘法竖式中，相同的汉字表示相同的数字，不同的汉字代表不同的数字。那么"悦"＋"教"＋"育"＋"好"＝_____。

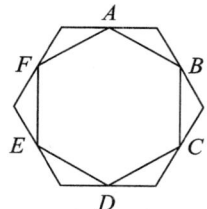

第4题图

二、填空题Ⅱ（每题6分，共30分）

5. 一类多位数，它们的各个数位数字之和都为2022，那么这类多位数中能被15整除的最小的数中有_____个数字9。

6. 有一个正六边形的面积为48，现取其各边中点 A、B、C、D、E、F，连接出一个新的正六边形。那么，这个新的正六边形面积为_____。

第6题图

7. 如图，将 $1,2,3,\cdots$，按规律排成数图，2021所在的行数与列数的和是_____。（例如：8在第3行第2列，20在第4行第5列）

1	2	5	10	17
3	4	6	11	18
7	8	9	12	19	$\cdots$
13	14	15	16	20
21	22	23	24	25

$\cdots$

第7题图

8. 如图，正方形 $CDEF$ 的边长为30，四边形 $BHEG$ 是长为20、宽为12的长方形。若 AB 与 CH 平行。那么，阴影部分的面积是_____。

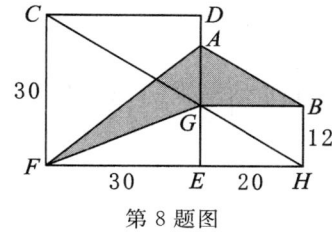

第8题图

9. 甲、乙、丙、丁四人进行单循环比赛,规定胜者得 3 分,负者得 0 分,平局各得 1 分。那么甲至少得_____分,才能保证稳居前 2 名。(出现同分则按其他条件排名,不会出现相同名次的两个人)

三、填空题 III（每题 8 分,共 40 分）

10. 在梯形 $ABCE$ 中,四边形 $ABCD$ 为平行四边形,部分小三角形的面积如图所示。那么"?"部分的三角形的面积为_____。

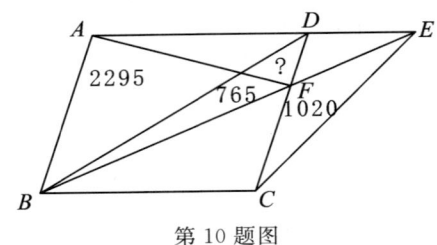

第 10 题图

11. 小飞和小喜站在环形跑道的同一点,并且小飞顺时针,小喜逆时针同时出发。小飞速度为 4 米每秒,但是每跑 4 秒就要休息 4 秒;小喜速度为 6 米每秒,按照逆时针跑 6 秒,顺时针跑 6 秒的周期跑步。若跑道全长 404 米,那么,经过_____秒他们第一次相遇。

12. 悦悦幼儿园的四位小朋友准备写四个字"貌、美、如、花"去参加书法比赛(每人写一个字)。已知小飞只会写"貌、美"两个字,小柴只会写"如、花"两个字,小喜只会写"貌、美、如"三个字,小喧只会写"美、如、花"三个字。那么,他们有_____种不同的写法。

13. 四位数 $\overline{ABCD}$ 各位数字互不相同,且满足三位数 $\overline{ABC}$ 是 20 的倍数,三位数 $\overline{BCD}$ 是 21 的倍数,那么,满足要求的最大的四位数是_____。

14. 喜喜老师用 1~6 这 6 个数字组成了三个两位数(每个数字用一次)。分别给甲、乙、丙各一个两位数,他们只能看到自己的数,且依次发生如下对话。

甲说:"我的两位数一定不是最大的,有可能不是最小的。"

乙说:"我的两位数最大。"

丙说:"你们没说话之前我的数也可能不是最小的,但是听了你们的话之后,我发现我的数是最小的。"

若他们都是聪明且诚实的好孩子,那么,甲拿的两位数是_____。

四、解答题（每题 15 分,共 30 分）

15. 一列火车通过一座长 1000 米的大桥,从车头上桥开始,5 秒的时候车身恰好还有一半没上桥;此时将火车的速度提高一倍,再过 24 秒,火车车尾已离开桥 75 米。那么火车以原来的速度通过一个长 250 米的隧道需要多少秒?

16. 有一些四位数,它们的数字和是 5 的倍数,但四位数本身并不是 5 的倍数,这样的四位数中小于 2022 的有多少个?

5年级

一、填空题 I（每题 5 分，共 20 分）

1. $\left(96 \times \dfrac{5}{8} - 12\right) \div 1\dfrac{5}{13} \times \dfrac{3}{13} = $ _____。

2. 已知 $\dfrac{3}{4} \times \dfrac{2}{5} + \dfrac{2}{3x-5} = \dfrac{1}{2}$，那么 $x = $ _____。

3. 定义 $x \triangle y = x^2 + \dfrac{y}{2}$，那么 $(4 \triangle 6) \triangle 8 = $ _____。

4. 在方框里各填入一个数，使等式成立，那么两个乘数的和为 _____。

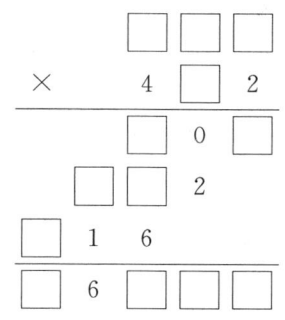

第 4 题图

二、填空题 II（每题 6 分，共 30 分）

5. 悦悦做数学题，每天做 15 页，5 天后加快进度，又做了全书的 $\dfrac{2}{7}$，还剩 45 页。那么这本书共 _____ 页。

6. 修订一本数学题集锦，悦悦独自修订需 20 天，乐乐独自修订需 24 天，飞飞独自修订需 30 天。现在 3 人合修，但中途悦悦去修订别的书，用了 12 天才修订完书。那么，仅有乐乐、飞飞合修的时间为 _____ 天。

7. 有一个五位数，它的前三位为 218，且这个数为 19 和 23 的倍数，那么这个五位数为 _____。

8. n 为 $1 \sim 200$ 中的自然数，满足 $2^n + 5^n + 7$ 能被 13 整除的 n 共 _____ 个。

9. 如图是一个正八边形和两个等腰三角形，已知 $DH = HF$，$DI = IE$，$AG = 3BG$，$AI = 3IC$。已知等腰 $\triangle DEF$ 的面积是 36，那么 $\triangle ABC$ 的面积是 _____。

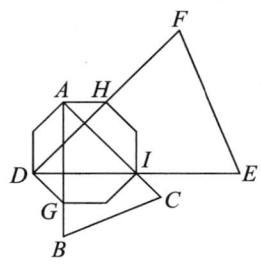

第 9 题图

三、填空题Ⅲ（每题8分，共40分）

10. 小飞、小喜、小哲三位同学数学期末考试完之后在讨论好朋友小黄的考试成绩，他们只知道小黄的成绩可能在70～100分之间（含70和100）。下面是三人的猜测：

    小飞："小黄的成绩是5的倍数，而且除以3余0。"

    小喜："小黄的成绩是个质数，且小于80。"

    小哲："小黄的成绩是7的倍数，且有9个因数。"

    已知小飞、小喜、小哲三位同学都只说对了一半。那么，小黄这次考试得了_____分。

11. A、B、C三个正整数满足：A、B、C仅有1个公因数，A和B有2个公因数，A和C有3个公因数，C和B有5个公因数。那么，A、B、C三数之和最小是_____。

12. 在1～20这20个自然数中最多可以选出_____个数排成一圈，使得任意相邻两个数都不互质。

13. 如图所示，直角三角形ABC中，AE与BD垂直于点F，$AB=20$，$BE=15$，$CE=25$，那么四边形$FECD$的面积是_____。

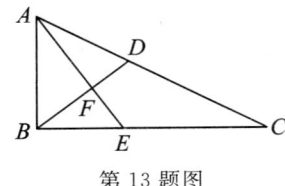

第13题图

14. 已知A、B两地的中点是C地，甲走完A、B需要180分钟，乙走完A、B需要144分钟。有一天乙从B地出发向A地走去，同时甲、丙分别从A、C两地出发与乙相对而行。乙和丙在途中首先相遇，随后丙立刻掉头，再过了35分钟，甲、乙相遇，那么又过了_____分钟，甲才与丙相遇。

四、解答题（每题15分，共30分）

15. 已知x、y满足：①x、y不互质；②$[x,y]+(x,y)=45$。那么，$x+y$的最小值是多少？

16. 从0、1、4、6、7、9中选出5个不同数字组成一个是3的倍数的六位奇数（5个数字都用，可重复）。满足要求的六位数有多少个？

6年级

一、填空题Ⅰ（每题5分，共20分）

1. $34\frac{2}{7} \div \frac{48}{35} + 21 = $ _____。

2. $\frac{36}{2\times 4} + \frac{36}{4\times 6} + \frac{36}{6\times 8} + \cdots + \frac{36}{16\times 18} = $ _____。

3. 若 $a \oplus b$ 表示 a 和 b 中较小的数的2倍，$a \otimes b$ 表示 a 和 b 中较大的数的平方。若 $(12 \oplus 13) \otimes (11 \oplus 14) \oplus (10 \otimes x) = 450$，那么 x 的值是_____。

4. 已知三个不同的非零自然数 a、b、c 满足算式 $\overline{abc} \times \overline{ba} = \overline{2babc}$，且 $a<b$。那么 $\overline{bca}$ 代表的自然数是_____。

二、填空题Ⅱ（每题6分，共30分）

5. 解方程：$2x + [x] - 2 = 5\{x\}$，解得 $[x]$ 的值是_____。

6. 悦悦订购了一批塑料凳，红色凳子3.5元每张，蓝色凳子4元每张，黄色凳子6.5元每张，一共花了70元，三种颜色都有订购，共买了14张。那么，蓝色凳子买了_____张。

7. 一个数乘120后得到的乘积有奇数个因数。那么，这个数的最小值是_____。

8. 若100克浓度为 $a\%$ 的 A 溶液与 a 克浓度为20%的 B 溶液混合后浓度变为21%。那么，99克 A 溶液与_____克浓度为19%的溶液混合可使得浓度变为20%。

9. 有 A、B 两个小镇，甲和丙从 A 镇前往 B 镇，乙从 B 镇前往 A 镇，同时出发。当甲、乙在距离中点200米处相遇时，丙恰好走到全程的 $\frac{1}{4}$ 处；当甲走到 B 镇时，乙还没走到 A 镇，丙恰好走到全程的 $\frac{2}{5}$ 处。那么，A、B 两个小镇距离_____米。

三、填空题Ⅲ（每题8分，共40分）

10. 在图（每个格子都是 1×1 的正方形）中选出3个黑色正方形，共有_____种不同的选法。（如果两种方法能够由旋转而重合，则把它们视为同一种方法）

第10题图

11. 从某个正整数的所有因数中，选出比值为0.08的一对因数的方法有24种。那么，这个正整数的因数中是10的倍数的最多有_____个。

12. 黑板上从小到大的顺序依次写有 $1,2,3,\cdots,200$ 共 200 个数。洁洁每次将最左侧的三个数擦掉,再将它们的和写在数列的最右侧。反复操作直到无法操作为止。那么,写在黑板上的倒数第二个数是_____。

13. 边长为 6 的正八边形 $ABCDEFGH$ 如图所示,连接 BE 和 CF 交于点 M,连接 BG 和 HF 交于点 N,连接 CN,和 BE 交于点 P。那么,阴影 $\triangle MNP$ 的面积是_____。

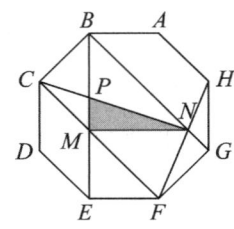

第 13 题图

14. 在 2021 前面与后面接着写上若干位数,使其形成一个多位数,且这个多位数是 $1,2,3,\cdots,12$ 的倍数,那么这个多位数至少是_____。

四、解答题(每题 15 分,共 30 分)

15. 从 1 到 2022 中选出一些不同的数构成等差数列,其中不能选出平方数以及被 5 除余 3 的数。那么最多能选出多少个?

16. 恰好有两个数字相同的四位偶数有多少个?

2021年 郑州平行线百子菁英计划数学选拔赛

4年级

一、填空题

1. 对于一个正整数，如果构成它的所有数位上的数字都是 0 或 7，且 0 和 7 都需要使用，则我们称之为"七彩祥云数"，例如 700、707、7007 都是"七彩祥云数"。那么，最小的能被 72 整除的"七彩祥云数"为_____。

（严正奇　供题）

2. 某年的 2 月有 5 个星期日，则这一年的 8 月 8 日是星期_____。

（组委会　供题）

3. 各位数字都是奇数，并且各位数字之和为 9 的正整数共有_____个。

（组委会　供题）

4. 一个周长为 40 的正方形，剪去一个周长为 20 的边长为整数的长方形（包括正方形），剩下的图形（不可以为空心图形）的周长的最大值减最小值为_____。

（韩昊辰　供题）

5. 某房间内，六人汇聚在一起玩狼人杀游戏，每个人抽到一张身份牌，六张身份牌分别为：狼、猎人、女巫、普通村民、普通村民、普通村民。

甲："毫无疑问，狼牌就在你们五人之间。"

乙："别自编自导，你抽到的就是狼。"

丙："我抽到的就是狼，你们有本事就让我出局。"

丁："戊抽到了猎人。"

戊："我不是戊。"

己："我没有抽到女巫。"

戊："我没有抽到猎人。"

已知六人中只有两人说了真话，且抽到狼的人说了实话（说实话的人，每句说的都是实话）。则_____抽到狼，_____抽到女巫。

（严正奇　供题）

6. 小李有 1000 根火腿肠，编号 1～1000。首先，小李把所有编号为 5 的倍数的火腿肠都吃了，并将剩下的 800 根火腿肠重新编号 1～800，并保证原先编号大的，现在编号也大（原先 1 现在 1，原先 2 现在 2，原先 3 现在 3，原先 4 现在 4，原先 6 现在 5，原先 7 现在 6，……），则现在编号为 333 的火腿肠，原先编号为_____。

（组委会　供题）

7. "汉贼不两立,王业不偏安。"这是蜀汉人的豪言壮语,而动物界也有这样的觉悟。一天,汉猴、汉羊、汉象、汉猪、汉猫、汉狗(各一只)结伴而行,迎面遇上魏猴、魏羊、魏象、魏猪、魏猫、魏狗(各一只),一言不合便开始群战。它们都是单对单地打斗,任何动物都不跟自己阵营的动物打,也不跟对方阵营里面的同一种动物打,则一共有_____种打法。

(严正奇 供题)

8. 题图"百子"两字画在了相同的 14 厘米×14 厘米的网格中,平移两个网格使它们重合,阴影部分重合的面积为_____平方厘米。

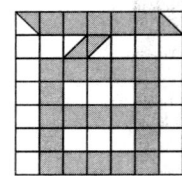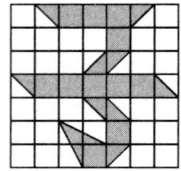

第 8 题图

(韩昊辰 供题)

9. 将三张红牌(有区别),三张蓝牌(有区别)和两张绿牌(有区别)排成一列,要求红牌与蓝牌不能相邻,绿牌与绿牌不能相邻,这样的排列有_____种。

(严正奇 供题)

10. 三个互不相等的正整数 a、b、c 两两求和,可以得到三个不同的和数,其中,最大的和最小的均为一个质数的三次方,另一个为 119,则 $a+b+c=$_____。

(陈嘉奇 供题)

二、解答题

11. 18 个人合作完成一件事情,这件事情分为甲、乙、丙、丁四个子任务,甲任务需要至少 5 个人做,乙任务需要至少 6 个人做,丙任务需要且只要 2 个人做,丁任务需要至少 4 个人做。已知每个人只能全力以赴地去做一个任务,18 个人都必须要参与四个任务之一,则一共有多少种行动方案?(要求算出具体数字)

(严正奇 供题)

12. 在算式"厉害了"×"同学"="百子菁英"中,不同的汉字代表不同的数字。现在知道:"厉害了"是一个完全平方数,"同学"是一个质数,其中"英"字表示的恰好是它的笔画数——8,且该算式中不包含7。求该算式中每个汉字所代表的数字。(注意,所谓"完全平方数",指的是某整数乘自己所得到的数,例如 1、4、9、16、25、36 等都是完全平方数)

(牛泽源 供题)

5年级

一、填空题

1. 在一个 $n\times n$ 的矩阵中,每行每列上的数均为正整数,若每一行的数字之积、每一列的数字之积、对角线上的数字之积都相等,则称之为乘法矩阵。如图所示是一个 3×3 的乘法矩阵,则 x 的值为_____。

$$\begin{bmatrix} a_{11} & 75 & a_{13} \\ a_{21} & a_{22} & 12 \\ x & a_{32} & 300 \end{bmatrix}$$

第1题图

(李阳 供题)

2. "汉贼不两立,王业不偏安。"这是蜀汉人的豪言壮语,而动物界也有这样的觉悟。一天,汉猴、汉羊、汉象、汉猪、汉猫、汉狗(各一只)结伴而行,迎面遇上魏猴、魏羊、魏象、魏猪、魏猫、魏狗(各一只),一言不合便开始群战。它们都是单对单地打斗,任何动物都不跟自己阵营的动物打,也不跟对方阵营里面的同一种动物打,则一共有_____种打法。

(严正齐 供题)

3. 从1~9这9个数字中,选取互不相同的3个数,填入下列除法算式中的空缺中,使得该除法算式的余数为2021,则共有_____种填法。

3168) 1□7□1□71717

第3题图

(张明明 供题)

4. 满足下列竖式除法算式谜中的被除数的最大值为_____。("□"表示未知的数码)

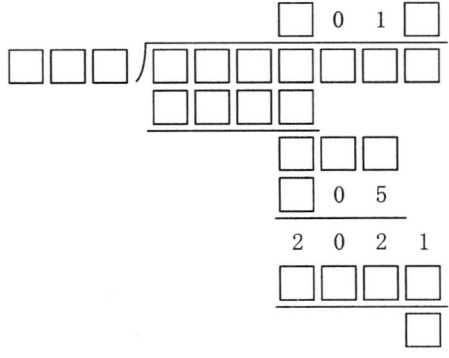

第4题图

(张明明 供题)

5. 在算式"$\overline{日复一日}+\overline{年复一年}=\overline{精益求精}$"中,已知相同的汉字代表相同的数字,不同的汉字代表不同的数字。当"精"为5时,"$\overline{日复一日}$"代表的四位数有_____种不同的结果。

(牛泽源 供题)

6. 在魔法世界里,要找智慧老人换取法术秘籍,必须要用一定数量对应类型的水晶。每种法术秘籍都有初级、中级、高级、神级四个等级。换初级秘籍需要2个同色水晶;换中级秘籍需要7个同色水晶;换高级秘籍需要10个同色水晶;换神级秘籍需要18个同色水晶。水晶颜色与能换的秘籍对应如下:绿水晶可以换治疗术;蓝水晶可以换御水术;紫水晶可以换禁锢术;红水晶可以换烈焰术;黄水晶可以换守护术。

比如,用 7 枚黄水晶就可以换取一本中级守护术。而涛涛存钱罐里已经有了 100 枚水晶,分别是:41 枚绿水晶、17 枚蓝水晶、15 枚紫水晶、14 枚红水晶、13 枚黄水晶。涛涛想从自己的存钱罐里随手抓一把水晶,并用这些水晶换到四本等级和类型都互不相同的法术。那么涛涛至少要一把抓出_____个水晶,才能保证换到这样四本法术书。

(佘飞 供题)

7. 如图,显示了某个平年(2月只有 28 天)年历某月的日期。平平翻开这一年的年历,发现这一年任意一个月的日期中,都能在某行或某列中找到相邻的 3 个日期,日期和为 72,这一年的最后一天可能是星期_____。

一	二	三	四	五	六	日
					1	2	3
4	5	6	7	8	9	10
11	12	13	14	15	16	17
18	19	20	21	22	23	24
25	26	27	28	29	30	31

第 7 题图

(陈嘉奇 供题)

8. 如图,一个蜘蛛网由 3 个正六边形构成,正六边形的边长依次是 3 厘米、2 厘米、1 厘米。有一只奇怪的蜘蛛,每次狩猎时都从点 O 出发,可以跳跃至相邻顶点,且在跳跃 6 厘米后恰好回到点 O(中途不经过点 O),而猎物只会出现在边长为 3 厘米或 2 厘米的正六边形顶点,则蜘蛛共有_____种狩猎的路线。

第 8 题图

(侯有磊 供题)

二、解答题

9. 如图,六边形 $A_1A_2A_3A_4A_5A_6$ 为正六边形,沿着每条边向外作正三角形,得到的图形我们称之为"六芒星"。现在我们知道六边形 $A_1A_2A_3A_4A_5A_6$ 的面积为 10,求阴影部分的面积。

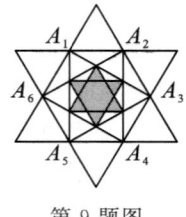

第 9 题图

(牛泽源 供题)

10. 如图,六边形 $A_1A_2A_3A_4A_5A_6$ 为正六边形,其面积为 S。B_1、B_2、B_3、B_4、B_5、B_6 分别为 A_1A_2、A_2A_3、A_3A_4、A_4A_5、A_5A_6、A_6A_1 的中点,M_1、M_2、M_3、M_4 分别为 A_2B_6、A_2B_3、A_5B_6、A_5B_3 的中点,求阴影部分的面积。

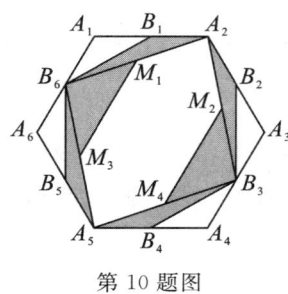

第10题图

(牛泽源 供题)

11. 现在有 2 个相同的黑球、2 个相同的白球和 2 个相同的红球排成一行,要求相同颜色的球不能相邻,有多少种不同的排列方式?

(李阳 供题)

12. 两个六位数如果恰好只有某一位数字不同,则称这两个数互为"菁英数"。例如 123456 与 123457 就是两个"菁英数"。那么从 100000 到 999999 中最多可选出多少个数,使得任意两个数都互不为"菁英数"?

(韩涛 供题)

6 年级

一、填空题

1. 已知最简分数 $\dfrac{q}{p}=\dfrac{2+4+\cdots+2020}{1+3+\cdots+2021}$，则以 q 为分母的最简真分数之和为_____。

（王长稳、韩涛 供题）

2. 使 $n!$（n 是正整数）的末尾有不少于 2021 个连续的 0，则 n 最小为_____。

（韩涛 供题）

3. 题图是三个相互咬合的齿轮，通过最左侧齿轮按图示方向转动带动其他齿轮，各齿轮的齿数依次为 11、10、7。已知大齿轮每 11 秒转动一周，从图示状态开始至少转动_____秒，可使三个箭头都指向汉字"百"。

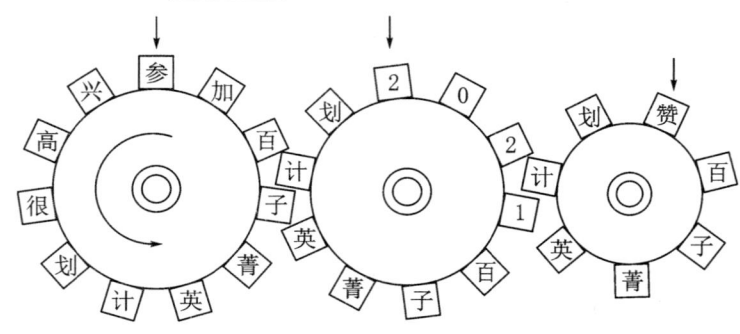

第 3 题图

（李梓正 供题）

4. 在黑板上写有正整数 $1,2,\cdots,n,n>2$。每次擦除两个数字，并写出这两数之和的最小质因数。最后黑板上只剩下 97 一个数，则 n 的最小值为_____。

（赵涵昱 供题）

5. 无论用红、蓝两种颜色对整数 $1,2,\cdots,n$ 如何染色（每个数染两种颜色之一），总能从中找到互异的两个数 $a、b$，它们具有相同的颜色，且 $a+b$ 为完全平方数，则满足题意的最小的整数 n 为_____。

（岳海峰 供题）

6. 在算式 $\overline{厉害了}+\overline{同学}=\overline{百子精英}$ 中，不同的汉字代表不同的数字。现在知道：厉害了是一个完全平方数，同学是一个质数，其中"英"字表示的恰好是它的笔画数 8。则该算式中不包含的数字为_____。

（牛泽源 供题）

7. 一次测试共有 9 道不同的题目，按照难度分类：4 题简单，3 题适中，2 题较难；为了让考生心态放平，编排题目顺序考虑让考生按题号顺序答卷时，无论做到哪一道题，总是保持已经做过的题目中：简单题数量不少于适中题，较难题数量不多于适中题，那么有_____种满足要求的不同编排顺序。

（牛泽源 供题）

8. 一个正四面体 $ABCD$，每条棱长为 1 厘米，蚂蚁沿着正四面体的棱，等可能、随机地，从一个顶点走到另一个顶点，且每一步走 1 厘米，那么蚂蚁从点 A 出发，走完 17 厘米后回到点 A 的概率为_____。[结果可保留指数，如出现 $\left(\dfrac{1}{5}\right)^{20}$，则可不必计算其具体分数值]

（唐津 供题）

二、解答题

9. 如图，四边形 $ABCD$、$EFGH$、$MNHG$ 均为平行四边形，且四边形 $ABCD$ 和四边形 $EFGH$ 的面积之比为 $2:3$。已知 $AE:ED=2:3$，$AF:FB=3:2$，C、N、M 三点共线，求 $FM:GM$。

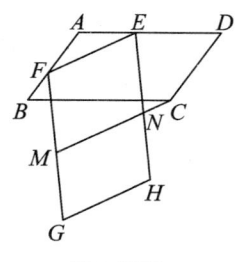

第 9 题图

（靳子甲 供题）

10. 如图，梯形 $ABCD$ 中，$AB=AD=DC=1$，$\angle ABC=60°$，BF 过 AG 与 CE 的交点，$S_{\triangle ABE}:S_{四边形 BEDF}:S_{\triangle BFC}=1:2:4$，求 $S_{\triangle ABG}:S_{梯形 ABCD}$。

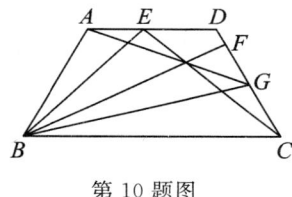

第 10 题图

（侯有磊 供题）

11. 在晚会上，一些人互相握手。已知以下信息：

(1) 每个人恰好与 20 个人握手。

(2) 如果两个人握过手，则恰好有 1 个人与他们俩都握手。

(3) 如果两个人没有握过手，则恰好有 6 个人均与他们俩握手。

问：参加晚会的共有多少人？

（程国根 供题）

12. 甲、乙两人站定在相距 x 米($x=18$、20 或 22，由乙来决定)的两点 A、B 上。初始时刻，甲、乙两人的正中间有一只僵尸丙。甲先向丙发号施令，则丙以每秒 1 米的速度走向乙；1 秒之后，乙可以向丙发号施令，则丙立即转身并以每秒 3 米的速度走向甲；乙也可以选择不发号施令，则丙仍然以每秒 1 米的速度走向乙。当甲或乙看到丙向自己走来，都可以在整秒的时刻发号施令，则丙立即转身向对面走去，丙每转一次身，速度每秒增加 2 米。如果丙碰到甲，则乙获胜；如果丙碰到乙，则甲获胜。试分析谁有获胜的策略。

（严正奇 供题）

2021年 云南乐之培优综合素质测评

3年级

一、填空题 I

1. 计算：$26 \times 11 + 52 \times 19 + 78 \times 17 = $ _____。

(倪蕾 供题)

2. 请移动一根火柴棒，使算式成立，成立后的算式为_____。（注：移动的这根火柴棒可放任意位置，但移动后火柴棒数量不能增加，不能减少）

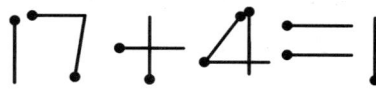

第2题图

(孙灵伟 供题)

3. 恺撒密码是罗马军事统帅尤利乌斯·恺撒在军事行动中进行秘密对话时所用的暗号，是一种最简单且最广为人知的加密技术。恺撒将26个英文字母逐一往后推3个字母来代替，也就是用 D 代替 A，用 E 代替 B……以此类推，收到信息的人把每个字母再往前推3个字母进行拼读，便能理解传递的内容。乐乐在学习了恺撒密码后，尝试用恺撒密码的方式传递信息，乐乐将 0、1、2、3、4、5、6、7、8、9 十个数字逐一往后推4个数字来代替，用4代替0，用5代替1……以此类推。一天，乐乐写了一串加密后的数，这串数是14359，那么实际这一串数表示的是_____。

(高蓉 供题)

4. 2021年，"乐之培优"学校准备做一个 LED 灯显示牌，如图所示是荧光牌的电路示意图，图中共有_____个三角形。

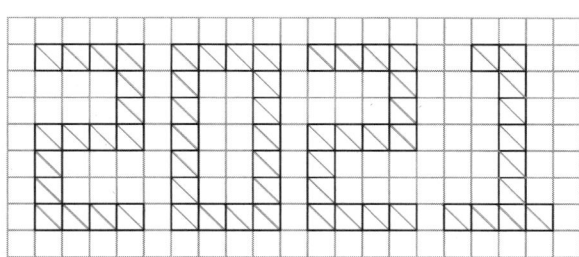

第4题图

(陆相州 供题)

二、填空题 II

5. 下面竖式中,相同的汉字代表相同的数字,不同的汉字代表不同的数字,其中,国＝0,党＝9,那么 $\overline{百年华章}$ 代表的四位数是_____。

$$
\begin{array}{r}
1\ 9\ 2\ 1 \\
2\ 0\ 2\ 1 \\
+\ 百\ 年\ 华\ 章 \\
\hline
中\ 国\ 共\ 产\ 党
\end{array}
$$

第5题图

（高蓉 供题）

6. "乒乓乒乓乒乓乒乓,乒乓乒乓乒乓乒乓,乒乓乒乓乒乓,乒乓乒乓乒乓天下无双……"随着中国乒乓球队包揽东京奥运会乒乓球男、女单打比赛的冠亚军,神曲《乒乓乒乓天下无双》再次在社交网络走红。

乐乐本身就是个球迷,每天嘴巴里都嘟囔着这段歌词。一天优优说:"你都念叨这么多遍了,我考考你吧！你一直重复唱这一段歌词,第2021个字是_____。"

（薛曼韵 供题）

7. 一个课外培训学校原来共有学生500人,此学校只有数学、语文两个科目。"双减"之后,上语文的学生有150人,上数学的学生有300人,语文和数学都上的有100人,该学校因"双减"减少学生_____人。

（白娟 供题）

三、填空题 III

8. 华华和夏夏比赛玩游戏,华华拿出四个形状是数字5、4、3、6的磁力贴,从中任取出三个磁力贴拼成一行,就能组成一个三位数,一共能组成_____个不同的三位数。

（杨文萍 供题）

9. 如图,要从点 A 走到点 B,且只能向上、向右或者右上方向走,一共有_____种不同的走法。

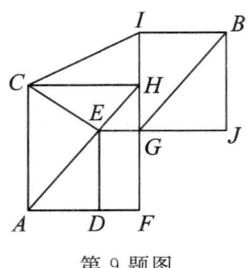

第9题图

（倪蕾 供题）

10. 因为"双减"政策影响,乐乐和优优的周末补习班都取消了,所以这周末他们约着去郊游。他们两人一共带了180元买零食,乐乐花了30元,优优花了他自己钱的一半,此时,他们发现优优剩下的钱是乐乐剩下的2倍,优优一开始带了_____元。

(余留青 供题)

11. 仓库里有很多大箱子、中箱子和小箱子,一共34个,这些箱子一共可以装464千克的货物。其中,每个大箱子可以装32千克货物,每个中箱子可以装12千克货物,每个小箱子可以装4千克货物。小箱子的个数是中箱子的3倍,则中箱子有_____个。

(倪蕾 供题)

12. 摩天楼数独。在空格内填入数字1~6,使得每行、每列和每个宫数字不重复。方格外的数字表示从该方向观测这行或列可以看到的楼房个数,方格内的数字表示不同高度的楼房,大数字可以挡住后面的小数字。第二行六个格子内的数字从左到右所组成的六位数是_____。

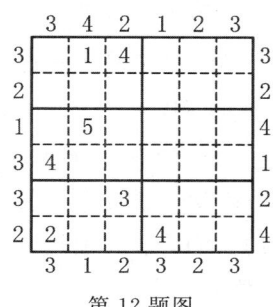

第12题图

(高蓉 供题)

4年级

一、填空题Ⅰ

1. 计算：2020×20212021－2021×20202020＝_____。

（谭靖轩 供题）

2. 三角形 ABC 为等边三角形，$\angle ABE = \angle ACD$，且 $\angle ABE = 30°$，$\angle BOD =$ _____°。

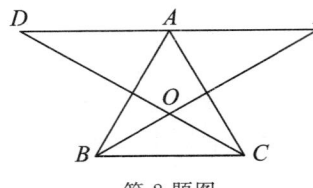

第2题图

（薛曼韵 供题）

3. 乐乐的爷爷是当地有名的养鸡专业户，乐乐问爷爷："爷爷你养了多少只鸡呀?"爷爷说："如果卖掉 10 只鸡，那么饲料可以维持 20 天，如果再买进 60 只鸡，那么饲料只能维持 15 天。"爷爷一共养了_____只鸡。

（谭靖轩 供题）

4. 校内课后托管服务中新增了轮滑、游泳、足球三种活动。通过统计了解到：参加足球的人比参加游泳的多 10 人，比参加轮滑的少 46 人，参加轮滑的人数是参加足球的人数的 3 倍。参加三种活动的总人数是_____人。

（粟润清 供题）

二、填空题Ⅱ

5. 培培妈妈买了 8 个玻璃花瓶，在 8 个玻璃花瓶里面共放了 112 朵花。如果在第一个花瓶里放了 7 朵花，现在知道每个花瓶都比前一个花瓶里多同样数量的花，那么培培算出相邻花瓶里面相差_____朵花。

（粟润清 供题）

6. 暑假期间，乐乐在家玩拼图游戏。要拼成如图的图形，最少需要_____张正方形纸(纸不透明)叠在一起。

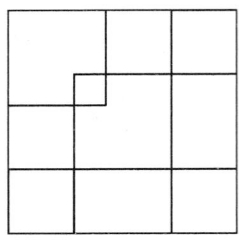

第6题图

（张冬媛 供题）

7. 乐之培优数学小游戏中，乐乐和优优拿到了两个数，两个数的和是 2021，其中优优拿到的数的个位是 6，如果把这个 6 去掉，就正好等于乐乐拿到的数的 3 倍。乐乐拿到的数是_____，优优拿到的数是_____。

（王朦 供题）

8. 已知,AC∥GD∥FE,AB∥GC∥FD,数一数,图中有_____个梯形。

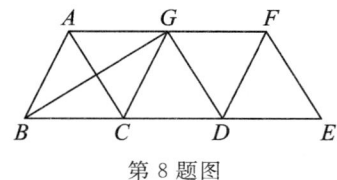

第8题图

(谭靖轩 供题)

三、填空题Ⅲ

9. 在数学兴趣小组中,从4个小组中分别找出3个同学围成一个圈一起做游戏,规定每个小组的同学不可以分开坐,那么一共有_____种坐法。

(粟润清 供题)

10. 2020年有53个周四,2021年有53个周五,那么2019年的元旦是星期_____。

(王文艺 供题)

11. 小猫和小牛国庆节一起去放风筝,每只小猫手里拿3只燕子风筝、14只蝴蝶风筝,每只小牛手里拿2只燕子风筝、13只蝴蝶风筝,一共有102只燕子风筝,且蝴蝶风筝的总数在540～550只,那么小猫有_____只。

(杨文萍 供题)

12. 乐乐和优优受邀参加"天才少年挑战赛",两人在玩"读心术"游戏。两人各从1～9中选一个数,且两个数相差为2,然后发生如下的对话:

乐乐:"我不知道你选的数是多少,当然,在我说出这句话之前,你肯定猜不出我的数是多少。"

优优:"是的,原本我是不知道的,听你这么说我就知道你的数是多少了。"

那么,乐乐选的数是_____。

(王志 供题)

5年级

一、填空题 I

1. 计算：$\dfrac{1}{1}+\dfrac{1}{2}+\dfrac{3}{2}+\dfrac{1}{3}+\dfrac{3}{3}+\dfrac{5}{3}+\dfrac{1}{4}+\dfrac{3}{4}+\dfrac{5}{4}+\dfrac{7}{4}+\cdots+\dfrac{1}{2021}+\dfrac{3}{2021}+\dfrac{5}{2021}+\cdots+\dfrac{4041}{2021}=$ _____。

（吴天德 供题）

2. 万圣节社区举办晚会，邀请九个孩子扮演小鬼（编号为 1～9 号），乐乐、培培、优优三人受邀，他们分别看了其他两人的号码，发生如下的对话：

乐乐："我们三人号码的乘积能够连续被 3 个 6 整除。"

培培："我们任意两人号码的乘积能够被 6 整除。"

优优："我的号码的奇偶性与他俩的都不同。"

那么，优优的号码是 _____。

（王志 供题）

3. 图中各个扇形所在圆的半径均为 2，最大长方形的宽为 6，图中阴影部分的周长之和是 _____。（π 取 3.14）

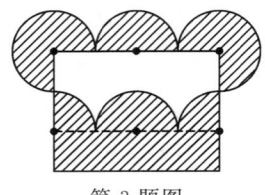

第 3 题图

（梅俊魁 供题）

4. 本周学校组织同学健康体检，周一早上乐乐和优优进行了体重的测量，这时之之跑来问："你们的体重测得多少啊？"

乐乐说："我俩总的体重没有超过 100 千克，而且我们的总体重都能被 5、9 整除。"

优优说："我俩的体重是两个质数哦。"

现请你算一算，她俩体重的乘积最大是 _____。

（刘李 供题）

二、填空题 II

5. 周末乐乐和优优相约去铁路博物馆参观学习，去铁路博物馆的路旁有一条铁路。乐乐、优优相约在这条路上相遇然后再一起去博物馆，乐乐骑自行车在这条路上，9 点时身后一列火车恰好追上她，18 秒后火车离她而去，9 点 9 分，这列火车迎面遇到优优，9 秒后火车离开优优。这列火车车身长 110 米，火车以每小时 40 千米的速度匀速行驶。乐乐和优优相遇时是 _____ 点 _____ 分。

（刘李 供题）

6. 2013 年 5 月，巴黎高等师范学院研究员哈洛德·贺欧夫各特发表了两篇论文，宣布彻底证明了"弱哥德巴赫猜想"，即"任何一个大于 7 的奇数都能被表示成三个奇质数的和"。有一个奇数可以表示成连续三个质数的和，这个奇数是 _____。

（王文艺 供题）

7. 2020东京奥运会上,英国奥运队和俄罗斯奥运队金牌数量总和与银牌数量总和之比为6∶7,铜牌数量总和与金牌数量总和之比为15∶14,铜牌数量总和比金牌数量总和多3枚,英国奥运队和俄罗斯奥运队的奖牌共有_____枚。

（白娟 供题）

8. 有一只小虫,每次只能沿着棋盘由一个点爬行到另一个点。那么,它从点 A 爬行四次后到达点 B,有_____种不同的爬行方式。（提示:同一条路线可以重复走）

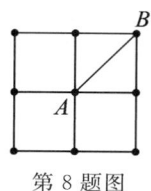

第8题图

（王志 供题）

三、填空题 Ⅲ

9. 有一个电子时钟,如果将它显示的时刻 13:34:25 看作一个六位数 133425。那么,在一天(即 00:00:00－23:59:59)中,有_____个时刻所表示的六位数能被3整除。

（王志 供题）

10. 如图,长方形 $ABCD$ 中,点 E 是 AD 边上的三等分点,点 F、G 是 BC 边上的三等分点。已知长方形 $ABCD$ 的面积是72,则图中阴影部分的面积是_____。

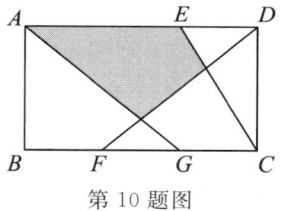

第10题图

（熊振兴 供题）

11. 60乘一个自然数,乘积是一个完全平方数,且这个乘积有15个奇因数。已知这个自然数不大于5000,有_____个符合条件的自然数。

（熊振兴 供题）

12. 王老师在三张卡片上写了三个一位数,这三个一位数的和为21,然后王老师把三张卡片分别给乐乐、之之和培培各一张,每人只能看到自己的卡片。

老师先问道:"你们有谁知道三张卡片上的数分别是多少吗?"

三人均回答:"不知道。"

乐乐接着说道:"虽然我不知道三张卡片上的数分别是多少,但我知道我的数和他们俩的数都不相等,且他们俩的数和为偶数。"

之之听完后立马说道:"我知道了,我的数是最小的数。"

乐乐、之之和培培所拿的卡片组成的三位数是_____。

（陆相州 供题）

6 年级

一、填空题 I

1. 计算：$79\dfrac{7}{8} \times \dfrac{8}{9} + 62\dfrac{6}{7} \times \dfrac{7}{8} + 47\dfrac{5}{6} \times \dfrac{6}{7} =$ _____。

（陆相州　供题）

2. 小明在一条东西向的直线型跑道上练习往返跑，第 1 次向东边跑 4 米，第二次向西边跑 8 米，第三次向东边跑 12 米，第四次向西边跑 16 米……如此往复，则第 2021 次跑完后，小明在出发点的 _____ 边（填"东"或"西"），距离出发点 _____ 米。

（陆相州　供题）

3. 数学史上有一个重要的数学猜想被称为"冰雹猜想"。一组数列中的前一个数如果是奇数，则下一个数是它的 3 倍多 1；前一个数如果是偶数，则下一个数是它的一半。已知数列 17,52,26,13,40,20,10,5…满足"冰雹猜想"，则数列中的第 2021 个数是 _____。

（陆相州　供题）

4. 若一个多位数各个数位上的数字互不相同，且各个数位上的数字从前往后恰好组成一个等差数列，则称这个多位数为"乐之数"。四位"乐之数"中能被 9 整除的数最小是 _____，最大是 _____。

（陆相州　供题）

二、填空题 II

5. 学校对六年级进行健康体检，周一对六(1)班和六(2)班共 100 名同学进行身高和体重检测。为了避免混乱，特为每个同学编了体检号牌 1~100 号，上午奇数号牌先测体重，偶数号牌先测身高。下午偶数号牌先测体重，奇数号牌先测身高。现要从上午进行体重测量的名单中选取部分同学进行达标审核，如果选取的同学的号牌数之和为 2021，那么学校最多抽取了 _____ 人。

（刘李　供题）

6. 5 只猴子分一些桃子，恰好能使每只猴子分到的桃子数量是连续自然数，又来了 3 只猴子后，仍然可以使得每只猴子分到的桃子数量是连续自然数。则桃子的数量至少为 _____ 个。

（王志　供题）

7. 疫情期间，外出人员从外省回家有的需要隔离 14 天，有的需要隔离 21 天。云南某酒店 9 月 1 日安排居住的隔离人员共 240 人，由此可推算出，一定能保证这个酒店被隔离的人员中有不少于 _____ 人是同一天回省。

（王文艺　供题）

8. △ABC 是一个等边三角形，它是由四个边长都为 6，面积为 15.6 的小等边三角形组成的，再以等边△DEF 的顶点为圆心，边长为半径作三个 60°

的扇形(如图)组成,则阴影部分的面积是_____。(π取3)

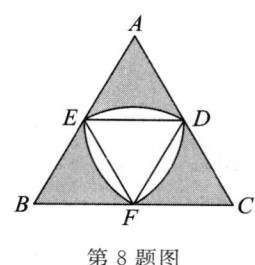

第8题图

(熊振兴 供题)

三、填空题Ⅲ

9. 将一串有规律的数按一定的方式分行排列,观察以下数列并回答问题。

$$\frac{1}{1}-\left(\frac{1}{2}+\frac{2}{2}+\frac{1}{2}\right)+\left(\frac{1}{3}+\frac{2}{3}+\frac{3}{3}+\frac{2}{3}+\frac{1}{3}\right)-\left(\frac{1}{4}+\frac{2}{4}+\frac{3}{4}+\frac{4}{4}+\frac{3}{4}+\frac{2}{4}+\frac{1}{4}\right)+\cdots+\left(\frac{1}{2019}+\frac{2}{2019}+\cdots+\frac{2018}{2019}\right)=_____。(提示:最后一个括号中只加到第1个$\frac{2018}{2019}$)$

(刘绍良 供题)

10. 乐乐家的菜地里有很多白菜。年前,乐乐在自家菜地里养了一些猪和一些狗。每头小猪2小时能从地里拱出7颗白菜,每头大猪1小时能从地里拱出15颗白菜,菜地里小猪与大猪的头数相同。而每只小狗3小时能吃7颗白菜,每只大狗2小时能吃15颗白菜,菜地里小狗与大狗的只数相同。如果菜地里所有猪每天拱出的白菜刚好够菜地里所有狗吃,那么乐乐在菜地里至少养了_____头猪和_____只狗。

(梅俊魁 供题)

11. △ABC是一个等边三角形,点O是△ABC内的一点,过点O作三边的高,分别交三边于点D、E、F。已知OD:OE:OF=2:2:1,且AD:DB=2:3,BE:EC=3:2,CF=FA,则$S_{四边形ADOF}:S_{四边形DOEB}:S_{四边形ECFO}=$_____。

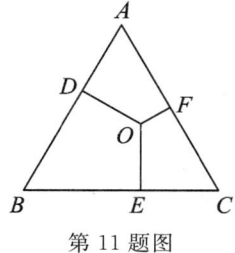

第11题图

(熊振兴 供题)

12. 我们把三个连续自然数从大到小依次写在一起组成一个多位数,称这个多位数为"乐之数"。如果这个多位数为2021的倍数,则称这个多位数为"美满乐之数"。最小的"美满乐之数"是_____。

(陆相州 供题)

2021年 火花思维运动会挑战试题（网络活动）

1 年级

1. 请你根据题图所示向日葵上的数字规律，在方框中填入正确的数字。

第 1 题图

2. 圆圆鼠和方块猴在比赛投篮，规定投中一球得一分。记分牌在镜子中的影像如题图所示，那么方块猴现在已经得到了_____分。

第 2 题图

3. 手工课上，方块猴用一根绳子摆出了一只蝴蝶。如果按照题图中的样子剪开，绳子会变成_____段。

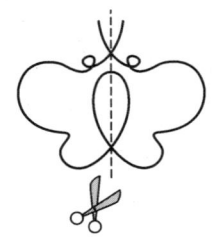

第 3 题图

4. 请你在题图所示的方框中填入正确的数。

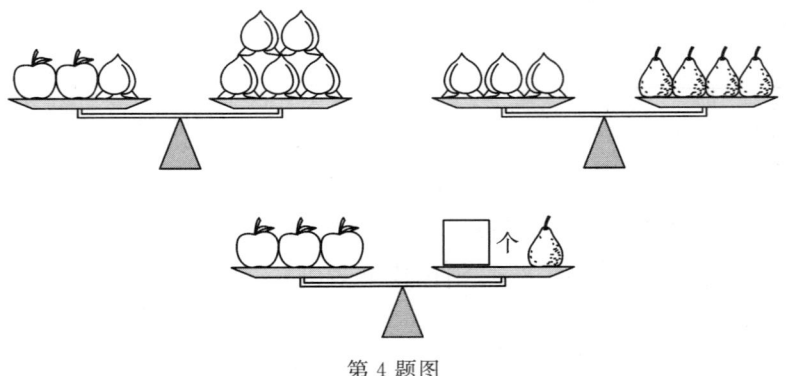

第 4 题图

5. 如题图所示,方块猴在架子上放了茶壶、热水瓶和水杯。已知每层容器盛水总量相等。

(1) 一个茶壶能倒满_____杯水。

(2) 一个热水瓶能倒满_____杯水。

第 5 题图

6. 圆圆鼠玩套圈游戏,每玩一次消耗一枚金币,但如果套中目标,就会有 3 枚金币的奖励。圆圆鼠最初有 6 枚金币,玩了 11 次游戏后,他有 10 枚金币,圆圆鼠套中了_____次。

7. 圆圆鼠和方块猴一共有 12 枚金币,圆圆鼠把自己的金币给了方块猴一些后还剩下 4 枚金币,并且他给方块猴的金币数量是方块猴原本有的金币数量,那么圆圆鼠一开始拥有_____枚金币。

8. 如题图所示,小羊文具盒的密码由三个数字组成。

第 8 题图

下面是 5 位同学对小羊文具盒密码的描述。

方块猴:"与 632 没有数字相同。"

圆圆鼠:"与 372 有一个数字相同,但位置不对。"

三角兔:"与 897 有一个数字相同,而且位置也对。"

小猪:"与 891 有一个数字相同,但位置不对。"

小狐狸:"与 596 有一个数字相同,但位置不对。"

那么,小羊文具盒的密码是_____。

9. 方块猴剪如题图所示的铁丝,每剪一次用的时间相同。他把一根铁丝剪成 4 段,一共需要 6 分钟,如果他把这根铁丝剪成 8 段,需要_____分钟。

第 9 题图

10. 有 12 只山羊和 12 只绵羊,把它们平均分成 8 组,每组有 3 只羊。其中山羊永远说真话,绵羊永远说假话。

管理员问:"你们组内有山羊吗?"

15 只羊回答:"有。"

管理员又问:"你们组内有绵羊吗?"

18 只羊回答:"没有。"

那么,3 只山羊的组有_____组,3 只绵羊的组有_____组。

2年级

1. 猜灯谜又称打灯谜,是中国独有的富有民族风格的一种项目,是从古代就开始流传的元宵节特色活动。三角兔拿到的灯谜是按规律排列的算式,第30个算式的和是_____。

2+11,4+12,6+13,8+14,10+15,2+16,4+17,6+18,8+19,10+20,2+21,4+22,…

2. 方块猴搭如题图所示的小正方体积木,观察发现:如果只搭一层,最多能看到1个小正方体;如果搭两层,最多能看到7个小正方体;如果搭三层,最多能看到19个小正方体。按照这样的规律,如果搭四层,最多能看到_____个小正方体。

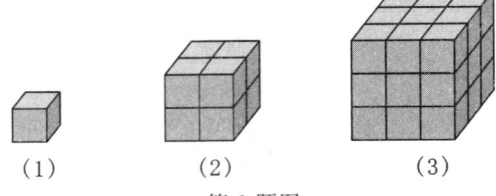

第2题图

3. "六一"儿童节幼儿园给小朋友准备了各种玩具模型,其中飞机、汽车和坦克的称重情况如题图所示。已知它们的重量都是整数千克,其中汽车模型重2千克,那么飞机和坦克一共是_____千克。

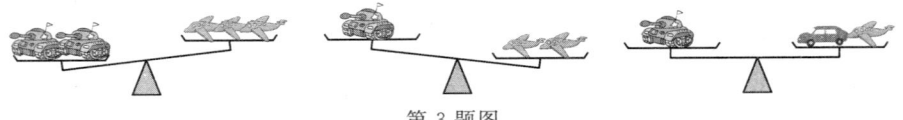

第3题图

4. 树人先知的魔法课堂非常受欢迎,想要加入的小朋友必须在如题图所示的棋盘中找到所有符合条件的正方形。你来找一找,图中仅包含一枚黑棋的正方形有_____个。

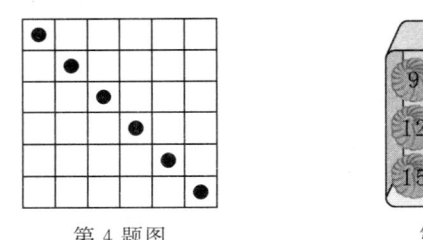

第4题图　　　　第5题图

5. 如题图所示,盒子里的饼干上标有一些数字,圆圆鼠和三角兔从中各选了6块。圆圆鼠选的6块饼干上的数之和是75,三角兔选的6块饼干上的数之和是73,如果两人选的6块饼干上的数中有3个数是相同的,这3个数中最大的是_____。

6. 羊博士组织一项小游戏,将火柴棒摆成如题图所示的数字的标准样式。

若给3根火柴棒,能够摆出的最大的数是7;若给5根火柴棒,能够摆出的最大的数是71;若给6根火柴棒,能够摆出的最大的数是_____。

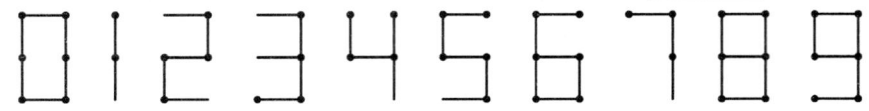

第6题图

7. 圆圆鼠和方块猴掉进了一个陷阱,墙上画着的一幅图如题图所示。请将整数填入圆圈中,使其满足下面圆圈内的数等于和它相邻的上面两个圆圈内的数之和。那么★圈内的数是_____。

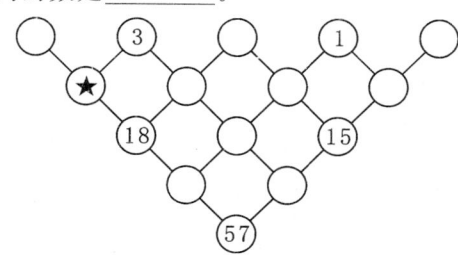

第7题图

8. 游戏规则如下:

3个相同的色块连成题图(1)中的"一"字形或"L"形,可以消除并产生30分;

第8题图(1)

4个相同的色块连成题图(2)中的"田"字形或"一"字形,可以消除并产生50分;

第8题图(2)

5个相同的色块连成题图(3)中的"L"形、"T"形或"十"字形,可以消除并产生100分。

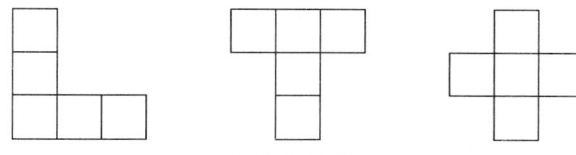

第8题图(3)

现在有一个四行四列的方格阵可以完全分割成若干个上述图形,并一一消除,消除后没有剩余,则可以产生的最高分数是_____分。

9. 如题图所示,棋盘上已经放好了9枚棋子,如果将棋盘变成上下、左右都对称的图形,至少还要添加_____枚棋子。(不挪动原有棋子)

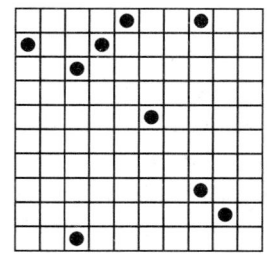

第9题图

10. 方块猴在每年的生日那天都会收到1个生日礼物。有一天,方块猴说:"从出生到去年的某一天,我一共才收到8个生日礼物,但是后天我就要收到第11个了。"那么,方块猴生日的月份和日期的数字之和为_____。(例:方块猴生日是3月12日,那么数字之和就是3+1+2=6)

3年级

1. 类似地,还有四面体数见题图。第七个数是_____。

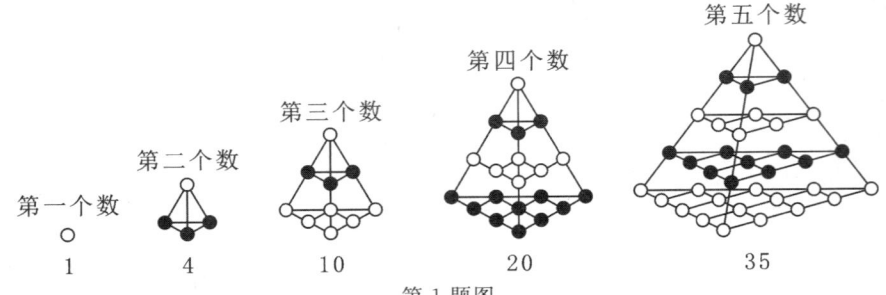

第1题图

2. 老师在黑板上写下两个数(□,□),每次操作就是在相邻的两个数之间写上他们的和。

例如:开始写的是(2,4),第一次操作后变为(2,6,4),第二次操作后变为(2,8,6,10,4)。

如果最开始时老师在黑板上写下的数是(1,2,3),那么经过5次操作后,黑板上所有的数总和是_____。

3. 三角兔和方块猴在玩游戏。两人轮流在一条如题图所示的20×1的矩形长带上移动筹码。每一轮都可将四个筹码的任意一个向右移动任意方格。但不能放在其他筹码上面或超过其他筹码。开始时各筹码位置如题图所示,赢家是最后移动筹码者(他移动后,四个筹码恰好占据长带右端的四个方格,不可能再移动了)。三角兔是先移动的人,她应将A向右移动_____格,才能保证获胜。

| A | | | | B | | | | C | | | D | | | | | | | | |

第3题图

4. 聪明的阿凡提用大小相同的小金块和小银块制作了一个实心的"金银立方"。如题图所示,小金块和小金块不相邻,小银块和小银块不相邻。阿凡提用到的小金块比小银块多_____个。(相邻是指面和面靠在一起)

第4题图

5. 方块猴、圆圆鼠、三角兔三人中,有一个人看了《地球奥秘》这部科技片,当老师问他们三个谁看了这部科技片时,方块猴说:"圆圆鼠看了。"圆圆鼠说:"我没有看。"三角兔说:"我没有看。"如果知道他们三人中有两个人说了假话,有一个人说的是真话,_____看了这部影片。

6. 下式中,☆表示几?

☆+☆=□+□+□……(1)

□+□+□=▲+▲+▲+▲……(2)

☆+□+▲+▲=80……(3)

☆=_____。

188

7. 在古希腊的泥板上,有探险家发现一幅图,如题图所示,后来人们发现泥板上的图是有规律的。根据第一行的图片规律,判断下一个图形应该是_____。

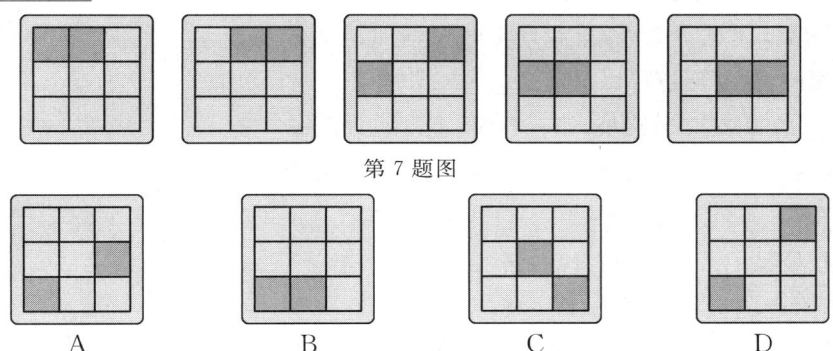

第 7 题图

A　　　　B　　　　C　　　　D

8. 特工詹姆斯·波特在执行任务的过程中,遇到这样一种密码锁,通过精密仪器测算发现它由 A、B、C、D 四种装置组成,将一个数输入一种装置后会自动输出另一个数。各装置的运算程序如下。

装置 A:将输入的数加上 6 之后输出;
装置 B:将输入的数除以 2 之后输出;
装置 C:将输入的数减去 5 之后输出;
装置 D:将输入的数乘以 3 之后输出。

这些装置可以连接,如在装置 A 后连接装置 B,就记作:A→B。

例如:输入 2 后,经过 A→B,输出 4。

(1)现在詹姆斯需要在密码锁上经过 A→B→C→D,输出 120,则输入的数是_____。

(2)现在詹姆斯需要在密码锁上经过 B→D→A→C,输出 13,则输入的数是_____。

9. 题图是一把游戏锁,上面有 25 个按钮。游戏规则如下:按照按钮上的提示,按遍全部按钮,才能把锁打开。比如,当你按下第一行的第 1 个按钮"下 4"时,就要按照提示,向下移动 4 格按"右 3"钮,再按照提示按"上 1"钮……为了打开这把游戏锁,请你选择第一次应按的按钮,它在第_____行第_____个。

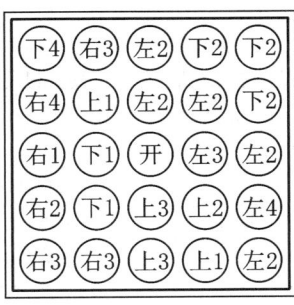

第 9 题图

10. 如题图所示,将长度为 9 的线段 AB 九等分,那么图中所有线段的长度的总和是_____。

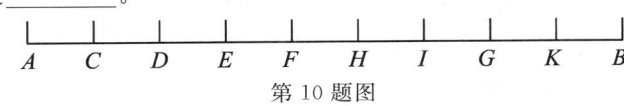

第 10 题图

4年级

1. 一个工程队计划派遣30名工人凿通一条隧道。领队算了算,共需要20天才能完工。工人们工作7天后,休息了1天,重新开工时又增加了9名工人。若每名工人的工作效率相同,这条隧道可以提前_____天凿通。

2. 工程队沿着一条直线建了1000支交通路桩,第一次从左至右按1～3给所有路桩循环编号,第二次从左至右按1～4给所有路桩循环编号,那么既编了1号又编了3号的路桩共有_____支。

3. 幻方又称纵横图、九宫图,最早记录于中国古代的洛书。

据说夏禹治水时,河南洛阳附近的大河里浮出了一只乌龟,背上有一个很奇怪的图形,古人认为是一种祥瑞,预示着洪水将被夏禹彻底制服。后人称之为"洛书"或"河图",又叫河洛图,如题图(1)。

题图(2)是一个三阶幻方(每行、每列和2条对角线的3个数之和都相等),其中A和B表示2个数,那么_____比较大,大_____。

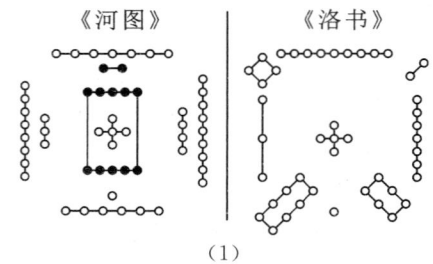

第3题图

4. 诗仙李白喜爱喝酒,也留下了许多和酒相关的名篇。一天,李白打了一壶酒,酒和酒壶一共重900克。中午他喝了一半酒,晚上又喝了余下的一半,这时酒和壶一共重330克。空的酒壶重_____克。

5. 火花工会共有40名成员。在一年一度的运动会上,工会中有20人参加了跑步项目,有16人参加了游泳项目,有8人参加了自行车项目,其中有10人同时参加2个项目,有2人3个项目都参加了。那么工会中有_____人未参加这3个项目。

6. 在题图所示的竖式中,不同的字母代表不同的数字。这个竖式最终的结果是_____。

$$\begin{array}{r} A\,B \\ \times\ \ 9\,D \\ \hline 3\,\square\,4 \\ 6\,\square\,\square \\ \hline 7\,\square\,\square\,\square \end{array}$$

第6题图

7. 方块猴、圆圆鼠、三角兔3人协助工程队锯钢管用于制作路牌,他们各自领取了若干根8米、10米、6米长的长钢管作为原材料,每人都按照2米/段的规格锯断,最后三人同时锯好了24、25、27段,那么锯钢管速度最快者比速度最慢者多锯了_____次。

8. 方块猴、圆圆鼠、三角兔三人原来共有 108 颗草莓。

方块猴吃了 1 颗、圆圆鼠吃了 2 颗、三角兔给了圆圆鼠 3 颗后,方块猴的草莓数量是圆圆鼠的 2 倍,圆圆鼠的草莓数量是三角兔的 2 倍。

原来方块猴有_____颗草莓,圆圆鼠有_____颗草莓,三角兔有_____颗草莓。

9. 一年一度的火花运动会即将开始,圆圆鼠参考奥运五环设计了这次运动会的标志。方块猴在每个圆环上添加了 3 个圆圈,并把数字 1~10 无重复地填入这 10 个圆圈中。现在 5~9 已经填好,请将 1、2、3、4、10 填入余下的圆圈中,使每个圆环上的 3 个数之和都相等。

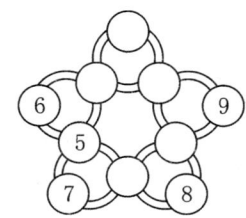

第 9 题图

10. 用若干张边长为 1、2、3、4 的正方形纸片互不重叠地拼成一个面积为 25 的大正方形,最少需要使用_____张纸片。

1. 三角兔来到了胡萝卜祭坛,从地面到祭坛上恰好17级台阶。三角兔每跳一次能上7级或者下11级台阶。那么三角兔到达祭坛上至少需要跳_____次。(如果已经上了16级台阶,那么不能向上跳,因为台阶数不够。同理,处在第5级及以下的时候不能向下跳)

2. 幻方,就是每行、每列、每条对角线上三个数的和都相等的方形数表。数学家们对幻方的研究历史悠久。比如拉马努金在笔记中推导了一个有趣的性质:三阶幻方每行乘积之和等于每列乘积之和。

题图所示是一个三阶幻方,x 等于_____。

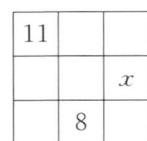

第2题图

3. 计算:$(1^3-337)\times(2^3-338)\times(3^3-339)\times(4^3-340)\times\cdots\times(100^3-436)=$ _____。(其中 n^3 表示 $n\times n\times n$,比如 $4^3=4\times4\times4=64$。)

4. 方块猴把5个数71、76、80、82、91输入到电脑中。每输入一个数,电脑立刻给出已经输入的所有数的平均值。5个数全输入之后,方块猴发现电脑给出的5个平均值都是整数。方块猴最后输入的数是_____。

5. 三名短道速滑运动员编号分别为1、2、3。发令枪响,起跑阶段他们的顺序从前往后依次是1、2、3号。之后共发生了7次超越(一个人超过另一人算一次超越,不考虑并列的情况),三人都冲过了终点。最终名次有_____种可能。

6. 请尝试在图(2)的每个小格写一个数,满足:每个小格的全部邻格中的数,加起来等于1。邻格的含义见图(1):绿格有2个邻格,红格有4个邻格,黑格有3个邻格。图(2)共有36个数,总和是_____。

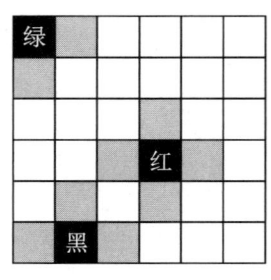

(1)   (2)

第6题图

7. 如图所示为单位正方形点阵,两点最近距离是 1。A 甲虫活动范围是左侧三角形的边界和内部,B 甲虫活动范围是右侧三角形内部和边界。K 甲虫一直处在 A 甲虫和 B 甲虫的中点。那么,K 甲虫能够到达的范围,面积是_____。

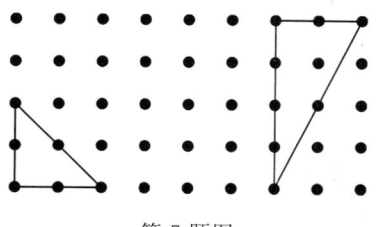

第 7 题图

8. 沿着格线把如题图所示的巧克力无剩余地分割成若干面积不等的长方形,有_____种方案。

第 8 题图

9. 方块猴在 $1, 2, 3, 4, \cdots, 2024$ 中选出一些数,这些数的总和正好是其他数的平均数。那么方块猴最多选了_____个数。

10. 七位数 $\overline{60ABA06}$ 是两个相邻自然数的乘积,则 $\overline{AB}=$ _____。

2021年 方田教育升班定级考试

3年级

一、填空题

1. 5除某个数,商是6,余数是3,则这个数是_____。

2. 两人手里各拿着一张扑克牌,两人牌的点数之和刚好是10。则两人牌的点数的乘积最大是_____。

3. 若一本书共有56页,1~56页的页码一共用了_____个数字。

4. 题图中一共有_____个三角形。

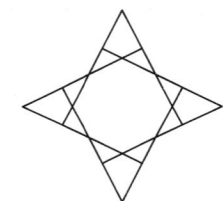

第4题图

5. 在"10□10□10□10□10"的四个方框中填入"＋""－""×""÷"运算符号各一个,所成的算式的最大值是_____。

6. 观音菩萨分别奖励唐僧师徒四人一些人参果,唐僧师徒四人平均拥有20个人参果,唐僧和孙悟空平均拥有24个,孙悟空、猪八戒和沙僧平均拥有16个,那么孙悟空有_____个人参果。

7. 小白兔与小黑兔一块去森林里采摘了一些胡萝卜,回家后它们就把胡萝卜平分了。小白兔当天吃了4个胡萝卜,小黑兔则一口气吃了12个胡萝卜。小白兔往后每天都吃4个胡萝卜,小黑兔因为第一天吃得太多,往后每天只吃2个胡萝卜,最后它俩同时把自己的胡萝卜吃完。那么小白兔与小黑兔一共采摘了_____个胡萝卜。

8. 甲、乙、丙在猜一个两位数。

甲说:"它不是7的倍数,而且它比40大。"

乙说:"它是单数,而且它比50大。"

丙说:"它是双数,而且它比60大。"

如果他们三人每个人都只说对了一半,那么这个数是_____。

二、计算题

9. (1) $1000-156-82-44-18$；

(2) $1+2+3+\cdots+9+10+9+\cdots+3+2+1$。

10. (1) $3\div(3\div4)\div(4\div5)\div(5\div6)\div(6\div7)\div(7\div8)\div(8\div9)$；

(2) $112\div3+224\div6+336\div9$。

三、解答题

11. 同一平面上的7条直线最多可以有多少个交点？

12. 如题图所示，从点 A 经过点 C 走到点 B，共有多少条最短路线？

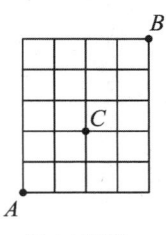

第12题图

13. 阿胖到工厂勤工俭学,按合同规定,干满 20 天,工厂将给他一套工作服和 700 元钱。但由于学校另有安排,他工作了 10 天便终止了合同,工厂只给他一套工作服和 200 元钱。问:这套工作服值多少元?

14. 抽奖箱里有编号 1～99 的 99 张卡片,抽奖规则:花 2 元可以抽一张卡片,但如果抽到含数字 8 的卡片就可以兑换 10 元。一个人有 200 元,他把 99 张卡片全买了。问:他全部兑奖后还有多少钱?

15. 在一次速算比赛中,每题的分数一样,做对得分,做错不得分。前 20 题中,方大田做对了 15 题,余下的题中,他做对的题数是做错的一半,最后一共得了 50 分。如果满分是 100 分,那么方大田做对了多少题?

16. 小伟和小杰两人玩游戏牌,第一轮过后,小伟赢了小杰 13 张牌,这时他的牌数是小杰的 2 倍少 10 张。由于得意忘形,小伟在第二、第三轮惨败,共输了 29 张牌,结果小杰的牌数反而是小伟的 7 倍少 10 张。问:小伟和小杰原来各有多少张牌?

4 年级

一、填空题

1. $45.32 - 12.5 - 5.32 + 6.5 = $ _____。

2. 最小的三位质数是 _____。

3. 将 18 集电视剧在若干天播放完,要求每天播放的集数互不相同,且不能不播,最多能播放 _____ 天。

4. 如题图所示,有 10g、25g、50g 的砝码各一个,若在天平上只称量一次,则可以称出的质量有 _____ 种。(砝码只能放右侧)

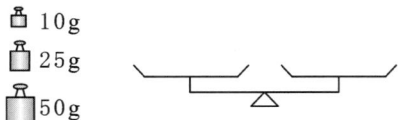

第 4 题图

5. 题图中相邻两点的距离为 1,阴影部分的面积是 _____。

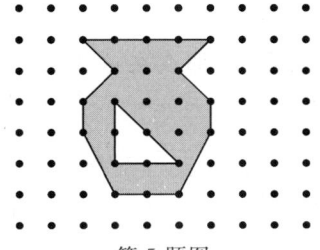

第 5 题图

6. 从 1、2、3、4、5、6 中选出 6 个数填入题图所示的 6 个格子中,要求填入的数每行左比右小,每列上比下小,则共有 _____ 种填法。

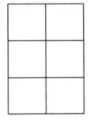

第 6 题图

7. 如题图所示,一辆洒水车从点 A 出发不重复地经过所有街道又回到点 A,那么洒水车有 _____ 种不同的路线。

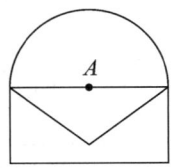

第 7 题图

8. 如题图所示,有边长都是 2 的红、黄、蓝 3 张透明的正方形塑料片,先将红色塑料片平放于桌面,再放上黄色塑料片,重叠部分是一个边长是 1 的橙色正方形;然后又放上蓝色塑料片,它和橙色正方形的重叠部分是一个边长是 0.5 的黑色正方形。此时,3 张塑料片在桌面上覆盖的面积是 _____。

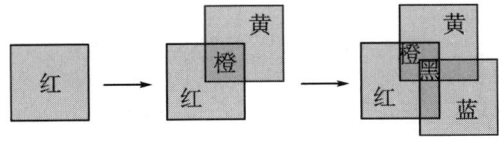

第 8 题图

二、计算题

9. (1) $4.5 \times 4.8 \div 0.25 - 18.9 \div 2.1$;

(2) $2.58 \div 6 + 7.36 \div 23 + 0.05$。

三、解答题

10. 3个一位数的乘积是315,并且其中只有一个是合数,那么在这3个数字所组成的三位数中,最大的一个是多少?

11. 在图中,8位于第3行第2列,2021位于第几行第几列?

1	2	3
6	5	4
7	8	9
12	11	10
13	14	15
18	17	16
19	20	21
…	23	22

第11题图

12. 将1、2、3、4、5分别填入如题图所示的1×5的格子中,要求填在黑格里的数比它旁边的两个数都大。共有多少种不同的填法?

第12题图

13. 在四位数中，各位数字之和是5的四位数有多少个？

14. 甲、乙、丙三校合办画展，参展的画中，有41幅不是甲校的，有38幅不是乙校的，甲、乙两校参展的画共43幅。那么，丙校参展的画有多少幅？

15. 分别用五种颜色中的某一种对题图的A、B、C、D、E、F六个区域染色，要求相邻的区域染不同的颜色，但不是每种颜色都必须要用。问：有多少种不同的染法？

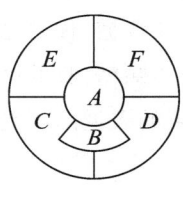

第15题图

16. 如题图所示，在直角三角形 ABC 中，OF＝OG＝OE，AE＝3，BE＝10，请计算三角形 ABC 的面积。

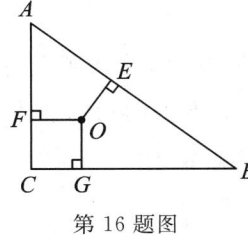

第16题图

5年级

一、填空题

1. 已知圆的半径是6厘米,那么这个圆的面积是_____平方厘米。(π取3.14)

2. 小方、小田、小明三人的课外书本数之比是5∶8∶9,已知小明比小方多12本课外书,那么三人共有_____本课外书。

3. 已知甲除以乙商7余5,甲、乙两数相差71,那么甲、乙两数之和是_____。

4. 题图所示是一个正方体的展开图,那么折叠之后的正方体可能是_____。

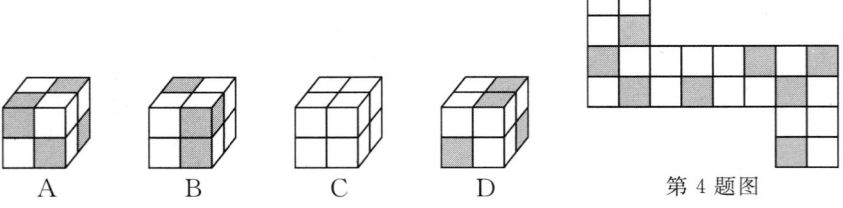

第4题图

5. 宠物店里有20只猫,已知猫比狗少37.5%,那么狗比猫多_____%。

6. 甲、乙、丙、丁共有糖果17颗。他们有如下的对话:

   甲对乙说:"如果我给你1颗糖,我们的糖果数就相同了。"

   乙对甲说:"如果你给我2颗糖,我的糖果数就是你的3倍了。"

   丙对甲说:"如果你给我3颗糖,你的糖果数就是我的3倍了。"

   丁对甲说:"如果你给我4颗糖,我的糖果数就是你的4倍了。"

   结果发现:糖果数是奇数的人说的都是对的,而糖果数是偶数的人说的都是错的。

   设甲、乙、丙、丁依次拥有A、B、C、D颗,那么,四位数$\overline{ABCD}$是_____。

7. 中国科学家在太空进行植物生长实验,有一种奇怪的植物,它的生长只和温度有关。如果某一天的温度是 n ℃,那么该株植物在当天增重 n^2 克。5天过去,这株植物共增重88克。已知这5天太空舱的温度的数值都是互不相同的非0自然数,前3天的总增重量和后3天的总增重量都不是3的倍数,则第3天的气温是_____℃。

8. 方方和田田同时从边长为110米的正五边形花园的同一顶点,反向出发。田田的速度始终是2.5米/秒。方方的初始速度为2米/秒,44秒后,速度增加1米/秒,再过44秒,速度减少1米/秒……如此反复。那么从出发到两人第3次相遇需要_____秒。

二、计算题

9. (1) $(101+102\times100)\div(102\times101-1)$;

(2) $21\dfrac{1}{3} \div \dfrac{4}{3} + 31\dfrac{1}{5} \div \dfrac{6}{5} + 1\dfrac{2}{7} \div \dfrac{9}{7}$。

三、解答题

10. 100 克浓度为 30％ 的盐水溶液和 300 克浓度为 20％ 的盐水溶液混合在一起，混合均匀后的盐水溶液浓度为多少？

11. 已知 $13(a+b)$ 恰有 3 个因数，其中 a、b 均是小于 10 的非零自然数，那么两位数 $\overline{ab}$ 的可能值有哪些？

12. 如题图所示的图形中，已知最大的圆的半径是 4 厘米，求阴影部分的面积。（π 取 3.14）

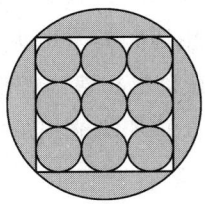

第 12 题图

13. 计算 $(2021^1 + 2021^2 + 2021^3 + \cdots + 2021^{2021}) \div 7$ 的余数。

14. 有一个如题图所示的长方体水槽,底面是一个长 16 厘米、宽 12 厘米的长方形,开始水槽中有 6 厘米高的水和 6 厘米高的油(油水分离,且油在水上面)。若在水槽中放入一个长 8 厘米、宽 8 厘米、高 12 厘米的铁块,那么此时油层的高度是多少?

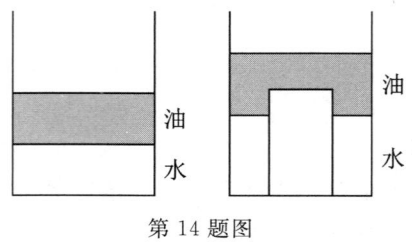

第 14 题图

15. 现有两个容器,白色容器中有浓度为 12% 的盐水 500 克,黄色容器中有 500 克水。把白色容器中盐水的一半倒入黄色容器中;混合均匀后,再把黄色容器中现有盐水的一半倒入白色容器;再次混合均匀,然后把白色容器中盐水倒入黄色容器,使两个容器中的盐水一样多。那么最后得到的黄色容器中的盐水浓度是多少?

16. A、B 两地间有一座桥(桥的长度忽略不计),甲、乙二人分别从两地同时出发,3 小时后在桥上相遇。如果甲加快速度,每小时多走 2 千米,而乙提前 0.5 小时出发,二人恰能在桥上相遇。如果甲延迟 0.5 小时出发,乙每小时少走 2 千米,也会在桥上相遇。A、B 两地相距多少千米?

6年级

一、填空题

1. 杨树、柳树、槐树、桦树和梧桐树各一棵种成一排,相邻两棵树之间的距离都是5米。杨树与柳树、槐树之间的距离相等,桦树与杨树、槐树之间的距离相等,那么梧桐树与桦树之间的距离是_____米。

2. 若一个十位数 $\overline{2020ab2021}$ 是99的倍数,则 $a+b=$ _____。

3. 六种不同的鲜花分别有80、70、65、50、48、42朵,现在从中拿一些花,要保证有一种花不少于35朵,一次至少要拿_____朵花。

4. 方方找到一个藏宝图,如题图所示,圆环分为4个区域,每个区域有一个宝藏,要分别通过圆环的4个区域完成寻宝:第一次可以任选一个区域激活,完成寻宝后将会激活左右相邻的区域;下一次可以在已激活的区域中任选一个未被寻宝的区域寻宝,完成寻宝后将会激活左右相邻区域中未被寻宝的区域,以此类推。方方要完成寻宝,一共有_____种不同的寻宝次序。

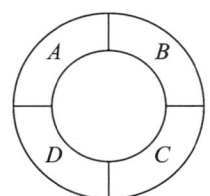

第4题图

5. 已知"红太狼"和"灰太狼"两种玩具的单价都是整数元,100元最多可以购买到4个"红太狼"或3个"灰太狼"。田田身上有90元,却不够同时购买2个"灰太狼"和1个"红太狼"。"红太狼"的单价是_____元。

6. 土豆先生与玉米女士去烫发,由于烫发过程中温度升高,土豆先生头顶部分会逐渐变成薯条,每分钟身高会增加5厘米;玉米女士头顶会逐渐变成爆米花,每分钟身高会增加2厘米。3分钟后两人身高相同,再过18分钟,土豆先生的身高是玉米女士的2倍。那么烫发之前,玉米女士的身高是土豆先生的_____倍。

7. 如图所示的大长方形由9个大小不等的正方形构成。已知正方形A、B的边长分别为12和21,则大长方形的面积为_____。

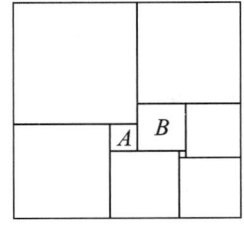

第7题图

8. 甲、乙两人同时从A地出发,以相同的速度向B地前进。甲每行5分钟休息2分钟,乙每行210米休息3分钟。甲出发后50分钟到达B地,乙到达B地比甲迟了10分钟。已知两人最后一次的休息地点相距70米,则甲的速度为_____米/分。

二、计算题

9. (1) $\dfrac{11}{21} + \dfrac{202}{2121} + \dfrac{80808}{212121}$；　　(2) $19\dfrac{7}{8} \div 3\dfrac{2}{9} + 10\dfrac{5}{6} \times \dfrac{9}{29} - \dfrac{9}{29} \div \dfrac{24}{41}$。

三、解答题

10. 有一个两位数，如果把数码 9 写在它的前面，则可得到一个三位数；如果把数码 9 写在它的后面，也可得到一个三位数；如果在它前后各写一个数码 4，则可得到一个四位数。用这个四位数减去这两个三位数的和，结果等于 3050。求原来的两位数。

11. 9 颗不同口味的糖果，要给 6 个小朋友每人一颗。其中小龙想从草莓味和苹果味中选一颗，小波想从苹果味、菠萝味和榴莲味中选一颗。那么分给这些小朋友 6 颗糖果共有几种方法？

12. 一个四位数除以 11 余 7，除以 12 余 8，这个数最大是多少？

13. 如题图所示，从棱长为 20 的立方体中挖去一个底面半径为 4、高为 20 的圆柱体后，得到的几何体的表面积是多少？体积是多少？（π 取 3）

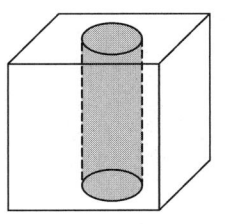

第 13 题图

14. 动物园门票大人 20 元，小孩 10 元。"六一"儿童节那天，儿童免票。入园人数结果与前一天相比，大人的数量增加了 60%，儿童的数量增加了 90%，共增加了 2100 人，但门票收入与前一天相同。"六一"儿童节这天共有多少人入园？

15. 正整数 1, 2, 3, … 按螺旋形排列成题图中的数表。这个数表中：
(1) 9 的右上角是 25, 25 的右上角是多少？
(2) 2021 所在的竖列中，最小的数是多少？

```
21  22  23  24  25  26
20   7   8   9  10  ⋮
19   6   1   2  11  ⋮
18   5   4   3  12
17  16  15  14  13
```

第 15 题图

16. 凯凯沿江乘船顺流而下前往 A 港口，途中不慎将一袋宝石（宝石会沉入水中）和一个空酒葫芦（葫芦会随水漂流）掉入水中。到达 A 港时，他的草帽又落入江中（草帽也会随水漂流），凯凯下船去集市上买了一块表和一套潜水服，返回船上时正好中午 12 点。他立刻乘船继续沿江向下航行，并于 13 点追上之前掉入江中的酒葫芦。14 点时又追上自己的草帽，于是立刻返航，回到 A 港时是 17 点。那么他再向上游航行多少小时就到达宝石丢失点？

3年级

端午节

1. 将分数 $\dfrac{21}{100}$ 化成小数是_____。

2. 计算：$28.02-6.57=$_____。

3. 大雄的家和胖虎的家在一条笔直的马路上,两家相距 800 米。若两人同时出发相向而行,大雄每分钟走 60 米,胖虎每分钟走 40 米,则出发 5 分钟后两人相距_____米。

4. 题图中共有_____个正方形。

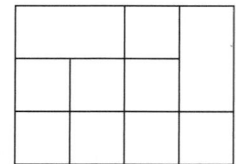

第 4 题图

5. 灰太狼给儿子买了一本叫《捕羊宝典》的书,这本书共 129 页,这本书的页码共用了_____个数字。

6. 方方和田田在沙滩上练习剑法,两人轮流在沙滩上划直线。方方希望划出的交点数尽量少,田田希望划出的交点数尽量多。现在按照方方划一下、田田划一下、方方划一下、田田划一下的顺序一共划出 4 条线,则沙滩上会出现_____个交点。

7. 德德发现了一条魔道,魔道内有一个存钱的小箱子,当他从魔道走过去时,箱子里的一些钱会飞到德德的身上使他身上的钱增加一倍;当他从魔道走回来时,身上的一些钱会飞到箱子里,使箱子里的钱增加一倍。如果德德一连走了 2 个来回后,箱子里的钱和他身上的钱都是 64 元,那么原来德德身上有_____元。

8. A、B、C、D、E、F 六个人各被分配到一个数,且这六个数均互不相同。

A 说："我们六个人的数正好构成一个等差数列。"

B 说："这个等差数列中最小的数是 2。"

C 说："最大数与最小数的和是 14。"

D 说："A、C、E 数之和是 B、D、F 数之和的 2 倍。"

E 说："B、F 数之和是 A 的 2 倍。"

则 A 为_____。

9. 解方程：

(1) $4x+3=11$；

(2) $5+7x-12=5x-(x-20)$。

10. (1) 将"+""−""×""÷"分别填入下面等式的○里，每个符号只填一次，使等式成立。

$(7\bigcirc 4)\bigcirc(14\bigcirc 2\bigcirc 5)=36$。

(2) 计算：$1+5+9+13+\cdots+41+45$。

11. 列方程解应用题。

x 的 2 倍与 25 的和是 45，求 x 的值。

12. 龅牙兔每天到距离它 1200 米的胡萝卜园摘胡萝卜，去时每分钟走 60 米；回来时，身上背满了胡萝卜，所以每分钟走 15 米。求龅牙兔往返的平均速度。

13. 有一堆包子，猪八戒第一次吃了所有的一半还多 3 个，第二次吃了余下的一半少 8 个，第三次吃了 16 个，最后还剩 7 个，那么原来这堆包子有多少个？

14. 方方从家出发去学校。

(1) 若方方途中想去图书馆借书,则他从家到图书馆的最短路线有多少条?

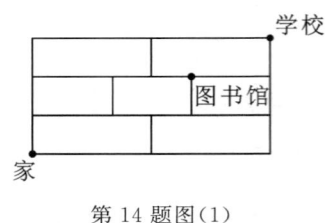

第 14 题图(1)

(2) 若图书馆附近因修路不能通行,那么他从家到学校的最短路线有多少条?

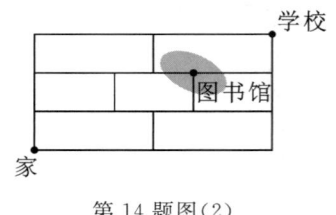

第 14 题图(2)

15. 有 10 个人排成一行依次报数,第一个人报 1,以后每人报的数都是把前一人报的数加 3。报数过程中有一个人报错了,把前一个人报的数减 3 报了出来,最后这 10 个人报的数加起来恰好等于 121。那么是第几个报数的人报错了?

16. 甲对乙说:"当我像你这么大时,我的年龄是你那时年龄的 3 倍。"乙对甲说:"当我像你这么大时,你那时的年龄比我今年年龄的 2 倍多 5 岁。"问:甲、乙两人现在各多少岁?

1. 如题图所示,将△ABC沿着水平方向向右平移4厘米,得到△DEF。已知AB=8厘米,DG=3厘米,则GE=_____厘米。

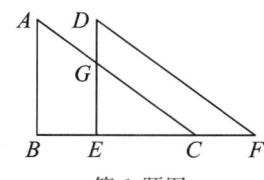

第1题图

2. 计算(括号内写出结果即可):$2^5 \times 8 = 2^{(\ )}$。

3. 方方帮妈妈做家务:用洗衣机洗衣服需20分钟;扫地需6分钟;擦家具需10分钟;晾衣服需5分钟。合理安排,做完这些事至少要花_____分钟。

4. 已知四位数$\overline{20\square\square}$的数字和是10,这样的四位数一共有_____个。

5. 方方发现年份2016是一个非常好的数,它既是6的倍数,又是8的倍数,还是9的倍数。那么下一个既是6的倍数,又是8的倍数,还是9的倍数的年份是_____年。

6. 如题图所示,一只蚂蚁要从点A沿着线段爬到点B,要求任何点不得重复经过。这只蚂蚁最多有_____种不同走法。

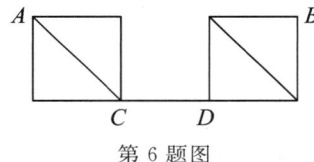

第6题图

7. 已知四位数$\overline{2ab8}$,不管b等于多少,这个四位数都不是11的倍数,那么$a=$_____。

8. 下面算式中不同的汉字代表不同的数字,六位数"陈老师真帅啊"的最小值是_____。

$\overline{陈陈陈} + \overline{老老老} + \overline{师师师} = \overline{真真} \times \overline{帅啊}$

第8题图

9. 解方程。
   (1) $5x+8=6x+1$;
   (2) $13-2(2x-3)=5-(x-2)$。

10. 方方希望通过做一些数学题目来巩固知识,第一天他写了2道题,以后,他每一天都比前一天多写3道题,那么他前20天一共写了多少道题目?

11. 甲、乙两港相距 360 千米,一艘轮船往返两港,逆水航行的时间为 20 小时,逆水航行比顺水航行多花了 5 小时。现在有一艘机帆船,静水中速度是每小时 12 千米,这艘机帆船往返两港需要多少小时?

12. 理发室里有甲、乙两位理发师,同时来了五位顾客,根据他们所要理的发型,分别需要 10、12、15、20 和 24 分钟,通过合理安排他们理发的顺序,能使这五人理发和等候所用时间的总和最少,请问最少时间为多少分钟?

13. 四位数 $\overline{a72b}$ 能被 72 整除,这个四位数是多少?

14. 如题图所示,有 A、B、C、D、E 五个区域,现用 4 种颜色给区域染色,要求相邻区域的颜色不同,每个区域只染 1 种颜色。有多少种染色方法?

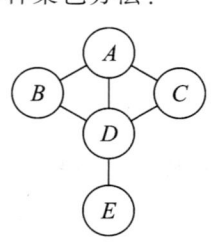

第 14 题图

15. 已知 $5^m=2, 5^n=4, 5^k=32$。

(1) 求 5^{k+m-2n} 的值。

(2) 求 $k-3m-n$。

16. 甲、乙两个码头，相距 18 千米。甲码头在乙码头的上游。一艘货船和一艘游船同时从甲码头和乙码头出发向下游行驶，6 小时后货船追上游船。又行驶了 10 小时，货船上有一物品落入江中（该物品可以浮在水面上），1 小时后货船上的人发现了，便掉转船头去找，找到时恰好又和游船相遇。则游船在静水中的速度为每小时多少千米？

5 年级

1. 在 $\dfrac{13}{19}$ 和 $\dfrac{13}{20}$ 中,较小数是_____。

2. 在一个带余除法算式中,除数是5,商是7,余数是4,那么被除数是_____。

3. 方方老师把全部积分卡的 $\dfrac{1}{6}$ 给了波波同学,又把全部积分卡的20%给了凯凯同学,方方老师还剩下95张积分卡,那么原来方方老师有_____张积分卡。

4. 题图中的正方体展开后可能是A、B、C、D中的_____。

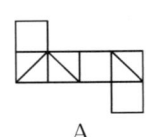 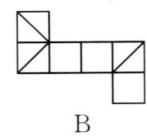 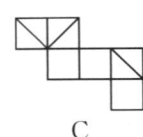 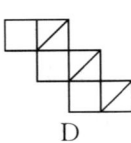 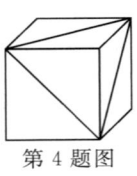
A　　　　　B　　　　　C　　　　　D　　　　第4题图

5. 一个自然数除50、79和123的余数分别为 a、$a+1$ 和 $a+3$,那么这个自然数最大是_____。

6. 一群玉米粒和一群爆米花相约一起晒太阳,最开始玉米粒占总数的 $\dfrac{4}{5}$。由于太阳毒辣,有66颗玉米粒被晒成了爆米花,此时爆米花数量是玉米粒数量的3倍,那么现在有_____个爆米花。

7. $A \times 308$ 得到的结果为完全平方数,而且自然数 A 是 $1\sim2021$ 范围内的自然数,则满足条件的 A 有_____个。

8. △ABC 中,D、E 分别是边上的三等分点,F 为 AD 边上的中点,$AG=3GE$。已知 △FGH 的面积为5,那么 △ABC 的面积是_____。

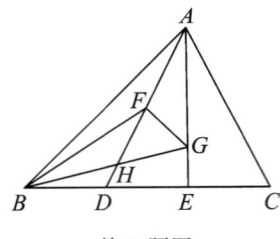

第8题图

9. (1) 解方程:$3x \equiv 5 \pmod 7$;

(2)计算:$40\% \times \dfrac{3}{7} + 25\% \div 2\dfrac{1}{3} + \dfrac{1}{5} \times 2\dfrac{1}{7}$。

10. 120 克浓度为 25% 的盐水溶液,再加入 30 克的盐,混合均匀,最终的盐水浓度是多少?

11. 方田水果店卖出库存水果的 30% 之后,又运进水果 700 千克,这时库存水果比原来多了 $\dfrac{1}{6}$,原来库存水果多少千克?

12. 4 个大小相同的等腰直角三角形按照题图所示方式排列,直角边长为 4。以 O 点为圆心,4 为半径画圆。求题图中阴影部分的面积和。(π 取 3.14)

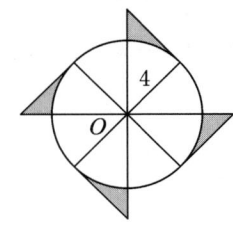

第 12 题图

13. 若 $A = \dfrac{1}{\dfrac{1}{1979} + \dfrac{1}{1980} + \dfrac{1}{1981} + \cdots + \dfrac{1}{2020} + \dfrac{1}{2021}}$,那么 A 的整数部分是多少?

14. 甲、乙两人分别从 A、B 两地同时出发,相向而行;两人速度比是 4∶3。两人相遇后继续行进,甲到达 B 地或者乙到达 A 地都立即沿原路返回。两人第一次相遇地点和第二次相遇地点之间相距 50 千米,那么 A、B 两地相距多少千米?

15. 如题图所示,长方形 ABCD 中,BE∶EC=2∶3,DF∶FC=1∶2。已知四边形 CEGF 的面积是 44,求四边形 ABGD 的面积。

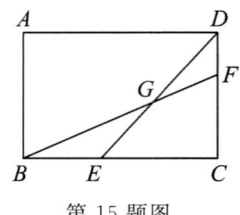

第 15 题图

16. 千寻和白龙同时从汤屋出发去往沼泽地。白龙到达沼泽地后立即返回汤屋,并且速度变为原来的 4 倍,在距汤屋 480 千米处遇到千寻;千寻在遇到白龙后决定立即返回汤屋,两人相遇后千寻速度变为原来的 3 倍。当白龙回到汤屋时,千寻离汤屋还有 240 千米,那么汤屋和沼泽地相距多少千米?

6年级

一、填空题

1. 算式 $1+2+3+4+5+\cdots+15$ 的计算结果为_____。

2. 如题图所示,圆的正中间有一个正方形,已知圆的半径为 4,则图中阴影部分的面积为_____。(π 取 3.14)

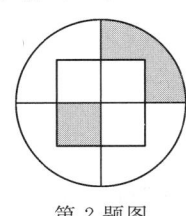

第2题图

3. 六年级有学生 280 人,选出男生的 $\frac{1}{4}$ 和 14 名女生参加乒乓球比赛,这时剩下的男生和女生人数一样多,六年级女生有_____人。

4. 已知正整数 n 小于 2022,则使得 $1^n+2^n+3^n+4^n$ 的个位数为 0 的 n 有_____个。

5. 科学实验课堂开课了,方小田研制出两种咕噜溶液,如果取甲咕噜溶液 50 克、乙咕噜溶液 80 克,则混合得到的溶液浓度为 72%;如果取相同质量的甲咕噜溶液和乙咕噜溶液,则混合后得到的溶液浓度为 69%。甲咕噜溶液的浓度为_____%。

二、解答题

6. 六年级(3)班学生有 48 名,其中喜欢喝可乐的有 19 名,喜欢喝雪碧的有 27 名,两种都不喜欢喝的有 5 名。那么两种都喜欢喝的有多少名?

7. 一艘船在静水中的航行速度是 42 千米/时。往返于 A、B 两港之间,河水的流速是 6 千米/时,如果船在河中往返 1 趟共用 7 小时,那么 A、B 两港之间相距多少千米?

8. 端午节田田去超市买粽子,若按原价买,田田可以买 9 个还剩 9 元。现在由于促销活动,粽子的价格打 6 折,现在可以恰好买 16 个。田田带了多少元钱?

三、材料认知题(一)

【材料一】勾股定理：

勾股定理是一个基本的几何定理，直角三角形两直角边（即"勾""股"）边长的平方和等于斜边（即"弦"）边长的平方，如图一所示。

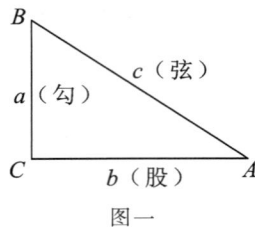

图一

也就是说，设直角三角形两直角边长为 a 和 b，斜边为 c，则 $a^2+b^2=c^2$。我国的勾股定理在西方被称为毕达哥拉斯定理。

【材料二】锐角三角函数：

在 Rt$\triangle ABC$ 中，$\angle C=90°$，$\angle A$、$\angle B$、$\angle C$ 所对三角形的边分别为 a、b、c，如图二所示。

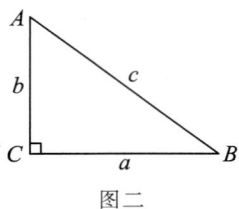

图二

1. 正弦：锐角 A 的对边与斜边的比叫作 $\angle A$ 的正弦，记作 $\sin A$，即 $\sin A=\dfrac{a}{c}$。

2. 余弦：锐角 A 的邻边与斜边的比叫作 $\angle A$ 的余弦，记作 $\cos A$，即 $\cos A=\dfrac{b}{c}$。

3. 正切：锐角 A 的对边与邻边的比叫作 $\angle A$ 的正切，记作 $\tan A$，即 $\tan A=\dfrac{a}{b}$。

4. 余切：锐角 A 的邻边与对边的比叫作 $\angle A$ 的余切，记作 $\cot A$，即 $\cot A=\dfrac{b}{a}$。

锐角 A 的正弦、余弦、正切、余切都叫作 $\angle A$ 的锐角三角函数。

【例1】如题图所示，在 Rt$\triangle ABC$ 中，$\angle C=90°$，$\angle A$、$\angle B$、$\angle C$ 所对三角形的边分别为 a、b、c。

$a=3$，$b=4$，则 c 是多少？

分析：根据勾股定理，$a^2+b^2=c^2$，

所以 $c^2=3^2+4^2=25$，所以 $c=5$。

答案：$c=5$。

例1题图

【例2】如题图所示，在 Rt$\triangle ABC$ 中，$\angle C=90°$，$\angle A$、$\angle B$、$\angle C$ 所对三角形的边分别为 a、b、c。

$a=24$,$\tan B=\dfrac{7}{24}$,求 b 和 $\sin A$ 的值。

分析:$\tan B=\dfrac{b}{a}=\dfrac{7}{24}$,而 $a=24$,所以 $b=7$,

根据勾股定理,$a^2+b^2=c^2$,

所以 $c^2=7^2+24^2=25^2$,

$c=25$,$\sin A=\dfrac{24}{25}$。

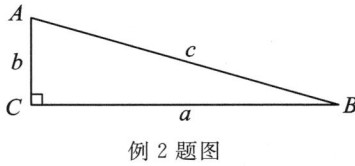

例 2 题图

答案:$b=7$,$\sin A=\dfrac{24}{25}$。

9. 如题图,在 Rt$\triangle ABC$ 中,$BC=6$,$AC=8$。

则 $\sin A=$ _____;$\cos A=$ _____。

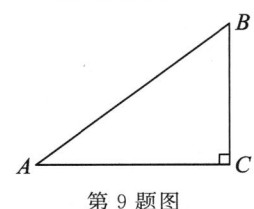

第 9 题图

10. 如题图,在 Rt$\triangle ABC$ 中,$BC=24$,$\sin A=\dfrac{12}{13}$。

则 $\tan A=$ _____;$\cot A=$ _____。

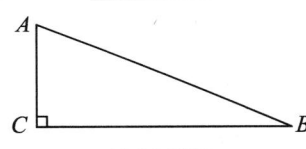

第 10 题图

11. 方向角(或方位角):方向角一般是指以观测者的位置为中心,将正北或正南方向作为起始方向,从该方向旋转到目标的方向线所成的角(一般指锐角),通常表达为北(南)偏东(西)××度。如图(1)。

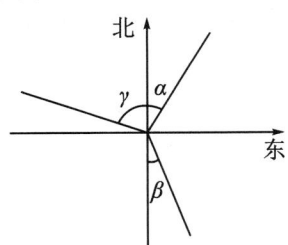

第 11 题图(1)

如图(2),一艘海轮位于灯塔 P 的北偏东 $60°$ 方向,距离灯塔 120 海里的 A 处,它沿正南方向航行一段时间后,到达位于灯塔 P 的南偏东 $30°$ 方向上的 B 处,求 BA 的长。(参考数据:$\cos 60°=\dfrac{1}{2}$)

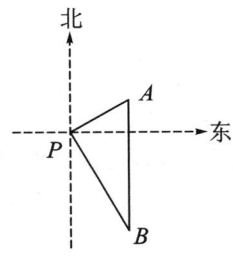

第 11 题图(2)

12. 如题图所示,若 $\tan A = \dfrac{2}{3}$,$a=8$,求 $S_{\triangle ABC}$。

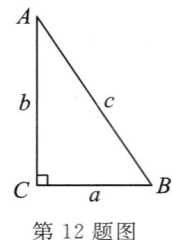

第12题图

13. 在 $\triangle ABC$ 中,$\angle A$、$\angle B$、$\angle C$ 所对三角形的边分别为 a、b、c。

(1)如题图(1)所示,证明:$S_{\triangle ABC}=\dfrac{1}{2}ab\sin C$。

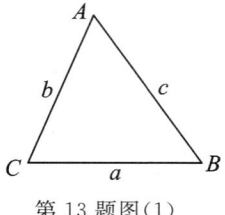

第13题图(1)

(2)如题图(2)所示,若 $a=20$,$\sin C=\dfrac{5}{7}$,$S_{\triangle ABC}=100$,求 b 的值。

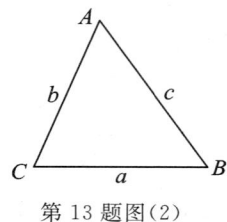

第13题图(2)

14. 在 $\text{Rt}\triangle ABC$ 中,$\angle C=90°$,$\angle A$、$\angle B$、$\angle C$ 所对三角形的边分别为 a、b、c。

证明:$\sin^2 A+\cos^2 A=1$。($\sin^2 A=\sin A\times\sin A$,$\cos^2 A=\cos A\times\cos A$)

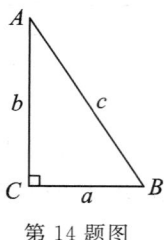

第14题图

四、材料认知题(二)

我们学习过乘法分配律 $(a+b)c=ac+bc$,可以理解为括号外面的数分别乘以括号里面的每个数之后再计算,得到展开后的式子;类似地,在计算 $(a+b)(c+d)$ 时,可以把 $c+d$ 看作一个整体分别与 a 和 b 相乘,得到
$(a+b)(c+d)=a(c+d)+b(c+d)=ac+ad+bc+bd$。

以此为基础我们可以计算出 $a+b$ 的若干次方的展开式,例如:
$(a+b)^1=a+b$;
$(a+b)^2=(a+b)(a+b)=a^2+2ab+b^2$;
$(a+b)^3=(a+b)(a+b)^2=a^3+3a^2b+3ab^2+b^3$;
$(a+b)^4=(a+b)(a+b)^3=a^4+4a^3b+6a^2b^2+4ab^3+b^4$;
……

下面我们依次对 $(a+b)^n$(n 是非零自然数)展开式的各项系数进一步研究,列成如下数表:

$(a+b)^1$ 1   1
$(a+b)^2$ 1   2   1
$(a+b)^3$ 1   3   3   1
$(a+b)^4$ 1   4   6   4   1
$(a+b)^5$ 1   5   10   10   5   1
$(a+b)^6$ 1   6   15   20   15   6   1

15. 按照此规律,$(a+b)^7$ 展开式的第 3 项的系数是_____;$(a+b)^n$ 的展开式中,第 3 项的系数是_____(用含 n 的式子表示)。

16. $(a+b)^8$ 展开式的各项系数之和是_____;$(a+b)^n$ 展开式的各项系数之和是_____(用含 n 的式子表示)。

17. 已知 $(2x+3)^{10}=a_{10}x^{10}+a_9x^9+a_8x^8+\cdots+a_1x+a_0$。(以下结果用乘方表示)

  则 $a_0=$_____;$a_{10}=$_____;$a_0+a_1+a_2+\cdots+a_{10}=$_____。

18. 已知 $(2x+3)^{10}=b_{10}(x-1)^{10}+b_9(x-1)^9+b_8(x-1)^8+\cdots+b_1(x-1)+b_0$。(以下结果用乘方表示)

  则 $b_0=$_____;$b_{10}=$_____;$b_0+b_1+b_2+\cdots+b_{10}=$_____。

19. 已知 C_n^m(n 为正整数,m 为 $0\sim n$ 之间的自然数)表示从 n 个不同物体中选出 m 个物体的选法数,试说明:$C_n^0+C_n^1+C_n^2+\cdots+C_n^{n-1}+C_n^n=2^n$。

[提示:$(a+b)^n=(C_n^0a^0C_n^nb^n+C_n^1a^1C_{n-1}^{n-1}b^{n-1}+C_n^2a^2C_{n-2}^{n-2}b^{n-2}+\cdots+C_n^na^nC_0^0b^0)$
      $=(C_n^0b^n+C_n^1a^1b^{n-1}+C_n^2a^2b^{n-2}+\cdots+C_n^na^n)$]

2021年 春·武汉明心资优生水平测试

3年级

一、计算题

1. $9+8-7+6+5-4+3+2-1=$ _____。

2. $(21+22)\times(23+24)=$ _____。

3. $99\div 7-43\div 7=$ _____。

4. $17\times 39-14\times 37+17\times 35=$ _____。

二、A 组填空题

5. 多位数 $\underbrace{202120212021\cdots 2021}_{2021\text{个}2021}$ 从左向右前 2021 位中含有 _____ 个数字 2。

6. A、B、C 三只猴子沿着三根竖直的杆子向上爬,相邻两根杆子之间有水平的绳子连接,不相邻的杆子之间没有绳子连接。猴子们每当遇到绳子就必须沿着绳子换到相邻的杆子上继续向上爬,直到爬到顶端为止,如图(1)所示。图(2)中有 A、B、C、D 四只猴子,它们爬到顶端后从左至右的顺序为 _____。

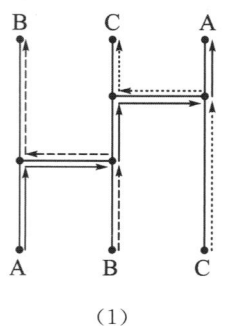
（1）

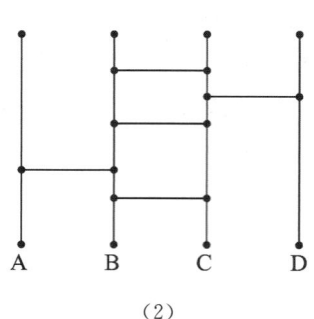
（2）

第6题图

7. 小明买 2 本练习本,还差 3 元;小刚买 3 本练习本,还差 5 元。如果两人合买,恰能买 4 本练习本,那么一本练习本的售价为 _____ 元。

8. 如果一个长方形的宽增加 36 厘米,那么它的周长将扩大到原周长的两倍;如果这个长方形的长减少 _____ 厘米,那么它的周长将缩小到原周长的一半。

9. 如题图所示,有 2 根长度均为 12 厘米的绳子。将两绳拉直并重叠一部分后(没有完全重叠)沿虚线剪断,会得到 4 根绳子,且恰能分成长度和相等的 3 组。

那么,剪断前 2 根绳子重叠部分长_____厘米。

第 9 题图

10. 99 个球被分成 3 堆,3 堆同时拿出数量相同的球后,第一堆球数是第二堆球数的 2 倍,第三堆球数是第二堆球数的 3 倍。那么,第一堆原有_____个球。

11. 小明将减法算式"$\overline{AB}-\overline{C9}$"当作了"$\overline{A9}-\overline{CB}$"计算,得到的错误结果与正确结果不同,且是正确结果的 3 倍。那么,原式"$\overline{AB}-\overline{C9}$"的正确计算结果是_____。

12. 一个六条边长度均为 10 厘米的正六边形按题图所示进行分割,其中 7 块阴影部分的周长总和比 6 块空白部分的周长总和多_____厘米。

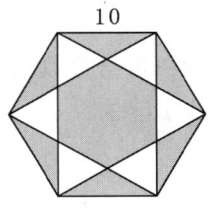

第 12 题图

三、B 组填空题

13. 下面的乘法竖式谜中,相同的汉字代表相同的数字,不同的汉字代表不同的数字,那么"一镜花影动"所代表的五位数是_____。

```
        花 影
    ×   花 影
    ─────────
        一 镜 影
      镜 花
    ─────────
      影 动 影
```

第 13 题图

14. 科学家跟踪观察一群大象,每年 1 月 15 日会对象群进行年龄统计:2020 年 1 月 16 日,象群中新出生了一头小象,2021 年被统计为 1 岁;2021 年 1 月 14 日,象群中死亡了一头 2020 年统计为 35 岁的大象。科学家比较 2020 年、2021 年两次统计结果后发现,象群的平均年龄并没有发生变化。那么,这个象群现在有_____头象。

15. 在题图的每个方格中都填入1~7中的某一个数字,使得图中有1个1、2个2、3个3、4个4、5个5、6个6、7个7,并要求相同的数字所在的方格有相邻的边,但没有任意一个"田"字格中4个数字完全相同。填好后,$\overline{ABCD}$ 所代表的四位数是_____。

第15题图

16. 光头强洗心革面在一条南北方向的乡间小路两侧从南端种树直至北端,小路东侧相邻两树间的间隔是5米,小路西侧相邻两树间的间隔是8米。种完后,光头强从路的南端出发匀速前进,一边走一边依次数自己右手边的树,走到北端立即返回。1分钟时,光头强刚好走到他数的第17棵树旁;2分钟时,他又刚好走到他数的第34棵树旁。那么,这条小路长_____米。

四、解答题

17. 黑棋、白棋放在一个盒子里,小明从中取出一半黑棋与等数量的白棋后,盒中剩下60枚棋子;小刚又在剩下的棋子中取出一半的白棋与等数量的黑棋后,盒中剩下24枚棋子。那么,开始时盒子里共有多少枚棋子?

18. 如果被减数为111的减法算式在计算过程中仅借位一次,那么有多少个不同的自然数可以作为减数?

4 年级

一、计算题

1. $100-99-98+97+96-95-94+93=$ _____ 。

2. $(1+2+3+4+5+6+7+8+9)\times 43+43\times 2=$ _____ 。

3. $98\div 47\times 94\div 49=$ _____ 。

4. $2900\div 43+321\div 43-1200\div 43=$ _____ 。

二、A 组填空题

5. 如果 2021 与四位数 A 之差是 A 与 999 之差的 6 倍,那么 A 是_____。

6. 一个两位数,减去其十位数字后所得的结果是其个位数字的 2 倍,这个两位数是_____。

7. 饲养员将一些桃子分给 6 只猴子,发现无论怎么分总有一只猴子分得的桃子多于 2 个,那么饲养员最少拿来了_____个桃子。

8. 平行四边形的对边平行且相等。如题图所示,点 D、E、F、G、H、I 都是 $\triangle ABC$ 各边上的点,DE、FG、HI 交于点 O,四边形 $ADOI$、$BEOF$、$CGOH$ 都是平行四边形。已知 $\triangle IFO$、$\triangle DOG$、$\triangle OEH$ 的周长分别是 7 厘米、8 厘米、9 厘米,那么 $\triangle ABC$ 的周长是_____厘米。

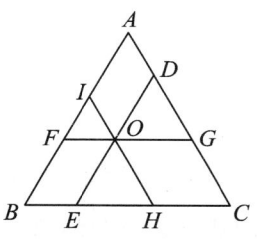

第 8 题图

9. 如题图所示,将 6 张形状大小都相同的小长方形纸片按两种不同方式拼成图(1)与图(2)。如果图(1)中的阴影长方形面积比图(2)中的阴影长方形面积小 34 平方厘米,那么 1 张小长方形纸片的面积是_____平方厘米。

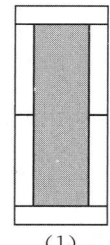 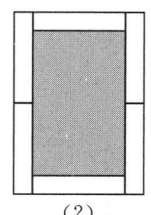

第 9 题图

10. 在不含有数字 0、3、6、9 的所有自然数中,从小到大第 50 个数是_____。

11. 寻找图中的规律：

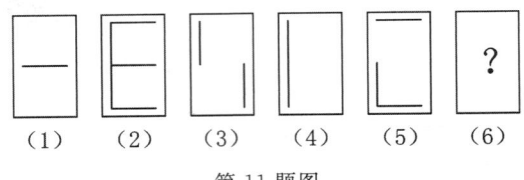

第11题图

按变化规律，(6)应为_____。（填写所选图形所对应的选项字母）

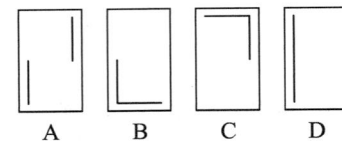

12. 一个总和为666的等差数列共由6个自然数组成，且组成6个自然数的所有数字中恰有6个6，那么这个等差数列中最大的数是_____。

三、B组填空题

13. 蓝精灵邀请绿精灵一起共度蘑菇节。如题图所示，每5个精灵围坐一桌。为尽地主之谊，绿精灵的邻座上至少有一位蓝精灵相伴（有线段连接的座位称为邻座），而蓝精灵的邻座不能全是蓝精灵。那么，不同的安排座位的方法有_____种。（图形不可旋转或翻转）

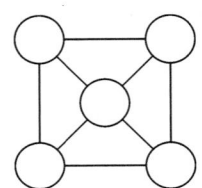

第13题图

14. 将1～12这12个数分别填入题图所示六芒星数阵图的圆圈中，使得六芒星的6个顶角所填的数等于相邻2个圆圈中较大的数减去较小的数所得的差（例如，若 $B>C$，则 $A=B-C$）。则6个顶角处所填的数之和最大为_____。

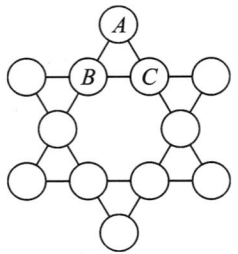

第14题图

15. 一次考试共考了三道题。第一题3分，第二题3分，第三题6分，答对得全分，答错不得分。考试结束后发现：没有人得0分，答对第一题的有30人，答对第二题的有20人，得6分的有10人，答对第三题的同学平均分是9分，答对至少两道题的同学平均分也是9分。那么，共有_____人参加考试。

16. 题图中，AB、BC、CA 是三条长度相同的小路。小明、小刚同时从点 A 出发，小明按顺时针行进（$A \to C \to B \to A \to C \to \cdots$），小刚按逆时针行进（$A \to B \to C \to A \to B \to \cdots$）由于 BC 段正在施工，两人在 BC 上的速度都会变为各自原来速度的一半，离开 BC 后恢复原速。两人第一次在 BC 边上的点 D 相遇，$BD=216$ 米；两人第二次在 AC 边上的点 E 相遇，$AE=576$ 米。那么，小路 AB 长 _____ 米。

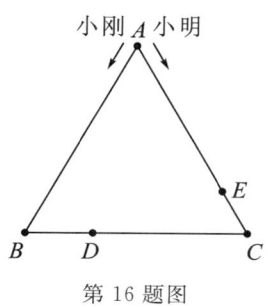

第16题图

四、解答题

17. 仙豆吃光了，加林仙人又开始种仙豆。药田里仅每天上午长出 1 颗仙豆，悟空每天下午可以取走 0 颗、1 颗或 2 颗仙豆，加林仙人则在晚上记录下剩余仙豆的数量。如果第六天晚上加林仙人记录的数量为 2，那么加林仙人这六天的记录可能出现多少种不同的情况？（下表是其中一种情况）

天数	第一天	第二天	第三天	第四天	第五天	第六天
数量/颗	1	1	2	1	1	2

18. 题图是乐乐、旺财、球球 3 只小狗追上主人的运行图，根据运行图可知，小狗乐乐的速度为每分钟多少米？

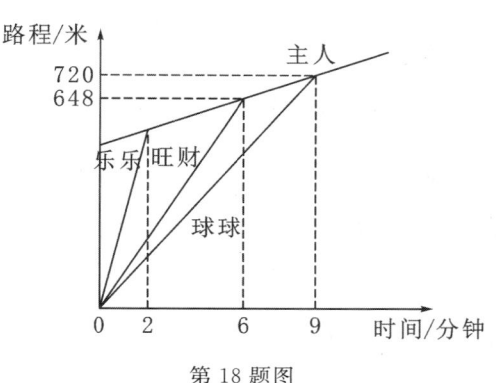

第18题图

5年级

一、计算题

1. $3.7 \times 2.5 + 86 \times 0.125 = $ _____ 。

2. $100 - 99 - 98 + 97 + 96 - 95 - 94 + 93 + \cdots + 4 - 3 - 2 + 1 = $ _____ 。

3. 已知 $\overline{3333333\square4444444}$ 是 7 的倍数，那么 $\square = $ _____ 。

4. 令 $A \bigstar B = (A+B) \times (A-B)$，则 $45 \bigstar 2$ 的计算结果为 _____ 。

二、A 组填空题

5. 由 12 个单位正方体（即棱长为 1 的正方体）可以拼成 _____ 个不同形状的长方体。（每个正方体都要用到，旋转、翻转后相同的算同一种）

6. 既是 1000 的约数又是 10 的倍数的数有 _____ 个。

7. 如题图所示，D、E 是 $\triangle ABC$ 的边 AB、AC 上两点，且 $AD = DB$，$AE = 2EC$。已知 $BE \perp CD$ 且 $BE = CD = 10$，那么 $\triangle ABC$ 的面积为 _____ 。

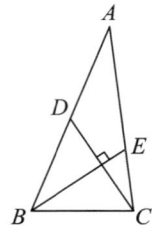

第 7 题图

8. 一个两位数，在它的左边添上 600 或者在它的右边添上 600 都会得到一个完全平方数，这个两位数是 _____ 。

9. 甲、乙、丙、丁四人进行乒乓球双打比赛，已知：

甲胜的场次比败的场次的两倍少 2 场；乙胜的场次比败的场次的一半多 1 场；丙胜的场次比败的场次的三倍少 7 场；丁胜的场次比败的场次的一半少 2 场。

那么，他们一共进行了 _____ 场比赛。

10. 如题图所示，将一个长方形分别离 4 个顶点 3、4、4、5 处沿 45°剪开，整个长方形被分为 5 个部分，其中中间部分恰好是个正方形，那么这个正方形的面积是 _____ 。

第 10 题图

11. 一个体积为 648 立方厘米的长方体，若长增加 5 厘米，则体积增加 270 立方厘米；若宽减少 5 厘米，则体积减少 360 立方厘米。若高增加 5 厘米，则体积增加 _____ 立方厘米。

12. 在平面上画 1 个正方形、1 个圆和 4 条直线，至多可将平面分成 _____ 个部分。

三、B 组填空题

13. 如图，$ABCD$ 与 $CDEF$ 都是长方形，AF 交 CD 于点 H，$\triangle AGH$、$\triangle CGH$、$\triangle DEH$ 的面积分别为 88、24、40，那么长方形 $ABCD$ 的面积为_____。

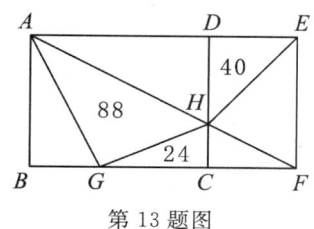

第 13 题图

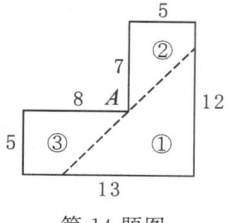

第 14 题图

14. 题图是一个 L 形，图中所有的角都是直角，各边数据如图所示。过 A 作一条直线，使 L 形被分成①②③三块，且①的面积恰好等于②③两块面积之和。那么①的周长与②③周长和之差为_____。

15. 请将数字 $1、2、3、6$ 填入如题图所示乘法竖式的方格中，使算式成立（每个方格中只能填入 $1、2、3、6$ 中的一个数字）。那么乘法算式的积是_____。

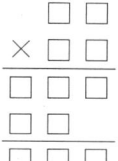

第 15 题图

16. 不含数字"0"的三位数中，前两个数字互质，而后两个数字不互质的数共有_____个。

四、解答题

17. 如题图所示，四边形 $ABCD$ 中，已知 $AB=BC=CD$，且 $\angle ABC=90°$。若 $BD=10$，求 $\triangle ABD$ 的面积。

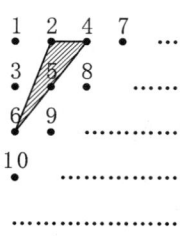

第 17 题图

18. 题图中的正方形点阵中相邻两点的距离为 1，每个点上都标有一个自然数，将不共线的三个点上所标的数的乘积称为它们构成的三角形的"代号"。例如，图中阴影三角形的代号为 $2\times 4\times 6=48$。求代号为 2021 的三角形面积。

第 18 题图

6 年级

一、计算题

1. $1\dfrac{1}{2}+2\dfrac{2}{3}+3\dfrac{3}{4}+4\dfrac{4}{5}+5\dfrac{5}{6}=$ _____。

2. $23\div\dfrac{5}{7}-19\div\dfrac{4}{7}+17\div\dfrac{5}{7}+59\div\dfrac{4}{7}=$ _____。

3. $\dfrac{\left(\dfrac{1}{21}+\dfrac{1}{22}\right)\times\left(\dfrac{1}{23}+\dfrac{1}{24}\right)}{\dfrac{1}{21}\times\dfrac{1}{22}\times\dfrac{1}{23}\times\dfrac{1}{24}}=$ _____。

4. $\dfrac{1}{43\times 44}+\dfrac{1}{44\times 45}+\dfrac{1}{45\times 46}+\dfrac{1}{46\times 47}=$ _____。

二、A 组填空题

5. 某校六年级有一、二、三班共 126 名学生，其中一、二班学生总数与三班学生人数的比为 5∶2，二、三班学生总数恰好是一班学生人数的 2 倍，那么二班有 _____ 名学生。

6. 某酒厂购进了同样大小的桶装的 A、B 两种酒，用这两种酒混合成鸡尾酒（装瓶）进行销售。结果一桶 A 种酒恰好够配 12 瓶鸡尾酒，一桶 B 种酒恰好够配 20 瓶鸡尾酒。后来改变了配方，但瓶子的容量并未改变，结果一桶 A 种酒恰好够配 10 瓶鸡尾酒，那么一桶 B 种酒恰好够配 _____ 瓶鸡尾酒。

7. 商店有一批货物，售价不变，如果成本上涨 10%，那么利润率将降低 12 个百分点，如果成本上涨 20%，那么利润率会变为 _____%。

8. 有两个自然数，它们的积是一个三位数字都相同的三位数，它们的差是一个两位数字相同的两位数，那么它们的和是 _____。

9. 凹四边形 ABCD 的各边长度如题图所示，已知 ∠ADC = 90°，那么凹四边形的面积为 _____。

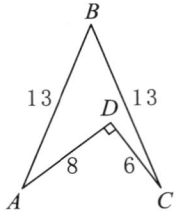

第 9 题图

10. 抽屉中放着 9 双袜子，其中有 3 种颜色和 3 种款式（即每种颜色和每种款式各 1 双）。小明蒙着眼睛至少需要摸出 _____ 只袜子，才能保证其中有 3 双袜子颜色、款式都互不相同。

11. 如题图所示是一个 6×5×4 的长方体，每个面都分割成了边长为 1 的小正方形。将小正方形的顶点都称为"格点"。一只蚂蚁要从长方体的顶

点 A 沿长方体的表面爬向离它最远的顶点 B。如果蚂蚁爬过的路线最短,那么它经过了_____个"格点"。(不包括 A、B 两点)

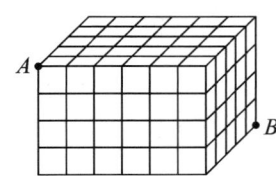

第 11 题图

12. 题图由三个半径为 10 的圆构成,其中任意两个圆的圆心都在第三个圆上,我们称三个圆的公共部分为"宽度"为 10 的勒洛三角形。一个半径为 5 的圆紧贴着一个宽度为 10 的勒洛三角形外部转动一周,扫过的面积为_____。(π 取 3.14)

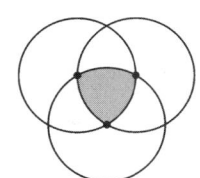 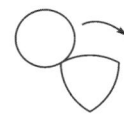

第 12 题图

三、B 组填空题

13. 某次考试由 30 道选择题组成,第一组选择题 10 题,每题 2 分;第二组选择题 10 道,每题 3 分;第三组选择题 10 道,每题 5 分。小迷糊每组选择题都做得有错有对,结果第一组做对的数量和另两组题做对的数量之和相同,第三组得到的分数和前两组得到的总分相同。那么,小迷糊共得到_____分。

14. 一个由不同数字组成的六位数含有数字 2 和 7,将数字 2 和 7 的位置交换,得到的新六位数恰好是原六位数的 3 倍,那么原六位数是_____。

15. 如题图所示,A、B、C、D 是边长为 10 的正八边形的对角线交点,那么四边形 $ABCD$ 的面积为_____。

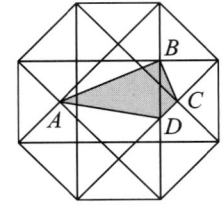

第 15 题图

16. 题图是一个由 15 个点组成的正三角形点阵,至少需要将其中任意_____个点染成红色,才能保证存在三个顶点都为红色的正三角形。

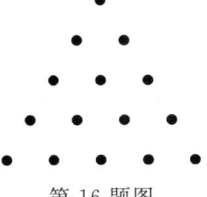

第 16 题图

四、解答题

17. 如题图所示,面积为 72 的四边形中,对角线 AC 与 BD 相交于点 O。已知 $AD=DC$,$CO=3OA$,$\angle ADC=90°$,$BD=12$,求 $\triangle ABC$ 的面积。

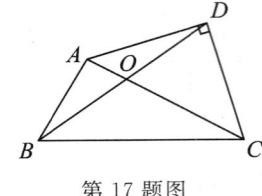

第 17 题图

18. 三位数中,将中间数字比两边数字都大的三位数称为"凸数",中间数字比两边数字都小的三位数称为"凹数"。那么"凸数"和"凹数"哪个多?多多少?

2021年 秋·武汉明心资优生水平测试

3年级

一、计算题

1. $36+72+264+128=$ _____。

2. $2021-55-77-99=$ _____。

3. $22+33\times44+11\times66=$ _____。

4. $1+11+111+1111+11111+10+200+3000+40000=$ _____。

二、A组填空题

5. 教室里一组有 16 名同学,二组有 12 名同学,老师需要将一组的 _____ 名同学调到二组,两个组的人数才能一样多。

6. 题图中,巫婆 _____ (填"能"或者"不能")通过迷宫走到鬼马小精灵的位置。

第6题图

7. 美术馆正在举办"球球"画展,以下是两只笨狗逛画展时的对话。

小笨狗看到第 1 幅画上的足球问道:"这是什么?"大笨狗回答道:"馅饼。"

小笨狗看到第 2 幅画上的篮球问道:"这是什么?"大笨狗回答道:"馅饼。"

小笨狗看到第 3 幅画上的气球问道:"这是什么?"大笨狗回答道:"馅饼。"

……

最后两狗来到出口处,小笨狗看到保安室里的一份馅饼问道:"这是什么?"大笨狗回答道:"球。"

如果除了最后一次对话有所不同外其他对话都相同,且小笨狗比大笨狗多说了 23 个字,那么它们共看到了 _____ 幅画。

8. 在横式"$\overline{无喜} \times \overline{无悲} = 2021$"中,相同的汉字代表相同的数字,不同的汉字代表不同的数字,那么,$\overline{无喜} + \overline{无悲} =$_____。

9. 三根韭菜露出地面的部分共长 59 厘米,其中一根比另外两根短 1 厘米。如果收割后每根韭菜露出地面的部分都留有 6 厘米,那么较短的一根韭菜被割掉了_____厘米。

10. 数学老师让大家练习计算,在黑板上写下了数 145,然后要求点名的每位同学将黑板上的数换成这个数每个数字的平方(自己乘自己的结果,例如 1 的平方是 1,2 的平方是 4)的和。因为 $1 \times 1 + 4 \times 4 + 5 \times 5 = 42$,于是第 1 位同学擦掉 145,写下了 42;因为 $4 \times 4 + 2 \times 2 = 20$,于是第 2 位同学擦掉 42,写下了 20……依次操作下去,第 50 名同学写下的数是_____。

11. 湖边有癞蛤蟆与天鹅两种动物,癞蛤蟆想吃天鹅肉,可还没吃到就被天鹅踢歪了嘴。一阵鹅飞蛤蟆跳之后,虽然它们都没有离开,但湖边却有了 10 张歪嘴巴,除此之外,还有正常嘴巴 22 张,腿 100 条。那么,嘴巴没被踢歪的癞蛤蟆有_____只。

12. 如果题图中甲乙丙丁四个小长方形的周长和是 176 厘米,那么大长方形 $ABCD$ 的周长是_____厘米。

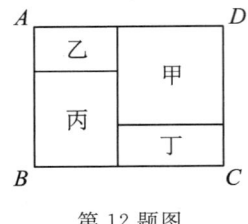

第 12 题图

三、B 组填空题

13. 一条东西长 36 米的小路上种着一排高矮不同的树,它们的高度都为整数米。如果除了最西端的最后一棵树外,从东端的第一棵树开始,每棵树与下一棵树的间距正好是这一棵树的高度,那么这条路上最多有_____棵树。

14. 如果一个数加上自己,再乘上自己,再减去自己,最后除以自己,得到的结果是 11,那么这个数是_____。

15. 蘑菇村将蘑菇当作货币(钱)进行买卖活动。村东头的市场上可以买卖馅饼,标价 5 个蘑菇;村西头的市场上可以买卖西瓜,标价 8 个蘑菇。如果现在村南边的市场上有人愿意用 2 个馅饼换 1 个西瓜,共要换取 10 个西瓜,而聪聪手上现有 24 个蘑菇,那么,在进行尽可能多的交易后,他最多可以拥有_____个蘑菇。

16. 小明、小心、小舒、小苑四人在一起谈论年龄。

小明说:"我们四个人的年龄正好可以组成一个等差数列。"

小心说:"我发现,一年后我的年龄是小苑的2倍。"
小舒说:"我发现,一年前我的年龄是小苑的2倍。"
小苑说:"好羡慕小明哥哥和小舒姐姐是亲姐弟呀。"
如果四个小朋友说的话都是正确的,那么今年小明_____岁。

四、解答题

17. 小萱读鲁迅的散文集《朝花夕拾》,原计划每天读7页,那么11天恰好读完。如果想要提前4天读完,那么平均每天至少需要多读几页?

18. 商店出售7种葫芦娃的玩偶,其中大娃每个11元、二娃每个13元、三娃每个15元、四娃每个17元、五娃每个19元、六娃每个21元、七娃每个23元。小明花了91元买了不同的5个玩偶,小刚花了89元买了不同的5个玩偶,且他们凑足了7种不同的葫芦娃。那么,两人都拥有的葫芦娃玩偶中,价格最低的是哪个葫芦娃玩偶?

4 年级

一、计算题

1. $2021-823+1559=$ _____。

2. $23\times 27+27\times 27+50\times 23=$ _____。

3. $998\times 999=$ _____。

4. $(6+10+14+18+\cdots+174)-(1+3+5+7+\cdots+85)=$ _____。

二、A 组填空题

5. 一种冰激凌正在特价销售,其规则是:每买 2 个时,第 2 个半价。小明和朋友们买了 5 个这种冰激凌共用去了 24 元钱,那么这种冰激凌原来的单价为_____元。

6. 9 个连续奇数从小到大排成一列,它们的和为 297。如果取出数列中的第 1、4、7 这 3 个数,那么它们的和为_____。

7. 如题图所示,长为 12 厘米、宽为 3 厘米的长方形 $ABCD$ 被一条曲线分成了甲、乙两个部分。如果 EC 的长为 2 厘米,且甲的周长是乙的周长的 3 倍,那么曲线 DE 的长度为_____厘米。

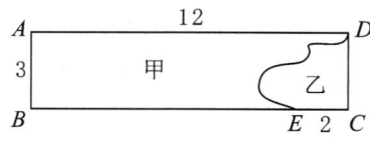

第 7 题图

8. 瘦头陀与胖头陀各有一些馒头。如果瘦头陀将自己的 48 个馒头给胖头陀,那么此时胖头陀的馒头数量是瘦头陀馒头数量的 9 倍;如果胖头陀将自己的 24 个馒头给瘦头陀,那么此时瘦头陀的馒头数量也是胖头陀馒头数量的 9 倍。那么瘦头陀有_____个馒头。

9. 一件艺术品由几根长为 5 厘米的铁丝在彼此端点处焊接而成。有趣的是,从左面、正面、上面观察这件艺术品,看到的都是一个正方形,那么,构成这件艺术品的铁丝总长至少为_____厘米。

第 9 题图

10. 桃花仙人准备用一些桃花换酒喝。若每 3 朵桃花换一壶酒,则可换回两个月的酒还剩 6 朵桃花;若每 5 朵桃花换一壶酒,则可换回一个月的酒还剩 16 朵桃花。那么桃花仙人准备了_____朵桃花换酒喝。

11. 在题图的竖式中,相同的汉字代表相同的数字,不同的汉字分别代表 1～9 中的不同数字。如果"看""红""藕"三个汉字所代表的数字依次组成从小到大的等差数列,那么"手红冰碗藕"所以代表的五位数是_____。

$$\begin{array}{r}手\ 红\ 冰\ 碗\ 藕\\ +\ 藕\ 碗\ 冰\ 红\ 手\\ \hline 看\ 红\ 藕\ 映\ 藕\ 红\end{array}$$

第 11 题图

12. 有一座 7 层宝塔,每层一样高。小沙弥站在 6 层将一根绳子对折后垂向地面,恰好触及地面时发现绳子比 6 楼的地板(地板厚度不计)高出半米;小沙弥站在 4 层将这根绳子三折后垂向地面,恰好触及地面时发现绳子比 4 层的地板高出 2 米。那么,塔高_____米。

三、B 组填空题

13. 某月 1 日的清晨,一只毛毛虫从一根高 6 米的竹子底部开始往上爬。若一整天都没下雨,则毛毛虫白天向上爬 5 分米,晚上向下滑 1 分米;若一天中下了雨,则毛毛虫白天向上爬 4 分米,晚上向下滑 2 分米。如果,在这个月 17 日经历了大雨洗礼的毛毛虫,终于在 18 日爬到了这根竹子的顶端,那么这个月的前 17 天中有_____天是雨天。

14. 如图,一个正方形被分成了 $A、B、C、D、E$ 5 个长方形。如果这 5 个长方形的周长依次是 40 厘米、41 厘米、43 厘米、45 厘米、47 厘米,那么长方形 A 的面积是_____平方厘米。

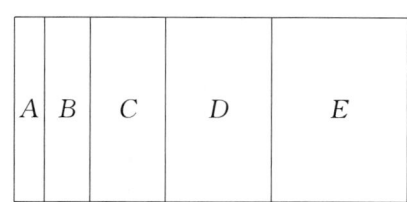

第 14 题图

15. 一份文件由 50 张 A4 纸正反打印组成,对应的页码依次为第 1 页到第 100 页。张三撕掉了所有含数码 3 的纸张,王五又撕下了所有含数码 5 的纸张。那么,这份文件还剩_____张 A4 纸。

16. 如题图所示,M 是 AB 的中点。小明从点 M 出发匀速前往点 B,同一时间有两个速度相同的运动员也从点 M 出发进行匀速跑步练习,①号运动员出发后向点 B 跑,到达后立即返回;②号运动员出发后向点 A 跑,到达后立即返回。如果小明走了 360 米后在点 C 与①号运动员相遇,又走了 120 米后在点 D 与②号运动员相遇。那么,AB 相距_____米。

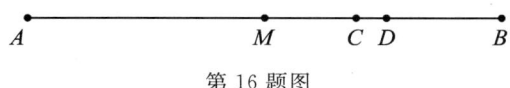

第 16 题图

四、解答题

17. 题图中的两个正方形重叠摆放后发现:两块阴影部分的周长和为 68 厘米,面积差为 51 平方厘米。那么,这两个正方形的面积和为多少平方厘米?

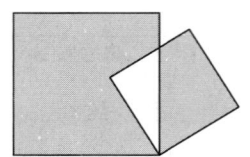

第 17 题图

18. 甲、乙两艘船同时从码头 A 出发向下游行进,各自行进一段距离后立即返回,12 小时后同时回到码头 A。如果甲的静水速度为 6 千米/时,乙的静水速度为 4 千米/时,水速为 2 千米/时,那么两船最远相距多少千米?

5 年级

一、计算题

1. $655-124+211+924+345=$ _____。

2. $80\times37+47\times63=$ _____。

3. $(2021\times28)\div(94\times86)=$ _____。

4. $1+2+3-4+5+6+7-8+9+10+11-12+\cdots+97+98+99-100=$ _____。

二、A 组填空题

5. 已知一个角的余角比这个角的补角的一半小 $20°$,这个角的大小为_____°。

6. 一个正多边形的内角比外角大 $168°$,则这个正多边形共有_____条边。

7. 如题图所示,将面积为 48 的长方形撕开,并将其中一部分沿直线平行移动。若 $AD=7BC$,那么图中阴影部分的面积为_____。

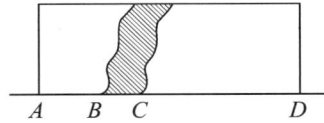

第 7 题图

8. 甲、乙、丙三兄弟买了两斤开心果平均分着吃。付款的时候甲没带钱,乙比丙多付 20 元。回家后三人一算,甲应该给乙若干元,再给丙 10 元钱。那么一斤开心果_____元。

9. 如题图所示,正八边形中阴影的面积为 2021,则整个正八边形的面积为_____。

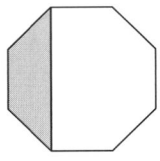

第 9 题图

10. 甲、乙两人驾车从 A、B 两地相向而行,3 小时后在途中 C 处相遇。若甲速度提高 20 千米/时,乙提前 1 小时出发,则两人仍在 C 处相遇。那么甲速度减少_____千米/时,乙推迟 1 小时出发,两人仍可在 C 处相遇。

11. 将 $1,2,3,\cdots,50$ 依次写在黑板上,形成一个多位数 $123\cdots4950$,其中连续两个数字顺次构成的两位数中,有_____个能被 4 整除。(注:01,02,…不算两位数)

12. 四边形 $ABCD$ 中，对角线 AC、BD 交于点 O。已知 $AD=4$，$BC=12$，$\triangle OAB$ 与 $\triangle OCD$ 的面积都是 21，那么四边形 $ABCD$ 的面积为＿＿＿＿。

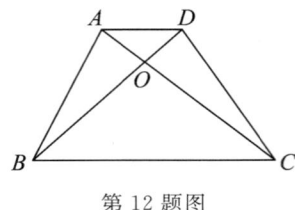

第12题图

三、B组填空题

13. 平面上有 5 个点，其中任意 3 点不共线，过其中任意 2 点画直线，共可以画＿＿＿＿条直线，这些直线在平面上最多有＿＿＿＿个交点（包含原来的 5 个点）。

14. 如题图所示，正方形 $ABCD$ 的边 BC 在等腰 $\triangle PQR$ 的斜边 QR 上，AD 与线段 PQ、PR 都相交。已知 $BC=15$，$QR=35$，那么图中阴影部分的面积最大为＿＿＿＿。

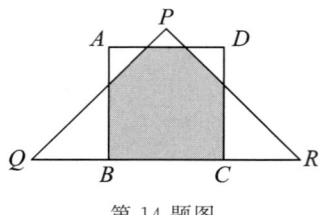

第14题图

15. 黑板上有五个数，小宇算了算其中任意 2 个数的平均数，得出 10 个值：$23,26,28,29,31,34,36,38,41,44$。那么黑板上写的 5 个数的平均数是＿＿＿＿。

16. 有一个周长为 30 的三角形，三边长均为整数。老师将这 3 个数分别告诉了甲、乙、丙三人。三人对话如下：

甲："我们三人的数互不相同，且老师告诉我的那个质数是其中最小的。"

乙："老师告诉我的数可不是质数，而且有可能是 3 个数中最大的。"

丙："你肯定不是最大的，因为我知道的数才是最大的。"

如果三人聪明且诚实，那么这个三角形的面积为＿＿＿＿。

四、解答题

17. 有 4 个数字（可以相同），可以组成奇数个互不相同的四位数，其中最小的四位数和最大的四位数之和的每个数字也是奇数。这 4 个数字之和的因数个数还是奇数。请问：由这 4 个数字组成的四位数中，最大的是多少？

18. 如题图所示,已知四边形 ABCD 对角线交于点 O,E、F 是两条对角线上的点,且 BO=DE,CO=AF。已知△AOD 的面积为 100,△BPD 的面积为 120,求△PEF 的面积。

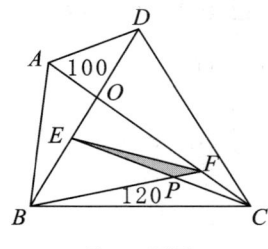

第18题图

6年级

一、计算题

1. 当 $x=$ _____ 时，方程 $32x-56=27x+44$ 成立。

2. 方程 $15\{10[5(x+1)-9]-9\}-13=x+1$ 的解为 $x=$ _____。

3. 如果 $\dfrac{x-2}{2}+\dfrac{x+4}{3}=\dfrac{x+37}{12}$，那么 $x=$ _____。

4. 已知两个数 x、y 满足 $\begin{cases}\dfrac{x+y}{5}-\dfrac{x-y}{3}=2,\\ \dfrac{3(x+y)}{5}+\dfrac{2(x-y)}{3}=6,\end{cases}$ 那么 $xy=$ _____。

二、A 组填空题

5. 如题图所示，两条线段 AB、CD 有部分重合，重合部分长度等于 AB 长度的 $\dfrac{1}{3}$，也恰好是 CD 长度的一半。若 $AC=10$ 厘米，那么 $BD=$ _____ 厘米。

第 5 题图

6. 甲、乙两叔侄坐在一起聊天。

甲："今年是我的幸运年，因为今年我的年龄恰好等于我出生年份的数字和。"

乙："那这样算的话，今年也是我的幸运年。不过咱俩可不同年，你出生那年，叔叔我还亲手抱过你呢。"

那么，甲出生那年，乙 _____ 岁。

7. 某展览馆举办了一场展览，共三天。展出结束后举办者查看参观人数时发现：第一天参观的男士人数是第二天参观的男士人数的一半，第三天参观的男士人数是所有参观的男士人数的一半；第二天有 400 位女士前来参观，第三天只有 100 位女士参观；每天参观的人数一样多。那么，这场展览共有 _____ 人前来参观。

8. 一项工程，甲、乙两队合作 3 天后，乙单独又做了 7 天，工程恰好完成了一半。乙再做 8 天后，剩下的甲做 4 天刚好完成。那么甲单独完成该工程需要 _____ 天。

9. 一个数，每次将它加上 2，再除以 3，称为一次操作。老师在黑板上写了一个数，进行了 2021 次操作后恰好又回到原来的数，那么这个数是 _____。

10. 老师交给小马虎一个装有浓度为 30% 盐水的试剂瓶,让他去实验室加入 300 克浓度为 5% 的盐水,这样浓度为 30% 的盐水就可以配制成 10% 浓度的盐水,然而小马虎误将老师的交代记成了加入 300 克水,结果他配制出来的盐水浓度为_____%。

11. 某商贩花同样多的钱购入甲、乙、丙三种玩偶,并包装成盲盒出售(每个盲盒中一个玩偶,盲盒外观完全相同)。已知三种玩偶的单价分别为 6、8、12 元。该商贩最终获利 50%,那么他每个盲盒卖_____元。(包装成本忽略不计)

12. 甲、乙两人每天同时以固定的速度从 A、B 两地出发相向而行。某日,甲提前 1 小时出发,两人相遇时刻提前了 25 分钟。那么,如果乙提前 1 小时出发,甲准时出发,两人相遇时刻将提前_____分钟。

三、B 组填空题

13. 现有长方体、正方体各一个,已知长方体的长、宽都是高的两倍,而正方体的表面积是长方体表面积的 1.5 倍,那么正方体的体积是长方体体积的_____倍。

14. 一个三位数,它的各位数字的积是它们的和的 15 倍,且各位数字的因数个数的积恰好等于这个三位数的因数个数,这个三位数是_____。

15. 甲、乙两人去买文具,每人的预算都是 440 元。三人买完后发现:

① 甲买了铅笔和钢笔若干支,恰好将预算用完。② 乙买的铅笔数量与甲买的钢笔数量相同,乙买钢笔花的钱与甲买铅笔花的钱一样多。结果乙还剩下 40 元。③ 丙买的钢笔数量与甲买的铅笔数量相同,丙买铅笔花的钱与甲买钢笔花的钱一样多,结果丙超出预算 60 元。

那么甲买的铅笔数量是钢笔数量的_____倍。

16. 用不重叠的线段将 100×100 的大正方形分割成若干部分(线段都在正方形内),每个部分的形状、大小都是如图所示三种之一,那么所有线段的长度和为_____。

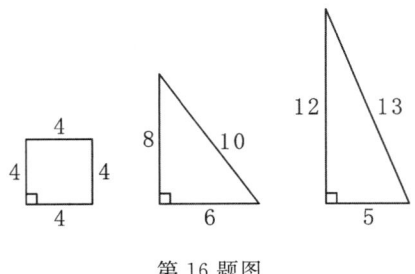

第 16 题图

四、解答题

17. A、B 两地相距 10 千米。每天早上 8 点,甲驾驶汽车从 A 地到 B 地往返运动,乙骑自行车从 B 地去 A 地上班。小明每天 8 点从中间的 C 处出发。9 月 1 日,他往 B 地行走,当他遇到乙时,甲正好第一次追上他。9 月 2 日,他往 A 地行走,当乙追上他时,甲也正好第一次追上他。如果甲的速度是小明速度的 9 倍,9 月 2 日乙追上小明时距离 A 地还有多少千米?

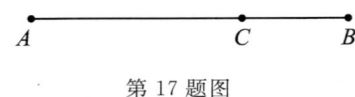

第 17 题图

18. 如题图所示,在 Rt△ABC 中,∠C=90°,AC=12,BC=16,过三角形内一点 P 向三边引垂线,垂足分别为 D、E、F,其中 $PE=PF=\dfrac{5}{2}PD$,求 △DEF 的面积。

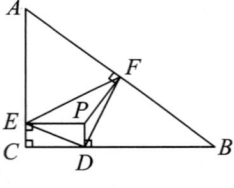

第 18 题图

二、历事炼心·2021年模拟题精选

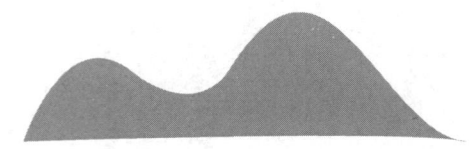

模拟试卷一(中年级组)★★★　　命题人:史子贤·北京

模拟试卷二(中年级组)★★★　　命题人:邓希·武汉

模拟试卷三(中年级组)★★★　　命题人:向璘丰·武汉

模拟试卷四(中年级组)★★★　　命题人:涂思畅·武汉

模拟试卷五(中年级组)★★★　　命题人:黄达鹏·广州

模拟试卷六(中年级组)★★★　　命题人:李冰莹·广州

模拟试卷七(中年级组)★★★　　命题人:王天喜·广州

模拟试卷八(高年级组)★★★　　命题人:周炬坤·北京

模拟试卷九(高年级组)★★★　　命题人:李兆伟·北京

模拟试卷十(高年级组)★★★　　命题人:路亨·北京

模拟试卷十一(高年级组)★★★　　命题人:方非·北京

模拟试卷十二(高年级组)★★★　　命题人:李亦捷·北京

模拟试卷十三(高年级组)★★★　　命题人:龙腾·武汉

模拟试卷十四(高年级组)★★★　　命题人:喻星·武汉

模拟试卷十五(高年级组)★★★　　命题人:黄达鹏·广州

模拟试卷十六(高年级组)★★★　　命题人:边红旭·广州

模拟试卷十七(高年级组)★★★　　命题人:黄锦熙·广州

模拟试卷十八(高年级组)★★★　　命题人:郑华哲·广州

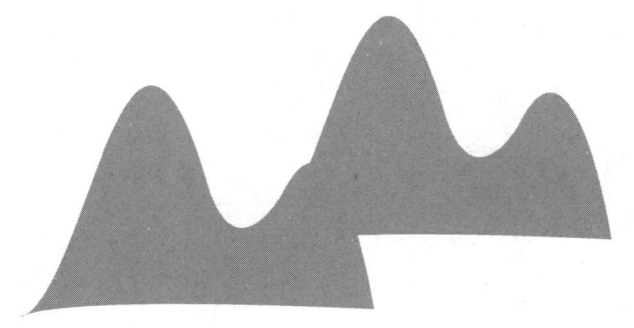

模拟试卷一(中年级组) ★★★

一、A 组填空题

1. 如图所示,从点 A 出发,要求必须经过每条路,但都恰好只走一次,最后回到点 A。那么,满足条件的走法有_____种。

第 1 题图

2. 有一个三位数 a,a 的 2 倍为 b。已知 a 和 b 的数字和相同,则符合要求的 a 中最小的数为_____。

3. 有一类多位数,从左数第 3 位数字开始,每位上的数字都等于其左边第 2 个数字减去左边第 1 个数字的差,如 74312、6422。那么这类数中最大的是_____。

4. 题图的线表示一个街区的公路图,图上的 10 个圆圈代表 10 个哨岗,图中的数字代表敌人的个数。如果每个哨岗都要向司令汇报所有监测到的敌人数量(如 A 处哨岗需要汇报每条直线上看到的敌人数量的总和,即 $1+1+2+5+4+2=15$),则将这 10 个哨岗所有汇报数量相加,所得到的和是_____。

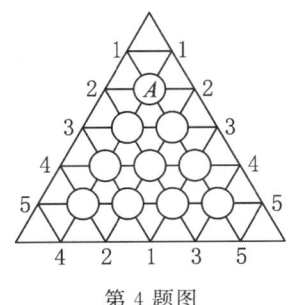

第 4 题图

5. 一个三位数除以 11 所得的商等于这个三位数各位数的数字之和,这个三位数是_____。

6. 在下面四个 6 之间填入加减乘除和括号(相邻的两个 6 之间必须有符号连接),并使得算式的运算结果为正整数,则不能得到的最小正整数结果为_____。

$$6 \quad 6 \quad 6 \quad 6$$

7. 在如图所示的 △ABC 中，AB=9，AC=12，BC=14。现将 AB 边沿折痕 AD 对折至 AC 边，使得点 B 与点 B' 重合，再将折叠部分打开。则 BD 的长度为_____。

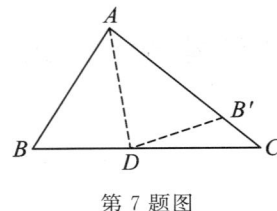

第 7 题图

8. 小明在如图所示正三角形格点纸上画"蜗牛壳"图案。已知每个小正三角形的边长为 1，并且实线折线的总长度为 10000，则从内向外最后一段线段的长度是_____。

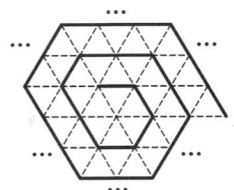

第 8 题图

二、B 组填空题

9. 甲、乙、丙三人进行万米赛跑，甲是最后一个起跑的。在整个比赛过程中，甲与乙、丙的位置共交换了 9 次（超过或被超过均算 1 次，同时超过算 2 次），则比赛的结果甲是第_____名。

10. 现有 100 张卡片，分别写有 1～100，将这些卡片按照某种规律排成一排（卡片不能旋转和翻转，不可相互覆盖），则在新排好的卡片中，最多能找到_____组连续的"123，(如图所示)"。

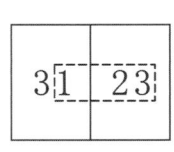

第 10 题图

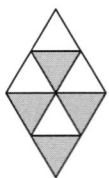

第 11 题图

11. 在如图所示的 8 个三角形内分别填入 1～8，每个数字可以用一次。要求每个灰色三角形内填入的数字比相邻白色三角形的数字大，那么所有灰色三角形内的数的和最小是_____。

12. 如图所示为三个并排放置的正方形，那么 ∠1+∠2+∠3=_____。

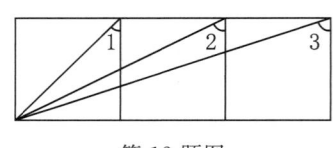

第 12 题图

13. 如图所示,正方形操场四周栽了一圈树,四个角上都栽了树,每两棵树相隔5米。甲、乙从一个角上同时出发,向不同的方向走去,甲的速度是乙的2倍,乙在拐了一个弯之后的第5棵树(含拐弯处)与甲相遇,操场四周栽了_____棵树。

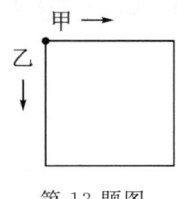

第13题图

三、简答题

14. 小华同学在玩撞撞球游戏,即从图示方形表格图纸中的点P(上边缘中点)处发射一个撞撞球。已知图中小正方形的对角线长度为单位1,撞撞球每次接触到图纸边缘的墙壁后就会沿45°方向弹出继续运动。Q为第一次撞击的位置,R为第二次撞击的位置。若小球运动了2021个单位长度,则小球下一次的撞击位置应该在哪个墙壁上(用字母作答)?此时小球还需要运动多长距离才能再次撞到点P?

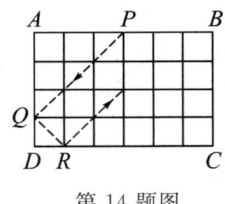

第14题图

15. 在边界筑有围墙的3千米×3千米的正方形土地内部修筑篱笆墙,恰好将这块地分割为若干个10米×15米和12米×12米的矩形地块。篱笆墙的总长度是多少千米?

(命题人:史子贤·北京)

模拟试卷二(中年级组) ★★★

一、A 组填空题

1. $(2\times3)\div(3\times4)\times(4\times5)\div(5\times6)\times\cdots\div(1009\times1010)\times(1010\times1011)=$ _____。

2. 2022 年是一个平年,有 365 天。每一天都对应了一个多位数,例如 3 月 28 日对应 328,9 月 6 日对应 906,12 月 25 日对应 1225。如果 A 月 B 日经过了 C 天之后的日期对应的多位数,正好是 A 月 B 日对应的多位数的 3 倍,那么满足要求的数 C 有_____种可能。(C 是不超过 365 的整数)

3. 如图所示,梯形 $ABDC$ 的上底 AB 长 2 厘米,下底 CD 长 10 厘米,高 6 厘米。E 为 BD 的中点,F 为 AC 的中点,连接 EF。若 O 是 EF 上任意一点,那么 $\triangle AOC$ 与 $\triangle BOD$ 的面积和为_____平方厘米。

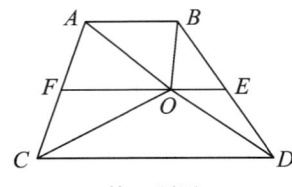

第 3 题图

4. $3^{2021}-3^{2020}+3^{2019}-3^{2018}+\cdots+3^3-3^2+3^1$ 除以 5 的余数为_____。

5. 有 5 个小朋友希希、小雪、哲哲、大圣、木头在讨论各自的身高,这 5 个人按顺序说了下面的 5 句话:

希希:"我最高。"

小雪:"我才是最高的。"

哲哲:"按照从高到低的顺序排队,我在小雪的前面,我们中间隔了 1 个小朋友。"

大圣:"按照从高到低的顺序排队,我在哲哲的前面。"

木头:"有 3 个人在说谎话。"

在这 5 个人中,我们不知道谁在说真话,谁在说谎话,但知道没有 2 个人连续说谎话。

那么他们身高从高到低的顺序依次为_____、_____、_____、_____。

6. 齐天大圣有一根长为 2022 米的金箍棒,金箍棒的左端有 2022 只蚂蚁排成一排。每两只蚂蚁间隔 20 厘米,右端也有 2022 只蚂蚁排成一排,每两只蚂蚁之间间隔 20 厘米,左右两端的蚂蚁都以相同的速度爬向对面。当两只蚂蚁相遇时,都会各自掉头后继续爬行。当蚂蚁爬到金箍棒两端时,就会掉下去,那么当所有蚂蚁掉下去时,这些蚂蚁一共相遇_____次。

7. 泡泡来到了一个奇怪的国家,这个国家的钱币只有 7 元和 8 元两种,但是每种商品的价格都是整数,而且买东西不允许找钱,所以在这个国家里会出现有些东西的价格无法被支付的情况(比如价格 2 元的商品无法被支付)。那么无法被支付的价格有_____种。

8. 有一个九宫格图形,上面依次写上了 1～9 九个数字,如图所示。

如果在图中去掉一个  形(可以旋转或翻转),剩下的数字之和有 6 种不同的结果,这 6 种结果的和为_____。

1	2	3
4	5	6
7	8	9

第 8 题图

二、B 组填空题

9. 2021 是一个四位数,将这个数的各位数字从大到小以及从小到大排列得到两个数,并以大数减小数得到 2088(2210－122＝2088)。接着再将数 2088 的各位数从大到小以及从小到大排列得到两个数,并以大减小得到一个数,继续这样做,得到一列数:2021→2088→⋯经过这样 2021 次操作后,这里的 2022 个数的和为_____。

10. 补全下列乘法数字谜,那么最终的乘积为_____。

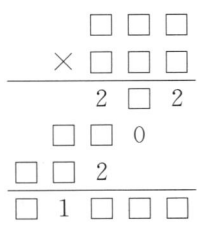

第 10 题图

11. 如图,$ABCD$ 是一张正方形纸片。希希将纸片沿着 CE 对折,点 D 被折到点 G 的位置,再沿着 CF 对折纸片,将点 B 折到点 G 的位置。如果 $DE=47$,$BF=43$,那么 $\triangle AEF$ 的面积是_____。

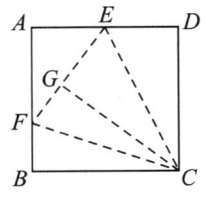

第 11 题图

12. 某次象棋比赛,报名的人很多。负责报名的小谷同学说:"报名比赛的共有 100 多万人,如果再有 1988 个人报名,总人数就是 16^5 了。"比赛实行淘汰制,每轮比赛所有人抽签两两配对比赛,输的人立即淘汰,赢的人晋级下一轮淘汰赛,直到决出冠军。但比赛中难免有人轮空,比如 9 个人参加淘汰赛,一定有 1 个人轮空,轮空的人自动晋级下一轮淘汰赛,把这种情况称为有 1 人次轮空。那么比赛从开始到最后决出冠军会有_____人次轮空。

13. 希希、萱萱两人在玩一个火柴游戏,一共有2021根火柴。第一局,每人每次必须拿1根火柴;第二局,每人每次可以拿1根或2根火柴;第三局,每人每次拿1根、2根或3根火柴;……第2020局,每人每次可以拿1,2,3,…,2020根火柴。每一局都是希希先拿,萱萱后拿,而且每次都必须拿。如果每局之前,萱萱来确定拿到最后一根的人是赢或者是输,则萱萱最多赢_____局。

三、解答题

14. 有一条河从上游 A 地流向下游 B 地。9月6日当天,晓风从 A 地出发乘船顺流而下,同时楠楠从 B 地出发乘船逆流而上,当两人到达对方出发点时,立刻掉头返回。已知两人的静水速度相同,第一次相遇的地点距离 A 地1502米,第二次相遇的地点距离 A 地520米。(两人在 A 地或 B 地碰到也算相遇)

(1) A、B 两地相距多少米?

(2) 从开始到第1000次相遇,晓风共行了多少米?

15. 一个三位数 A,从这个整数包含的数字(0~9)中选择一种,换写成与原来的数字不同的1~9中的某一种数字而得到一个新的三位数 B,如将324的3换写成1时成为124,将757的7换写成2时成为252。能够使得 A 是 B 的倍数,这样的三位数 A 称为"独特数"。

(1) 将999中的9换写成3时成为333,999是333的倍数,所以999为满足要求的"独特数"。4个数123,356,625,526中,哪个是"独特数"?请说明理由。

(2) 恰好有两个数字相同的"独特数"有多少个?

(3) "独特数"有多少个?

(命题人:邓希·武汉)

模拟试卷三（中年级组）★★★

一、A组填空题

1. $(4700+47) \div 707 \times 43 \times 7 = $ _____。

2. $2021^2 - 2020^2 - 2019^2 + 2018^2 + 2017^2 - 2016^2 - 2015^2 + 2014^2 + \cdots + 5^2 - 4^2 - 3^2 + 2^2 + 1^2 = $ _____。

3. 小志学习完角度后，对直角和平角的印象非常深刻。他观察到时钟的时针和分针的夹角，从12点整开始到1点整，一共会形成_____次直角，_____次平角。

4. A、B、C、D、E和F共6位同学参加期末数学测试，有一位同学考了第一名，6位同学发生了以下对话：

    A："B不是第一名。"

    B："C不是第一名。"

    C："A说的不对。"

    D："F是第一名。"

    E："C说的不对。"

    F："B是第一名。"

    只有4人说的话是真的，那么第一名是_____。

5. 如图(1)，沿长方形ABCD中的虚线将长方形剪成图(2)中的三个部分，使得1号长方形缺一个三角形，3号长方形多两个三角形，三个三角形都是图(3)大小的等边三角形。已知AB=12厘米，AD=24厘米，图(2)中三个图形的周长总和为138厘米，那么等边△GEF的周长是_____厘米。

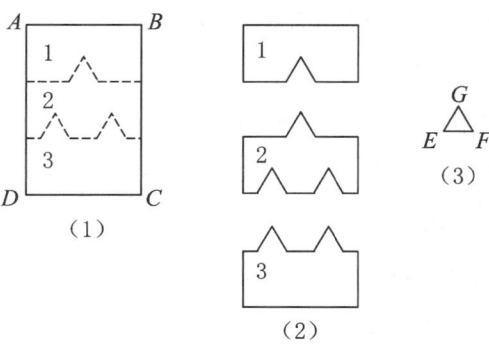

第5题图

6. 图形王国里,图形用来表示一种加法和乘法的综合运算。已知 $1\triangle 3=1+2+3+1\times 2=8$,$2\triangle 3=2+3+4+2\times 2=13$,$5\triangle 4=5+6+7+8+5\times 2=36$,那么 $4\triangle 4=$ _____。(只用填结果)

7. 小志去参加智力闯关赛,一共9关,第一关1分,第二关2分,……,第九关9分。每个人闯关开始都会有100分,每个关卡,如果闯关成功就得到该关卡分数,如果闯关失败就扣除该关卡分数,再继续下一关。例如第四关如果闯关成功,分数加4分;第四关如果闯关失败,分数扣4分。闯关结束后,小志说:"虽然我有4个关卡闯关失败了,不过我的分数是123分,还是不错的!"小志失败的4个关卡分别是_____、_____、_____、_____。(数按从小到大填写)

8. 小年从头阅读一本142页的课外书,第一天读1页,第二天读2页,第三天读3页,按照这个规律读下去,第几天就读几页。在连续阅读超过8天后的某一天,小年提前完成作业,有了多余时间,他读了当天的三倍页数,接下来继续正常读,刚好读完。读三倍页数的这一天是第_____天。

二、B组填空题

9. 有40个人从左到右排成一行依次报数,第一个人报1,以后每人报的数都是把前一人报的数加4。报数过程中小少报错了,把前一个人报的数减4报了出来;后来小年也报错了,把前一个人的数加1报了出来;最后小志报完后,把40个人报的数加起来恰好等于2999。已知小少和小年中间有4个人,那么小少是从左到右排的第_____个人。

10. 小丸子参加一次数学考试,答对一题得8分,不答或答错一题倒扣2分,小丸子总得分为70分。如果答对题目的数量和答错题目的数量互换,小丸子总得分是20分,那么小丸子答对了_____个题目。

11. 用数字3~8组成六位数(数字可重复使用),要求这个六位数各个数位上每相邻两个数字的奇偶性不同,并且除以3的余数也不同,这样的六位数有_____个。

12. 大树老师带着同学们去公路一侧种树,公路长245米。老师要求:①从左端开始每隔5米种一棵树,两端都种;②这一排树从左到右数,每连续4棵树里都有2棵松树,1棵柳树,1棵杨树;③公路左端种柳树,右端种杨树。老师和同学们一共种了_____棵松树,_____棵柳树。

13. 一次数学考试后,A、B两人从一班转入二班,C、D、E三人从二班转入一班,于是一班平均分增加了2分,B班平均分减少了2分。已知A、B两人的平均分是88分,C、D、E三人的平均分是94分,两个班原来都是12人。这次数学考试,一班原来平均分是_____分,二班原来平均分是_____分。

三、解答题

14. 向氏口罩生产工厂，有 10 台旧机器，每台每分钟生产 50 片口罩。疫情来临，工厂买进了 8 台全新的弹力布 N95 口罩一体机，每台每分钟可以生产 70 片口罩。现在医院急需一批口罩，如果所有新旧机器一起生产，新机器生产的口罩比旧机器多 5400 片，请问医院需要多少片口罩？

15. 编号为 1～1000 的 1000 个包子顺时针排成一圈，由 1 开始，顺时针如下操作：

第一天：吃掉 1，留下 2；

第二天：依次吃掉 3、4，留下 5；

第三天：依次吃掉 6、7、8，留下 9；

……

大象按照这个规律一直吃下去，如果某一天发现剩下包子的数量不够当天吃了，他继续按顺序重新从一个包子开始吃，直到最后一个包子被吃掉为止。那么，

(1) 大象一共吃了多少天？

(2) 最后一个被吃掉的包子是多少号？

(命题人：向璘丰·武汉)

模拟试卷四（中年级组）★★★

一、A 组填空题

1. 算式 $(1+2+3+\cdots+9-2)\times(1+2+3+\cdots+9+2)$ 的结果是_____。

2. 已知等差数列前 6 项的和恰好是前 3 项和的 3 倍，如果前 9 项的和是 432，那么这个等差数列第 1 项是_____。

3. 涂涂老师起床吃早饭，需要吃主食加上饮料各一份。价格表如下：

主食	单价/(元/份)	饮料	单价/(元/份)
热干面	8	绿豆汤	5
豆皮	7	酸梅汤	4
凉面	6	豆浆	3
馄饨	5	银耳汤	2
面窝	4		

涂涂老师只有 10 元钱，但是早餐店有满 12 元减 3 元的优惠活动，那么涂涂老师吃早餐总共有_____种方式。

4. 一个长方形，长减少 2 厘米，宽增加 3 厘米之后，变成了一个正方形，且面积增加了 25 平方厘米，原来长方形的面积是_____平方厘米。

5. 2021 年东京奥运会，中国代表团派出 777 人的队伍（工作人员和运动员）角逐 30 个大项的比赛。已知工作人员比运动员少 85 人，其中男运动员的人数是女运动员的一半还要少 16 人，那么参加东京奥运会的中国男运动员有_____人。

6. 涂涂老师一天去东湖边跑步，他发现东湖绿道上的植物是按柳树、杨树、柳树、杨树……的规律每隔 4 米种植一棵。涂涂老师边跑步边数树（只数一侧），从第一棵柳树开始计时，已知涂涂老师的速度是 150 米/分，总共跑了 1 个小时，那么涂涂老师总共会数_____棵柳树。

7. 在如图所示的方框中填入合适的数字，使得竖式成立，则乘积为_____。

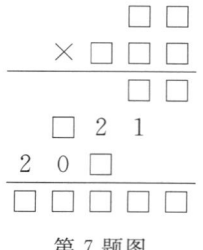

第 7 题图

8. 某一个数列第一个数是 10,从第二个数开始,如果上一个数是奇数就加上 11,如果是偶数就除以 2,那么这个数列的第 2021 个数是_____。

二、B 组填空题

9. 如图,四边形 $ABCD$ 是一个以 AB 为直角腰的直角梯形,$BC=2AD$,E 是平面上一点且使得 $AE \perp BE$,且 $S_{\triangle EFH}=S_{\triangle ADF}+S_{\triangle BHC}$。已知 $AE=30$,$BE=40$,$AB=50$,则 $BC=$_____。

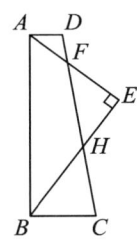

第 9 题图

10. 龙龙参加一系列的考试,若干次考试之后龙龙的平均分只有 82 分。在某一次考试中,他超常发挥,考了 100 分,此时所有考试平均分升高到 85 分。但在下一次考试中他发挥失常,只考到了 57 分,此时的平均分是_____分。

11. 甲、乙两人在一个有 100 个石子的石堆玩取石子游戏。两人轮流从石子堆取石子,每人每次取的石子数量不能超过所剩石子数的一半,最少取 1 个。约定取走最后一颗者为输家。若甲先取,甲应该取_____个,然后_____(填采取的策略,如每次给乙留下 10 颗)才能必胜。

12. 涂涂老师买了足够多的雪糕给班上的同学吃,总共有四种雪糕,每个同学至少分 1 根雪糕,且每种雪糕最多分得 1 根。涂涂老师发现无论怎么分,一定有 3 个同学拿到的雪糕是一样的,至少有_____名学生。

13. 如图所示,将 1、2、3、4、5 分别填入 5×5 的方格中,使得每一行、每一列、每个粗线方格中的 5 个数 1、2、3、4、5 恰好各出现一次。那么,从左上到右下的对角线上 5 个数依次写所组成的一个五位数是_____。

第 13 题图

三、解答题

14. 在一个长为 2520 米的圆形跑道上,甲、乙、丙从同一起点同时出发。已知甲、乙、丙的速度分别为 4 米/秒、6 米/秒、9 米/秒。

(1)过了多久第一次有一个人到另两个人距离相等?

(2)过了多久第二次有一个人到另两个人距离相等?

15. 已知每天吃 500 克的西蓝花或者 300 克生菜可以达到标准的维生素摄入量,某一天涂涂老师摄入的西蓝花和生菜共 350 克,恰好达到了标准的摄入量(没有除了西蓝花或者生菜外其他的维生素来源)。那么今天涂涂老师吃了多少克西蓝花?

(命题人:涂思畅·武汉)

模拟试卷五(中年级组) ★★★

一、A组填空题

1. 算式 $2021×2019-2019×2017+2017×2015-2015×2013+\cdots+5×3-3×1=$ _____。

2. 巍巍每天都会将他的零钱(5角和1元的硬币)放入储蓄罐中。某个周末他数了一下储蓄罐中的钱,发现有72个硬币,总面值为50元。那么储蓄罐中有_____个5角的硬币。

3. 数字和为16,数字乘积为48的四位数有_____个。

4. 甲、乙两人从相距54千米的A、B两地同时出发相向而行。已知甲每小时行12千米,乙每小时行6千米,那么2小时后,两人相距_____千米。

5. 已知1只大象的体重等于2只犀牛的体重,3只犀牛的体重等于4只河马的体重。如果1只大象重3200千克,那么1只河马重_____千克。

6. 计算:$(1×2×3×4×5×\cdots×101)÷(2×12×30×56×90×\cdots×9900)=$ _____。

7. 129个学生参加百分制的考试(考分以整数计)。如果没有三个学生的考分相同,那么至少有_____对得分相同的学生。

8. 将1~10各1个填在题图的小方格内,要求:任意相邻两格,右边的数比左边的大,上边的数比下边的大。那么共有_____种不同的填法。

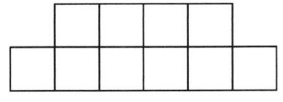

第8题图

二、B组填空题

9. 如图,将一个边长为18厘米的大正方形切成12个相同的长方形和一个小正方形。若这13个图形的周长总和是原大正方形周长的5倍,那么,图中阴影长方形的面积是_____平方厘米。

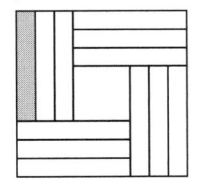

第9题图

10. 甲、乙、丙手中各有若干个球。如果甲给乙 10 个球,同时丙给乙 15 个球,那么乙手中的球数就与甲、丙手中的球数之和相等;如果甲给丙 15 个球,乙给丙 8 个球,那么丙手中的球数就与甲、乙手中的球数之和相等。那么甲最初有_____个球。

11. 某玩具店里有几种奇怪的玩具:冰冰兔,1 头 5 腿;鼻涕虫,2 头 4 腿;萝萝马,1 头 4 腿;巍峨鸡,2 头 6 腿。现在已知冰冰兔的数量是鼻涕虫的 4 倍,而且这些生物一共有 100 个头、332 条腿,则巍峨鸡有_____只。

12. 某年级有三个班,每个班的人数一样多。已知甲班的男生人数与乙班的女生人数相同,如果全部男生人数加上 12,就是丙班男生人数的 3 倍。那么在丙班中,女生比男生少_____人。

13. 如图,有三个正方形的顶点 D、G、K 恰好在同一条直线上,其中正方形的边长为 10 厘米,阴影部分的面积为_____平方厘米。

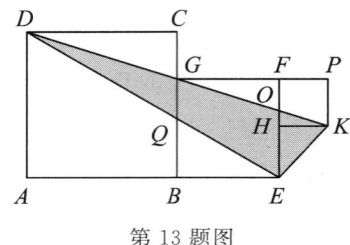

第 13 题图

三、解答题

14. 箱子里有编号为 1~7 的卡片各两张。每次从箱子中取出 3 张卡片,如果这 3 张卡片的编号互不相同,就视为无效取法,不计取卡片次数,然后把它们放回去;如果取出的 3 张卡片有两张卡片的编号相同,则计为 1 次取卡片,并且这三张卡片都不再放回。当箱子里剩余的卡片不足 3 张时,就将卡片全部取出并不再放回(本次计为最后 1 次取卡片)。请问:

(1) 如果第 1 次取出卡片包含 1 和 2,第 2 次取出的卡片包含 2 和 3,第 3 次取出的卡片编号总和比第 4 次取出的卡片编号总和多 7,那么,第 5 次取出的卡片分别是哪几张?

(2) 不考虑第(1)问的条件,总共有多少种取卡片的顺序?(取法不计无效取法,另外编号相同的卡片视为相同)

15. 年底,某公司给员工发一些水果,第一组每人分 4 箱,第二组每人分 5 箱,每三组每人分 6 箱,每四组每人分 7 箱。已知第二组和第三组共有 30 人,第一组人数是第二组的 3 倍,第三组和第四组人数相等。公司共准备了 438 箱水果,恰好分完。该公司一共有多少名员工?

(命题人:黄达鹏·广州)

模拟试卷六（中年级组）★★★

一、A组填空题

1. 算式 $2021÷(2+20+21)×(50+51)$ 的计算结果是_____。

2. 某班组织25位同学围成一圈玩游戏，要求每2位男同学之间至少安排3位女同学。那么，该游戏最多有_____位男同学。

3. 如题图，用10根火柴棒拼成一个数，但数字1不能出现，拼成最大的数是_____。

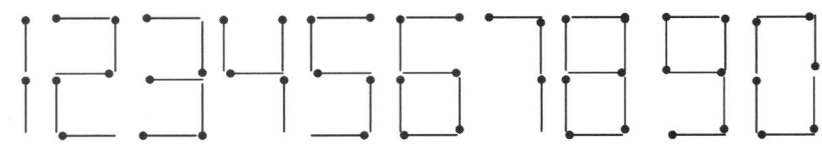

第3题图

4. 两辆长度不同的汽车甲和乙，已知甲车速度是32米/秒，乙车速度是33米/秒。如果同时同向齐头行进，8秒后乙车超过甲车；如果同时同向尾部平齐行进，5秒后乙车超过甲车。那么，甲、乙两车长度的差是_____米。

5. 如题图，将数字0~9不重复地填入10个圆圈中，虚线连成的"2""0""2"各有四个圆圈，"1"有两个圆圈，把这四组圆圈上的数字分别加起来，发现这4组数字的和是相等的，那么每组数字的和是_____。

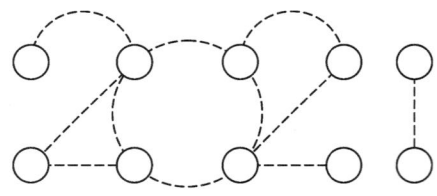

第5题图

6. 如题图，在 $5×6$ 的方格中挖去7个小方格孔。那么，最多可以不重叠地放入_____个 $1×2$ 的小木块，而不覆盖挖去的小孔。

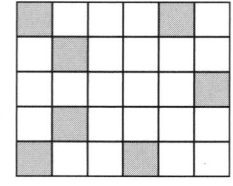 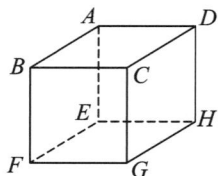

第6题图　　　　第7题图

7. 如题图，有一个正方形的骰子。蚂蚁从顶点A出发，沿着棱走到顶点G，其余6个顶点每个各经过一次，则总共有_____种不同走法。

8. 若干个同样的盒子排成一排,冰冰把不多于2021个同样的棋子分装在盒中,其中只有一个盒子没有装棋子,然后他外出了。莹莹从每个有棋子的盒子里各拿了一个棋子放在空盒内,再把盒子重新排列,冰冰回来后仔细查看了一下,没有发现有人动过这些盒子和棋子。那么最多共有_____个盒子。

二、B组填空题

9. 四位数2021的数字和为5,且仅含有数字0、1、2,那么类似这样的由0、1、2组成的数字和为5的自然数中,2021是第_____个。

10. 某班24人在体育课上分成甲、乙两组进行俯卧撑比赛。比赛结束时,甲组平均每人比乙组平均每人多完成3个,比所有人平均多完成1个,那么甲组有_____人。

11. 题图由正七边形及其部分对角线所组成,那么图中共有_____个三角形。

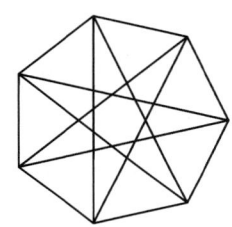

第11题图

12. 如题图,将长方形EFGH分成了9个正方形,已知正方形ABCD的边长为30厘米,那么长方形EFGH的周长为_____厘米。

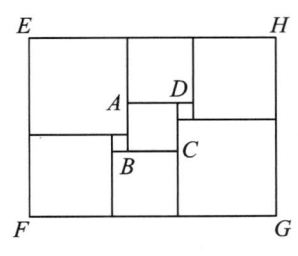

第12题图

13. 边老师手上有10张数字卡片:1个1,2个2,3个3,4个4。然后给了甲3张、乙3张、丙2张,自己留了2张,甲、乙、丙都只能看到自己手上卡片上的数。边老师说:"我们4个人都没有拿到重复的卡片,你们知道我手上的两张卡片分别是什么吗?"

甲、乙、丙同时说:"不知道。"

边老师又问:"现在你们知道我手上的两张卡片分别是什么吗?"

甲、乙、丙还是同时说:"不知道。"

甲、乙、丙三人都聪明且诚实,那么边老师手上的两张卡片能组成的最大两位数是_____。

三、解答题

14. 甲、乙两车分别从 A、B 两地同时出发相向而行。第一次相遇时,距离 B 地 80 千米,两车继续向前行驶,到达对方城市后立即返回,且速度都变为原来的一半;第二次迎面相遇时(整个过程中没有追及相遇),距离 A 地 60 千米。那么,两次相遇地点相距多少千米?

15. 奇妙数学游乐园人气最高的游乐项目是"数字过山车",每 5 分钟发车一次,但每天还是都有很多人排队。

暑假里的一个星期日,虽然已经到了公园快关门的 18 点了,但还是有很多人在排队。因此,操作员决定,接待 17:45 发车的这一组人之后,就不再接受新人排队了。另外,他决定推迟闭园时间,等到已经排队等候的人全部乘坐之后再闭园。

这样,在 18:15 发出一组人之后,还剩下 160 人;最后一组人是 19:20 出发的。最后一组的人数在每车的限定人数以内,其他每一组都恰好是满员。

请问:在不再接受新人排队时,还有多少人在排队?

(命题人:李冰莹·广州)

模拟试卷七（中年级组）★★★

一、A组填空题

1. 计算：$(1÷2+3-4×5+6×7-8+9÷10)×10=$ _____。

2. 数列 20，21，5，8，13，12，7，10，8，9，17，17，16…中，从第三项起，每一项等于前两项的数字和。那么，这个数列的第 2021 项是 _____。

3. 四位数 $\overline{A21B}$ 是 22 的倍数。那么，满足要求的四位数的最大可能值是 _____。

4. 孙悟空抓住了一些三脚猫（1头3脚）、九头虫（9头2脚）和兔子（1头4脚）。若打死 20 只九头虫，那么余下的所有动物的脚数是头数的 3 倍。若三脚猫有 21 只，九头虫比兔子少 220 只。三种动物共有 _____ 只。

5. 在题图所示竖式谜中，相同的汉字表示相同的数字，不同的汉字表示不同的数字。那么，满足要求的填法有 _____ 种。

```
    二 零 二 一
+       一 起 飞
─────────────
    2 0 2 2
```

第 5 题图

6. 小喜和小飞各有一些珠子。若小飞给小喜 21 颗珠子，那么小喜的珠子数比小飞珠子数的 3 倍多 2 颗；若小喜给小飞 21 颗，那么小喜的珠子数比小飞珠子数的 2 倍少 3 颗。那么原来小喜有珠子 _____ 颗。

7. N 个不同的非零自然数之和为 2022，且最大数比最小数多 N。那么，当 N 取得最大值时，这 N 个自然数从大到小的第 21 个数是 _____。

8. 喜姐有三种颜色的珠子共 21 颗（每种颜色的珠子至少有 1 颗），若至少取 12 颗才能保证有 6 颗同颜色。那么，至少取 _____ 颗才能保证有 10 颗同色。

二、B组填空题

9. 计算：$1×1-2-2+3×3-4-4+5×5-6-6+…+21×21-22-22=$ _____。

10. 六位数 $\overline{ABCDEF}$ 各位数字互不相同且不为 0。若 $\overline{ABC}+\overline{BCD}+\overline{CDE}+\overline{DEF}=2021$，且 $C+D=14$。那么，这样的六位数有 _____ 个。

11. 将从1开始的连续自然数按照题图所示规律写下去:1在第1行第1列,12在第4行右3列,20在第5行左4列。那么,2022所在的行列是_____。

```
                    1
                 4  2  3
              7  6  5  8  9
          16 15 14 10 11 12 13
       21 20 19 18 17 22 23 24 25
       ... ... ... ... ... ... ... ... ...
```

第11题图

12. 甲、乙两人分别从 A、B 两地同时出发,同向而行。已知甲的速度是每分钟77米,甲用50分钟追上了乙。此时,甲立即调头走到 B 地又调头去追乙,从出发到第二次追上乙用了60分钟。那么,A、B 之间的距离是_____米。

13. 喜姐老师用1至6这6个数字组成三个两位数(每个数字用一次),分别给甲、乙、丙三人各一个,他们只能看到自己的数而看不到别人的数,依次发生如下对话:

甲说:"我手里的两位数一定比你们两人手里的数的差(大减小)大。"

乙说:"我的数最大。"

丙说:"我们三人的三个数从小到大可能为等差数列。"

甲说:"我们三人的数从小到大确实是等差数列。"

若他们都是聪明且诚实的好孩子,那么甲手里的两位数是_____。

三、解答题

14. 在从1开始的若干个连续自然数中擦掉一个数,余下的数的平均数保留两位小数为2021.22,擦掉的数的最大可能值与最小可能值之和是多少?

15. 一个边长为8的正方形恰好可以分割为21个互不重叠且边长均为整数的小正方形。若这21个小正方形的面积恰有4种不同的数值,那么,这4种不同的数值之和可能值是多少?

(命题人:王天喜·广州)

模拟试卷八（高年级组）★★★

一、A 组填空题

1. 某小区某一时间恰好有 50% 的人打了疫苗,之后又有 10 人打了疫苗,此时打了疫苗与没打疫苗的人数之比是 26∶25,这个小区共有_____人。

2. 数列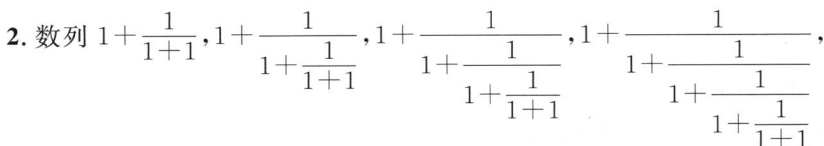

…,前 9 项的乘积是_____。

3. 如果 A 是正整数,并且 $A+63$ 是 11 的倍数,$A+77$ 是 9 的倍数,$A+99$ 是 7 的倍数,那么 A 最小是_____。

4. 在题图所示竖式中,被减数和减数的数字和都是 1 位数,并且被减数的数字和比减数的数字和小,那么被减数是_____。

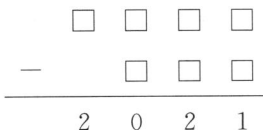

第 4 题图

5. 如题图,$CQ=QP=PF$,△AFP 的面积是 180,△CEQ 的面积是 40,则 △DPQ 的面积是_____。

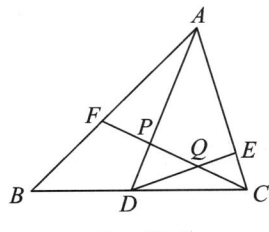

第 5 题图

6. 小周老师手上有 10 张数字卡片:1 个 1,2 个 2,3 个 3,4 个 4。他给了甲 3 张、乙 3 张、丙 2 张,自己留了 2 张,甲、乙、丙都只能看到自己手上卡片上的数。小周老师说:"咱们每个人手上都没有重复的卡片,你们知道我手上的两张卡片分别是什么吗?"

甲、乙、丙同时说:"不知道。"

小周老师又问:"你们知道我手上的两张卡片分别是什么吗?"

甲、乙、丙同时说:"不知道。"

如果甲、乙、丙三人都聪明且诚实,那么小周老师手上的两张卡片上的数字的和是_____。

7. 如题图,7×7 的方格表上面摆放了 5 枚黑棋和 4 枚白棋,既包含黑棋也包含白棋的长方形共有_____个。

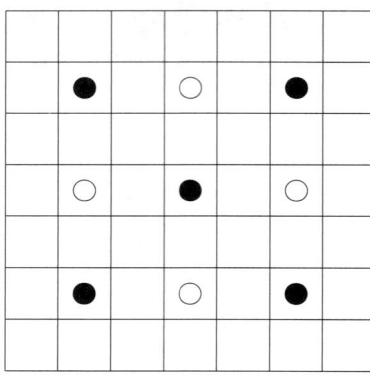

第 7 题图

8. 有 5 个重量互不相等的小球和一架天平,小周同学每次可以选 2 个小球放到天平两侧,比较两个球的重量。小周同学至少操作_____次,才能确保自己能把这 5 个小球按照重量从大到小排成一排。

二、B 组填空题

9. 恰好由两种数字组成,并且是 1024 的倍数的十位数有_____个。

10. 如题图,△ABC 是一个等边三角形跑道,车在 AB、BC、CA 三段上行驶时速度恒定但各不相同。如果两辆相同的车同时从点 A 出发,一辆顺时针行驶,另一辆逆时针行驶,则两车在点 D 相遇;如果两辆相同的车同时从点 B 出发,一辆顺时针行驶,另一辆逆时针行驶,则两车在点 E 相遇;如果两辆相同的车同时从点 C 出发,一辆顺时针行驶,另一辆逆时针行驶,则两车在点 F 相遇。已知 BD=20,CD=40,CE=45,那么 AF=_____。

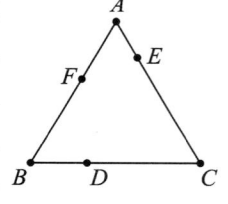

第 10 题图

11. A、B、C、D、E、F、G 是 7 个互不相同的两位质数,并且 D 是 A 和 B 的平均数,E 是 B 和 C 的平均数,F 是 C 和 A 的平均数,G 是 A、B 和 C 三个数的平均数。那么这 7 个质数的和是_____。

12. 如题图,在 5×5 的正方形棋盘上的每格都装有一盏灯和一个按钮,每按一次按钮,所有与它相邻(有公共边视为相邻)的格子中的灯(不包括按钮所在这一格的灯)都改变一次状态,即由亮变为不亮,或由不亮变为亮。如果一开始所有灯都是灭的,经过操作,最多能有_____盏灯变亮。

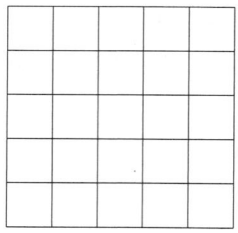

第 12 题图

13. 对于两位数 $\overline{AB}$ 与 $\overline{CD}$，如果 $\overline{AB}$ 比 $\overline{CD}$ 大，且 $\overline{AB}-\overline{CD}$ 不发生借位，则称 $\overline{AB}$ 比 $\overline{CD}$ 更"强壮"。所有数字和不超过5的两位数分成 X、Y 两组（每组包含至少1个数），且 X 组中的任意一个数都不比 Y 组中的任意一个数更"强壮"，那么一共有_____种分组方式。

三、解答题

14. 如题图，△ABC 是等腰直角三角形，每一个小正方形的面积都是 100 平方厘米，△ABC 的面积是多少平方厘米？

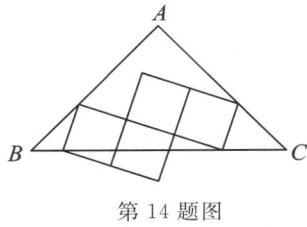

第 14 题图

15. 符号 $\{x\}$ 表示 x 的小数部分。

(1) 如果 $\{x\}$ 和 $\left\{\dfrac{1}{x}\right\}$ 都是循环节是 3 位的纯循环小数，并且 x 小于 1，那么 x 的值是多少？

(2) 如果 $\{y\}$ 和 $\left\{\dfrac{1}{y}\right\}$ 都是循环节是 6 位的纯循环小数，那么 y 共有多少种不同的取值？

(命题人：周炬坤·北京)

模拟试卷九（高年级组）★★★

一、A 组填空题

1. 计算：$1\times5+2\times8+3\times13+4\times20+5\times29+6\times40+7\times53+8\times68=$ _____。

2. 一个三位数等于其各个数位上数字的阶乘之和，这个三位数是_____。

3. 把 2、3、4、5、6、7、8、9 不重复地填入题图中 □ 内，使式子成立。那么你所填入的分母部分六个框内的数字之和是_____。

第 3 题图

4. 把所有不含数字 0、2、5、8 的数从小到大排列，第 1000 个数是_____。

5. 若 a、b、c、d、e、f、p、q 是一位数，且 $b>c>d>a$，四位数 $\overline{cdab}$ 与 $\overline{abcd}$ 之差是一个形如 $\overline{pqef}$ 的四位数。若 $\overline{ef}$ 是一个完全平方数，$\overline{pq}$ 不能被 5 整除，四位数 $\overline{abcd}$ 的值是_____。

6. 60 个互不相等的自然数之和为 2025，这些自然数中奇数最多有_____个。

7. 以正 17 边形的顶点为顶点的三角形，这些三角形中包含正 17 边形的中心的三角形数目是_____。

8. 李老师通过编程发现，5^{2020} 是一个首位数字是 8 的 1412 位数，那么 $5^k(k=0,1,2,\cdots,2020)$ 中有_____个首位数字是 1 的数。

二、B 组填空题

9. 如题图所示，直角三角形 ACB 的两条直角边 AC 和 BC 的长分别为 14 厘米和 28 厘米，AC 和 BC 分别绕点 A 和点 B 旋转 $90°$ 至 AD 和 BE。若 DB 和 AE 相交于点 P，那么三角形 PAB 的面积是_____。

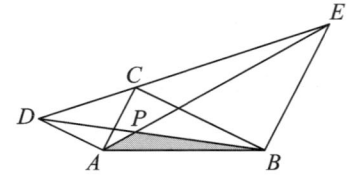

第 9 题图

10. 1 对夫妇邀请 99 对夫妇参加聚会，因此聚会总共有 200 人。每个人都和所有自己不认识的人握了一次手。然后，男主人问其余所有人

(199个人)各自都握了几次手,得到的答案全都不一样。那么女主人握了_____次手。

11. 一天甲、乙从 A 地,丙从 B 地同时出发相向而行。乙、丙相遇时丙走了 4 千米。若乙与丙相遇后立即返回,则再过 12 分钟与甲迎面相遇。实际上乙遇到丙后继续前进,到达 B 地后才立即返回,返回后又走了 18 分钟迎面遇到了甲。已知甲、丙相遇时丙走了 8 千米。那么甲走完全程需要_____小时。

12. C 带领 A 和 B 玩一个游戏,规则如下:C 随机产生两个形如 $m-\left(\frac{1}{2}\right)^n$ 的数(m,n 为正整数),并将这 2 个不同的数分别告诉 A 和 B,让 A 和 B 推测谁手上的数更大。

A:"我不知道。"

B:"我也不知道。"

A:"我还是不知道。"

B:"我也还是不知道。"

C:"这样下去是没用的,无论你们说多少轮,都不可能知道谁的数更大。"

A:"哦……不过就算知道这一点,我还是不知道谁的数大。"

B:"我也不知道。"

A:"我好像知道谁的数比较大了。"

B:"那我现在知道 A 的数是多少了。"

A:"我也知道 B 的数是多少了。"

那么 A 手中的数是_____。

13. 有一年级到六年级的同学各一人,排成一列领取糖果。如果一个高年级的同学站在一个低年级的同学前面,那么这个低年级的同学就会产生一次"怨言"(一个人可以有多次"怨言")。在一种排列顺序里,我们把所有"怨言"的总数叫"怨言数"。例如:六位同学按下面的顺序排列:一年级、四年级、三年级、二年级、六年级、五年级,那么这六位同学产生的"怨言"次数依次为 0,0,1,2,0,1,这种排列的"怨言数"就是 4。"怨言数"为 7 的排列有_____种。

三、解答题

14. 2021 条线段的长度分别为 $1,2,3,4,\cdots,2020,2021$,从中任意选取 k 条,在这 k 条线段中一定可以找到能构成一个三角形的三条线段,则 k 的最小值是多少?请说明理由。

15. 有这样的一种五位数,数字要么都是奇数,要么都是偶数;且任何一个数字,要么比相邻的都大,要么比相邻的都小。我们把这种五位数叫作"弯曲数"。比如,15397 就是弯曲数,而 15379 不是弯曲数。那么这样的五位数有多少个?

(命题人:李兆伟·北京)

模拟试卷十（高年级组）★★★

一、A 组填空题

1. $\dfrac{2020\times 2021\times 2022}{1\frac{1}{2021}+2\frac{2}{2021}+3\frac{3}{2021}+\cdots+2020\frac{2020}{2021}}=$ _____。

2. 一个农场有黄牛、黑牛、黄狗和黑狗 4 种动物,已知在所有动物中有 60% 是黄色的,而在黄色的动物中有 $\dfrac{1}{3}$ 是牛,在黑色的动物中有 $\dfrac{3}{4}$ 是狗,那么在所有的动物中,狗占了_____%。

3. 在以下乘法竖式中,乘积是_____。

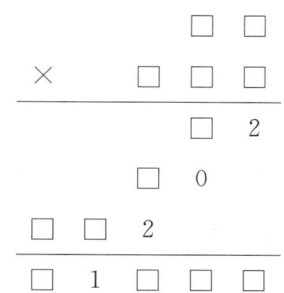

第 3 题图

4. 游乐园的纪念币有红、绿、蓝三种颜色。这三种颜色的纪念币有两种兑换方式：① 用 2 个红色纪念币换回 1 个绿色和 1 个蓝色；② 用 3 个绿色纪念币换回 1 个红色和 1 个蓝色。

如果不允许借纪念币,那么小明用 75 个红色纪念币和 75 个绿色纪念币最多可以换回_____个蓝色纪念币。

5. 如图,△ABC 是直角三角形,分别以 AB 和 AC 为直径向外作半圆,以 BC 为边向外作正方形。已知小半圆的面积为 6.28,中半圆的面积为 9.42,那么正方形的面积为_____。(圆周率 π 取 3.14)

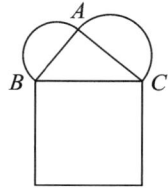

第 5 题图

6. 如果一个自然数 n 满足：$1\times 2\times\cdots\times n$ 是 $1+2+\cdots+n$ 的倍数,就说 n 是"给力的"。例如 5 是"给力的",因为 $1\times 2\times 3\times 4\times 5=120$ 是 $1+$

$2+3+4+5=15$ 的倍数。那么在 10 到 100 这 91 个自然数中，有_____个数是"给力的"。

7. 把 1～9 各一个写到 3×3 的方格表中，每个格子里写一个数，使得相邻的自然数所在的格子有公共边，如果四个角上的数的和是 18，那么中心位置的数是_____。

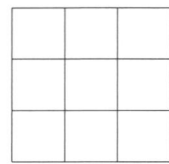

第7题图

8. 某次检测每个人都要考数学、语文、英语 3 科，每科的分数都是整数，最高 5 分，最低 0 分。在三科总分都是 10 分的考生中，至少选出_____人，才能保证在选出的人中必有 3 个人他们各科的分数全都对应相同。

二、B 组填空题

9. 从 1～9 中选出 4 个数字，用这 4 个数字可以组成 24 个不同的四位数，其中最大的能被 4 整除，第二大的能被 5 整除，第四大的能被 11 整除。那么这 24 个四位数中最小的数是_____。

10. 给题图中的 6 个圆盘染色，其中 3 个染成蓝色，2 个染成红色，1 个染成黑色。如果旋转或翻转后重合的算同一种染法，那么不同的染色方法共_____种。

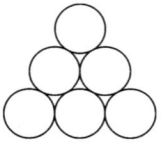

第10题图

11. 上学期，小汪参加了 7 次数学测验，得到了 7 个不同的分数，这些分数都在 91～100 之间（包括 91 和 100）。小汪发现，每次测验之后，他已经考完的所有测试的平均分都是整数。已知他第七次考了 95 分，那么他第六次考了_____分。

12. 如图，△ABC 是等腰直角三角形，BC=40，四边形 ACFG 和 BCDE 均为正方形，连接 GE、AD 相交于 O，那么 △AOG 的面积为_____。

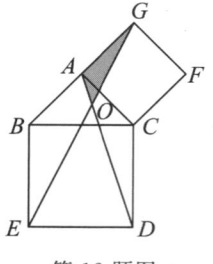

第12题图

13. A、B、C、D 四位象棋高手连续进行若干天比赛，他们每天都分为两组，同时进行两场比赛（比赛全部分出胜负，没有平局）。第一天的对阵形势是：A 与 B 赛一盘，C 与 D 赛一盘。从第二天开始，每天的比赛方式都是：前一天的胜者之间比一盘，前一天的负者之间也比一盘。比赛进行若干天后统计输赢情况，A 每盘比赛都赢，B、C、D 三人除了输给 A 以外，还分别输了 5、9、16 盘。那么把 B、C、D 三人分别赢的盘数相乘，结果等于_____。

三、解答题

14. 乔治 9 点骑摩托车从学校出发前往电影院看《小猪佩奇》，9:30 追上一个骑车人。苏西开大卡车 9:30 从学校出发前往电影院，10 点追上这个骑车人。佩奇在 9:30 后的某个时间从学校开小轿车出发前往电影院，速度是苏西的 1.25 倍，当他追上骑车人后，加速 20%。结果乔治、苏西和佩奇在 11 点同时到达电影院。已知乔治、苏西和骑车人的速度均不变，求佩奇的出发时间。

15. 在疫情期间，为了防疫需要，某社区发放出入证，每个出入证都有一个六位数编码。为了提高出入证的辨识度，要求任意两个出入证至少有两个数位上的数字不同，例如 123456 和 123457 不能同时出现，但 123456 和 123465 可以同时出现。那么最多可以制作多少张不同的出入证？

（命题人：路亨·北京）

模拟试卷十一（高年级组）★★★

一、A 组填空题

1. 算式 $\left(1\times 2+\dfrac{1}{2\times 3}\right)+\left(2\times 3+\dfrac{1}{3\times 4}\right)+\left(3\times 4+\dfrac{1}{4\times 5}\right)+\cdots+\left(9\times 10+\dfrac{1}{10\times 11}\right)$ 的计算结果为_____。

2. 在一张长 24 厘米、宽 16 厘米的长方形纸上画一个最大的圆，这个圆的周长是_____厘米。（π 取 3.14）

3. 若 a、b、c、d 四个数满足：$a+\dfrac{1}{2}=b+\dfrac{2}{3}=c\times\dfrac{3}{4}=d\times\dfrac{4}{5}=2021$，那么将这个四个数用"＜"连接，结果为_____。

4. 仓库中有甲、乙两桶质量相等的油，现从甲桶中取走 $\dfrac{3}{4}$ 后，又取走 $\dfrac{3}{4}$ 千克；而从乙桶中取走 $\dfrac{3}{4}$ 千克后，又取走剩余油的 $\dfrac{3}{4}$。那么甲、乙两桶中剩下油较多的为_____。（填"甲"、"乙"或"一样多"）

5. 已知 x、y、z 均为质数，且 $x^y+1=z$，则 $x+y+z=$_____。

6. 儿子与父亲下围棋，双方约定父亲胜一局就得 2 分，儿子胜一局得 8 分，负的一方不管是谁都要扣 1 分。比赛 24 局以后，父子得分相同，那么儿子共胜了_____局。

7. 某班级共 30 名学生。举办班级跳绳比赛，赛后进行数据统计，发现众数（出现次数最多的数据）为 90，共出现了 12 次；而其余同学的平均数比全班同学的总平均数要多 20 下，那么全班的总平均数为每人_____下。

8. 一根长 2 米的圆柱体木料，截去 2 分米高的一部分，剩余部分仍然是个圆柱体，且木料的表面积比原来减少 12.56 平方分米，原来圆柱体木料的体积是_____立方分米。（π 取 3.14）

二、B 组填空题

9. 已知质数 N 的七进制表示恰好为四位数 $\overline{abcd}_7$，且 $a+b+c+d$ 的和也恰好是质数，那么的最大可能值与最小可能值之和为_____。（十进制表示）

10. 将 n 个单位小正方体堆成一个立体图形,它的三视图如图所示。那么 n 的最小可能值为_____。

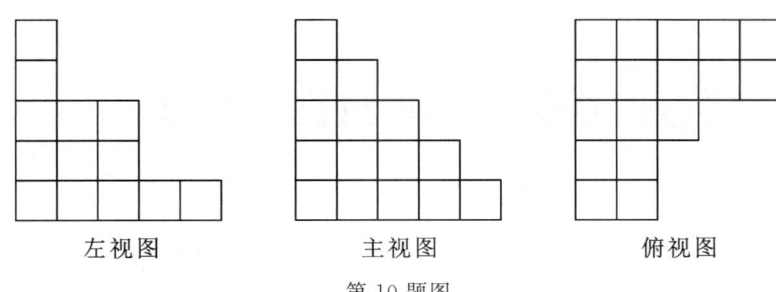

左视图　　　　主视图　　　　俯视图

第 10 题图

11. A 种酒精浓度为 50%,B 种酒精浓度为 46%,C 种酒精浓度为 45%,它们混合在一起得到了 11 千克浓度为 48.5% 的酒精溶液,其中 B 种酒精比 C 种酒精多 3 千克,则 A 种酒精有_____千克。

12. 将 $1,2,\cdots,10$ 这 10 个数任意排成一个六行的三角形数表,第一行 1 个数,第二行 2 个数,第三行 3 个数,第四行 4 个数,那么满足每一行的最大数大于上一行的最大数的排法总共有_____种。

13. 在 $2\times2\times2$ 的 8 个小立方体内,填入 8 个互不相同的正整数,使得有公共棱的两个小立方体所填入的数互质,那么所填入的最大数的最小可能为_____。

三、解答题

14. 一辆汽车从甲地开往乙地,第一小时行驶了全程的 28%,第二小时比第一小时多行 24 千米,此时距离乙地还有 39.8 千米,甲、乙两地相距多少千米?

15. 有红、黄、蓝、绿四种颜色的大球各 1 个,小球各 1 个。将数字 1~8 分别写在这 8 个球上,并将同色两球所写数字相加,得到四个和,其中红球之和最大,绿球之和最小,黄球之和与蓝球之和均为质数。那么共有多少种不同的写法?

(命题人:方非・北京)

模拟试卷十二（高年级组）★★★

一、A 组填空题

1. 计算 $\dfrac{6^2+8^2+10^2}{\dfrac{1}{1^3}+\dfrac{1+2}{1^3+2^3}+\cdots+\dfrac{1+2+\cdots+100}{1^3+2^3+\cdots+100^3}}=$ _____ 。

2. 下面的算式中，D、O、G 三个字母分别表示三个不同的质数，则 $D\times O+G=$ _____ 。

$$\overline{DOG}\div G\div D=\overline{1G}$$

第 2 题图

3. 花篮里的玫瑰和百合一共有 150 朵，魔术师每次变魔术，可以把 5 朵玫瑰变成 3 朵百合，或者把 7 朵百合变成 4 朵玫瑰。魔术师变了 20 次魔术后，篮子里恰好只剩下 99 朵玫瑰，没有百合花了，那么原来的篮子里有 _____ 朵百合。

4. 如图，中央大圆的半径为 20 厘米，以圆周上的两个相邻四等分点的连线为直径，可以画出四个小圆，阴影部分的面积为 _____ 平方厘米。

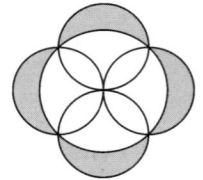

第 4 题图

5. 一个瓶中装有 10% 的盐水 100 克，向瓶中先后添加一些浓度为 20% 和 30% 的盐水后，配成了 200 克 18% 的盐水，那么向瓶中添加的 20% 的盐水有 _____ 克。

6. 如图所示的环形公路上，B 为 AC 的中点。每天早上 7:00，梅梅和柴柴分别从点 A 和点 C 同时出发，沿着公路步行。如果两人面对面出发，则 7:04 两人在距离点 B 12 米处首次相遇；如果两人都顺时针出发，则 8:00 梅梅第一次回到点 A 时，也恰好追上柴柴。那么，环形公路的全长是 _____ 米。

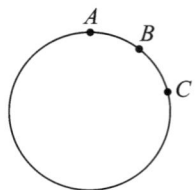

第 6 题图

7. 一堆棋子里有 16 枚黑棋和 16 枚白棋。甲、乙、丙三人从中取棋子，规定每次由其中一人取，且同一个人不能连续取两次。三人分别取了若干次之后，棋子恰好被取完。如果甲每次取走 3 枚黑棋，乙每次取走 2 枚黑棋 1 枚白棋，丙每次取走 2 枚白棋，那么，最后一次取棋子的人一定是_____。（填甲、乙或丙）

8. 如图，从 A 到 B 的街区被垂直的街道分成了九个小区，平面图如图所示，斜线是穿过小区的近道。行人从 A 到 B，途中只允许穿过一个小区，最短路径有_____条。

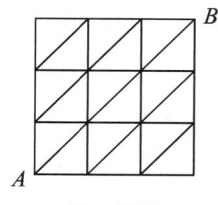

（第 8 题图）

二、B 组填空题

9. 如果一个三位数的百位数字恰是它的因数个数，十位数字恰是它最小的质因数，就称这个三位数为"优秀数"。所有的"优秀数"中，最大数和最小数的和是_____。

10. 有一类多位数，由不重复的非零整数组成，且任意两个相邻数位上的数字顺次组成的两位数都是 3 的倍数，这样的多位数有_____个。

11. 一家工厂七天无休地生产零件，工人们在周一到周五的工作效率相同，周末两天的工作效率也相同，但低于工作日的工作效率。一周七天内，每天生产的零件个数都为整数。这家工厂 6 月生产了 372 个零件，同年 9 月生产了 366 个零件，那么这家工厂同年 7 月生产了_____个零件。

12. 有 25 张牌，每张牌都写着 100 以内的一个不同质数。甲、乙、丙、丁四人每人抽取其中的一张贴在额头上，他们能看到除自己以外的所有牌。然后他们发生了如下对话。

甲说："在我看来，我们四张牌加起来的和恰有 50% 的可能小于 100。"

乙说："那我就知道了，我头上一定是 23。"

丙、丁同时说："我还是不知道。"随后突然又同声说："我知道了！"

已知丙和丁的两个数乘积是一个三位数，那么这个三位数是_____。

13. 甲、乙两人从 A、B 两地同时出发，骑车相向而行，速度和为每小时 20 千米，在途中点 C 相遇。相遇后两人立即回头，并各自的速度均减少 1 千米/时。在分别返回出发点后又立即调头，在距离点 C 260 米处的点 D 相遇。第二次相遇后，二人再次各自回头并将速度减少 1 千米/时，返回出发点后回头，第三次相遇在点 F。那么 D、F 之间的距离是_____米。

三、解答题

14. 一种取棋子游戏的规则：有 4 堆棋子，每堆里放着若干枚棋子（至少 1 枚），两人轮流从中取，每次可以取出同一堆中的任意枚棋子，但不能不取，也不能跨堆取，谁能取到最后一枚棋子，谁获胜。

这类问题是数学里经典的 Nim 博弈,数学家给出了一种通用的解法:将每一堆棋子的个数分别用二进制表示,然后计算每个数位上 1 的个数之和。只有所有数位上的 1 都有偶数个时,这场游戏先取的人必败。例如:4、5、8、9 的二进制表示为 0100、0101、1000、1001,就是一个先取者必败的场面。而每个人的必胜策略,其实就是在自己取完之后,给对手留下一个先取者必败的场面。

梅梅和柴柴正在玩这个游戏,且梅梅总是先取。根据上面的理论,回答下面的问题。

(1)若 4 堆棋子个数由左至右分别为 1、2、4、8 枚,梅梅想要获胜,应该从左起第_____堆中取走_____枚棋子。

(2)若 4 堆棋子个数由左至右分别为 3、6、7、8 枚,且规则改为取走最后一枚棋子的人输,梅梅想要获胜,应该从左起第_____堆中取走_____枚棋子。

(3)若 4 堆棋子总数为 28 枚,且梅梅发现不管怎么取自己都会输,那么棋子的摆放方式有_____种不同可能。(交换顺序后相同的方法视为一种)

15. 如图所示,△ABC 和 △DEF 均为正三角形,E 在 BC 上,AB 与 DF 的交点为 G,且 G 恰为 DF 的中点。CD 与 EF 交于点 H。已知 AF=5,AG=8。

(1)求 AC 的长。

(2)求 FH:EH。

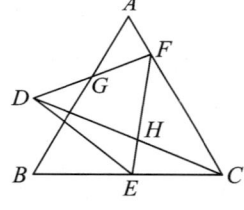

第 15 题图

(命题人:李亦捷·北京)

模拟试卷十三(高年级组) ★★★

一、A 组填空题

1. 定义：$\triangle(A,B,C,D) = A \times 4 + B \times 3 + C \times 2 + D \times 1$，那么，$\triangle(201, 202, 203, 206) =$ _____。

2. 甲、乙两所小学，甲校的人数是乙校人数的 $\frac{3}{5}$，甲校的女生人数占全校人数的 40%，乙校男生人数占全校人数的 60%。如果将甲、乙两校合并，女生人数占总人数的 _____ $\%$。

3. 分数 $\frac{3}{7}$ 化成小数后，小数点后前 2022 位数字和是 _____。

4. 儿童节时，某游乐场门票价格如下：儿童票每人 11 元，成人票每人 6 元，开门后过了一段时间，游乐场靠门票收入了 75 元。那么此时共卖出了 _____ 张门票。

5. 小明家养了一些鸡、鸭、兔，白天的时候小鸭子们在池塘里游玩(看不到腿)，兔子们在岸上嬉戏，而贪吃的小鸡们则全都把脑袋扎进了米袋里吃食(看不到头)，小明数了数发现能数出来 20 个头 66 条腿。到了晚上玩累的兔子们都跑到窝里睡觉了(看不到兔子)，这时小明数了数发现有 34 条腿。那么小明家有 _____ 只兔子。

6. 杨氏矩阵规定填入方框中的数字在每一行从左到右，每一列从上到下都是依次变大的[图(1)]。试着将 1~6 填入图(2)的杨氏矩阵中，一共有 _____ 种填法。

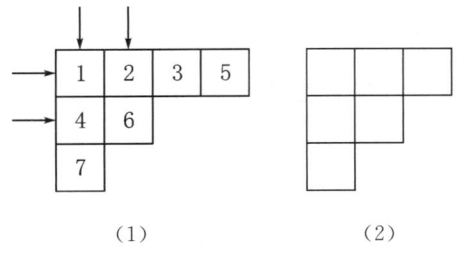

(1)　　　　　(2)

第 6 题图

7. 如图所示，正方形内接于圆，以正方形边长为直径作两个半圆，已知正方形面积为 18 平方厘米，那么图中阴影部分的面积是 _____ 平方厘米。

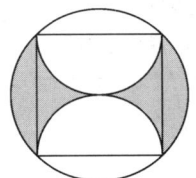

第 7 题图

8. 如图的乘法竖式中，相同汉字代表相同数字，不同汉字代表不同数字。那么，"龙老师"代表的三位数是_____。

我	爱	龙	老	师
×				4
龙	老	师	爱	我

第 8 题图

二、B 组填空题

9. 中午 12 点，甲、乙两人从 A 地出发前往 B 地，同时丙从 B 地出发前往 A 地。已知甲、乙、丙三人的速度依次成等差数列，甲最慢，丙最快。16:00 乙、丙两人相遇，此时甲落后乙 40 千米，半小时后甲与丙相遇。当丙到达 A 地时，甲、乙两人相距_____千米。

10. 五个数 $A、B、C、D、E$ 按顺序排列，已知相邻两数的差分别是 $F、G、H、I$，不同的字母代表不同的数字，则 $\overline{ABCDE}$ 组成的五位数最大是_____。

11. 如图所示，已知正八边形 $ABCDEFGH$ 的面积为 480 平方厘米，那么阴影部分的面积为_____平方厘米。

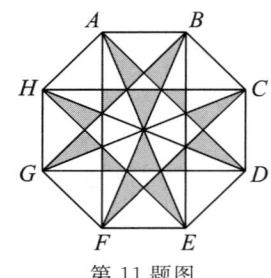

第 11 题图

12. 如图，从点 A 出发无重复地走到 B，有_____种路线选择。（路线不能重复，点可以重复）

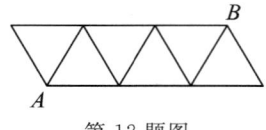

第 12 题图

13. 一组正整数之和为 S，如果取这组数中的 k 个正整数之和为 $\dfrac{S}{2}$，则称 k 为"好数"。现在有 32 个正整数之和为 S，那么在这组数中最多有_____个不同的"好数"。

三、解答题

14. 如图，直角三角形 ABC 中，$BC=13$，$AB=12$，A 和 D 关于 BC 对称，B 和 E 关于 AC 对称，C 和 F 关于 AB 对称。两个阴影三角形的面积相差多少平方厘米？

第 14 题图

15. 如图,在空格内填入数字 1 到 9,使每行每列内连续的白格(未被灰格隔开)中数字不重复。灰格中右上或左下的灰格箭头后面的一串数字经过这样的计算得到结果 21:前两个数字相乘所得的乘积再加上后面所有的数字(如果后面还有数字)。

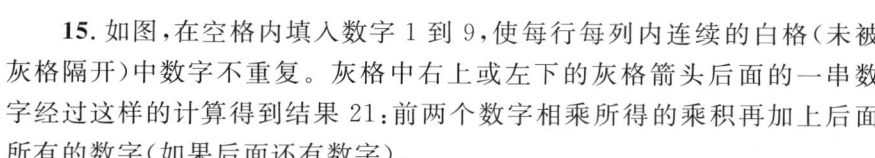

第 15 题图

(命题人:龙腾·武汉)

模拟试卷十四（高年级组）★★★

一、A组填空题

1. 计算：$\left(3+\dfrac{7}{6}+\dfrac{11}{15}+\dfrac{15}{28}+\dfrac{19}{45}\right)\div\left(1+\dfrac{1}{2}+\dfrac{1}{3}+\cdots+\dfrac{1}{10}\right)=$ _____ 。

2. 定义运算：$a\&b=(a-1)\times(b-1)+1$，$a@b=(a+2)\times(b+2)-2$，运算符号"&"和"@"都是从左往右依次计算，且与乘、除运算同级。那么算式 $(1\times2\times3\times\cdots\times9+1\times3\times5\times\cdots\times21)-(1@3@5@\cdots@19+2\&3\&4\&\cdots\&10)$ 的计算结果是_____。

3. 大炮的奶奶给大炮买了一些糖果，放在桌子上。大炮的爸爸回家后将糖果按照 3∶2 分成两部分，并取走较多的一部分放入冰箱；大炮的妈妈回家后将桌上剩下的糖果按照 3∶1 分成两部分，并取走较多的一部分放入冰箱。若现在冰箱里的糖果比桌上的糖果多 24 粒，那么大炮的奶奶最初买了_____粒糖果。

4. 如图所示，大圆内有内接正六边形 ABCDEF 和正方形 GCHF，在正六边形内画一个最大的圆（即小圆与正六边形的每条边都相切），若正方形 GCHF 的面积为 128 平方厘米，那么阴影圆环的面积为_____平方厘米。（π 取 3.14）

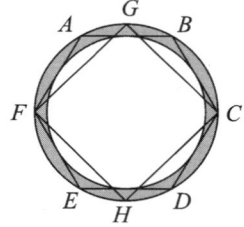

第 4 题图

5. 若六位数 $\overline{ababab}$ 恰有 36 个因数，那么这样的六位数 $\overline{ababab}$ 有_____个。

6. 星星、齐齐、谢谢、金金四人相约去看篮球比赛。购票时，售票员告诉他们第五排有 6 个连续的空位置，他们四人可以从中选择 4 个位置。经过考虑，由于星星和金金都很胖，他们不想坐在相邻的两个位置上，那么满足题意的安排方式有_____种。（若星星和金金中间有空位置，则不算这两人相邻）

7. 某次迎春杯试卷审核过程中，小虎、齐齐、谢谢、金金四人参与了本次试卷的审核，即四个人都把试卷的 18 道填空题做了一遍，星星老师核对四人的完成情况，告诉大家四人答对的题目数量都不相同且没有全错，并把每个人答对的题数分别告诉他们，他们互相不知道别人答对的题数，只知道自己答对的题数，接下来四人先后进行如下对话。

小虎："我做的还行,虽然没得到满分,但是也一定不是四个人中答对题数最少的。"

齐齐："这试卷谁出的,这么难,我怎么错了这么多,我肯定比小虎答对的题少。"

谢谢："我觉得还好吧,我答对的题数是个奇数,虽然我得不到第一,但我肯定是前三。"

金金："虽然我不是满分,但我是第一,刚才不小心看到齐齐的分数,他比我少对5题。"

若以上四人的对话都是实话,那么请问四个人共答对_____题。

8. 如图,在直角三角形 ABC 中,$\angle ACB = 90°$,$AC + BC = 18$,D 在斜边 AB 上;直角三角形 ADE 中,$\angle EAD = 90°$,且 $AE = BD$。若两个三角形的面积之和为 45,那么 DE 的长度为_____。

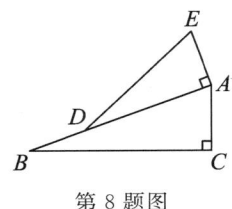

第8题图

二、B组填空题

9. 若一个多位数的首位数字恰好是后面的所有数位的数字之和,且无重复数字,我们就称这个数为"和谐数"(例如:321、7124 都是"和谐数")。那么所有"和谐数"有_____个。

10. 星星设计了一个水箱,该水箱有很多注水管和放水管,注水管在水箱上方,放水管在水箱底部,所有注水管单位时间内注水量是相同的,所有放水管单位时间内放水量也是相同的。某一时刻,水箱内有一部分水,若打开 8 根注水管和 10 根放水管,20 分钟后水箱内水全部放空;若打开 4 根注水管和 12 根放水管,12 分钟后水箱内水全部放空。那么只打开 15 根放水管,_____分钟后水箱内的水被放空。

11. 下面两个算式中,相同的汉字代表相同的数字,不同的汉字代表不同的数字,并且"武"代表的数字为5,那么四位数$\overline{中国胜利}$是_____。

$$\overline{武汉} \times \overline{加油} = \overline{中国胜利} \qquad \overline{武汉} + \overline{加油} = \overline{胜利了}$$

第11题图

12. 甲、乙二人同时从 A 地出发匀速走向 B 地,与此同时丙从 B 地出发匀速走向 A 地。当甲和丙在 C 地相遇时,乙离 C 地还有 500 米;当甲到达 B 地时乙、丙二人刚好相遇,此时甲立刻掉头,速度提高 50%,继续行走。当甲返回 A 地时,乙恰好到达 B 地,则 A、B 两地相距_____米。

13. A、B、C、D 分别表示四个不同的数字。若 $(\overline{AB} + \overline{BC} + \overline{CD}) \times \overline{AD} = 2021 \times k$,其中 k 为小于 10 的正整数,那么四位数 $\overline{ABCD}$ 所有取值的和为_____。

三、解答题

14. 某日上午8点整,星星从A地出发前往B地,当星星走了2100米时,金金恰好从B地出发前往A地。在上午9点20分,他们在C地相遇。相遇后两人继续前行,并且同时到达各自的目的地。然后两人立即掉头返回各自的出发地,并且速度发生改变,金金每分钟比之前多走5米,而星星每分钟比之前少走5米,结果两人在D地相遇。若C、D两地相距300米。

(1)两人在D地相遇的时间是几点几分?

(2)A、B两地相距多少千米?

15. 在直角三角形ABC中,∠BAC=90°,D为斜边BC上一点,AD与DE垂直,且AD=DE,若BD=20,CD=15。

(1)求三角形ABC的面积。

(2)求线段AC的长度。

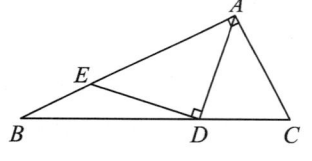

第15题图

(命题人:喻星·武汉)

模拟试卷十五（高年级组）★★★

一、A 组填空题

1. 已知最简分数 $\dfrac{a}{b} = \dfrac{1}{2\times 3} + \dfrac{1}{4\times 5} + \cdots + \dfrac{1}{2020\times 2021} + \dfrac{1}{1012} + \dfrac{1}{1013} + \cdots + \dfrac{1}{2021}$，那么 $a+b=$ _____ 。

2. 如题图所示，在边长为 120 厘米的等边三角形上分别作三个半圆和两个相同的小扇形，那么图中阴影部分的面积是 _____ 平方厘米。（π 取 3.14）

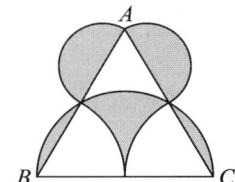

第 2 题图

3. 已知 2021 年 1 月 9 日是星期六，那么，2021 年所有星期日的月份数与日期数的和最大的是 _____ 。

4. 某水果店购进 160 多个西瓜，西瓜按个出售。老板规定每天售价都比前一天降低 10%，恰好三天全部售出。已知第一天售出西瓜的数量是第二、第三天西瓜总量的 $\dfrac{1}{10}$，第二天售出西瓜的数量与第三天售出西瓜的数量之比是 1∶2，三天平均每天卖出 2021 元，那么第一天每个西瓜的售价是 _____ 元。

5. 一个正方体的各个顶点上分别写有不同的整数，各条棱上分别写着其两个顶点上的数的和，那么 12 条棱上最多可以出现 _____ 个互不相同的质数。

6. 如题图所示，用 4 种不同的颜色将图中的圆圈分别涂色，要求有线段连接的两个相邻的圆圈必须涂不同的颜色，那么共有 _____ 种不同的涂法。（旋转、翻转重合算同一种情况）

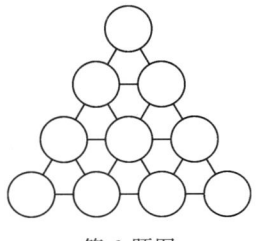

第 6 题图

7. 在算式 $\overline{abcde} = (\overline{ab} + \overline{cde})^2$ 中，不同字母可以代表相同数字，那么这个五位数 $\overline{abcde}$ 是_____。

8. 甲、乙、丙三人同时从 A 地出发前往 B 地然后返回。乙率先到达了 B 地，返回时速度减少了 50%；乙在距离 B 地 10 千米处遇到了丙，相遇后乙的速度再减少 50%，而丙的速度增加 50%；然后丙到达了 B 地，返回时速度再增加 50%；之后在距离 B 地 15 千米处追上了乙，同时也遇到了甲，三人相遇后，乙的速度再减少 50%。接着甲到达了 B 地，返回时在距离 B 地_____千米的地方遇到了乙。

二、B 组填空题

9. 已知 $2^a \times 3^b$ 结果末两位数恰为 $\overline{ab}$，则 $\overline{ab} =$ _____。

10. 冰冰说："好巧哦，今天是我的生日的月和日交换的日子。"

伦伦说："那六个星期后就是你的生日了呢。"

聪明的你猜一猜，冰冰的生日是_____。

11. 某城市规划如题图所示，相邻两个路口间的距离都是 1 千米。冰冰现在要从 A 地前往 B 地，已知每个路口最多只能经过 1 次，那么冰冰能走的最远路程是_____千米。

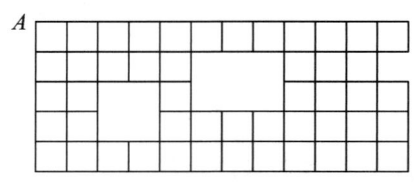

第 11 题图

12. 设 $[x]$ 表示不大于 x 的最大整数，那么 $\left[\dfrac{1^2+1}{1^2} + \dfrac{2^2+1}{2^2} + \dfrac{3^2+1}{3^2} + \cdots + \dfrac{2021^2+1}{2021^2}\right]$ 的值是_____。

13. 将 512 的 10 个正因数分成 A、B、C 三组（每组中至少含一个数），A 组中的数都不是一位数，B 组中的数都不是二位数，C 组中的数都不是三位数，满足条件的分组方式共有_____种。

三、解答题

14. 如题图所示，在四边形 $ABCD$ 中，E 是 BC 的中点，$AF:FD = 1:2$，$AG:GE = DH:HE$。已知 $\triangle ABF$ 的面积是 36，那么 $\triangle ADE$ 的面积是多少？

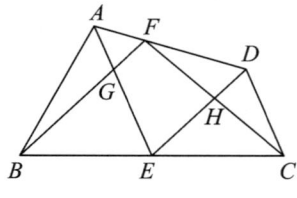

第 14 题图

15. 一根红色的长线,将它对折,再对折,……经过 m 次对折后将所得到的线束从中间剪断,得到一些红色的短线;一根白色的长线,将它对折,再对折,……经过 n 次对折后将所得到的线束从中间剪断,得到一些白色的短线。若红短线的数量与白短线的数量之比是大于 1 的整数,那么:

(1)写出 $\dfrac{m}{n}$ 的一个值并说明理由。

(2)求出 $\dfrac{m}{n}$ 的最小值并说明理由。

（命题人：黄达鹏·广州）

模拟试卷十六（高年级组）★★★

一、A 组填空题

1. 从 $\frac{1}{2}$、$\frac{1}{4}$、$\frac{1}{8}$、$\frac{1}{16}$、$\frac{1}{32}$、$\frac{1}{64}$、$\frac{1}{128}$、$\frac{1}{256}$ 共 8 个分数中，任意取两个不同的分数，计算它们的差（大减小），将所有不同的差相加得到的最简分数是 $\frac{a}{b}$，那么 $a+b$ _____。

2. 某班男生中有 50% 戴眼镜，女生中有 $\frac{1}{3}$ 戴眼镜。如果男生比女生少的人数，恰好等于戴眼镜的男生比戴眼镜的女生多的人数，那么这个班最少有 _____ 人。

3. 若一个等差数列是以 2021 为首项，以 109 为末项，它们中间的项都是自然数（至少 1 个），那么这样的等差数列有 _____ 种不同的情况。

4. 如果一个整数加上其各位上的数字之和是 2021，则所有满足条件的整数之和是 _____。

5. 如题图所示，正方形 ABCD 中有一个面积是 100 的等腰三角形 BEC，其底 EC＝10，则三角形 CDE 的面积为 _____。

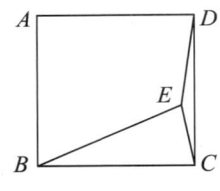

第 5 题图

6. 甲、乙两人在黑板上写数。写数规则是：甲先写一个 1～9 的自然数，之后每个人每一次写数都必须比刚刚写上的数大，并且两数的差必须是 1～9 的自然数；如果写的数个位是 0，那么写数的人就必须继续写，如果写的数个位不是 0，就换成另一个人写数。如果写出 2021 的人获胜，那么有必胜策略的人按必胜策略写数的过程中，最多可以写出 _____ 个个位是 0 的自然数。（1～9 的自然数指 1、2、3、4、5、6、7、8、9 这 9 个数）

7. 将红、蓝两色珠子共 2000 枚串成一个圆圈，至少有 _____ 枚红色珠子，才能保证有两枚红色珠子之间恰好有 399 枚珠子。

8. 已知三位数 $\overline{abc}$（$a>c$）与它的反序三位数 $\overline{cba}$，它们的和恰好能被它们的差整除，那么，三位数 $\overline{abc}$ 是 _____。

二、B组填空题

9. 如题图所示,已固定好的4×4的方格表中,在每个1×1方格填入0或1,使得每行、每列的和都是奇数,那么共有_____种填法。

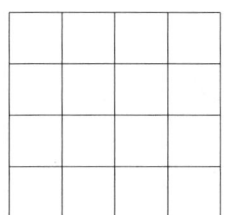

第9题图

10. 某次考试满分100分,其中选择题每题4分,填空题每题6分,所有题目的平均正确率是65%,其中填空题的正确率是58%,所有人的平均得分是63.32分,那么这次考试选择题的正确率是_____。

11. 冰冰自从参加完沃伦毅行大赛后,喜欢上了徒步毅行,在行走中锻炼自我。近期,冰冰准备参加一场365天毅行徒步挑战赛,她第一天可以步行30千米,之后的每一天都可以选择继续步行或者休息。若冰冰前一天休息恢复了体力,则后一天可以再次步行30千米;若冰冰前一天步行,则后一天会比前一天少走3千米。冰冰最多可以步行_____千米。

12. 用红、橙、黄、绿、蓝各2个大小完全相同的正三角形磁力片(磁力片的两面完全相同,不分正反)拼成如图所示的十面体,要求同色的两个磁力片不相邻(没有公共点),共有_____种不同的拼接情况。(旋转、翻转后重合的视为相同拼接方式)

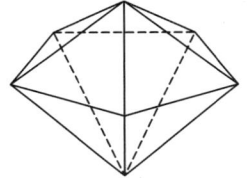

第12题图

13. 黑板原来写有2、3两个数。第1次操作:在两数中间写上5;第2次操作:在2和5之间写上2与5的和除以2的值,在5和3之间写上5与3的和除以2的值;第3次操作在每两个相邻数之间写上这两个相邻数之和除以3的值……按此规律操作如下。

操作前: 2   3

第1次操作后: 2   5   3

第2次操作后: 2 $\frac{7}{2}$ 5   4   3

第3次操作后: 2 $\frac{7}{6}$ $\frac{7}{2}$ $\frac{17}{6}$ 5   3   4 $\frac{7}{3}$ 3

……

第k次在每两个相邻数之间写上这两个相邻数之和除以k的值。这样共操作了100次后,此时黑板上所有数的和是_____。

三、解答题

14. 如图，正方形 ABOF 和正方形 OCDE 的面积分别为 1444 和 3249，且点 B、O、E 在同一直线上，AE 与 FO、FD 分别相交于点 H 与点 G，那么△BCG 的面积是多少？

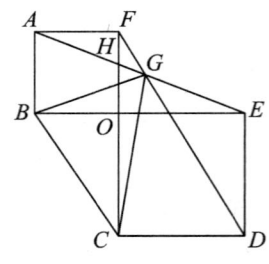

第 14 题图

15. 一个长方形周长是 8!，长和宽都是整数且最大公因数为质数，这样的长方形一共有多少种？

(命题人：边红旭·广州)

模拟试卷十七（高年级组）★★★

一、A 组填空题

1. 下面横式中，相同的汉字表示相同的数字，不同的汉字表示不同的数字，那么，"诵诗经"代表的三位数是_____。

$$\overline{执子之手} + \overline{与子偕老} - \overline{诵诗经} = 2096$$

2. 悦悦来到 SS 岛上，看到一群奇怪的两脚兽、四脚兽和八脚兽。悦悦数了数发现四脚兽数量等于两脚兽和八脚兽的总和，两脚兽和四脚兽数量总和为八脚兽数量的 6 倍。悦悦又数了数这群动物的脚共有 108 只，那么悦悦看到了_____只四脚兽。

3. 小韬手里有 40 张扑克牌，分别为黑桃 1 至 10，红心 2 至 11，梅花 3 至 12，方块 4 至 13，那么，至少取_____张才能保证有 3 张牌的点数连续。

4. 用 2、20、202、2021 这 4 个数可以连写成_____个不同的 10 位数。

5. A、B、C、D、E、F、G、H、I 分别表示 1 至 9 中不同的数字，且 $F > G > H > I$。若 $\overline{AB}$、$\overline{BC}$、$\overline{CD}$、$\overline{DE}$ 分别是 F、G、H、I 的倍数，那么五位数 $\overline{ABCDE}$ 的最小值是_____。

6. 用 1 到 8 组成一个数字不重复的八位数，其中恰有 2 个奇数相邻、恰有 2 个偶数相邻，那么这样的八位数一共有_____个。（例如：13245678 满足，13524768 不满足）

7. 飞飞在做一个游戏：先将数字 1 到 9 无重复使用组成一个九位数，然后每次删掉最高位的数字，直到剩下一个数字；在这过程中分别出现的九位数、八位数、……、一位数里，若某个数能被 3、4、5、6 这四个数中的 m 个数整除，则飞飞就获得 m 分。那么统计这九个数飞飞的得分之和最高是_____分。

8. 在如题图所示的面积为 1000 的正十边形中，实心阴影区域比点状阴影区域面积大_____。

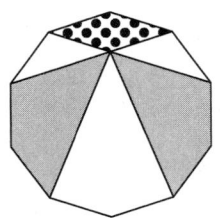

第 8 题图

二、B组填空题

9. 乐乐有写有1至9的9张卡片,分别给甲、乙各3张。他俩只能看到自己的数字而看不到对方的数字,并发生如下对话:

甲说:我所拿的3个数字从小到大可以组成一个平方数。

乙说:我知道你拿的3个数是多少了。

若他们都是聪明且诚实的好孩子,那么乙手里拿的三个数字有_____种不同的情况?

10. 若用 n 种不同的颜色染 $9×9$ 棋盘中所有的方格,可以使得每一行及每一列均最多只出现4种不同颜色,那么这样的 n 最大值为_____。

11. 桌上共有 n 颗石子(n 为两位数),哲哲和喜喜两人先后轮流取走石子,规则如下:若桌上剩余石子数为奇数,则只能取走质数颗石子;若桌上剩余石子数为偶数,则只能取走合数颗石子;如果轮到某人取石子时,桌上没有石子或者他无法按要求取走石子,则此人为输,游戏结束。如果哲哲先取,喜喜后取,那么有_____种 n 的不同取值,能使哲哲有必胜策略。

12. 如题图所示,BE 上的一点 O 到五边形 $ABCDE$ 的五个顶点距离相等,$AB=AE=22$,$BC=DE=14$,那么阴影部分的面积为_____。

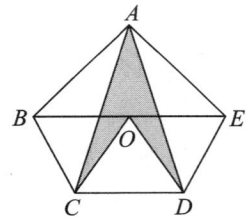

第12题图

13. 如题图所示,"双螺旋"数表中自然数不断延续摆放,若1所在的位置为0行0列,6在上1行,10在左2列,3在下1行,2在右1列……

(1)2020在_____行_____列。

(2)上20行右20列的数是_____。

	左2列	左1列	0列	右1列	右2列	右3列	
	21	19	17	15	13	30	上2行
	23	8	6	4	11	28	上1行
	25	10	1	2	9	26	0行
	27	12	3	5	7	24	下1行
	29	14	16	18	20	22	下2行
	31	33	35	37	39	41	下3行

第13题图

三、解答题

14. 等边△PQR 与等边△BDF 交于 M、N、K 三点，∠PBK＝∠QDN＝∠RFN＝90°，BK∶KD＝DN∶NF＝FM∶MB＝2∶3，若△MNK 的面积为 420，那么阴影区域的面积为多少？

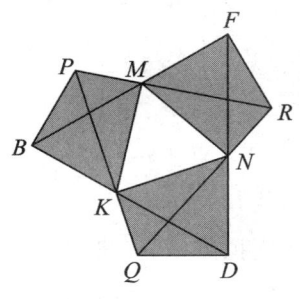

第 14 题图

15. 将 10 个长方形如题图所示堆放，规定当一个长方形上方没有其他长方形时，我们可以将它取走，且每次只能取走一个长方形。请问取走全部长方形的不同取法有多少种？

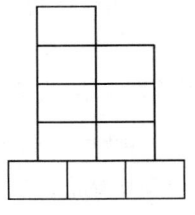

第 15 题图

（命题人：黄锦熙·广州）

模拟试卷十八（高年级组）★★★

一、A 组填空题

1. 计算：$(101)_2 + (101)_4 + (101)_6 + \cdots + (101)_{32} = ($ _____ $)_{10}$。
   [其中 $(101)_n$ 表示 n 进位制中的数]

2. 冲刺 A 班、B 班进行一次模拟测试，A 班同学的平均分为 85 分，B 班同学的平均分为 70 分，而两班总平均分为 76 分。现在从 A、B 班中抽出 10 名获得 100 分的同学去组成 C 班，这样剩下所有同学的平均分为 75 分。那么原来 A 班有 _____ 人。

3. 已知 $\dfrac{13}{109}$ 为纯循环小数，那么它的循环节的末三位是 _____。

4. 已知：$[x]$ 表示不超过 x 的最大整数，a、b 为正整数且满足 $\left[\dfrac{b^2}{a^2}\right] + \left[\dfrac{a^2}{b^2}\right] = \left[\dfrac{b}{a}\right] + \left[\dfrac{a}{b}\right] + 21$。那么，$a+b$ 的最小值是 _____。

5. 若 n 为奇数，$A(n)$ 为 n 从右往左的第奇数位上的各个数字之和；若 n 为偶数，$A(n)$ 为 n 从右往左的第偶数位上的各个数字之和。那么，$A(1000) + A(1001) + A(1002) + \cdots + A(2020) = $ _____。

6. 有这样的一类七位数：它是 7 的倍数，且从左到右的第 n 位上数字不能超过 n（$n=1,2,\cdots,7$）。这样的七位数有 _____ 个。

7. 下面算式中，5 个字母代表 5 个不同数字，其中 $a=1$，$d=8$，则 $b+c+e=$ _____。

   $\overline{ab} \times \overline{cde} = \overline{edc} \times \overline{ba}$

8. A、B、C、D、E 是五个齿轮。其中 A 和 B 相互咬合，C、D 相互咬合，D、E 相互咬合，B 和 C 是同轴的两个齿轮。当 A 转过 4 圈时，C 恰好转过 7 圈；当 B 转过 14 圈时，A 与 E 恰好共转过 31 圈；如果 A、E 上的总齿数与 B、C 上的总齿数相等，则 B、C 上的齿数之比是 _____。（相互咬合的两个齿轮转动的齿数相同，同轴的两个齿轮转动的圈数相同）

二、B 组填空题

9. 设 $100! = 6^a \times 21^b \times 22^c \times 28^d \times M$，其中 a、b、c、d、M 均为自然数，那当 M 取最小值时，$a+b+c+d=$ _____。

10. 在如图所示的正方形 $ABCD$ 中，E 为 BC 的中点，$CF=2DF$，AF 与 DE 交于点 O，以 O 为圆心，分别以 OD、OA 为半径，以 $\angle AOE$、$\angle DOF$ 为圆心角作两扇形，则大小两个扇形的面积比是 _____。

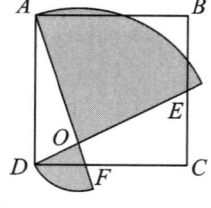

第 10 题图

11. 有这样一个自然数 A，48 是它从大到小排列的第 11 个因数，60 是它从小到大排列的第 21 个因数，那这个数 A 是_____。

12. 甲、乙、丙三人分配一瓶整数毫升的溶液。第一次：甲先取其中的 $\frac{1}{3}$，乙取剩下的 $\frac{1}{4}$，丙取乙取后剩下的 $\frac{1}{a}$。接着，按原次序和比率再分配两次后，溶液剩下 4116 毫升。则正整数 a 的最大值为_____。

13. 对 16988 这个五位数进行若干次操作，每次操作可将相邻的一个两位数旋转 $180°$，如 168 进行一次操作变为 189。经过有限次操作后可得到的不同的五位数有_____个。

三、解答题

14. 环形跑道全长 1000 米，A、B 为跑道直径上的两点，速度相同的甲乙分别从距点 A 两侧 80 米与 60 米同时背向出发，跑道上设有间距相同的 4 个加油站，两人每经过加油站一次都会增加出发速度的 50%。若最终他们在点 B 第一次相遇，请问距离甲最近的一个加油站是多少米？

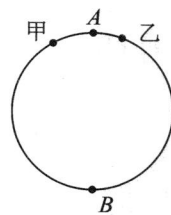

第 14 题图

15. 现在有 5 种颜色的小球，每种小球数量足够多。从中取出 n 个小球，将其排成一圈，要求任意 3 种不同颜色组合（不看顺序）都会出现在某 3 个相邻的小球中，则 n 最小值为多少？

（命题人：郑华哲·广州）

三、钩沉索隐·热门专题名师讲堂

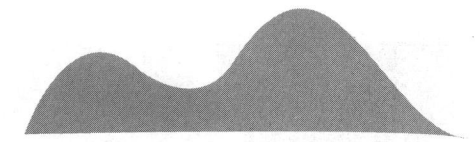

射影定理——武汉·刘嘉

数学中的定理与证明——武汉·刘嘉

话说《九章》——算术更流长——杭州·佘逸舟

三十六计搞定小升初 续集之压轴:随心所欲——南京·马新成

只用加法就会计数？——标数法分析——武汉·付谦

妙趣纵横——数轴一两根——武汉·胡志峰

非胜即败,非生即死——对策问题中的胜负位分析法——北京·班昌

一道经典题引发的思考——北京·孙佳俊

旋转与翻转意义下的计数问题——广州·黄锦熙

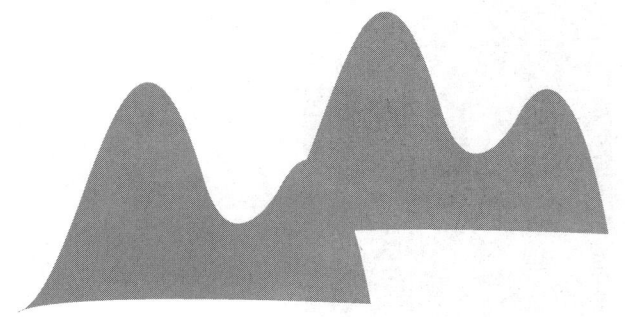

射影定理

——武汉·刘嘉

§1. 射影定理与勾股定理

历史上可考证的第一个勾股定理的证明源自欧几里得的《几何原本》，书中卷1命题47就是勾股定理及证明。2000年来，世界上各种不同文本的《几何原本》都对这一颇具特色定理的证明附有相同的插图，异文同图，饶有兴趣。

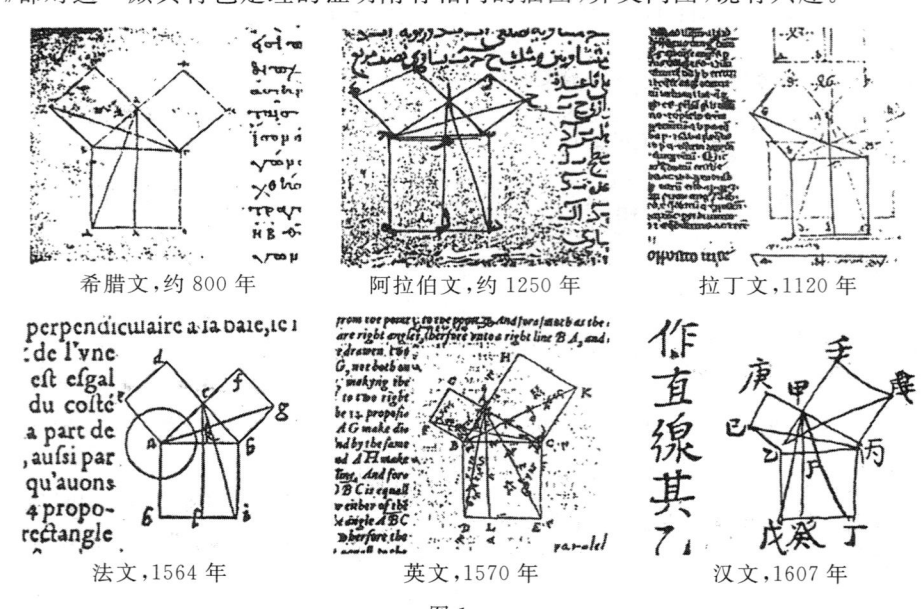

希腊文，约800年　　阿拉伯文，约1250年　　拉丁文，1120年

法文，1564年　　英文，1570年　　汉文，1607年

图1

别具一格的欧几里得证法与用弦图来证明勾股定理风格迥异，欧几里得证法是采用分割图形、构造全等三角形与平行线间面积等积变形来完成勾股定理的证明，这个证明已成为现代中学几何教科书的传统内容。

毕达哥拉斯定理（勾股定理）的证明

图2

【勾股定理】在直角三角形中,直角边上的正方形面积之和等于斜边上正方形的面积。

【欧几里得证法】如图3所示,过点C作$CD\perp C_1C_2$,交AB于点H,交C_1C_2于点D。连接BB_2与CC_2,则

(i) $AB=AC_2$
$\angle BAB_2=\angle C_2AC(=90°+\angle BAC)$ $\Rightarrow \triangle ABB_2\cong\triangle AC_2C$。
$AB_2=AC$

(ii) $BB_1//AB_2\Rightarrow S_{\triangle ABB_2}=\dfrac{1}{2}S_{正方形ACB_1B_2}$,$CD//AC_2\Rightarrow S_{\triangle AC_2C}=\dfrac{1}{2}S_{长方形AHDC_2}$。

(iii) 由(i)、(ii)的结论可得 $S_{正方形ACB_1B_2}=S_{长方形AHDC_2}$。

同理可得 $S_{正方形BCA_1A_2}=S_{长方形BHDC_1}$。

综上所述,$S_{正方形ABC_1C_2}=S_{正方形ACB_1B_2}+S_{正方形BCA_1A_2}$。

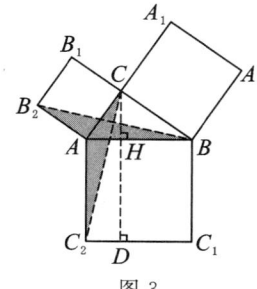

图 3

欧几里得证法中的关键一步是证明 $S_{正方形ACB_1B_2}=S_{长方形AHDC_2}$,如图4所示,这个结论就是平面几何中著名的射影定理!

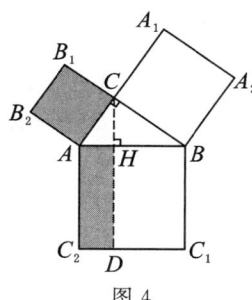

图 4

射影定理用代数形式表示为:在 Rt$\triangle ABC$ 中,$CH\perp AB$ 于点 H,则 $AC^2=AH\cdot AB$,$BC^2=BH\cdot AB$。

因此 $AC^2+BC^2=AH\cdot AB+BH\cdot AB=(AH+BH)\cdot AB=AB^2$。

所以,欧几里得证法实质上是用"射影定理"来证明"勾股定理"。

工具箱·射影

在平面几何中,

【定义1】自点P向直线l作垂线所得到的垂足H叫作点P在直线l上的射影。

如定义1图所示,点P在直线l上的射影就是垂足H。

【定义2】线段的两个端点在这条直线上的正射影间的线段,叫作一条线段在直线上的正射影。

如定义2图所示,线段PQ在直线l上的射影就是线段HM。

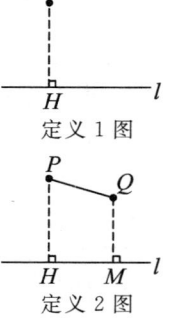

定义1图

定义2图

工具箱·射影

例1 如图,$AD \perp BC, EF \perp BC$。指出点 A、B、C、D、E、F、G 和线段 AB、AC、AF、FG 在直线 BC 上的射影。

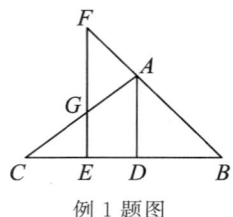

例1题图

【思维分析】由 $AD \perp BC, EF \perp BC$ 知

(i)点的射影:点 A 在 BC 上的射影是点 D。

　　　　　　点 B 在 BC 上的射影是点 B。

　　　　　　点 C 在 BC 上的射影是点 C。

　　　　　　点 E、F、G 在 BC 上的射影是点 E。

(ii)线段的射影:线段 AB 在 BC 上的射影是 DB。

　　　　　　　线段 AC 在 BC 上的射影是 DC。

　　　　　　　线段 AF 在 BC 上的射影是 DE。

　　　　　　　线段 FG 在 BC 上的射影是点 E。

射影定理是几何图形计算与分析中很重要的定理,射影定理有两条。

	Rt△中的射影定理		Rt△中射影基本构图
射影定理Ⅰ·直角边型	在 Rt△ 中,每一条直角边是这条直角边在斜边上的射影和斜边的比例中项	$AC^2 = AH \cdot AB$ $BC^2 = BH \cdot AB$	
射影定理Ⅱ·斜高型	在 Rt△ 中,斜边上的高是两条直角边在斜边上的射影的比例中项	$CH^2 = AH \cdot BH$	
推论·勾股定理	在 Rt△ 中,两直角边的平方和等于斜边的平方	$AB^2 = AC^2 + BC^2$	
射影定理逆定理	(i)若一个三角形一边上的高是另两边在这边上射影的比例中项,那么这个三角形是 Rt△。 (ii)若一个三角形的一边是这边在另一边上的射影与另一边的比例中项,那么这个三角形是 Rt△。		

图5

射影定理Ⅰ的证明除了上面的欧几里得证法外,在课本中是运用相似三角形的性质来证明的。

射影定理Ⅱ的证明出现在欧几里得《几何原本》卷2命题14。欧几里得是在证明了勾股定理后再用勾股定理来证明射影定理Ⅱ的。其证法如下。

如图6所示，在 Rt△ABC 中，取斜边的中点 O，连接 OC。则 OA＝OB＝OC。

在 Rt△OCH 中，设 CH＝a，OH＝b，OC＝c。则根据勾股定理，$a^2 = c^2 - b^2 = (c+b)(c-b) = AH \cdot BH$。

即 $CH^2 = AH \cdot BH$。

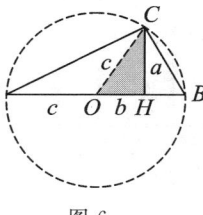

图6

(1) 弦图技巧证射影定理

下面，我们采用构造弦图的方法统一给出射影定理Ⅰ、Ⅱ的面积证明，其优点是证明过程纯粹从面积的角度考虑问题，无须借助勾股定理。

【证明射影定理Ⅰ·直角边型】如图所示，以直角边 AC 构造正方形 ACEF，同时构造外弦图（图7）与内弦图（图8）。

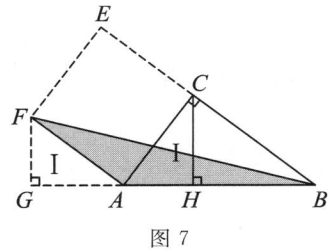

图7

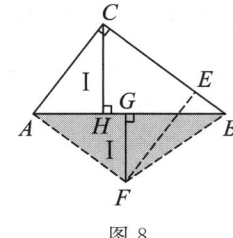

图8

根据弦图的特征可知：

图7中，$S_{\triangle ABF} = \dfrac{AF \cdot AC}{2} = \dfrac{AC^2}{2}$；图8中，$S_{\triangle ABF} = \dfrac{AB \cdot FG}{2} = \dfrac{AB \cdot AH}{2}$。

所以 $AC^2 = AB \cdot AH$。

同理可证：$BC^2 = BH \cdot AB$。

【证明射影定理Ⅱ·斜高型】如图所示，以直角边 AC 构造正方形 ACEF，同时构造外弦图（图9）与内弦图（图10）。

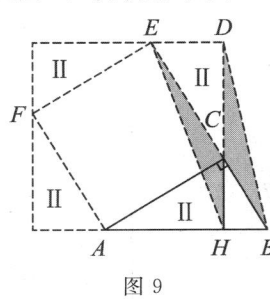

图9

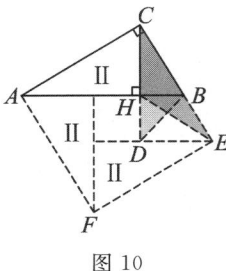

图10

根据弦图的特征可知：

图9中，$ED // AB \Rightarrow S_{\triangle BCD} = S_{\triangle HCE}$；

图10中，$S_{\triangle BCD} = \dfrac{DC \cdot HB}{2} = \dfrac{AH \cdot HB}{2}$，$S_{\triangle HCE} = \dfrac{HC \cdot ED}{2} = \dfrac{HC^2}{2}$。

综上所述，$HC^2 = AH \cdot HB$。

(2) 旋转技巧证射影定理

射影定理的结论是形如"$S^2 = xy$"的代数式，可以借助几何变换中的旋转技巧把等式中的"S^2"与"xy"项用图形的面积来刻画，通过比较两种图形的面积来获得等式。

如图 11、图 12 所示,把 Rt△BCH 绕点 H 顺(逆)时针旋转 90°至 Rt△B′C′H 处,连接 AB′、CC′与 BB′。

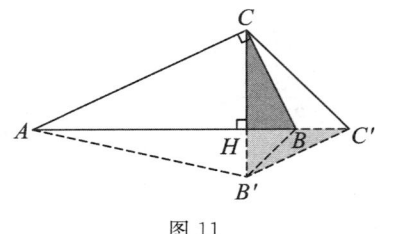

图 11

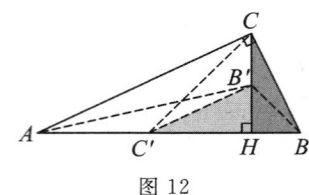

图 12

(i)如图 11 和图 12 所示,注意到旋转变换后 $AC \parallel B'C'$(为什么?),则由蝶形定理可得:

$AC \parallel B'C' \Rightarrow S_{\triangle CHC'} = S_{\triangle AHB'} \Rightarrow CH \cdot C'H = AH \cdot HB' \Rightarrow CH^2 = AH \cdot HB$。

[评注:这一步也可以直接由平行线分线段成比例定理得到,$AC \parallel B'C' \Rightarrow \dfrac{CH}{HB'} = \dfrac{AH}{HC'} \Rightarrow CH \cdot HC' = AH \cdot HB' \Rightarrow CH^2 = AH \cdot HB$。]

(ii)如图 11 和图 12 所示,注意到旋转变换后 $BC \perp B'C'$(为什么?),则由蝶形定理可得:

图 11:$S_{\triangle CB'C'} = S_{\triangle AB'C'} \Rightarrow S_{\triangle CBC'} + S_{\triangle CBB'} + S_{\triangle BB'C'} = S_{\triangle ABB'} + S_{\triangle BB'C'} \Rightarrow S_{\triangle CBC'} + S_{\triangle CBB'} = S_{\triangle ABB'}$。

图 12:$S_{\triangle CB'C'} = S_{\triangle AB'C'} \Rightarrow S_{\triangle CB'C'} + S_{\triangle BB'C'} = S_{\triangle AB'C'} + S_{\triangle BB'C'} \Rightarrow S_{\triangle CB'C'} + S_{\triangle BB'C'} = S_{\triangle ABB'}$。

转化成线段的乘积即 $AB \cdot HB' = BC \cdot B'C' \Rightarrow BC^2 = AB \cdot BH$。

归纳・延伸・思考

我们也可以把 Rt△BCH 分别以点 B 或点 C 为旋转中心进行 90°旋转,通过建立面积关系式推导出射影定理。

(i)如图 13、图 14 所示,Rt△BCH $\xrightarrow[\text{顺(逆)时针旋转 }90°]{\text{以点 }B\text{ 为旋转中心}}$ Rt△BC′H′。

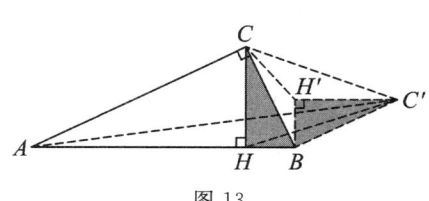

图 13

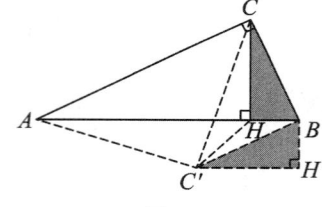

图 14

(ii)如图 15、图 16 所示,Rt△BCH $\xrightarrow[\text{顺(逆)时针旋转 }90°]{\text{以点 }C\text{ 为旋转中心}}$ Rt△B′CH′。

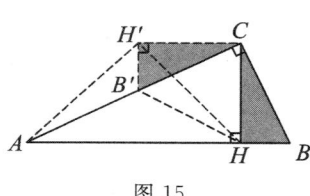

图 15

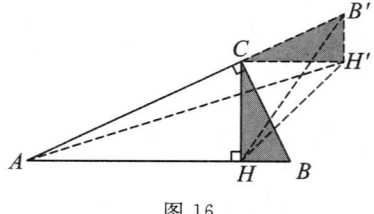

图 16

读者可以把上面 4 幅构图作为练习推导。

实际上,如果"勾股定理"成立(这一点可以用弦图的证明方式来保证!),我们可以证明"射影定理Ⅰ、Ⅱ"也成立。

(3)勾股定理证明射影定理

如图 17 所示,在 Rt△ABC 中,两条直角边分别为 a、b,斜边为 c。CH 为斜边上的高,设 $BH=x$,$AH=y$,$CH=h$。

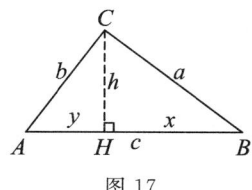

图 17

【勾股定理证明射影定理Ⅱ】根据勾股定理得:

在 Rt△AHC 中,$b^2=y^2+h^2$。

在 Rt△BHC 中,$a^2=x^2+h^2$。

在 Rt△ABC 中,$(x+y)^2=c^2=a^2+b^2$。

所以 $(x^2+h^2)+(y^2+h^2)=(x+y)^2$,化简得 $h^2=xy$。

即 $CH^2=AH \cdot HB$。

【勾股定理证明射影定理Ⅰ】根据勾股定理得:

$a^2=c^2-b^2=(x+y)^2-(h^2+y^2)$

$=x^2+2xy-h^2=x^2+2xy-xy=x^2+xy=x(x+y)$。

即 $BC^2=AB \cdot BH$。

同理可得 $AC^2=AH \cdot AB$。

"勾股定理"与"射影定理"在形式上不同,但在本质上都是用来刻画直角三角形的基本代数特征的。

在数学中,如果 A、B 两个命题可以互相证明,即

(i)如果把 A 命题作为条件,则可以证明 B 命题。即由 A 可以推导出 $B(A \Rightarrow B)$。

(ii)如果把 B 命题作为条件,也可以证得 A 命题。且由 B 可以推导出 $A(B \Rightarrow A)$,那么 A 和 B 叫作等价命题($A \Leftrightarrow B$)。

如果 A、B 两个命题是等价命题,那么这两个命题的本质上是相同的。是同一数学结构与对象的不同描述方式,只是表现形式上不同。

从上面的证明可以看出,勾股定理与射影定理就是一组等价命题。

射影定理揭示了 Rt△中直角边在斜边上射影与直角边、斜边及斜边上高之间的比例关系,而每一组比例关系对应着 Rt△中一对相似三角形。

如图 18 所示,在 Rt△ABC 中,CH 为斜边上的高,则

$AC^2=AH \cdot AB \Leftrightarrow \triangle ABC \sim \triangle ACH$。

$BC^2=BH \cdot BA \Leftrightarrow \triangle ABC \sim \triangle CBH$。

$CH^2=AH \cdot BH \Leftrightarrow \triangle ACH \sim \triangle CBH$。

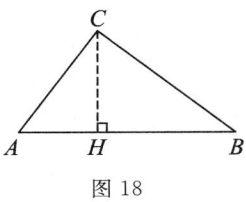

图 18

例 2 在 $\triangle ABC$ 中，$\angle B = 90°$，$AB > BC$。现有 $\triangle A_iBC$（$i = 1, 2, \cdots, n$）与 $\triangle ABC$ 相似（顶点不一定对应），则 n 的最大值是多少？

【思维分析】联想到射影定理的基本构图，我们可构造图形：

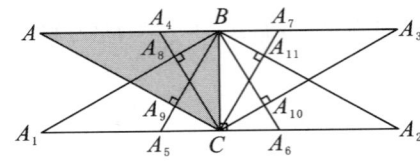

例 2 题图

如例 2 题图所示，$\triangle A_1BC \cong \triangle A_2BC \cong \triangle A_3CB \cong \triangle ACB$，则 $CA_4 \perp A_1B$ 于点 A_8，$BA_5 \perp AC$ 于点 A_9，$CA_7 \perp BA_2$ 于点 A_{11}，$BA_6 \perp CA_3$ 于点 A_{10}。

由例 2 题图可知，符合条件的点有 $A_1, A_2, \cdots, A_{11}$，共 11 个。

归纳・延伸・思考

没有哪个定理能像勾股定理那样衍生出如此多的注释、变形和应用，下面就是勾股定理在射影定理构图中的一个推广。

【勾股定理的推广・倒数形式】若 a、b 是直角三角形的直角边，c 是直角三角形的斜边，h 是斜边上的高，则 $\left(\dfrac{1}{a}\right)^2 + \left(\dfrac{1}{b}\right)^2 = \left(\dfrac{1}{h}\right)^2$。

【图解法】

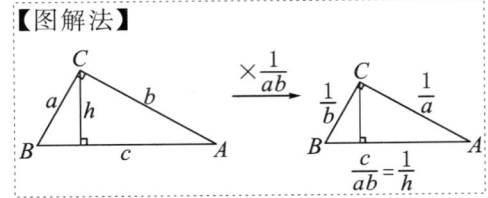

图 19

为了证明这个公式，我们对公式的左边化简：$\dfrac{1}{a^2} + \dfrac{1}{b^2} = \dfrac{a^2 + b^2}{a^2 b^2} = \dfrac{c^2}{a^2 b^2}$。

另一方面，$\triangle ABC$ 的面积可以用两种方法表示：$S_{\triangle ABC} = \dfrac{ab}{2} = \dfrac{ch}{2}$，所以 $ab = ch$，由此得到 $c = \dfrac{ab}{h}$。把这个结果带回到表达式 $\dfrac{c^2}{a^2 b^2}$ 之中并化简，就得到所要的结果。

在解析几何中，这个公式有非常直观的几何模型：

如图 20 所示，在直角坐标系中，$\odot O$ 以原点为圆心，设从原点到 $\odot O$ 的切线的垂直距离记为 p，则 $\dfrac{1}{p^2} = \dfrac{1}{m^2} + \dfrac{1}{n^2}$。其中，$m$ 和 n 分别是这条切线在 x 轴和 y 轴上的截距。

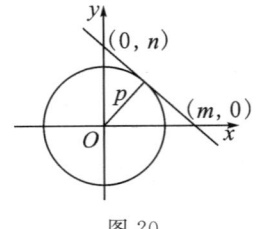

图 20

§2. 二元均值不等式的几何模型

在欧几里得、阿基米德之后，公元 3 世纪末 4 世纪初，希腊传统数学的最后一批数学家之一，生活在亚历山大城的帕普斯(Pappus)在他最负盛名的著作《数学汇编》第 3 卷中给出了三种平均值有趣的几何表示，建立了二元均值不等式的几何模型。

二元均值不等式·调和平均(H)＜几何平均(G)＜算术平均(A)	
如果 x,y 为正实数，则 $\dfrac{2}{\dfrac{1}{x}+\dfrac{1}{y}} \leqslant \sqrt{xy} \leqslant \dfrac{x+y}{2}$。 等号当且仅当 $x=y$ 时成立。	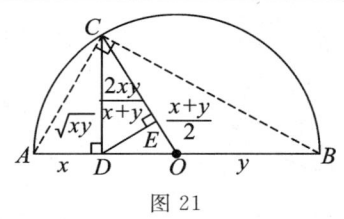 图 21

【二元均值不等式几何模型】如图 22，在线段 AB 上取点 D，D 不是 AB 的中点 O。过点 D 作 AB 的垂线交 AB 上的半圆于点 C，并且设 E 为从 D 向 OC 所作垂线的垂足，则：

（i）OC,CD,CE 分别表示 AD 和 BD 的算术平均，几何平均和调和平均；

（ii）如果 $AD \neq BD$，则：调和平均＜几何平均＜算术平均。

【证明】不妨设 $AD=x,BD=y$。

（i）根据圆的定义：$OC=\dfrac{AB}{2}=\dfrac{AD+BD}{2}=\dfrac{x+y}{2}$，所以 OC 是 AD 与 DB 的算术平均值。

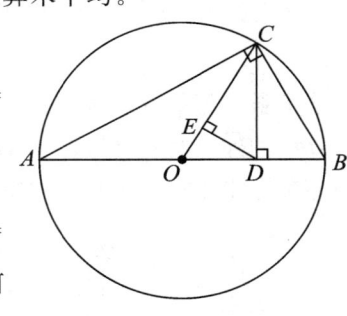

图 22

在 Rt△ABC 中，根据射影定理可得：$CD=\sqrt{AD \cdot DB}=\sqrt{xy}$，所以 CD 是 AD 与 DB 的几何平均值。

在 Rt△OCD 中，根据射影定理可得：$CE=\dfrac{CD^2}{CO}=\dfrac{AD \cdot DB}{\dfrac{AD+DB}{2}}=\dfrac{2AD \cdot DB}{AD+DB}=\dfrac{2xy}{x+y}$，所以 CE 是 AD 与 BD 的调和平均值。

（ii）根据"直角三角形中的斜边大于直角边"可得：

$$CE<CD<OC \Rightarrow \dfrac{2xy}{x+y}<\sqrt{xy}<\dfrac{x+y}{2}。$$

即调和平均＜几何平均＜算术平均。

§3. 射影定理与相交弦定理

工具箱·垂径定理	
【垂径定理】垂直于弦的直径平分弦。 如图 23 所示，根据勾股定理可得： $MH^2=OM^2-OH^2=ON^2-OH^2=NH^2$。 所以 $MH=NH$。	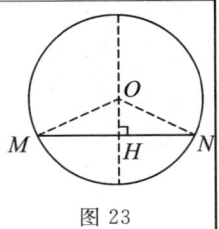 图 23

平面几何中的重要定理——"相交弦定理",刻画了圆中相交弦之间的数量关系。

【相交弦定理】 过圆内一定点所引的弦,各弦被这个定点所分成的两线段乘积相等。

如图 24 所示,圆 O 中过定点 P 的弦 MN,M_1N_1,M_2N_2 $\cdots$ 被点 P 分成两段,则 $MP \cdot PN = M_1P \cdot PN_1 = M_2P \cdot PN_2 = \cdots$

为了证明这个结论,如图 25,我们过圆心 O 作垂径 OH,连接 OM、OH,那么

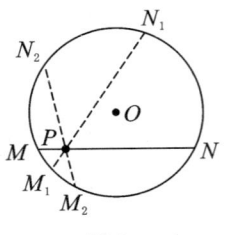
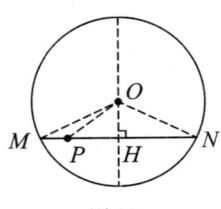

图 24　　　　　图 25

$$\begin{aligned}
ON^2 - OP^2 &= HN^2 - HP^2 \\
&= (HN + HP)(HN - HP) \\
&= NP(HM - HP) \cdots\cdots 垂径定理 \\
&= NP \cdot MP。
\end{aligned}$$

由于 ON(半径)与 OP(P 为定点)都是定值,所以线段的积 $NP \cdot MP$ 也是定值!由此可知结论成立。

借助相交弦定理可以给出斜高型射影定理的另一种证明:

如图 26 所示,作 $\mathrm{Rt}\triangle ABC$ 的外接圆 O,则 AB 为直径。延长 CH 交圆 O 于点 C',则根据垂径定理,$CH = C'H$。根据相交弦定理得 $CH^2 = CH \cdot C'H = AH \cdot HB$。

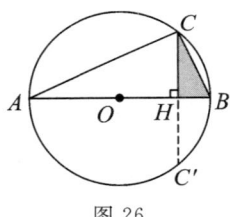

图 26

归纳·延伸·思考

当"相交弦定理"中的定点 P 位于圆外时,就是"割线定理"。

【割线定理】 过圆外一定点所引圆的割线被这个定点所分成的两线段乘积相等。

如图 27 所示,过圆 O 外定点 P 的割线 PMN,PM_1N_1,PM_2N_2 $\cdots$ 被点 P 分成两段,则 $PM \cdot PN = PM_1 \cdot PN_1 = PM_2 \cdot PN_2 = \cdots$

"割线定理"的证明与"相交弦定理"证明思路一样,留给读者练习(参考图 28)。

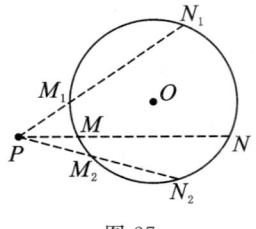
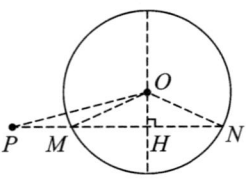

图 27　　　　　图 28

续表

归纳·延伸·思考

当割线 $PMN, PM_1N_1, PM_2N_2 \cdots$ 趋近于极限位置 PQ(PQ 为圆 O 的切线)时,我们可以得到"切割线定理"。

【切割线定理】从圆外一点引圆的切线和割线,切线长是这点到割线与圆交点的两条线段长的比例中项。

如图 29 所示,过圆 O 外定点 P 的割线为 PMN, $PM_1N_1, PM_2N_2 \cdots$,切线为 PQ,则 $PQ^2=PM \cdot PN = PM_1 \cdot PN_1 = PM_2 \cdot PN_2 = \cdots$

在几何上,"相交弦定理""割线定理"与"切割线定理"统称"圆幂定理"。

借助"切割线定理",可以给出直角边型射影定理的另一种证明:

如图 30 所示,作 Rt$\triangle AHC$ 的外接圆 O,则 AC 为直径,BC 为圆 O 的切线。

根据"切割线定理"得:$BC^2 = BH \cdot BA$。

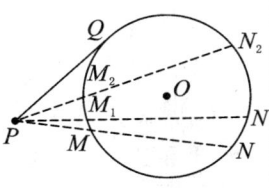

图 29

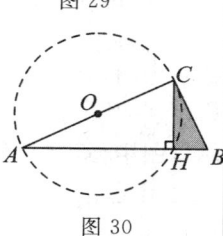

图 30

§4. 射影定理与几何作图

在古希腊,数学家们只用直尺和圆规两种工具可以轻易把多边形化为等积的三角形(见《明心资优教程 6 年级卷》第 5 讲·平行线间的面积),而任意一个三角形很容易用尺规作图的方式画成等积的矩形(图 31)。

以面积的观点来看射影定理的结论,说明可以用尺规作出一个和已知矩形面积相等的正方形。

【问题 1·化矩为方·《几何原本》第 2 卷命题 14】如何用尺规作出一个与已知矩形面积相等的正方形。

【思维分析】如图(1)所示,设矩形的长为 a,宽为 b。

① 作 AD,使其长为 a;
② 延长 AD 至 B,使 $DB=b$;
③ 以 AB 的中点 O 为圆心,$\dfrac{a+b}{2}$ 为半径画圆;
④ 过 D 作 $DC \perp AB$ 交圆 O 于点 C。
⑤ 连接 AC、CB。

根据斜高型射影定理可知,以 CD 为边的正方形面积与矩形面积相等。

接下来,我们对矩形进行切割,然后运用几何变换的手段拼补成等积的正方形,如图(2)所示。

图 31

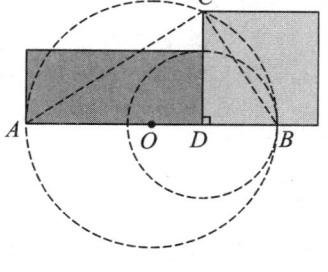

问题 1 图(1)

(i) 以 D 为圆心,DC 为半径作圆交矩形的长于点 E,则 $DE=DC$。

(ii) 过点 A 作 $AF \perp DE$,则有 $2S_{\triangle ADE} = S_{矩形} = S_{正方形}$,由此可得 $AF = DE = DC$。

(iii) 以 AF 为边作出的正方形 $AFGH$ 即为所求,其中 $\triangle \text{II}$ 与 $\triangle \text{III}$ 可以按图

(2)中的方式经过平移进行拼接。

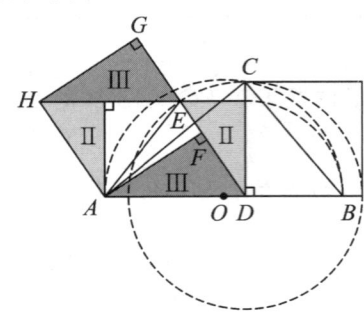

问题1图(2)

读者可以思考一下,根据直角边型射影定理,如何化矩为方?

归纳·延伸·思考

尺规作图是从古希腊开始的,是古希腊数学家在数学上的伟大成就之一。"尺规作图"是什么意思?

尺规作图就是在几何作图中,规定只能用无刻度的直尺和圆规这两种工具来作图。

《几何原本》中的2条公设:

1.经过任意两个不同的已知点,能引且只能引唯一的一条直线;

2.已知一个点和一个长度,若以此点为中心,以此长度为半径,可以作一个圆。

图 32

注:一根直尺不允许像普通尺子那样在上面做任何记号。

这2条公设是用直尺和圆规作图的理论基础。在实际作图中,运用其他作图工具都被认为是违反公设的。

为什么对几何作图要加上这样的限制?

古希腊数学家认为直线和圆是最基本的图形,其他的图形都能由直线和圆构成。直尺、圆规就是直线与圆在客观现实世界中的具体体现。尺规作图则能从理论上保证作图过程的逻辑严谨性,而用其他作图工具常常会受人的感觉影响,如用有刻度的直尺量长度,就会出现误差。

古希腊数学家运用几何定理,能够作出由有理数经过有限多次"加、减、乘(乘方)、除、开平方"等五种运算得出的数量(以线段的长度表示这些数量)。即给出单位长和长度分别为有理数 a、b 的线段,可以作出:

(i)线段的和与差 $a\pm b$;

(ii)线段的积 ab 与商 $\dfrac{a}{b}$;【注:作图法依据"平行线分线段成比例定理"】

根据(i)和(ii),在平面几何作图题里,总可以把一条已知线段当作"单位长线段",即把已知线段作为长度为1的线段。于是利用尺规作图,很容易将该线段等分,从而求得的 $1/n$ 线段,再将此线段 m 倍,又可得 m/n 的线段。于是一切以有理数为长度的线段都可以作出来。

(iii)线段的平方根 $\sqrt{a}$。

其中线段平方根 $\sqrt{a}$ 的尺规作图法的理论依据就是射影定理。

归纳·延伸·思考

【$\sqrt{a}$ 的作法】如图 33 所示，以线段 $AB=AD+DB=a+1$ 为直径作出半圆，CD 垂直 AB 于点 D（C 为垂线与半圆的交点），那么根据射影定理，有 $CD=\sqrt{a}$。

由此可见，一切以正有理数的平方根为长度的线段都可用尺规作出来。反复利用上述方法，又可将长为 $\sqrt[4]{a}$，$\sqrt[8]{a}$，…的线段作出来。

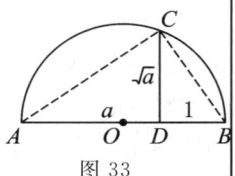

图 33

一般说来，只要是由有理数经过有限多次"加、减、乘（乘方）、除、开平方"运算得出的数，都可以用尺规作出以这些数为长度的线段来，数学中把这些数叫作"可作图几何量"。例如 $\sqrt{5+2\sqrt{6}}$、$\sqrt{1+\sqrt{2+\sqrt{3}}}$ 等就是"可作图几何量"。

因此，要判断一个平面几何上的图形是否用尺规可作，只要分析一下所要确定的几何量是否为"可作图几何量"就行了。

古希腊的数学家正是用无刻度的直尺和圆规这两种工具作出了许多几何图形，例如，他们能作出边数为 3，4，5，6，8 和 10 的正多边形。但是他们也有不成功的例子，例如，他们不能作出正 7 边形和正 9 边形。

在众多几何作图问题中，对数学发展产生了深远影响的是著名的"几何三大问题"：

(i) **三等分任意角**：可以平分任何一个已知角，但是不能三等分一个任意角。

(ii) **立方倍积**：可以作出一个正方形，使它的面积等于已知正方形面积的 2 倍。但不能作出一个立方体，使其体积等于已知立方体体积的 2 倍。

(iii) **化圆为方**：可以作出一个正方形，使它的面积等于已知多边形的面积。但不能作出一个正方形，使其面积等于已知圆的面积。

直到 19 世纪末，经过两千多年的探索与思考，数学家们才从逻辑上彻底给出了这些古老几何问题的数学解答。

1837 年，闻脱兹尔（Wantzel，1814—1848）证明了三等分任意角和立方倍积这两个问题不能用尺规作图来完成。

【三等分任意角】设已知角的三分之一为 α，则已知角为 3α，取它的余弦，由三倍角余弦公式得 $\cos3\alpha=4\cos^3\alpha-3\cos\alpha$，即 $8\cos^3\alpha-6\cos\alpha-2\cos3\alpha=0$。令 $2\cos3\alpha=m$，$2\cos\alpha=x$，则可得到 $x^3-3x-m=0$，这就是三等分任意角的代数方程。

如果这个方程的根 x 可用尺规作图作出来，则角的大小也可用尺规作出来，然而这个方程的根不能表示成"可作图几何量"。因此，三等分任意角不可能通过尺规作图作出。

【立方倍积】设正方体的棱长为 a，新立方体的棱长 x，则有 $x^3=2a^3$，不妨设 $a=1$，于是 $x=\sqrt[3]{2}$。而 $\sqrt[3]{2}$ 不是"$+$，$-$，$\times$，$\div$，$\sqrt{}$"五种运算所能得出的。所以 $\sqrt[3]{2}$ 是一个"非几何作图量"。

1882 年，林德曼（Lindemann，1852—1939）在埃尔米特（Hermite，1822—1901）证明了 e 是超越数的基础上证明了 π 也是超越数，从而证明了化圆为方也是不能尺规作图的问题。

续表

归纳·延伸·思考
【化圆成方】设正方形边长为 x,圆的半径为 r,则有 $x^2=\pi r^2$。不妨设 $r=1$,则化圆为方问题可表示为 $x^2=\pi$,于是 $x=\sqrt{\pi}$。根据林德曼证明的 π 和 $\sqrt{\pi}$ 都是超越数(非有理数)这个结论,它们不属于"可作图几何量"的范围。 1895 年,德国数学家克莱因(Klein,1849—1925)在总结前人研究成果的基础上,给出了"几何三大问题"不可能用尺规作图的简单而明晰的证法,从而解决了挑战人类智慧 2000 多年的几何三大问题。 数学的美不在于它的答案,而在于它的过程和方法。 三大作图问题"不可解"的结论似乎是一个令人失望的答案,然而用以得到这一结论的思维过程极具魅力,创造了不少解决它们的精巧方法和设计,并且在这一进程中还激发出新的数学思考,对于数学思想的发展起着重要的作用。

例 3 只用直尺和圆规,将一个等边三角形分成四块,使它们可拼成一个正方形。

【思维分析】设点 D、E 分别是正△ABC 边 AB、BC 的中点。

(i)因为 $S_{\triangle ABC}=AD\cdot CD$,设所求正方形的边长为 x,则 $x^2=AD\cdot CD$。可以用直尺和圆规作出线段 x,使 $x=\sqrt{AD\cdot DC}$(即 x 是 AD 与 CD 的比例中项)。

(ii)以 D 为圆心,x 为半径画圆交 AC 于点 F,则 $DF=x$。

(iii)点 G 在 AF 上且 $FG=\dfrac{1}{2}AC$。分别过 E、G 作 DF 的垂线,垂足分别是 J、H。这样,正△ABC 被分成四块,分别为四边形 $ADHG$、$BEJD$、$ECFJ$ 与△GHF。

把这四块图形按如图所示的方式进行拼接即可得所求正方形 $MPJL$。

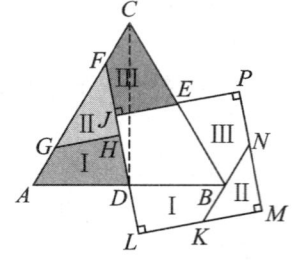

例 3 答题图

【证明】因为 $\angle JDB+\angle LDB=\angle JDB+\angle HDA=180°$,故点 J、D、L 在同一直线上。同理 J、E、P 在同一直线上。

因 $\angle KBD=\angle GAD=60°$,$\angle DBE=60°$,$\angle EBN=\angle ECF=60°$,故四块图形在点 B 处是无重叠、无间隙地密接的。

因 $BK=AG$,$BN=CF$,故 $BK+BN=AG+CF=AC-GF=GF=KN$,即

$$\triangle GFH \xrightarrow{\text{平移}} \triangle KNM$$

$$\text{四边形 } ECFJ \xrightarrow{\text{平移+旋转}} \text{四边形 } EBNP$$

$$\text{四边形 } DAGH \xrightarrow{\text{平移+旋转}} \text{四边形 } DBKL$$

又∠KNM+∠BNP=180°，故点P、M与N在同一直线上。同理，点L、K、M在同一直线上。所以LMPJ是一个四边形。

因∠L=∠M=∠P=90°，故四边形LMPJ是矩形，且$S_{矩形LMPJ}=S_{\triangle ABC}=AD \cdot DC=DF^2$。

另一方面，$LJ=\frac{1}{2}(LJ+PM)=\frac{1}{2}(LD+DJ+PN+NM)$

$=\frac{1}{2}(HD+DJ+JF+FH)=DF$。

故$JP=\frac{S_{矩形JLMP}}{LJ}=\frac{DF^2}{DF}=DF=LJ$，即矩形JLMP是正方形。

【问题2·立方倍积问题】所谓立方倍积问题，就是要作出一个正方体，使它的体积是已知正方体的体积的2倍。具体来说，就是有一个边长为a的正方体，我们要求作一个边长为x的正方体，使得新的正方体的边长为$x=\sqrt[3]{2a^3}$。

如果跳出尺规作图的框架，也就是不限制只用尺规，而是可以借助尺规以外的作图工具，人们发现问题的解决将是轻而易举的。

古希腊哲学家、数学家柏拉图（Plato，前427—前347）根据射影定理给出了"立方倍积"的非尺规作图的方法。

【作法】(i)作两条互相垂直的直线，两直线交于点O，在一条直线上截取$OA=a$，在另一条直线上截取$OB=2a$，这里a为已知立方体的棱长。

(ii)在这两条直线上分别取点C,D，使$\angle ACD=\angle BDC=90°$（这只要移动两个直角尺，使一个直角尺的边缘通过点$A$，另一个直角尺的边缘通过点$B$，并使两直角尺的另一边重合，直角顶点分别在两直线上，这时两直角尺的直角顶点即为点C,D）。

则线段OC之长即为所求立方体的一边。

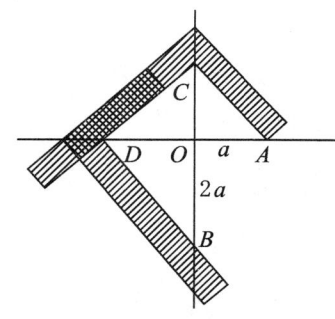

问题2图

【证明】根据直角三角形中的射影定理，有
$$OC^2=OA \cdot OD=a \cdot OD; OD^2=OB \cdot OC=2a \cdot OC。$$

从上两式中消去OD，得$OC^3=2a^3$，即$OC=\sqrt[3]{2a^3}$。

这就证得了OC的长就是所求立方体的棱长。

下面就是一个以立方倍积为背景的数学问题。

例4 如图所示，在$Rt\triangle ABC$中，$\angle BAC=90°$，AF是高，且$BD=DC=FC=1$。则AC为_____。

A. $\sqrt[3]{2}$　　　　B. $\sqrt{3}$　　　　C. $\sqrt{2}$　　　　D. $\sqrt[3]{3}$

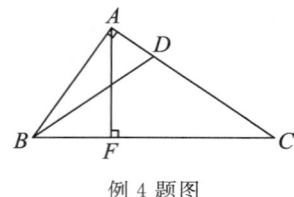

例 4 题图

答案：A

【思维分析】设 $AC=x$，$BD=CD=CF=1$，$AD=x-1$。

在 Rt△ABD 中，由勾股定理得 $AB^2=BD^2-AD^2=1^2-(x-1)^2$。

在 Rt△ABC 中，由射影定理得 $BC=\dfrac{AC^2}{CF}=x^2$。

在 Rt△ABC 中，由勾股定理得 $AB^2+AC^2=BC^2$。

由此建立方程：$1^2-(x-1)^2+x^2=x^4$，化简得 $x^4=2x$。

又 $x>0$，则 $x^3=2$，故 $x=\sqrt[3]{2}$。

§5. 射影定理在抛物线与三次方程中的应用

(1) 抛物线

在初中课本中，"抛物线"是以二次函数解析式在坐标系中的图象出现的，而历史上"抛物线"却不是以这种方式出现的。

抛物线出现的一种方式是古希腊数学家阿波尼乌斯（前 250—前 175）在他的著作《圆锥曲线论》中给出的：用平行于圆锥母线的平面去截圆锥，所得的截线就是抛物线（图 34，平面 α 与圆锥的母线平行）。

另一种方式则是借助射影定理构造的，如图 35 所示。

(i) 先以长度为 a 的线段为直径作圆；

(ii) 再把长度为 a 和 y 的线段并为一个长度为 $a+y$ 的线段，以 $a+y$ 为直径作一个圆；

(iii) 过直径为 $a+y$ 的圆与 x,y 轴的交点作垂线，垂线的交点为 P。

当 y 取不同的值时，所有对应垂线的交点 P 的轨迹即为抛物线！

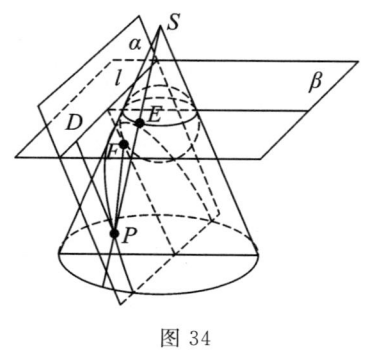
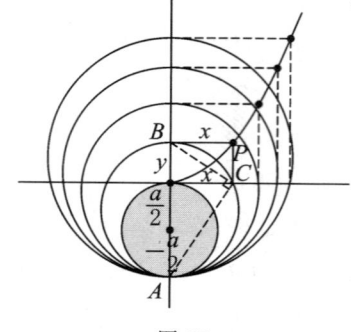

图 34 图 35

这是因为在 Rt△ABC 中，根据射影定理可得：$x^2=ay$ 或 $y=\dfrac{x^2}{a}$。

这正是抛物线的解析式。

需要指出的是，虽然可用上面欧氏几何的作图方法作出曲线上的每一点，但并不能作出完整的曲线。

(2) 三次方程

> **工具箱·一元 n 次方程**
>
> 【定义】含有一个未知数 x 的具有下列形式的多项式方程：
> $$a_0x^n+a_1x^{n-1}+\cdots+a_{n-1}x+a_n=0$$
> 叫一元 n 次方程。其中 n 是正整数，$a_0,a_1,\cdots,a_n$ 是实数，且 $a_0\neq 0$。
>
> 满足这个方程的 x 的值，称为这个方程的根。
>
> 根据 $n=1,2,3,4,5,\cdots$，方程称为一次的，二次的，三次的，四次的，五次的，……
>
> 例如：$3x+\sqrt{2}=2$ 是一元一次方程，它的根是 $x=\dfrac{2-\sqrt{2}}{3}$；
>
> $x^2-x-1=0$ 是一元二次方程，它的根是 $x=\dfrac{1\pm\sqrt{5}}{2}$；
>
> $x^3+2x+8=5x^2$ 是一元三次方程，它的根是 $x=-1,2,4$；
>
> …

早期代数学的主要任务之一，就是设法找到求解一元 n 次方程的根的一般方法。在中世纪，那个时代的人所知道的数只有正实数，当时所谓解方程指的就是求方程的正实根。其中一元一次方程、一元二次方程的求根公式在古巴比伦、中国古代及中世纪的印度和阿拉伯数学中都有系统的解法，这些解法都已体现在现在的初中数学课本中。

历史上，直到 16 世纪，一元三次方程还不能从一般意义下求解。

第一个探索一元三次方程解法的是阿拉伯数学家欧玛尔·海亚姆(1048—1131)，他对三次方程做过系统分类并分别阐述解法，他写过有关二项式定理和几何学方面的著作。他还是一位诗人，写过一本著名的诗集——《鲁拜集》(此书已由郭沫若译成了中文)。

海亚姆

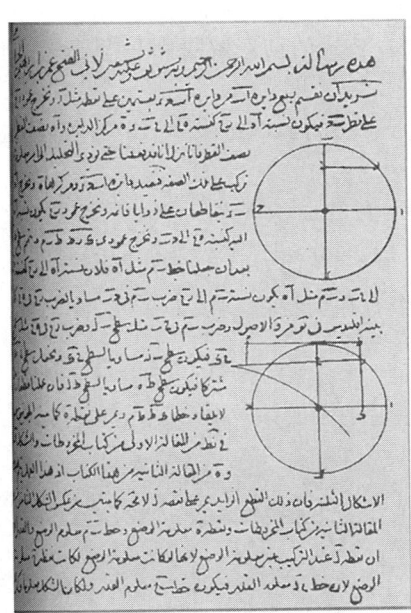
海亚姆关于三次方程的著作

图 36

海亚姆认为只有从几何上用圆锥曲线才能求解一元三次方程。

下面我们通过求解比较简单情形的一元三次方程 $x^3+Ax=B$（A 与 B 都是正数）来介绍他的方法。

为了从几何上构建这个方程的解，把这方程写成 $x^3+a^2x=a^2b$，这里 $a^2=A$，$a^2b=B$。

(i) 如图 37，根据 a 的值作一条抛物线 $x^2=ay$。

（注：通过这个 a 的值虽然可以定出一条抛物线，但曲线本身不能用尺规作出，曲线上的点需要多少就可以作出多少个来。）

(ii) 再以长度为 b 的直径 QR 作半圆，半圆与抛物线的交点为 P，过点 P 定出垂线 PS，则 QS 就是一元三次方程 $x^3+a^2x=a^2b$ 的一个解。

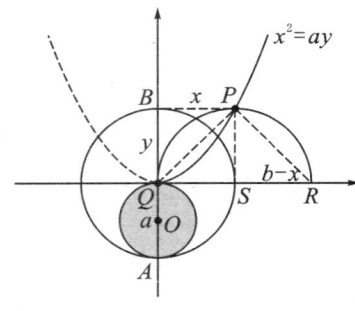

图 37

【证明】根据抛物线的性质得：$x^2=ay$ 或 $x^2=a \cdot PS$ ………… ①

在 Rt△PQR 中根据射影定理得：$PS^2=x(b-x)$ ………… ②

由①②可得 $x^4=a^2 \cdot PS^2=a^2 \cdot x(b-x)$。

化简得 $x^3+a^2x=a^2b$。

这说明 $x=QS$ 是一元三次方程 $x^3+a^2x=a^2b$ 的一个正根。

海亚姆以同样的技巧处理了他所列举的各种不同的一元三次方程，对于其中每一种形式他均阐述了求解方程所需的圆锥曲线，并从几何上证明了求解方程的正确性，最后还讨论了可能出现无解或多余一个解的情况。

显然，海亚姆给出的只是一元三次方程解的几何模型，并未从代数上给出一元三次方程的求根公式。求根公式的彻底解决则是海亚姆去世 500 年后在意大利演绎出来的传奇故事了。

举一个例子，通过一元三次方程 $x^3+7x=48$ 的作图过程展示海亚姆的方法。

(i) 我们先画一个正方形，它的面积 $b=7$，再画一条抛物线穿过它的左上角和右下角（这样的作法和我们上面介绍的方法是等价的，为什么？）

(ii) 在正方形右边再画个直径为 $\dfrac{48}{7}$ 的半圆。

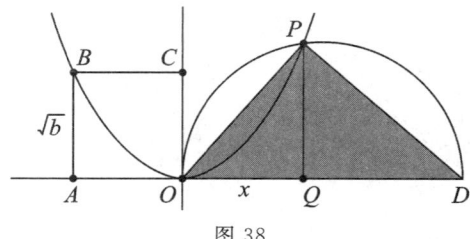

图 38

方程的解就是图 38 中线段 OQ 的长度，答案是 $OQ=3$。

可以把 $x=3$ 代入方程验证：$3^3+7×3=48$，满足方程！

数学中的定理与证明
——武汉·刘嘉

§1. 数学与猜想

在数学中也如同在自然科学中一样,常常通过对具体的例子或实验推测出数学的结论,这种未经证明得到的结论叫数学猜想。

【哥德巴赫猜想】任何大于 2 的偶数都可以表示成两个素数之和。

图 1

例如,$6=3+3, 8=3+5, 10=5+5, \cdots, 100=3+97=11+89=17+83, \cdots$ 这些具体的例子中,哥德巴赫猜想都是成立的。有人甚至逐一验证了 3300 万以内的所有偶数,竟然没有一个不符合哥德巴赫猜想的。20 世纪,随着计算机技术的发展,数学家们通过计算机计算发现哥德巴赫猜想对于更大的偶数依然成立。可是偶数是无限的,谁都不知道会不会在某一个足够大的偶数上,突然出现哥德巴赫猜想的反例?

在数学中,通过统计有限或简单的实验数据归纳出的数学猜想并不总是对的,在数学中出现这种意外的例子很多。

(1) 平面区域剖分计数

圆上有 n 个点,两两之间连线后,最多可以把整个圆分成多少块?

图 2 是 n 分别为 2,3,4 的情况。可以看到,圆分别被划分成了 2 块、4 块、8 块。规律似乎非常明显:圆周上每多一个点,划分出来的区域的数量就会翻一倍。

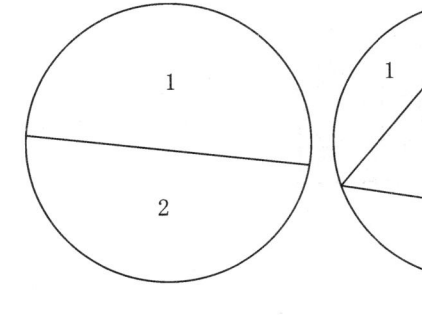
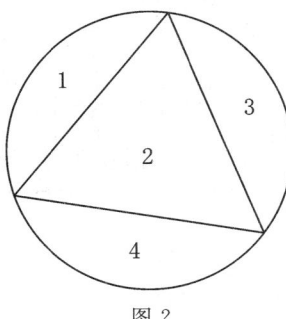
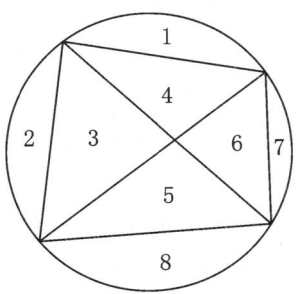

图 2

事实上真的是这样吗？如图3，让我们看看当 $n=5$ 时的情况。

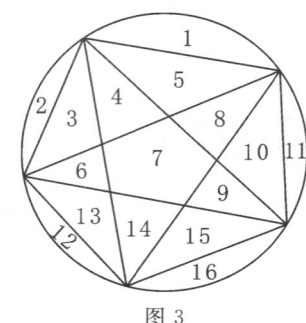

图 3

不出所料，整个圆被分成了16块，区域的数量依旧满足 2^{n-1} 的规律。此时，大家都会觉得证据已经充分，不必继续往下验证了。偏偏就在 $n=6$ 时（图4），意外出现了。

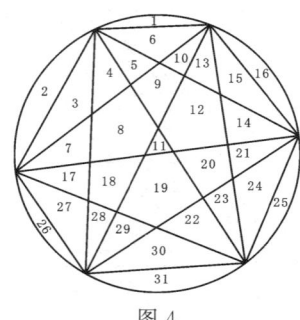

图 4

此时区域的数量只有31个。

（2）素数生成公式

1772年，数学家欧拉（Euler）发现：当 n 是正整数时，n^2+n+41 似乎总是素数。

事实上，n 从1一直取到39，算出来的结果分别是：

43，47，53，61，71，83，97，113，131，151，173，197，223，251，281，313，347，383，421，461，503，547，593，641，691，743，797，853，911，971，1033，1097，1163，1231，1301，1373，1447，1523，1601。

这些数全都是素数。

第一次例外发生在 $n=40$ 的时候，此时，$40^2+40+41=40^2+40+40+1=(40+1)(40+1)=41\times41$ 是合数。

为了寻找素数表达式，1640年前后，费马验算了表达式 $F_n=2^{2^n}+1$ 在 $n=0,1,2,3,4$ 时的值：$F_0=3, F_1=5, F_2=17, F_3=257, F_4=65537$，它们均为素数，然后他便断言：

对于任何非负整数 n，表达式 $F_n=2^{2^n}+1$ 均给出素数（数 F_n 称费马数）。

大约100年后，欧拉（Euler）在研究这个问题时发现：

$n=5$ 时，$F_5=2^{2^5}+1=641\times6700417$ 已不再是素数。

梅森（Mersenne）是法国业余数学家，原本是一位神父，但他酷爱数学。他的著名发现是在研究素数表达式时发现的。

1644年（梅森逝世前四年），梅森在他写的文章中向世人宣称：

图 5

当 $p=2,3,5,7,13,17,19,31,67,127,257$ 时,2^p-1 是素数(记 M_p,且称它们为梅森数,其中素数称为梅森素数)。

据称,梅森本人仅验算了表中的前七个,后面的四个因计算量太大,当时尚未能验算。但 200 年来,人们却一直对此坚信不移。

1903 年,在纽约的一次科学报告会上,数学家科尔(Coll)做了一次无声的报告。他在黑板上先算出 $2^{67}-1$,接着又算出 $193707721\times 761838257287$,两个结果均为 147573952589676412927!尔后,他一声不响地回到了座位上,片刻,会场上立即响起了热烈的掌声(他的这个短短几分钟的无声报告花去了他三年中的全部星期天)。

(3) 不定方程

1769 年,欧拉(Euler)证明了费马方程 $a^3+b^3=c^3$(费马大定理的特例)无非平凡整数解后,也提出另一个猜想:

$$\text{方程 } x_1^n+x_2^n+\cdots+x_{n-1}^n=x_n^n(n\geqslant 4) \text{ 无正整数解}。$$

猜想提出后 200 年无人证明或反驳。两个世纪之后,数学家发现:

$$27^5+84^5+110^5+133^5=144^5。$$

这便否定了欧拉的上述猜想。

1987 年,美国哈佛大学的数学家又给出了 $n=4$ 的一组解:

$$2682440^4+15365639^4+18796760^4=20615673^4。$$

尔后,某数学家给出另一个更小的解:

$$95800^4+217519^4+414560^4=422481^4。$$

(4) x^n-1 的因式分解

$x^2-1=(x+1)(x-1)$。

$x^{20}-1=(x-1)(x+1)(x^2+1)(x^4-x^3+x^2-x+1)(x^4+x^3+x^2+x+1)\cdot(x^8-x^6+x^4-x^2+1)$。

对于所有的正整数 n,x^n-1 因式分解后各项系数都只可能是 1 或者 -1 吗?

据说有人曾经算到了 $x^{100}-1$,均没有发现反例,似乎可以放心地做出这个猜想。

但在 $n=105$ 时悲剧发生了:

$x^{105}-1=(x-1)(x^2+x+1)(x^4+x^3+x^2+x+1)(x^6+x^5+x^4+x^3+x^2+x+1)(x^8-x^7+x^5-x^4+x^3-x+1)(x^{12}-x^{11}+x^9-x^8+x^6-x^4+x^3-x+1)\cdot(x^{24}-x^{23}+x^{19}-x^{18}+x^{17}-x^{16}+x^{14}-x^{13}+x^{12}-x^{11}+x^{10}-x^8+x^7-x^6+x^5-x+1)(x^{48}+x^{47}+x^{46}-x^{43}-x^{42}-2x^{41}-x^{40}-x^{39}+x^{36}+x^{35}+x^{34}+x^{33}+x^{32}+x^{31}-x^{28}-x^{26}-x^{24}-x^{22}-x^{20}+x^{17}+x^{16}+x^{15}+x^{14}+x^{13}+x^{12}-x^9-x^8-2x^7-x^6-x^5+x^2+x+1)$。

这个猜想是错误的!

从上面几个例子可以看出,仅仅只通过实例,无论经过多少次数学实验的验证都不能代替逻辑证明,谁都无法保证下一个检验结果不会是错误的。对数学的猜想必须从逻辑上去证明才能保证结论的正确性,这时数学猜想才能成为数学定理。

俗话说"眼见为实",在几何中,你依靠眼中的直觉看到结果的却未必是正确的。

(5) 直觉的误区

请仔细观察图6、图7、图8,回答下列问题。

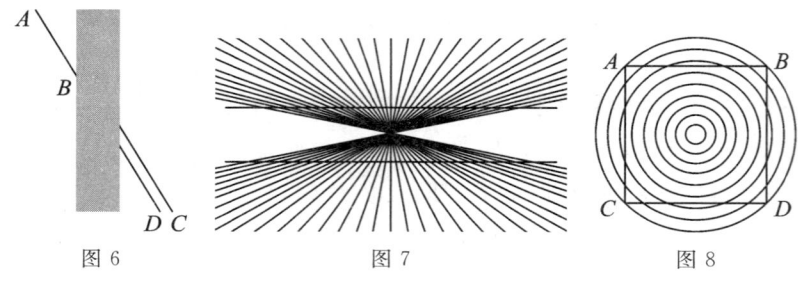

图6　　　　　　　图7　　　　　　　图8

问题1:图6中的点 C 与点 D 哪一点在 AB 的延长线上呢?

问题2:图7中的两条直线平行吗?

问题3:图8中的 AB、BD、CD、AC 是否是四条直线段呢?

以图8为例,视觉中的 AB、BD、CD 与 AC 都是弯曲的,实际它们都是直线段。

你可以用刻度尺去检验一下你看到的现象与实际结果是否相符。

(6) 几何悖论 64=65

这个靠直觉产生的几何悖论 64=65,请你判断一下,它的错误在哪里?

如图9是一个边长为8的正方形,其面积为 $8^2=64$。但若按图9中的线剪开,并按图10拼起来,就会得到一个"三角形"。但这个三角形的面积为 $\frac{1}{2} \times (8+5) \times (5+5) = 65$。结果变成了"64=65"。显然这是一个荒谬的结论,但它的问题在什么地方呢?

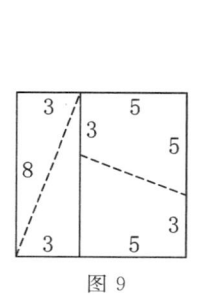 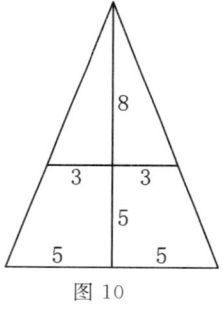

图9　　　　　　　图10

读者可以通过数学推理的方法指出其中的错误。

上面的几何问题说明,我们对图形的形状、大小和位置不能完全依靠观察和直觉来下判断。因为我们的眼睛常常会产生"错觉",你很难发现其中的错误,这样就会产生谬误。所以,几何"定理"都必须加以逻辑证明,这样才是可靠的,才能对一个事件做出正确的判断,从而深刻地理解事物的本质。

在数学中,任何称之为定理的数学判断必须经过严格的逻辑证明,未经证明的判断,哪怕经过千万次实验和观察都能得到预期的结论,也只能称之为猜想。"哥德巴赫猜想"不能成为"哥德巴赫定理"就是因为其正确性未经逻辑检验。而"费马猜想"最终成为"费马大定理"就是因为经过了逻辑的证实。

§2. 逻辑是数学证明的基础

逻辑是事情的因果规律,是思维的规律和规则,是对思维过程的抽象。

数学思维是一种特殊的思维形式,它既有思维的一般特征又具有数学本身的独特形式。数学理论与体系表现在思维形式之中,逻辑思维是其核心部分。逻辑是把数学统一起来的学科。一个定理与一个猜想的区别是:定理有一个符合逻辑的证明。

古希腊哲学家暨科学家亚里士多德,既是哲学家柏拉图的弟子,同时也是古代西方世界最伟大的军事领袖——亚历山大大帝的老师,是历史上首次系统性研究与整理逻辑学的第一人,并从此引领西方世界科学论证长达 2000 多年。

亚里士多德在公元前 350 年汇编的《工具论》一书是有关逻辑分析的专著。《工具论》的功用并不在于告诉读者何者为真,而是告诉读者该采用什么方式探索真理、该如何用有意义的方式理解世间万物,并对各种形式的辩论做了严格的分析。正是这个时候,逻辑学本身作为一门正式学科诞生了,而不是作为学习其他学科的智力工具。

取材于文艺复兴时期的意大利画家拉斐尔的名画《雅典学院》(绘于 1510—1511 年)的邮票,画中手拿自己著作的亚里士多德和他的老师柏拉图

亚里士多德的著作《逻辑学》,1570 年拉丁文译本

图 11

"三段论"法就是亚里士多德提出的最主要的逻辑分析工具之一。三段论的建立,对人类的思维发展意义重大。著名数学家、哲学家、逻辑学家莱布尼茨认为,三段论形式的发明是人类思想发展史上最完美、最重要的创造之一。

三段论推理是演绎推理中的一种简单推理判断,包括大前提、小前提与结论三部分。亚里士多德"三段论"最著名的例子:

【大前提】所有女人都会死亡;

【小前提】埃及艳后是个女人;

【结　论】埃及艳后也会死亡。

三段论,就是由两个判断得出第三个判断的一种推理方法。三段论从普遍性的大前提出发,推出了特殊性小前提的结论。只要两个前提为真,就可以确信推导出的结论也一定为真。

三段论的形式	描述	如果 M 是 P,S 是 M,那么 S 是 P	
	逻辑形式	$(M \to P)$ 且 $(S \to M) \to (S \to P)$	
	结构	【大前提】M 是 P; 【小前提】S 是 M; 【结　论】S 是 P	

图 12

【老马识途】据《韩非子·说林上》记载，公元前 663 年，齐桓公率领大军援助燕国攻打孤竹国。战争从春季开始，凯旋时已是冬天，山川草木都变了样，齐军不熟悉孤竹国的地形，途中迷失了方向。齐桓公十分着急。这时管仲献计说："老马是认识道路的，可以让我们军队里的老马为我们带路。"齐桓公依计而行，吩咐解开几匹老马的缰绳，放它们自由行走，齐军跟在老马后面，走着走着，果然找到了出路！

图 13

从逻辑上讲，管仲寻找道路用的是一个三段论推理。其推理过程是：

【大前提】老马是认识道路的；

【小前提】这几匹马是老马；

【结　论】这几匹马是认识道路的。

三段论是进行数学证明、科学研究等思维时能够得到正确结论的科学性思维方法之一。是演绎推理中的一种正确的思维形式。

数学的三段论推理中的大前提是数学中的一个一般性原理，如公理、定理、公式、法则等，小前提提出了一个适合一般性原理的特殊情形（具体问题），结论则是特殊情形的结果（具体问题的结论）。例如：

【大前提】矩形中的对角线相等…………已知的定理；

【小前提】正方形是矩形…………………具体的问题；

【结　论】正方形的对角线相等…………问题的结论。

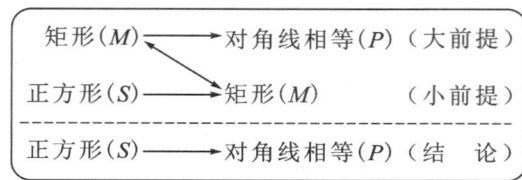 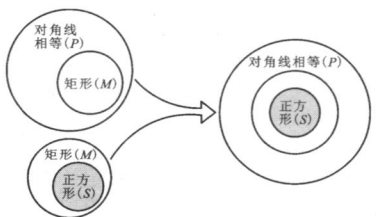

图 14

【大前提】有理数都是实数；

【小前提】分数是有理数；

【结　论】分数是实数。

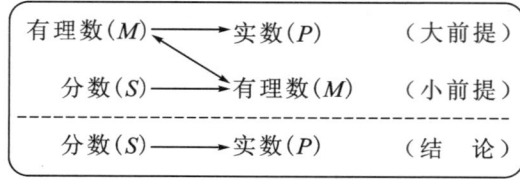 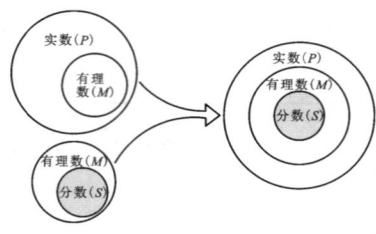

图 15

§ 3. 数学中的命题与定理

（1）命题与定理

在人类的思维过程中，抽象概括出来的概念并非零散地杂乱无章地存在于头脑之中，而是以一定方式彼此联系着，判断是概念相互联系的一种形式。

判断一件事情的语句就叫**命题**。例如，"英国的首都是伦敦""苏格拉底是哲学家"等都是判断。

在数学中，用语言、符号或式子表示的能够判别真假的语句叫作**数学命题**。

例如,"$\sqrt{2}$ 不是有理数""2 是偶数也是质数""三角形内角和为 180°""对顶角相等"等,都是数学命题。

命题或真或假,没有第三种可能性。一个命题是真的,意味着它是一些已经确认了真实性的其他命题的逻辑推论。

一个命题的真实性必须经过证明,如果是正确的那么这个命题就称为**定理**。

命题	定义	判断一件事情的语句叫命题	
	命题结构	命题＝条件＋结论	条件是已知事项,结论是由已知事项推出的判断结果
	命题形式	若 p 则 q($p \Rightarrow q$)	p 和 q 分别表示命题的条件和结论
	分类 真命题	正确的命题叫真命题	数学中的定义、公理、公式、定理及定理的推论均为真命题
	分类 假命题	错误的命题叫假命题	一个命题或者是真命题,或者是假命题,没有第三种可能

例 1 判断下列命题是真命题还是假命题。

①若整数 a 是素数,则 a 是奇数。

②若平面上两条直线不相交,则这两条直线平行。

③$\sqrt{(-2)^2} = -2$。

④一个数不是正数就是负数。

⑤大角所对的边大于小角所对的边。

⑥$x+y$ 为有理数,则 x、y 也都是有理数。

【分析】判断一个命题为假命题,只要举出一个反例即可。而判断一个命题为真命题,一定要进行严格的逻辑推理。

①是假命题,反例:$a=2$。

②是真命题。

③是假命题,与算术平方根的定义相矛盾。

④是假命题,数 0 既不是正数也不是负数。

⑤是假命题,没有考虑在同一个三角形中。

⑥是假命题,反例:如 $x=\sqrt{3}$,$y=-\sqrt{3}$。

例 2 判断下列定理的条件与结论。

①【定理】对顶角相等。

②【定理】在等腰三角形中,两个底角相等。

③【定理】菱形的两条对角线互相垂直。

④【定理】等腰三角形顶角的平分线,必垂直平分底边。

【分析】要理解一个定理,首先要弄清楚它的结构,即它是怎样构成的。

定理由两部分组成:(i)条件(已知什么);(ii)结论(需要证明什么)。

为了容易地区分条件和结论,条件通常由"若"这个字开始,结论由"则"这个字开始,写成"若 A 是 B,则 C 是 D"或"如果 A 是 B,那么 C 是 D"的形式。

例如:若 a,b 都是偶数,则它们的和 $a+b$ 也是偶数。

①在"【定理】对顶角相等"中,把它写得详细些应该如下。

【定理】若两角是对顶角,则这两角是相等的。

条件:两个角是对顶角;结论:这两个角相等。

②在"【定理】在等腰三角形中,两个底角相等"中,这个定理讨论的对象是角。

定理的条件有两个:

(i)同一个三角形里的两个底角;

(ii)两个底角在这个三角形里对着相等的边。

结论是"这两个角相等"。

③在"【定理】菱形的两条对角线互相垂直"中,

条件:(i)菱形;(ii)菱形中的两条对角线;

结论:对角线互相垂直。

④在"【定理】等腰三角形顶角的平分线,必垂直平分底边"中,它可改写如下。

【定理】若一个三角形是等腰的,又有一条直线平分三角形的顶角,则这条直线平分且垂直于底边。

条件:(i)等腰三角形;(ii)顶角平分线;

结论:顶角平分线是底边的中线与底边上的高。

改造定理的叙述方式,使之成为标准形式,便于判断定理的条件与结论,对初学者而言,是一项必须掌握的数学基本功。

(2)推理(论证)

命题的真假判定,必须借助于推理与证明等高级的思维形式来确认。从一个或几个已知的命题得到一个新命题的思维形式叫作推理。

其中,已知的命题叫作**前提**(或**条件**),得到的新命题叫作**结论**。

三段论是数学中最为基本,应用也较多的一种演绎推理。它被广泛地应用于定理和性质的证明中。

【命题】直角三角形中两锐角互余			图16
【题设】在 △ABC 中,∠C=90°			
【求证】∠A+∠B=90°			
	三段论证明格式		常规书写格式
证明	大前提1	任意三角形的内角和为180°	证明:在 △ABC 中,∵∠A+∠B+∠C=180°(三角形的内角和为180°),∠C=90°(已知),∴∠A+∠B=90°(等量减等量差相等)
	小前提1	而 Rt△ABC 是三角形	
	结 论1	Rt△ABC 的内角和为180°,即∠A+∠B+90°=180°	
	大前提2	等量减等量差相等	
	小前提2	而(∠A+∠B+90°)−90°=180°−90°是等量减等量	
	结 论2	∠A+∠B=90°	

从该例的推理过程可以看到,整个推理过程由两个三段论组合而成。当熟悉了三段论的论证格式以后,在常规书写推理过程中,可以适当略掉某些前提。

我们经常会说"逻辑性"如何?就是说某件事情是符合逻辑的,要表达的观点就是说：它是可以被一个正式的推理系统推理出来或证明出来的。

演绎推理就是在满足逻辑规律"同一律""矛盾律""排中律""充足理由律"的前提下，建立在三段论基础之上，保证了由正确前提得到正确结论的推理方法。

演绎推理	定义		根据一类事物都具有的一般属性、关系和本质来推断该类中个别事物所具有的属性、关系和本质的推理方法
	特征		从一般到特殊
推理的逻辑规则	同一律	内容	在同一个思维过程中，任一概念或判断 A 与其自身同一
		公式	$A=A$
		范例	等腰 Rt△＝有一个角等于 45°的 Rt△
	矛盾律	内容	在同一个思维过程中，判断 A 与 $\overline{A}$ 不能同时都是真的
		公式	$A \neq \overline{A}$
		范例	$a<b$ 和 $a \geqslant b$ 中，至少有一个是错误的
	排中律	内容	在同一个思维过程中，两个互相矛盾的判断必有一个是真的
		公式	或者 A 或者 $\overline{A}$
		范例	"△ABC 是 Rt△"与"△ABC 是斜三角形"中必有一个是真的
	充足理由律	内容	在思维过程中，要确定一个判断 A 为真是要有充足理由的
		公式	A 真，因为 B 真并且 B 能推出 A
		范例	"三角形两边之和大于第三边"是真，因为"两点间线段距离最短"

§4. 数学的证明

20世纪30年代起，代表着数学最高水平的法国布尔巴基（Bourbaki）学派曾这样写道："自希腊时代以来，'数学'的意义就是'证明'。"

而布尔巴基学派更是不断为近代数学提供全新而"严谨"的基础理论知识。尤其是提出了"一切都需经过证明"的理论要求。

对于一个数学结论，不但问"如何（how）"，而且要问"为什么（why）"，即不但要知其然，而且要知其所以然，这种现代意义上的理性数学思维诞生于古希腊。

比如在数学中，就会提出"为什么等腰三角形的两底角相等？""为什么圆的直径将圆二等分？"

布尔巴基学派是一个对现代数学有着极大影响的数学家集体。其中大部分是法国数学家，他们的活动从 20 世纪 30 年代中期开始，对数学的主要影响在于他们首先引进了数学结构的概念，并用这个概念来统一数学。主要的思想与工作都体现他们编写的对现代数学产生了巨大影响的多卷集《数学原理》之中，正是这个体系，构成了现代数学的核心

图 17

古代东方的数学大多是以经验为根据,对于解答"如何(how)"这个问题是十分充分的。然而,要答复更为科学的提问"为什么(why)",则是通过一个个实例归纳出一般情况的结论,就不那么充分了。

古希腊数学家回答数学中"为什么(why)"这个问题时,采用的是逻辑证明的方式。在古希腊的证明中,都是从少量的公认、自明的公理与定义,通过一系列井然有序的逻辑推理展开证明的。

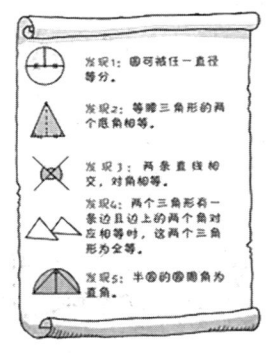

图 18

据传说,几何学中的证明是古希腊的七位贤人之一、第一位哲学家兼数学家泰勒斯开创的。他于公元前 624 年左右出生在希腊爱奥尼亚海岸的村庄米利都,从小跟着从商的父亲到处赚钱,后前往埃及留学,他在那里学习数学和天文学。回到希腊后,他便着手整理搜集来的知识并传授给他人,虽然那些内容并非全靠泰勒斯的独创想法证明出来,但他是第一个整理各项数学发现的人,当然,其中也有泰勒斯自己的发现。

他利用三角形的相似比,测量出航行在远方海面的船有多远;也利用影子的长度,计算出金字塔的高度。

在几何学中,下列基本成果归功于他:

①圆被任一直径二等分。

②等腰三角形的两底角相等。

③两条直线相交,对顶角相等。

④两个三角形,有两个角和一条边对应相等,则这两个三角形全等。

⑤内接于半圆的角必为直角(古巴比伦人在这以前大约 1400 年就知道这条结论了)。

这些成果的意义不在这些定理本身,而在于泰勒斯不是凭直观和实验来确认命题的正确性,而是通过逻辑对它们进行了推理与论证。

【命题】两条直线相交,对顶角相等。

在图 19 中,我们希望证明 $\angle a = \angle b$。

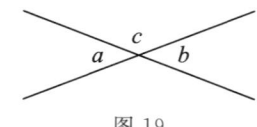

图 19

在古希腊之前,这两个角相等也许曾当作十分明显的事实被忽略过。如果谁对这件事表示怀疑,我们就可以把一个角裁下来,叠置于另一个角上让他信服。显然,这样的操作只是验证了"对顶角相等"这个事实,回答了"如何(how)"!并没有回答"为什么(why)"。

泰勒斯不那样做,他用逻辑来证明人们直观认为对的事实为什么是对的。

他用的方法和我们今天在平面几何课本中用的方法是一样的,靠的是用逻辑推理证明∠a与∠b相等。

【证明】∵所有的平角是相等的,∠a加∠c等于平角,∠b加∠c也等于平角,

∴∠a+∠c=∠b+∠c。

所以∠a=∠b(等量减等量差相等)。

> 一个命题要从更基本的原理、已证明的命题出发,通过一个演绎推理的短链形成严格的逻辑推导而得到证明。

在泰勒斯之前,希腊数学通常用在测量土地或土木工程等和日常生活密切相关的地方,停留在"生活数学"的意义层面。人们只是通过单纯的直观感觉来判断定理的对错。

泰勒斯引入证明靠逻辑来保证数学命题的真实性,让古代数学具有了学术价值,为研究普遍意义下图形具有的各种几何性质打下了数学基础。

泰勒斯的研究,奠定了希腊数学和哲学的基础,使希腊的数学和哲学都得到了发展。

这种思想体现在数学中就是我们要证明命题"若 A 则 B"成立,可以从条件 A 出发,根据数学中的公理和已知定理,按照逻辑推理规则,一直推出待证结论 B。其思维过程:

$$条件\ A \Rightarrow A_1 \Rightarrow A_2 \Rightarrow \cdots \Rightarrow 结论\ B$$

以泰勒斯证明的定理为例。

(注:下面的定理编号 $A_1, A_2, \cdots, D$ 等对应于后面的思维导图。)

【定理 C_1】直径所对的圆周角为直角。

【证明】如图 20 所示,取 AB 的中点 O,连接 OC。

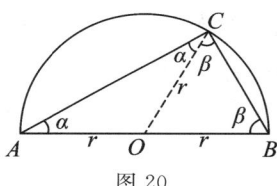

图 20

在⊙O中,$OA=OC=OB$。 ················ 【定理 B_2:圆的半径相等】

在△OAC与△OBC中,$\angle OAC=\angle OCA$,$\angle OBC=\angle OCB$。 ·············

························ 【定理 B_3:等腰三角形底角相等】

在△ABC中,$\angle\alpha+\angle\beta+(\angle\alpha+\angle\beta)=180°$。 ·············

······················ 【定理 B_1:任意三角形内角和都等于$180°$】

所以,$\angle\alpha+\angle\beta=90°$。

归纳·延伸·思考

【问题】如图 21 所示,圆中有三个正方形,它们的面积分别为 2、8、32,求圆的面积。

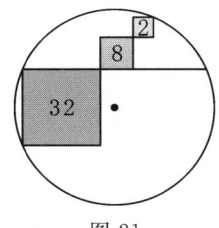

图 21

续表

归纳·延伸·思考
【思维分析】如图 22 所示,关键是要根据定理"直径所对的圆周角为直角"构造 Rt△ABC。 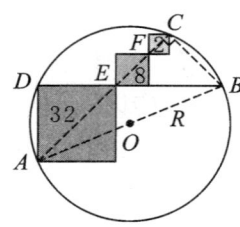 图 22 (i)根据面积可以求出三个正方形的对角线长:$AE=8$,$EF=4$,$FC=2$。 (ii)Rt△BCE 为等腰直角三角形,所以 $BC=2+4=6$。 根据勾股定理可得 $BE=6\sqrt{2}$。 (iii)设圆 O 的半径为 R。 在 Rt△ADB 中,根据勾股定理得 $$AB^2=AD^2+BD^2=32+(4\sqrt{2}+6\sqrt{2})^2=232=(2R)^2$$ 由此可得 $R^2=58$。 综上所述,$S_{\odot O}=\pi R^2=58\pi$。

从上面的证明过程中可以看出:

要证明【定理 C_1】关键之处在于只能使用先前已被证明的"定理 B_1:任意三角形内角和都等于180°""定理 B_2:圆的半径相等""定理 B_3:等腰三角形底角相等"。所以上述证明只有在"定理 B_1""定理 B_2""定理 B_3"均已被证明的前提下才能成立。而为了证明上述三个定理,又只能再次运用之前已被证明的其他定理,例如:

【定理 B_1】任意三角形内角和都等于180°。

【证明】如图 23 所示,过点 C 作直线 $l \parallel AB$。 ……………【平行线公理 A_1】

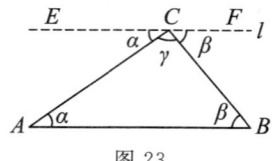

图 23

则 $\angle A=\angle ACE$,$\angle B=\angle BCF$。 ……【定理 A_2:两直线平行,内错角相等】

又因为 $\angle \alpha + \angle \beta + \angle \gamma = 180°$。 ……………【定义 A_3:平角等于180°】

所以三角形内角和等于180°。

【定理 B_3】等腰三角形底角相等。

【证明】如图 24 所示,把等腰△ABC 看成两个三角形:△ABC 与△ACB。

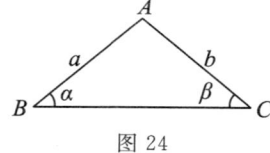

图 24

∵ $AB=AC$,$AC=AB$,$\angle A=\angle A$, ………………【已知条件】

∴ △ABC≌△ACB。 ………………………………【全等公理 A_4】

∴ $\angle B=\angle C$。

《几何原本》第1卷中也有命题5“等腰三角形两底角相等”的证明。这个命题很有趣，因为这个命题的图形很像一座简单的支架桥。据说，它的证明深到了新手们难以越过的程度，把许多初学者弄糊涂了，因此他们放弃对几何学的进一步学习。因此命题曾被形象地称为“愚人的桥”。我们上文中给出是古希腊数学家帕普斯的证明思路，显然要简洁得多。

Liber I. 11

lem, sub æqualibus rectis lineis contentum, & basim BC basi EF æqualem habebunt; eritque triangulum BAC triangulo EDF æquale, ac reliqui anguli B, C reliquis angulis E, F æquales erunt, uterque utrique, sub quibus æqualia latera subtenduntur.

Si punctum D puncto A applicetur, & recta DE rectæ AB superponatur, cadet punctum E in B, quia DE [a] = AB. Item recta DF cadet in AC, quia ang. A [a] = D. Quinetiam punctum E puncto C coincidet, quia AC [a] = DF. Ergò rectæ EF, BC, cùm eosdem habeant terminos, [b] congruent, & proinde æquales sunt. Quare triangula BAC, EDF; & anguli B, E; itemq; anguli C, F etiam congruunt, & æquantur. Quod erat Demonstrandum.

a hyp.
b 14. ax.

PROP. V.

Isoscelium triangulorum ABC qui ad basim sunt anguli ABC, ACB inter se sunt æquales. Et productis æqualibus rectis lineis AB, AC qui sub base sunt anguli CBD, BCE inter se æquales erunt.

[a] Accipe AF = AD, & [b] junge CD, ac BF. Quoniam in triangulis ACD, ABF, sunt AB [c] = AC, & AF [d] = AD, angulusq; A communis, [e] erit ang. ABF = ACD; & ang. AFB [e] = ADC, & bas. BF [e] = DC; item FC [f] = DB. ergò in triangulis BFC, BDC [g] erit ang. FCB = DBC. Q. E. D. Item ideo ang. FBC = DCB. atqui ang. ABF [h] = ACD. ergò ang. ABC [k] = ACB. Q. E. D.

a 3. 1.
b 1. post.
c hyp.
d constr.
e 4. 1.
f 3 ax.
g 4. 1.
h pr.
k 3. ax.

Corollarium.

Hinc, Omne triangulum æquilaterum est quoq; æquiangulum.

PROP.

图 25

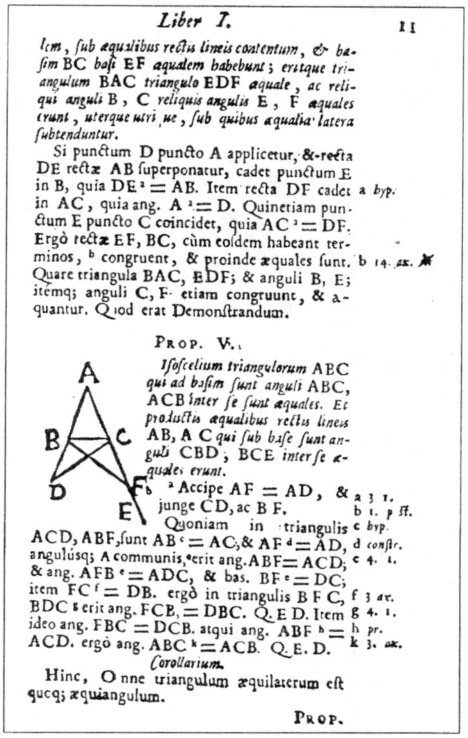

比泰勒斯晚100多年的古希腊数学家希波克拉底在研究“化圆为方”问题时得到了“月牙定理”，是已知的最早数学证明题之一。要证明这一点，就必须借助【定理 C_1】及【勾股定理 C_2】、【圆的面积公式 C_3】来完成。

【月牙定理 D】*直角边上的两个月牙面积之和等于直角三角形面积。*

如图26所示，直角三角形两边延伸出去两个月牙形（由两个内凹的圆弧所组成），其面积和就等于这个直角三角形的面积。

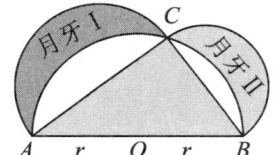

图 26

【证明】如图26。

以 AC 为直径的半圆面积为 $\pi\times\left(\frac{AC}{2}\right)^2\times\frac{1}{2}=\frac{AC^2}{8}\pi$。……………………………………………………………【圆的面积公式 C_3】

以 BC 为直径的半圆面积为 $\pi\times\left(\frac{BC}{2}\right)^2\times\frac{1}{2}=\frac{BC^2}{8}\pi$。……………………………………………………………【圆的面积公式 C_3】

以 AB 为直径的半圆面积为 $\pi\times\left(\frac{AB}{2}\right)^2\times\frac{1}{2}=\frac{AB^2}{8}\pi$。……………………………………………………………【圆的面积公式 C_3】

而在 $\mathrm{Rt}\triangle ABC$ 中，$AB^2=AC^2+BC^2$。 …………………【勾股定理 C_2】

所以 $\frac{AC^2}{8}\pi+\frac{BC^2}{8}\pi=\frac{AB^2}{8}\pi$。 ………………………………【等量代换】

所以 $S_{半圆AB}=S_{半圆AC}+S_{半圆BC}$。

可得 $S_{\mathrm{Rt}\triangle ABC}=S_{月牙Ⅰ}+S_{月牙Ⅱ}$。 ……………………【等量减等量差相等】

从上面的推导可以看出，数学的演绎推理，就是从最初的公理、定义及运算法则出发，按照逻辑和推理顺序推导出新的命题。

但是,在逻辑上不可能无休止地对已证明定理进行倒推,所有证明最终都要归结于某一种最简单的情况。也就是说,一切都要回溯到某些不可证明的定理上,这些定理就被称为公理,例如"直线公理:两点确定一条直线"与"平行公理"。

什么是数学公理?

数学公理就是数学中的基础命题,所有数学命题结论都要由其出发经过逻辑推导而得以成立。公理不单单被视作一项理论的基础,还以其直观明了的真实性而显得独一无二。亚里士多德对此贡献巨大,在他看来,"公理"这个词意即"无须证明的定理",数学系统就是一组公理和逻辑两个分力的合力(图27)。

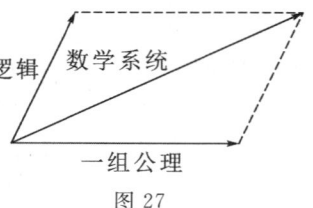

图 27

证明这些上面定理的逻辑关系网络可用图 28 的思维导图来刻画。

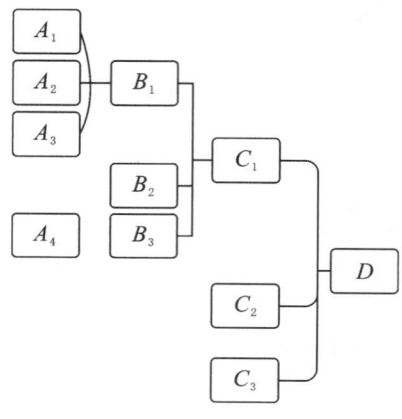

图 28

A_1:【平行线公理】过直线外一点有且只有一条直线平行于已知直线。

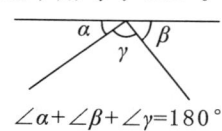

A_2:【定理】两直线平行,内错角相等。

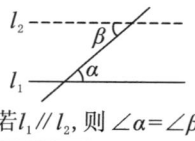

若 $l_1 \parallel l_2$,则 $\angle\alpha = \angle\beta$

A_3:【定义】平角等于 $180°$。

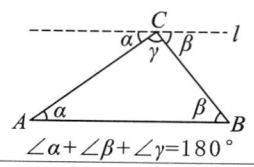

$\angle\alpha + \angle\beta + \angle\gamma = 180°$

A_4:【全等公理】两个三角形两边及一角相等,则两三角形全等。

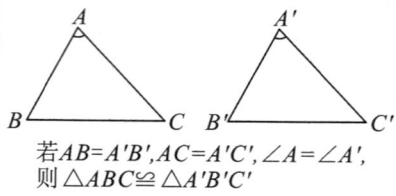

若 $AB=A'B'$,$AC=A'C'$,$\angle A=\angle A'$,则 $\triangle ABC \cong \triangle A'B'C'$

B_1:【定理】任意三角形内角和都等于 $180°$。

$\angle\alpha + \angle\beta + \angle\gamma = 180°$

B_2:【定理】圆的半径相等。

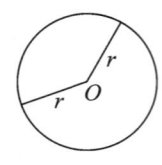

B_3:【定理】等腰三角形底角相等,反之亦然。

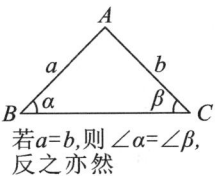

若$a=b$,则$\angle\alpha=\angle\beta$,反之亦然

C_1:【定理】直径所对的圆周角为直角。

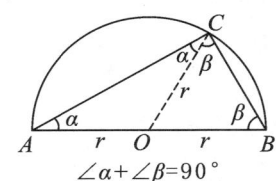

$\angle\alpha+\angle\beta=90°$

C_2:【勾股定理】直角三角形中直角边平方和等于斜边平方。

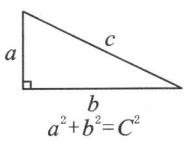

$a^2+b^2=c^2$

C_3:【圆的面积公式】$S_圆=\pi r^2$。

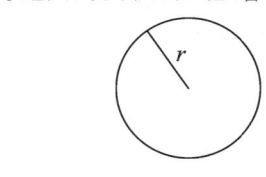

D:【月牙定理】直角边上的两个月牙面积之和等于直角三角形面积。

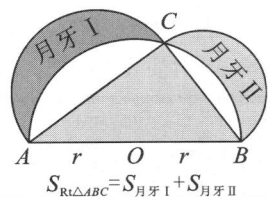

$S_{Rt\triangle ABC}=S_{月牙 I}+S_{月牙 II}$

总结:证明一条定理时,人们只能要么使用已证明的定理,要么使用公理。
什么是证明?

根据公理、定理或已知概念,来判断一个命题的真实性的推理过程叫证明。

每个数学工作者都清楚,证明过程绝非纯粹玩弄逻辑的小把戏,发现合理的证明过程并且从逻辑上去理解一般是很艰难的,其间一般都包含着极具创造性的技巧。这从上面泰勒斯的证明细节中可见一斑,最关键的一步在于连接圆心与顶点构造出两个等腰三角形,做到这一点,剩下的就水到渠成了。这就如同在音乐会上,演奏贝多芬的交响乐已经很了不起了,但更加不可思议的成就是为这首交响乐谱曲!

数学经纬·希波克拉底

古代希腊数学家深深着迷于几何的美、对称与逻辑的井然有序,抱着这股热情,上面的月牙定理正是古希腊数学家希波克拉底为我们演示如何作一个正方形,使其面积等于一个给定的月形。换句话说,希波克拉底成功地把弧线构成的月牙形面积,以直线形面积来表示。

图 29

数学家希波克拉底(约前450—前377)出生在爱琴海的希俄斯岛(Chios)。起初他的职业是和数学相距甚远的商人,后来才开始对几何学产生兴趣。他最大的贡献之一是发现了月牙形问题的解答。当时他沉浸在用尺规作图的研究中,但有几个图形无论用什么方法都无法画出,其中一个就是著名的"化圆为方"问题:画出面积和已知圆形一样的正方形。

为了解开这个问题,希波克拉底和许多科学家不断地研究再研究,正是在解决这个问题的过程中希波克拉底发现了月牙定理:月牙形面积可以变换为三角形面积。

数学经纬·希波克拉底
这个发现让世人知道，被直线环绕的图形对应有一个与它面积相等的曲线图形。 　　实际上，"化圆为方"问题使数学家花费 2000 多年的时间，直到 19 世纪才被数学家林德曼(Ferdinand von Lindemann)在 1882 年证明：这个作图用无刻度直尺与圆规根本无法画出！ 　　顺便说明一下，跟数学家希波克拉底生活在同一个年代的还有个医生希波克拉底，希波克拉底医生被称为"医学之父"。

§5.《几何原本》与公理体系

　　最早的几何学兴起于公元前 7 世纪的古埃及，后经古希腊数学家泰勒斯等人传到古希腊的米利都城，又经毕达哥拉斯学派得以传承。

　　古希腊几何学家把几何学的完美看作是对造物主心灵的反映，柏拉图甚至声称"上帝就是几何学家"。他们靠井然有序的逻辑规则、无刻度的直尺与圆规，在纸上就画出并且证明了他们的那些定理，把几何学与物质世界拉开距离。

　　"几何之父"欧几里得出生于雅典，曾受教于柏拉图学院，后应托勒密国王的邀请到亚历山大城主持数学学派的工作。

欧几里得及其学生(《雅典学派》)

图 30

　　在欧几里得以前，人们已经积累了许多几何学的知识，然而存在一个很大的缺点和不足，就是缺乏系统性。大多数是片段、零碎的知识，公理与公理之间、证明与证明之间并没有很强的联系性，更不要说对公式和定理进行严格的逻辑推理与论证。

　　公元前 300 年左右，欧几里得对当时古希腊数学家们得出的几乎所有几何成果进行了整理和汇编。他首先收集已有的数学成果，然后以命题的形式完善前人得到的各种定理并给予重新证明。

　　同时他做出了一项伟大的创造：在书中规定了一系列基本定义和具有重要意义的公理，建立在这些公理和定义的基础之上，运用基本的逻辑推理推导出一系列的命题，严谨地按逻辑演绎方式组成命题与证明，由浅入深地逐步建立了一套复杂的定理网络系统，使其在逻辑上达到无懈可击的地步。最后形成了具有公理化结构和严密逻辑体系的 13 卷本《几何原本》(约前 325—前 265)。

　　《几何原本》是世界上首部建立在"公理方法"基础之上的数学著作，是数学公理化系统的第一个范例。在书中，逻辑性与真理性紧密相连——由于公理是真实的，故而由公理经逻辑推导出来的定理也必须是真实的，而不仅仅是正确的。

　　《几何原本》保存了古希腊早期的许多几何学理论，通过欧几里得开创性的系统整理和完整阐述，使这些远古的数学思想发扬光大。

　　《几何原本》是一部在科学史上千古流芳的巨著，是人类科学思想史上的一盏指路明灯，第一次使数学理论系统化，并使几何学逐渐成为一门独立发展的正式学科体系，对西方数学思想的发展影响深远，给人类的文明带来了一次飞跃。

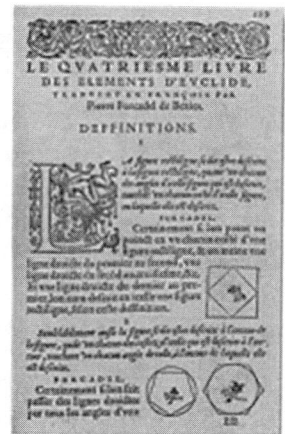

文艺复兴时期的《几何原本》

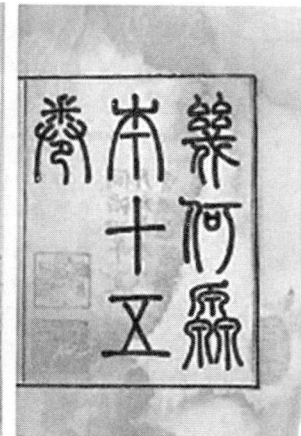
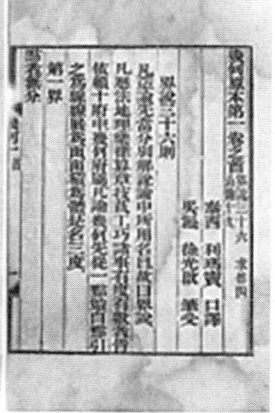

徐光启、利玛窦翻译的《几何原本》

图 31

《几何原本》几乎囊括了我们今天数学学习中所需要的全部平面几何基础知识，以及关于多面体、球体和圆锥的立体几何学内容。

下面是《几何原本》全书共 13 卷的目录，其内容涉及 5 条公理、5 条公设、119 个定义和 465 个命题，构成历史上第一个数学公理体系。各卷的内容大致可如下分类，可以帮助我们了解许多重要的定理和观念的来源。

章节	标题	内容
第 1 卷	几何基础	给出了 23 个基本定义，提出了 5 条公设和 5 条公理。该卷的最后两个命题就是"毕达哥拉斯定理"及其"逆定理"
第 2 卷	几何代数	以几何形式研究代数公式，主要讨论毕达哥拉斯学派的几何代数学
第 3 卷	圆形	包括圆、弦、割线、切线以及圆心角和圆周角的定理
第 4 卷	正多边形	讨论给定圆的某些内接和外切正多边形的尺规作图问题
第 5 卷	比例论	对古希腊数学家欧多克斯（约前 408—前 355）的比例理论作了精彩的解释
第 6 卷	相似图形	

续表

章节	标题	内容	
第7卷 第8卷 第9卷	初等数论	讨论偶数、奇数、质数、完全数等的性质，给出了计算两个或多个整数最大公约数的"欧几里得辗转相除法"。讨论了几何级数	
第10卷	不可公度量	讨论无理量，即不可公度的线段	
第11卷 第12卷 第13卷	立体几何	讨论立体几何中的定理，证明只存在有5种正多面体	
公理		1. 等于同量的量彼此相等。 2. 等量加等量，和相等。 3. 等量减等量，差相等。 4. 彼此能重合的图形是全等的。 5. 整体大于部分	欧几里得区分了"公理（axioms）"和"公设（postulates）"这两个概念。前者对于他来说是逻辑规则，后者则用于几何领域，今天二者被统称为"公理"）
公设		1. 从任意一点到任意一点可作一直线。 2. 一条有限直线可以不断延长。 3. 以任意中心和任意的距离可以画圆。 4. 凡直角都彼此相等。 5. 若一直线落在两直线上所构成的同旁内角和小于两直角，那么把两直线无限延长，它们将在同旁内角和小于两直角的一侧相交，这就是著名的平行公理	

"几何证明"的起源大事年表

 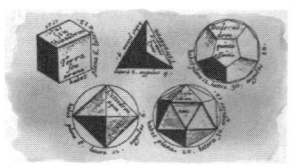

前624—前546　　　　前582—前518　　　　前427—前347

米利都的泰勒斯，最早把几何学从埃及引入希腊，被称为"演绎推理之父"　　毕达哥拉斯学派证明勾股定理　　柏拉图描述了5种正多面体

前400—前350　　　　前350　　　　前325—前265

古希腊数学家欧多克斯（Eudoxus）使用穷尽法证明圆锥的体积，他的工作被收录欧几里得《几何原本》第5卷　　亚里士多德在《工具论》中定义了逻辑推理三段论　　欧几里得成书《几何原本》

图 32

在古埃及、古巴比伦、古印度与古代中国的远古文明发展进程中,都可以发现数学思维的原始雏形。但是古希腊数学却在继承和吸收古埃及、古巴比伦的数学过程中,开创了演绎数学的先河。

总体而言,古希腊数学发展的最重要代表是:

i. 泰勒斯提出"数学证明"。

ii. 毕达哥拉斯学派"万物皆数"的数学价值观。

iii. 由"无理数"的出现产生的第一次数学危机。

iv. 亚里士多德的《工具论》奠定逻辑学基础。

v. 建立在公理逻辑体系基础之上的欧几里得《几何原本》的产生。

正是在这种文化背景下,古希腊数学形成了一种哲学理性的数学价值观念:数学追求脱离具体事物的理性发展,追求自身体系的逻辑构造,追求思维方式的选择,追求用逻辑方式解释世间万物的构造。古希腊文化把数学思维方式变成了哲学思维的主要形式,并逐渐成为一种民族文化的基本思维方式。

在这个历史前提下,古希腊形成的演绎数学体系成了欧洲中世纪的哲学思维方式,并直接影响到文艺复兴。

文艺复兴以后,笛卡儿的那种相信灵魂之外的事物都符合数学规律的哲学理念及其创建的解析几何,牛顿、莱布尼茨创立的微积分及牛顿建立在数学思维模式基础之上的万有引力定律的发现,都使得数学演绎思维得到空前发展。

纵观古希腊,文艺复兴,17、18 世纪的科学技术至今时的西方科学的发展历程,都能看到数学理性思维在其中所发挥的作用,可以看到每一门学科的体系构造,都是按照数学的思维、数学的理论体系创造出来的。

爱因斯坦认为"西方科学的发展是以两个伟大的成就为基础,那就是:希腊哲学家发明的形式逻辑体系,以及在文艺复兴时期发现通过系统的实验有可能找出因果关系",并认为"演绎法"与"归纳法"对西方科学的发展具有基础作用。

数学及其思维方式的发展,对整个民族文明的进程都会产生重要的影响!

数 林 掠 影

《几何原本》是人类历史上最有影响力、史上最伟大的数学教材,它体现出来的逻辑理性精神为后世提供了源源不断的科学灵感,包括哥白尼、伽利略和牛顿等改变世界的大思想家、科学家都是在这种理性精神的熏陶与影响下思考宇宙与世界的蓝图。

【1】欧几里得是一位温和仁慈的蔼然长者,学生们都很尊敬他。他严谨治学,不图名利,据说当托勒密国王向他询问学习几何知识的捷径时,他答道:"几何无王者之道。"

【2】当有一个学生刚学完第一个几何命题便问欧几里得学了几何后将得到什么好处时,欧几里得幽默地对侍者说:"拿一个便士给这位先生,因为他总要从他学习的东西中获取好处。"

【3】第一卷的命题 47 是毕达哥拉斯定理:"在直角三角形中,直角所对的边上的正方形面积等于夹角两边上正方形面积之和。"当英国哲学家托马斯·霍布斯(Thomas Hobbes)在偶然翻阅欧几里得的《几何原本》,看到毕达哥拉斯定理时,感到十分惊讶,他说:"上帝啊!这是不可能的。"但当他由后向前仔细阅读完第一章的每个命题的证明,直到公理和公设后,他终于完全信服了。

续表

数 林 掠 影
【4】据说著名的数学家波尔查诺(Bolzano)，在布拉格度假时，恰好生病，为了分散注意力，他拿起了《几何原本》阅读了第五卷比例论的内容，即被书中精彩的数学方法所震撼。他说,这种高明的方法使他兴奋无比,以至于从病中完全解脱出来。此后,每当他朋友生病时,他总是把《几何原本》作为一剂灵丹妙药向病人推荐。 【5】数学家罗素对《几何原本》情有独钟,他在自传中写下了这样一段引人注目的回忆:"11岁时,我开始学习欧几里得的书,并请我的哥哥当老师,这是我生活中的一件大事,犹如初恋般迷人。" 【6】爱因斯坦称赞《几何原本》时说:"世界第一次目睹了一个逻辑体系的奇迹,这个逻辑体系如此精密地一步一步推进,以致它的每一个命题都是不容置疑的——我这里说的是欧几里得几何。推理的这种可赞叹的胜利,使人类理智获得了为取得以后的成就所必需的信心。"     托马斯·霍布斯(Thomas Hobbes, 1588—1679)英国政治家、哲学家　　波尔查诺(Bolzano, 1781—1848),哲学家、数学家　　罗素(Russell, 1872—1970),英国哲学家、数学家、逻辑学家　　爱因斯坦(Albert.Einstein, 1879—1955),历史上最伟大的物理学家 图33

话说《九章》——算术更流长
——杭州·余逸舟

【作者简介:余逸舟,中国教育学会青少年创新思维教育研究分会理事,《话说九章》作者,算学宫自编教材的主要编撰者之一,"数学花园探秘"(原"迎春杯")金牌教练员。余逸舟老师致力于数学普及工作,将数学文化和数学史融于课堂教学,让孩子们掌握数学方法,建立数学思想,爱上数学,理解"数学好玩",实现"让数学充满欢声笑语"。由他撰写的《话说九章》通俗易懂,让晦涩的文言文和数学变成生动的历史和故事,让灿烂的数学文化沁入中小学生的心田!】

《水调歌头》——钱宝琮

历法渊源远,算术更流长;

畴人功业千古,辛苦济时方。

分数齐同子母,幂积青朱移补,经注要端详。

古意为今用,何惜纸千张。

圆周率,纤微尽,理昭彰。

况有重差、勾股,海岛不难量。

谁是刘徽私淑?

都说祖家父子,成就最辉煌。

继往开来者,百世尚流芳。

钱宝琮先生是中国数学史研究的泰斗,对《九章算术》有着极深入的研究。以先生的词句作为本文的起始,为的是致敬在中国数学史、中国古算法中做出过突出贡献的前辈们。他们的名字,值得我们今天的读者记住。他们是:钱宝琮先生、李俨先生、白尚恕先生、李继闵先生等。

"数学花园探秘"科普活动有着一个优良传统,那就是每年的命题之中必有数学文化和数学史相关的试题。初赛、决赛、总决赛、大师赛口试题等,绝少不了它的身影。数学是一门充满人文精神的科学,也是一种文化。当数学文化之美洋溢于数学花园的时候,数学史,特别是中国数学史一定是其中耀眼的仙葩。中国数学史中最具魅力的著作当属《九章算术》,它承前启后,总结了秦汉之前的数学成就,更是汉朝之后数学研究与创新的源流。

不妨从钱宝琮先生《水调歌头》词中的"私淑"二字说起。私淑,是指未能得到亲身教授但敬仰并传承其学术而尊之为师。钱先生的意思,也许是说继往开来的研究者都可以以刘徽为师,在中国古算法的研究中古为今用,成就辉煌。我并不是数学史的学者,只是希望把自己在学习中积累的对于《九章算术》的认识,用孩子们喜闻乐见的形式讲述出来,也希望更多的数学教育工作者能从中受到一点点启发,在教学中自然地侃侃而谈。

了解数学、了解数学史,会说、会算,这似乎是一个挺难办的事。不妨让我们迈着轻松愉快的步伐,在巨作《九章算术》中拾趣,在古今问题间迁移,给自己一次不同以往的数学文化溯源之旅。

一、说点历史,数学更厚重

文学有文学史,哲学有哲学史,数学自然也有数学史。和其他学科相比,数学史有它的独到之处,研究的是数学科学发生发展及其规律。它不仅追溯数学的内容、思想、方法演变发展的过程,更探索这种过程的诸多因素。

学数学、玩数学、讲数学的人总是容易受到旁人的刻板偏见,似乎他们只会解题和演算,很少有人文情怀。其实,人类社会的文化进程里,数学从未缺席,探索其规律演变的数学史更是其中的灵魂。

《小学数学竞赛年鉴 MO2020》名师讲堂中有刘嘉老师《勾股与弦图》一文,文中提及的古今中外数学大家无不是精通文理。"清代历算第一名家"梅文鼎先生便能诗能文,他所写的序言、引言之类,落笔成趣,文采斐然,颇具文学欣赏价值。

算术这个词,相信所有人都很熟悉,它在西方起源于希腊语,叫"αριθμητική",意思是"数的艺术"。至此,当我们以一个懂数学史的数学资优生或者数学老师的面貌站在大家面前的时候,你不觉得这是一件值得自豪的事吗?因为在你身上,人们看到的是数学的人文气息,看到的是数学的厚重历史。

同样是在《小学数学竞赛年鉴 MO2020》一书中,胡志峰老师的《培优≠无视课本与基础》,在我看来便是在讲世界数学史的起源。而我呢,既然要话说《九章》,自然是从中国数学史中的经典——《九章算术》来抛砖引玉,供大家思考和讨论。

习惯了现今的数学表达,我们读古算书时,少不得会感觉佶屈聱牙,概念不清。毕竟现在出版的《九章算术》读本大多会有现代文翻译,但即便是能看懂其中的文字,你可能也会感觉枯燥。因为书中无外乎三个部分:"问"——基本上都以"今有 XX"开头的问题;"答"——基本上都以"答曰 XX"开头的答案;"术"——基本上都以"术曰 XX"开头的解法提示。这能看出什么历史的厚重和人文的特点?

读《九章算术》可不能这么翻阅,不然就会错过其中的精要。作为中国传统数学的代表作,《九章算术》鲜明地体现了社会性的特点。从实用的角度把我们迅速地拉入应用数学场景。

细读《九章算术》"方田"第三、四两题:

三、今有田广一里,从一里,问为田几何?

答曰:三顷七十五亩。

四、又有田广二里,从三里,问为田几何?

答曰:二十二顷五十亩。

里田术曰:广从里数相乘得积里。以三百七十五乘之,即亩数。

【翻译】

三、已知田地宽一里,长一里,问田的面积是多少?

答:三顷七十五亩。

四、又已知田地宽二里,长三里,问田的面积是多少?

答:二十二顷五十亩。

里田算法说：宽与长的里数相乘得到面积的平方里数。用三百七十五乘以平方里数，即亩数。

以上两题，在今天看来自然是十分简单。可是如果结合上下文我们会发现，"方田"第一、二两题有关"方田术"中长方形田的长宽不过十几步，面积不过一亩或一百六十八平方步；第三、四题却陡然提升到了三百七十五亩的耕地面积丈量！

还没完。紧接着，"方田"从第五题开始，话锋一转，讲起了分数运算，约分、合分、减分、课分、平分、经分不断映入眼中。刚才还是千亩良田的大手笔，一下子到了精确的分数计量！

我们不妨大胆假设：先有诸侯列国官府对大面积土地丈量的需求，后有乡里官吏对土地精准测量的要求，这是不是有可能意味着一次大的土地分配制度的改革呢？推动春秋时期井田制瓦解的土地改革，是齐国"均地分力"下的"相地而衰征"（齐桓公十九年，前667年）和鲁国"初税亩"（鲁宣公十五年，前594年）下的"履亩而税"。那么，《九章算术》的"方田"篇章极有可能是当时为这一系列土地分配制度改革应运而生的计算工具典籍！

再来！

《九章算术》"均输"第九题中提到："今有程传委输，空车日行七十里，重车日行五十里。今载太仓粟输上林，五日三返。问太仓去上林几何？"

程传委输，意思是驿站受委托运送粮食，程传就是驿站。这个问题中说的是哪两地的驿站呢？"太仓"和"上林"。上林在哪里？是说汉代长安的宫殿——上林苑吗？太仓在哪里？是今天的江苏太仓吗？如果真是这样，那可不得了，一千三百多千米的路程，"五日三返"，五天打三个来回？比今天的汽车还要快了！怎么可能？

经过对各种文献的比较分析，我们发现：太仓，指的是京师的大仓库。这在很多时代特别是春秋战国到东汉都是这么称呼的。而上林呢，我们可以认为至少是在西汉时期的上林苑，上溯到春秋战国也是可能的，那么这个问题其实说的是从国都郊外的大仓库到国都宫殿的运输问题了。

如果你是一个喜欢中国古代历史的读者，翻阅史书，一定会在《史记·秦始皇本纪》中看到"徙天下豪富於咸阳十二万户。诸庙及章台、上林皆在渭南"；在《史记·平准书》中看到"太仓之粟陈陈相因，充溢露积于外，至腐败而不可食"。上林、太仓、均输……我们不是考古工作者，但恰当的推理，可以把《史记》和《九章算术》联系在一起，从中看出均输与历史上的经济社会发展之间的密切联系。

均输的这一说法，在春秋战国时期就已经出现，到了汉代，均输成为官府的一种经济措施，利用各地进贡物品的运输收入作为本金进行贸易。本金是什么呢？本金就是我们经济问题中的"成本"。在"均输"中，也就是按照运输距离的远近多少作为计算费用和赋税的依据。而到了宋代，王安石更是把汉代的这一经济举措加以变革和发挥，称为均输法，把货币经济与实物供给结合在了一起，改革国家的粮食和商品贸易的总供给。虽然，王安石变法以失败告终，但我们依然可以看出均输在此期间所发挥的作用；更可以发现，古代经济的政策制定和实施紧紧地和数学融合在一起。可以说，这是古代版数学的经济问题。

在中国数学史上,《九章算术》的体例为后世历代的算书所遵从,实用性特色越来越浓厚,发展到明代程大位的《算法统宗》的时候,差不多已经可以算得上是一本比较完整的应用数学教程了。

我认为,《九章算术》这么读,才有意思!大胆假设之下,才能有小心求证,而我们这些爱数学、学数学的人才会在中国传统数学的滋养下越发博观、越发厚积。

二、学点古算,数学更明白

中国古代传统数学称为"算术"。古代的"算"字写法不止一个,最让人感兴趣的是"筭"。这个"筭"字,从竹从弄,属于会意字。《说文解学》提到"常弄乃不误也",经常演算才能减少失误。说得更直接一些,这一个"筭"字体现出了计算的重要性。

中国传统数学以解决实际应用问题和提高计算技术为主要的目标。而《九章算术》中的计算不仅仅局限在单纯的数值计算,而是形成了一整套内容丰富的"筹式"演算。中国古代的"畴人"不仅用算筹实现十进制计数,在列衰、返衰、盈不足、方程等诸多算法中,更是把演算的对象由数发展到式,以不同的位置关系表示特定的数量关系。

"算"字的主导,使得《九章算术》的数学成就表现在了算法的形式上。算筹的使用,使得其中的很多算法具有程序化和机械化的特点。

最简单的例证来自《九章算术》第一章"方田"章中的约分术。

"约分术曰:可半者半之,不可半者,副置分母、子之数,以少减多,更相减损,求其等也。以等数约之。"

【翻译】约分算法说的是,如果分子分母都是偶数,那么可以用 2 约简;如果不是,那么将分母分子之数另在别的地方列置,然后用较小的数去减较大的数,得出差以后,再在差和减数中,以较小的数去减较大的数,一次一次交替往复,直到最后的差和减数相等,那么这个相等的数就是我们今天所说的最大公约数,用这个最大公约数再去约简分子和分母。

对于熟悉最大公约数求解的读者来说,我的翻译显然有点啰嗦,但在这种烦琐的表述中你也会体会出其中的机械性。以 $\frac{49}{91}$ 的分数化简为例,演算草图如图1:

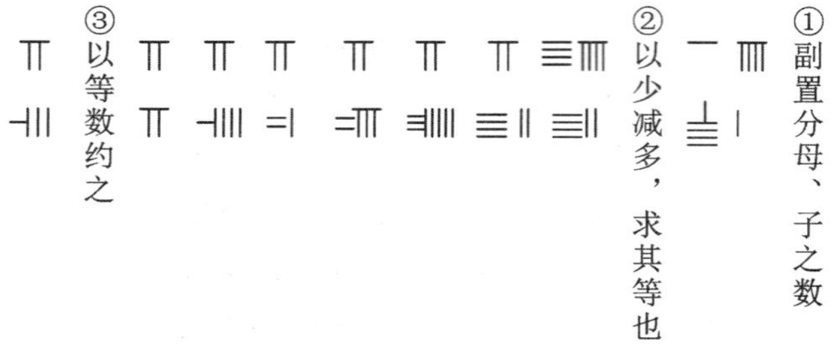

图1

转化成数学形式的表达:

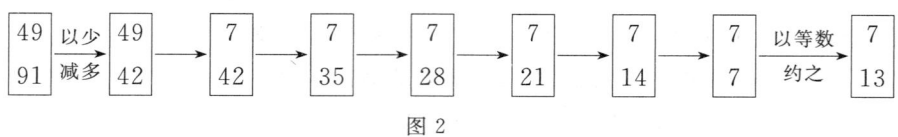

图2

我们不难发现,"更相减损"其实与欧几里得算法(Euclidean algorithm)也就是辗转相除法的原理是相同的,只是前者采用的运算是减法,后者是除法而已。更相减损和辗转相除常见于现在编程练习,而《九章算术》中的"术",差不多都是一套套程序语言所表述的程序化算法。

把《九章算术》中的算法学到这个份儿上,仅仅是了解了冰山一角。因为《九章算术》的编撰并非杂乱无章或是零打碎敲,它有着自己的理论结构,并以基本算法和数学模型为纲要融汇成了一个完整的算法理论体系,将53个算法与246个问题结合在了一起。总结来说,《九章算术》包含了以比率和方程算法为特点的筹式理论、以面积和体积为对象的度量理论和勾股测望理论。

勾股测望理论的详细内容在此我就不多说了,因为我个人认为迄今为止没有比刘嘉老师在《小学数学竞赛年鉴 MO2020》一书的《勾股与弦图》中将勾股理论演化得更清晰的了。而度量理论呢,脱离小学阶段的学习范围的扩展内容相对较多,并不适合在此赘述。在此,还是将我所了解的比率算法略陈其义。

经率术是《九章算术·粟米》这一卷中的一种算法。经率术与此卷中的今有术、经术术、其率术、反其率术这些算法都与比和比例的运算有关,可以说是数量经济学的雏形。

"经"指规范、标准,"率"指交换率,"经率"两字的意思就是规范的交换率。自从古代钱币出现之后,以货币为媒介的交易方式代替了以物易物的方式。物品的单价也就是"每物几钱",便成为交换率的一般标准,古代称物品的单价为"经率"。

《九章算术·粟米》一卷中第一题和第十六题,原文如下:

一、今有粟一斗,欲为粝米。问:得几何?

答曰:为粝米六升。

术曰:以粟求粝米,三之,五而一。

十六、今有粟七斗八升,欲为豉。问:得几何?

答曰:为豉九斗八升二十五分升之七。

术曰:以粟求豉,六十三之,五十而一。

原题以及回答是比较容易理解的,特别需要关注的是两个"术曰"。第一个"术曰"说,已知粟数求粝米数,以粟数乘以3,再除以5即可;第二个"术曰",则是已知粟数求豉数,用粟数乘以63,再除以50即可。

这两个术曰运用的是同一个算法——"今有术"。"今有"是中国古算法中的一个常用词语,用现在常用的说法就是"已知"。几乎每一个问题都以"今有"二字开头,这也非常符合数学问题条件描述的规则。今有术就成为古算法中解题过程的专用名词。

今有术是根据已知数和比率关系求未知数的算法,也就是四项比例计算方法,在中小学的教材中这是大家非常熟悉的比例的基本性质:比例的外项乘积等于内项乘积。

《九章算术·盈不足》一卷中的第一题,原文如下:

一、今有共买物,人出八,盈三;人出七,不足四。问:人数、物价各几何?

答曰:七人,物价五十三。

在小学数学学习过程中,很多同学都会用算术和方程两种方法来解决这类盈亏问题。首先来看算术的解法。

【分析】根据已知条件,一盈一亏,相差:3+4=7。盈亏相差 7 的原因是"人出八,人出七"。又因钱数相差:8-7=1。所以,人数为(3+4)÷(8-7)=7(人);物价为 7×8-3=53(钱)或 7×7+4=53(钱)。

再看方程解法。

解:设人数为 x,根据已知条件建立方程

$$8x-3=7x+4,$$
$$8x-7x=4+3,$$
$$x=7。(检验略)$$

那么,物价为 7×8-3=53(钱)或 7×7+4=53(钱),

答:人数为 7 人,物价为 53 钱。

"盈不足术"在解这类问题上有两种方法。第一种方法是《九章算术》中的"两盈两不足术":

置所出率,盈、不足各居其下。令维乘所出率,以少减多,余为实。两盈、两不足以少减多,余为法。实如法而一。有分者通之。两盈、两不足相与同其买物者,置所出率,以少减多,余,以约法实,实为物价,法为人数。

```
所出率         8    7
盈、不足        3    4
```
(对角线相乘)

令维乘所出率(对角线相乘):4×8=32,3×7=21,

并(相加)以为实(作为被除数):32+21=53,

并盈、不足为法(作为除数):3+4=7,

实如法而一:$53÷7=7\frac{4}{7}$。

被除数 53 为物价,除数 7 为人数,$7\frac{4}{7}$ 为每人出资。

第二种方法是《九章算术》中的"其一术":

置所出率,以少减多,余为法。两盈、两不足,以少减多,余为实。实如法而一得人数。以所出率乘之,减盈、增不足,即物价。

可能有人会说,能用简便的方法何必再去研究复杂的解法?例题中的问题只是最基础最浅显的,而"盈不足术"应用的范围是非常广泛的。13 世纪,意大利数学家斐波那契将它传入欧洲,这种解题方法曾经风靡欧洲数学界。下面,我们就来简单地讨论一下这一解法的原理。

【分析】以原题为例,假设"每人出钱 x_1 买物 1,盈钱 y_1;每人出钱 x_2 买物 1,不足钱 y_2",则可以列式如下:

设	x_2	x_1
买物	1	1
盈亏	y_2(亏)	y_1

由于二者的盈亏数 y_1 和 y_2 是不同的,所以将 y_2 扩大 y_1 倍,将 y_1 扩大 y_2 倍,则盈亏数值相等,原列式变为:

设	$x_2 y_1$	$x_1 y_2$
买物	y_1	y_2
盈亏	$y_2 y_1$(亏)	$y_1 y_2$

现将两项列式相加，盈亏数相消：

设 $x_2y_1 + x_1y_2$

买物 $y_1 + y_2$

盈亏   不盈不亏

将以上列式同除以(y_1+y_2)，得

设 $\dfrac{x_1y_2 + x_2y_1}{y_2+y_1}$

买物   1

盈亏   不盈不亏

所以每人出钱数为$\dfrac{x_1y_2+x_2y_1}{y_2+y_1}$，将原题中条件代入$x_1$、$x_2$、$y_1$、$y_2$，得

每人出钱数 = $\dfrac{7\times 3 + 8\times 4}{4+3} = 7\dfrac{4}{7}$（钱），

物价 = $\dfrac{7\times 3 + 8\times 4}{8-7} = 53$（钱），

人数 = $\dfrac{4+3}{8-7} = 7$（人）。

每人应出钱数 = $\dfrac{多出\times 不足 + 少出\times 盈}{盈 + 不足}$，

物价 = $\dfrac{多出\times 不足 + 少出\times 盈}{多出 - 少出}$，

人数 = $\dfrac{盈+不足}{多出-少出}$。

以上就是"盈不足"术包含的三个公式。

三、讲点故事，数学更好玩

从前文中有关数学与历史的联系不难发现，如果我们尝试着根据历史材料编制数学问题和问题的解法，或者是借鉴、重构知识的发生来设计数学问题的背景，将会是一件极有意思的事情，当然也是一件极富挑战性的事情。这对于读好、学好《九章算术》是比较可行的，也是 HPM（数学史与数学教育研究）课题的研究方法——顺应式和重构式运用的体现。

下面节选本人《话说九章》第一部《筹算演万物》中的一小部分供读者参考。

在西周时期，国家施行一种被称为"井田制"的土地政策。土地被分割为一个个"井"字形，四四方方一块耕地，就像 3×3 的九宫格，九宫格中间的这块田，叫作"公田"，周围一圈八块地都是"私田"。进入春秋战国时期，铁器、牛耕的使用和推广使生产水平大大提高，人们纷纷想着开垦更多的私田。谁都不愿意在井田上耕作，公田的收入还全归封邑贵族所有。

我们可以想象下面这样的场景：某年某月的某一天，一群庶人聚集在一起高声争执，他们不是奴隶，有人身自由，但生活的境遇一点儿都没比奴隶好。他们每日在公田里耕作，无暇顾及分配给自己的贫瘠的田地。有人发现远离城邑的地方有一处水土肥美的荒地。荒地中有一个圆形池塘，池中有汩汩的泉水涌出，可以用来灌溉。这真是一处极佳的耕地啊！

这一日，正是几户庶人共同开荒的日子，可是他们却因为这块荒地而争论不休。井田上的土地方方正正，分起来很容易。可是，这块荒地却是圆环状的。绕外圈一周 366 步，绕内圈一周 276 步，内圈到外圈的直线距离径长是 15 步。它

的面积是多少呢？怎么算？怎么分？这就是争论的焦点。

其中一个名叫氓仲的庶人说道："此处是我最先发现的，我要占三分之一！"

一个叫田叔的显得很不高兴："就你厉害？没有我家的铁犁铧，你们能这么快开垦完这块荒地吗？"

"好好！功劳都是你们的，干活不要人力吗？我一家老小都上阵开荒，就指望着能在这块地上收获一些粮食。且不说谁分多少，到底从哪儿到哪儿是三分之一？你们分得清吗？"还有一个叫羊舌伯的也忍不住说道。

一帮人争论不休之际，远处走来一人，深衣帻巾，一看就是位先生。

先生听完他们的争论，又仔细问了具体的丈量步数，略一思索，哈哈道："此地有二十亩十五积步，几位可以根据这个面积来分配。若是下次再有这样的环田，你们可以把内圈和外圈的周长相加，取它的值一半，再乘径长，这样就可以算出环田的面积啦。"说完，先生长袖一摆，飘然离去。

几户庶人得到先生的帮助，最终分好田地，笑逐颜开。他们忽然想到：呀，忘了问人家的姓名啦，都不知道这位先生是谁。

先生是位神秘的高人，且让笔者先卖个关子。不过，同样的问题出现在《九章算术·方田》的第三十七题："今有环田，中周九十二步，外周一百二十二步，径五步。问：为田几何？答曰：二亩五十五步。术曰：并中、外周而半之，以径乘之为积步"。

故事才刚刚开始，而故事之中的数学问题就是我们走进《九章算术》世界最好的引路者。让我们一同走进"古题今算"。

细心的朋友们一定发现了《方田》中的第三十七题和我们故事中的数量是不同的。再仔细一瞧，你会发现故事中的"中周""外周""径长"都是题中相应数量的三倍。这是我在构造故事的时候特意扩大的，为的是让最后计算得出的田亩数量对于故事情节来说更加合理一些。

还是让我们回到《方田》里原本的问题上吧。

圆环形田地的面积计算，在我们今天的数学运算中肯定离不开圆的面积的计算。有关圆的面积计算中的各种数量关系，古代数学典籍中早有相关的记载。其中最值得称道的便是刘徽先生用"割圆术"对圆周率的精确计算。不过，在"环田"问题上，古人并没有用圆周率求面积，而是用求近似图形面积的方法来解决。具体的方法就是：把圆环拉直，成为近似等腰梯形，然后求出等腰梯形的面积。

圆环面积近似等腰梯形面积：

（上底＋下底）×高÷2

＝（中周＋外周）×径÷2

＝（92＋122）×5÷2

＝535（积步），

535 积步＝2 亩 55 积步（1 亩＝240 积步）。

如果我们用现代数学的方法来求圆环面积，就需要用外圆面积减去内圆面积，并且要完成周长和半径之间数量关系的转化。

外圆周长（外周）$C_{外}=2\pi r_{外}$，$r_{外}=\dfrac{C_{外}}{2\pi}$，

内圆周长（内周）$C_{内}=2\pi r_{内}$，$r_{内}=\dfrac{C_{内}}{2\pi}$，

$$S_{环} = S_{外圆} - S_{内圆}$$
$$= \pi\left(\frac{C_{外}}{2\pi}\right)^2 - \pi\left(\frac{C_{内}}{2\pi}\right)^2$$
$$= \frac{C_{外}^2}{4\pi} - \frac{C_{内}^2}{4\pi}$$
$$= \frac{122^2}{4\pi} - \frac{92^2}{4\pi}$$
$$= \frac{14884 - 8464}{4\pi}$$
$$= \frac{6420}{4\pi}$$
$$= \frac{1605}{\pi} \text{(《九章算术》中 } \pi \text{ 取值为 3)}$$
$$= 535(积步)$$
$$= 2(亩)55(积步)。$$

比较古今两种算法,现代的方法是"整体减局部",而古代的算法是"等积变形",用刘徽先生的说法叫"以盈补虚"。

我们发现,两种求得的算法结果相等,就是因为圆周率的近似取值为3(《周髀算经》记载:"圆径一而周三")。如果按当时刘徽先生"割圆术"的结果计算,π 取值 $\frac{157}{50}=3.14$,那求得的结果就是 $511\frac{23}{157}$ 积步,也就是 2 亩 $31\frac{23}{157}$ 积步。(《九章算术》注:"于徽术,当为田二亩三十一步一百五十七分步之二十三。")

数学史以及古算法融入数学学习可以说是有着悠久的历史,无论是将其编入课外学习的教学之中还是专注于对《九章算术》进行适合青少年朋友的解读,我觉得都是值得尝试的。这将增加我们探究问题的机会,激发青少年学习数学的兴趣,也是顺应式教学研究的一次探索。《话说九章》也对《九章算术》的青少年解读进行了重构式的尝试,详见《话说九章》第二部《田广御春秋》,在此不再冗述。

四、想点跨越,数学可以更有用

中国传统数学具有数学研究领域公认的实用性。《中国科学技术史》的作者李约瑟说:"谈到社会因素时,很明显的是,在整个中国历史中,数学的重要性主要是在于它与历法有关。在《畴人传》中很难找到一个数学家不受诏参与或帮助他那个时代的立法革新工作。"随着封建社会初期生产力的迅速发展,科学技术的进步,中国传统数学得以向前跨越了一大步,《九章算术》正是这一时期的代表。

于是,我们可以很自然地展开思考的翅膀,让这一古代东方数学璀璨明珠的光芒发散开来。

当这道光芒飞向今天,我们首先会想到这样一种贯穿古今数学思想的跨越。"古题今算"在今天的各类中国传统数学读物中并不鲜见,各地中高考试卷,以及小学生的能力测评试题中也多有《九章算术》原题的身影。这是彰显中国传统数学的一种很好的方式。

但是熟读《九章算术》的朋友们不难发现,这一著作中的闪光点其实并非那一道道古代的原题,而是被称为"术"的算法,尤其是刘徽对《九章算术》的校注,更是这些算法以及蕴含原理的详尽剖析,其数学思想的先进性直到今天也为数学研究者所称道。可谓是:"古题今算时常有,今题古算好风流!"

所谓"今题古算",就是用中国传统数学中的解题方法试着解决现代数学学习中的问题。真要做到今题古算,必须再次回到《九章算术》的诸多算法中去。

这些算法抓住数量之间最常见的比率关系,以率为纲贯穿了粟米、衰分、均输、盈不足等章节,筹算是主要的演算方式。这句话似乎说得过于晦涩了,通俗来讲,就是说《九章算术》是以算筹演算为主要方式的,这种方式和今天的计算比较起来,不写算式,没有运算符号,靠的就是数与数之间的关系转化。用今天的话说,就是使用纯粹的算术解法!

让我们依旧以前文中提到的"经率术"为例,仔细琢磨一下,看看能否解决如今的数学问题吧!

如《九章算术》第二章第三十四题所述:"今有出钱五千七百八十五,买漆一斛六斗七升、太半升,欲斗率之。问斗几何?"

【翻译】已知出钱 5785,买漆 1 斛 6 斗 7 $\frac{2}{3}$ 升,要按斗折价。问每斗值钱多少?

"经率术曰:以所率乘钱数为实,以所买率为法,实如法得一。"

【翻译】物品单价的算法是:以折算单位乘以钱数为被除数,以所买物品的数量为除数,以除数去除被除数。

以现代数学的理解来看,这是一个简单至极的计算过程,物品单价、折算单位、钱数、物品数量,就是今天所说的"四项比例算法"中的四个元素,于是

$$所求率 = \frac{所求数 \times 所有率}{所有数}$$

当然,《九章算术》原文中的描述是非常简略的,正是由于这种简略,才使得今天的我们在读此书,学此"术"的时候,极容易忽略其精要。在刘徽注中对率的算法上有着更多拓展和衍生,在诸多有关"率"的注文中他用到了一个术语——"势"。这个字表示的是一种状态,在中国传统数学中和今天的"关系"一词同义。"势"就是数量间的"相比关系",这些数量间的相比关系保持着固定不变的比数,构成各自的比率关系(而其相与之势不失本率也——"勾股容方术"中刘徽注)。

"以率言势,以数表率","势"是用"率"来刻画的,"率"是用"数"来表示的,从数量关系的角度来阐述"率",这便是我们"想点跨越"的出发点。

下面,让我们一起看看上海市 2021 年中考第二十二题。

现在 5G 手机非常流行,某公司第一季度总共生产 80 万部 5G 手机,三个月生产情况如题图。

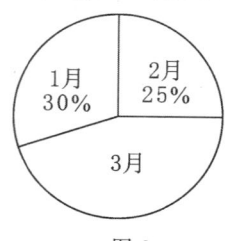

图 3

(1)求 3 月共生产了多少部手机?

(2)5G 手机速度很快,比 4G 下载速度每秒多 95MB,下载一部 1000MB 的电影,5G 比 4G 要快 190 秒,求 5G 手机的下载速度。

【分析】(1)根据扇形统计图求出 3 月的百分比,再利用 80 万×3月的百分比求出 3 月共生产的手机数;

(2)设 5G 手机的下载速度为 x MB/秒,则 4G 下载速度为 $(x-95)$ MB/秒,根据下载一部 1000MB 的电影,5G 比 4G 要快 190 秒。列方程求解。

【详解】(1)3 月的百分比=1-30%-25%=45%,

3月共生产的手机数＝80×45％＝36(万部)。

答：3月共生产了36万部手机。

(2)设5G手机的下载速度为 x MB/秒,则4G下载速度为 $(x-95)$ MB/秒,由题意可知：

$$\frac{1000}{x-95}-\frac{1000}{x}=190,$$
$$x^2-95x-500=0,$$
$$(x-100)(x+5)=0。$$

解得 $x=100$ 或 $x=-5$ (舍去),

检验：当 $x=100$ 时, $x(x-95)\neq 0$,

所以, $x=100$ 是原分式方程的解。

答：5G手机的下载速度为100MB/秒。

这是此问题的中考解答，也可以说是现代版的解答。那么，我们要不要试一试古代版的，或者说《九章算术》版的解答呢？

(一)答曰：三月共生产三十六万部手机。

术曰：以一、二月求三月,1－30％－25％＝45％,得三月之百分比。

四十五之,一百而一。

相信不用翻译成现代文，读者朋友们也能看懂这段的意思，在实际解题过程中有关分数乘法的运用，和《九章算术》中的"今有术"相同。

刘徽在"今有术"的注解中说，今有术是一种普遍适用的算法。凡是以"九数"为篇名的都可以实施各种比率，所以能够"往而知来，知一隅而三隅反者也"。如果能够分辨形形色色数量间的复杂关系，依据内容来确定比率，那么最终无不归结为这一算法。

用所有数八十万乘以所求率四十五为被除数，以所有率一百为除数，以除数去除被除数可得最后结果, $80×45÷100=36$ (万部)。如果古时的中算家们知道自己的解法被用来解决两三千年后的手机生产问题，估计会觉得十分不可思议。

(二)答曰：第五代移动通信技术手机的下载速度为一百兆每秒。

术曰：以所率乘钱数为实,以所买率为法,实如法得一。

物品单价的算法是：以折算单位乘以钱数为被除数，以所买物品的数量为除数，以除数去除被除数。

在此问中，终于出现了复杂的数量关系情况，那么要如何才能"分诡术之纷杂，通彼此之否塞"呢？下面，我们不妨图解此问之"经率术"算法：

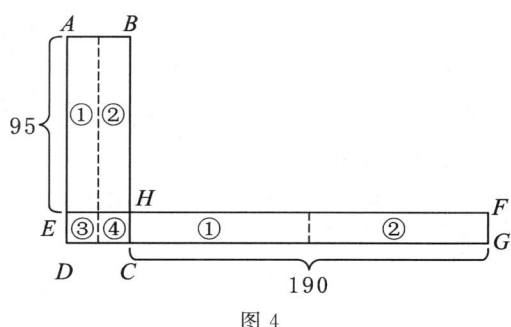

图4

如图,设 $S_{长方形ABCD}=$ 5G下载的1000MB文件, $S_{长方形DEFG}=$ 4G下载的1000MB文件。

$S_{长方形ABCD}=S_{长方形DEFG}$，则 $S_{长方形ABHE}=S_{长方形CHFG}$，

由 $190÷95=2$，可知：$CG=2AE$，则 $AB=2FG$，

如图平分相关长方形，$S_①=S_②$，$S_③=S_④$，

$1000÷95=10……50$，

$95（5G 比 4G 快 95MB）×10（5G 下载 10 秒）+50（剩余 50MB）=1000（MB）$，

所以，$S_{长方形DCHE}=50$，$DE=50÷10=5$，

5G 下载速度 $=95+5=100（MB/秒）$。

或者，$S_①+S_③=S_②+S_④=1000÷2=500$，

$500÷95=5……25$，

$S_③=25$，

$DE=25÷5=5$，

5G 下载速度 $=95+5=100（MB/秒）$。

答：5G 手机的下载速度为 100MB/秒。

五、想点跨越，数学可以更有用

忽然有了这样一个疑问：为什么要去做"今题古算"？是为了显现出中国古代数学那曾经的辉煌吗？我想不是的。尽管我们很多人已经知道《九章算术》在中国乃至世界数学历史上的地位，但我们既不是用它与欧洲的《几何原本》去一较高下，也不是要告诉人们，"你看这样的题我用古代算法就能解出了！"那么，去做一次这样的小小跨越又意义何在呢？主要的原因是在用各种方式说明"明理"二字。"读书以明理""先明理而后读书"，无论谁先谁后，都要做的一件事就是研究数学的原理，数学才能更有用！

数学研究的是现实世界中的数量关系和空间形式，我们学习《九章算术》，便是从中国传统数学的角度去理解数量关系和空间形式的密不可分、形影不离。尤其是当我们能窥见刘徽先生及诸多"畴人"研究成果十之一二的时候，也许对于今天的数学学习便就有了新的看法和认识。我想这才是跨越的意义。

今天，很多人都在评论某些老师只会教做题，这确实是值得教学者和学习者思考的。

首先，我们要先学会解决数学问题吧。如果解决数学问题都不会，那数学学习就真成了问题。《九章算术》既然被大家公认为中国数学的源流，那么源流里的二百四十六个问题和解答又是什么呢？是功利吗？是应试吗？是为了把数学用起来呀，是为了向所有人表明，数学乃是一切自然科学的基础，它是有用的，我们能用它做很多很多的事情。

其次，我也希望，我们的读者不要忘记，《九章算术》除了"今有……"，除了"答曰……"，还有"术曰……"，还有诸多中算家们研究算理的校注。它们才是让"算经"熠熠生辉的光源所在。同样，对于一个教育者、一个学习者来说，哪怕是从中习得了其中一种算法，也不枉"善学"二字。更何况，中国传统数学有着它自己的体系与形式，有着它自身发展的途径和独到的思想结构。只要我们一起认真研读，便可"举一纲而万目张；解一卷而众篇明"。

三十六计搞定小升初 续集之压轴：随心所欲
——南京·马新成

【作者简介：马新成，资深小升初数学专家，功到成（北京）文化创始人，南通海门市十佳青年教师。畅销书《三十六计搞定小升初》作者，所写文章获大量好评转载。民办教育太湖峰会、上海G10Teacher学术论坛临潭等多个学术论坛特聘讲师，十多次带领学生参加全国及国际数学类比赛，获团体一、二等奖及金银牌。】

数学好玩。各种奇思妙想，多角度全方法分析解决问题所带来的快乐，甚至是成功感，是很多人在孩提时就喜欢数学，甚至痴迷数学的根本原因。

兴趣是最好的老师。正如我起早贪黑写了71篇文章之后，还想再给大家带来一篇"随心所欲"一样，我有兴趣把自己多年高强度的一线教学心得总结出来。让喜欢我文章的小读者们，达成一种，哪怕是最基本的一种"随心所欲"。以下由我精心挑选的经典名题，请你尝试用多种方法来解答。

【经典名题1】有一堆糖果，其中奶糖占45%，再放入16块水果糖后，奶糖就只占25%。那么，这堆糖果中有奶糖多少块？

【思路点拨】

方法1：量率对应。

放入水果糖，奶糖量不变，不变量看作单位"1"放在分母位置，用不变量作尺子来度量其他量。

$$16 \div \left(\frac{1-25\%}{25\%} - \frac{1-45\%}{45\%}\right)$$
$$= 16 \div \left(3 - \frac{11}{9}\right)$$
$$= 16 \div \frac{16}{9}$$
$$= 9。$$

方法2：统一法。

简化解题格式，写成比的形式，前项不变，统一前项，后项多了27-11=16（份），是因为多了16块水果糖。

奶糖：其他=45%：55%=9：11，

奶糖：其他=25%：75%=1：3=9：27，

16÷(27-11)×9=9（块）。

方法3：浓度十字交叉比。

把奶糖看成盐（溶质），其他糖看成水（溶剂）。

```
55%        100%
      75%
25%         20%
```

$16÷20\%×25\%=20$(块),
$20×45\%=9$(块)。

方法 4：方程法。直接设所求。

解：设有奶糖 x 块,则
$$x÷45\%+16=x÷25\%$$
$$\frac{20}{9}x+16=4x$$
$$\frac{16}{9}x=16$$
$$x=9。$$

方法 5：方程法。间接设所求。

解：设原有 x 块糖,则
$$x×45\%=(x+16)×25\%$$
$$\frac{9}{20}x=\frac{1}{4}x+4$$
$$\frac{1}{5}x=4$$
$$x=20。$$
$20×45\%=9$。

方法 6：比例方程。

$45\%:55\%=9:11$,

设原有奶糖 $9x$ 块,其他糖 $11x$ 块。
$$9x:(11x+16)=25\%:75\%$$
$$11x+16=27x$$
$$16x=16$$
$$x=1。$$
$9x=9$。

答：奶糖共有 9 块。

【经典名题 2】题图所示的六边形中,每个内角都是 120°,其中四条边的长度分别是 1,9,9,8 厘米。这个六边形的周长是多少厘米?

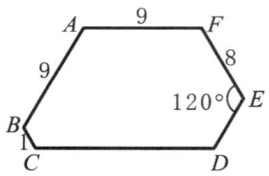

第 2 题图

【思路点拨】

方法 1：外补成等边三角形。

120°的补角为 60°,作六条边的外延长线相交于三个点,形成一个大的三角形,每个角都是 60°,则大三角形等边,且边长易知:$1+9+9=19$(厘米),图中共有 4 个等边三角形,$DE=19-9-8=2$(厘米),$CD=19-1-2=16$(厘米)。

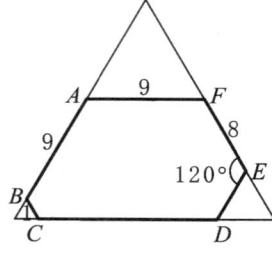

第 2 题方法 1 图

即可推知周长:$1+9+9+8+16+2=45$(厘米)。

方法 2：外补成平行四边形。

平行四边形对边相等，由图易知一组对边长为 9+1=10（厘米），另一组对边长为 9+8=17（厘米），DE=10-8=2（厘米），CD=17-1=16（厘米），即可推知周长：1+9+9+8+16+2=45（厘米）。

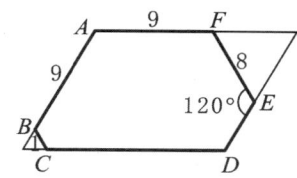

第 2 题方法 2 图

方法 3：内分成平行四边形与三角形。

把图形从内部分割成三个平行四边形与一个等边三角形。由平行四边形对边相等，可推知等边三角形的边长为 8-1=7（厘米）。则 CD=7+9=16（厘米），DE=9-7=2（厘米）。所以周长为 1+9+9+8+16+2=45（厘米）。

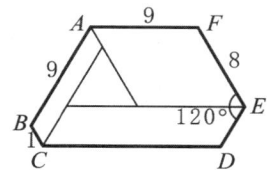

第 2 题方法 3 图

【经典名题 3】一只快艇从 A 地至 B 地往返共用 4 小时，去时顺水比返回逆水每小时多行 10 千米，因此前 2 小时比后 2 小时多行 16 千米，求 A、B 两地之间的距离。

【思路点拨】

方法 1：比较法。

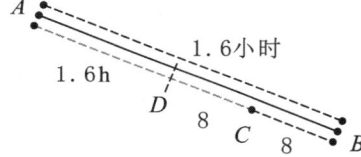

第 3 题方法 1 图

由图中及分析看，前 2 小时走了全程又 8 千米逆水，后 2 小时走了全程差 8 千米逆水，在后 2 小时中截取 8 千米逆水与前 2 小时中的 8 千米逆水相抵消，16 千米的差距是在顺水行 AB 全程与逆水行 DA 中产生的，而每小时的速度差是 10 千米/时，16 除以 10 就可知道顺水行 AB 用时 1.6 小时，则逆水走 8 千米，用时 2-1.6=0.4（小时）。则逆水速度 8÷0.4=20（千米/时）。

16÷2÷(2-16÷10)=20（千米/时），

20×2+8=48（千米）。

答：AB 全程 48 千米。

方法 2：假设法。

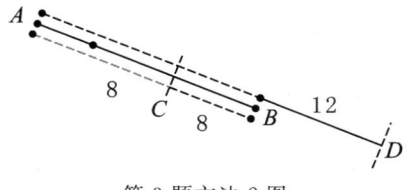

第 3 题方法 2 图

假设顺流到达 B 地后不逆水走满 2 小时到点 C,而是继续顺水走满 2 小时到点 D,则 CD 的距离为顺水与逆水 2 小时的差距 $10\times 2=20$(千米),则 $BD=20-8=12$(千米),顺水与逆水的速度比是 $12:8=3:2$,又知每小时速度差为 10 千米/时,则顺水速度为 30 千米/时。

$10\times 2-16\div 2=12$(千米),

$8:12=2:3=20:30$,

$30\times 2-12=48$(千米)。

方法 3:列方程组。

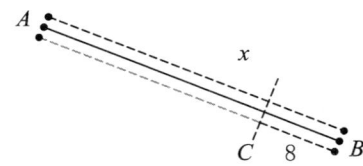

第 3 题方法 3 图

解:设全程为 x 千米,逆水速度 a 千米/时。

$$\begin{cases}\dfrac{x}{a+10}+\dfrac{8}{a}=2,(1)\\ \dfrac{x-8}{a}=2,(2)\end{cases}$$
则 $\dfrac{x}{a+10}+\dfrac{8}{a}=\dfrac{x-8}{a}$,得 $\dfrac{x}{a+10}=\dfrac{x-16}{a}$,(3)

由(2)得 $a=0.5x-4$。(4)

把(4)代入(3)得

$$\dfrac{x}{0.5x-4+10}=\dfrac{x-16}{0.5x-4}$$

$$0.5x^2-4x=0.5x^2-8x+6x-96$$

$$2x=96$$

$$x=48。$$

答:AB 距离 48 千米。

【经典名题 4】长方形 $ABDC$ 的面积为 180 平方厘米,$BG=2AG$,$BE=3ED$,求四边形 $EFGB$ 的面积。

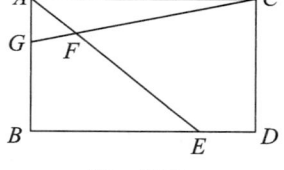

第 4 题图

【思路点拨】

方法 1:共边定理求比。

解:连接 GE,EC,运用共边定理。在四边形 $AGEC$ 中,

$$\dfrac{GF}{FC}=\dfrac{S_{\triangle AGE}}{S_{\triangle ACE}}=\dfrac{\dfrac{1}{3}\times\dfrac{3}{4}\times\dfrac{1}{2}}{\dfrac{1}{2}}=\dfrac{1}{4},$$

$$S_{\triangle AGC}=180\times\dfrac{1}{3}\times\dfrac{1}{2}=30\text{(平方厘米)},$$

$$S_{\triangle ABE}=180\times\dfrac{3}{4}\times\dfrac{1}{2}=67.5\text{(平方厘米)},$$

$$S_{\text{四边形}EFGB}=67.5-30\times\dfrac{1}{1+4}=61.5\text{(平方厘米)}。$$

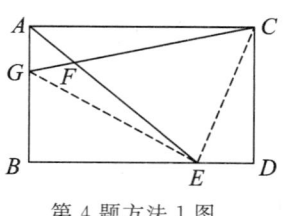

第 4 题方法 1 图

方法 2:补成沙漏模型。

解:与方法 1 不同的是长度比用沙漏模型获得,需要往外补延长线。

延长 AE,CD 交于点 H,在沙漏 $ABEDH$ 中 $\dfrac{BE}{ED}=\dfrac{AB}{DH}=\dfrac{3}{1}$,

在沙漏 $AGFCH$ 中，$\dfrac{AG}{CH}=\dfrac{GF}{FC}=\dfrac{1}{3+1}=\dfrac{1}{4}$，

$S_{\triangle AGC}=180\times\dfrac{1}{3}\times\dfrac{1}{2}=30$（平方厘米），

$S_{\triangle ABE}=180\times\dfrac{3}{4}\times\dfrac{1}{2}=67.5$（平方厘米），

$S_{\text{四边形}EFGB}=67.5-30\times\dfrac{1}{1+4}=61.5$（平方厘米）。

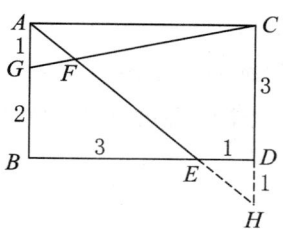

第 4 题方法 2 图

方法 3：直接分割用方程组。

添加辅助线，并把其中 4 个三角形的面积按边的关系设为 $x,2x,y,3y$。

列方程组：$\begin{cases}3x+3y=180\times\dfrac{3}{8},\\(180\times\dfrac{1}{6}-x)+4y=180\times\dfrac{1}{2},\end{cases}$

解得 $\begin{cases}x=6,\\y=16.5。\end{cases}$

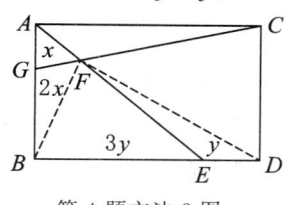

第 4 题方法 3 图

$S_{\text{四边形}EFGB}=2x+3y=61.5$（平方厘米）。

【经典名题 5】如题图，圆周上有 7 个点 $A,B,\cdots,G$，以一笔画的方式将这 7 个点顺次连接成一个七角星的形状，则七角星的七个"角"（是指圆周角）之和 $\angle A+\angle B+\cdots+\angle G=$ _____ 度。

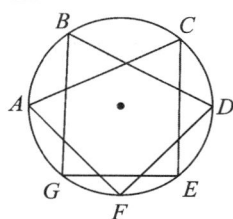

第 5 题图

【思路点拨】

方法 1：整体考虑。

七角星七个角的和等于七边形 $ABCDEFG$ 的内角和减去 $\angle BAH$，$\angle ABH$，$\angle CBI$，$\angle BCI$，$\cdots$，$\angle GAN$ 共 14 个角的和。而这 14 个角的和等于 7 个三角形的内角和 $180°$ 减去里面的小七边形 $HIJKLMN$ 的内角和，即：

$7\times180°-(7-2)\times180°=360°$，所以七角星的七个角的和等于 $(7-2)\times180°-360°=540°$。

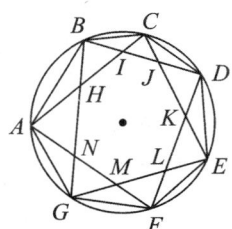

第 5 题方法 1 图

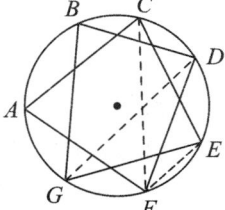

第 5 题方法 2 图

方法 2：分割转换。

连接 CF、DG、EF，七角星的七个角转化为 $\triangle ACF$，$\triangle BDG$，$\triangle CEF$ 的内角和，即为 $180°\times3=540°$。

方法 3：包含排除。

根据同一条弧所对的圆周角是圆心角的 2 倍,把每个角所对应圆心的圆心角,这个圆心角所对应的弧找出来,总和恰好是圆周的 3 倍。

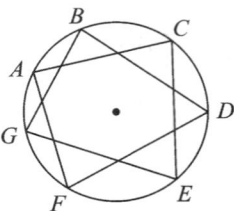

第 5 题方法 3 图

$$\angle A+\angle B+\angle C+\angle D+\angle E+\angle F+\angle G$$
$$=\frac{\overset{\frown}{CF}}{2}+\frac{\overset{\frown}{DG}}{2}+\frac{\overset{\frown}{AE}}{2}+\frac{\overset{\frown}{BF}}{2}+\frac{\overset{\frown}{CG}}{2}+\frac{\overset{\frown}{AD}}{2}+\frac{\overset{\frown}{BE}}{2}$$
$$=\frac{3}{2}\times 360°$$
$$=540°。$$

【经典名题 6】 已知三个连续的自然数,它们都小于 1000,其中最小的一个自然数能被 7 整除,中间的一个自然数能被 9 整除,最大的一个自然数能被 11 整除。那么,这三个自然数中最小的一个是_____。

【思路点拨】

方法 1：枚举法。

先列举 7 与 9 的倍数,看哪两个是连续自然数。

7,14,21,28,35,42…

9,18,27,36,45…

可发现 35,36 是一组连续自然数,在此基础上 7×9=63 的倍数,去找第 3 个自然数能否被 11 整除。

35	98	161	224	287	350	…
36	99	162	225	288	351	…
37×	100×	163×	226×	289×	352√	…

见上表 350,351,352 满足要求。答案为 350。

枚举法适用数据较小的情形,如把 7,9,11 换成 17,19,21 就麻烦了,可再研究不定方程的处理方法。

方法 2：不定方程。

设这三个自然数依次为 $A,A+1,A+2$。

$A=7m,A+1=9n,A+2=11k$,则

$A=7m=9n-1=11k-2$。

由 $7m=9n-1$,整理得 $7m=7n+(2n-1)$。

等式左边能被 7 整除,推知等式右边 7 能整除 $(2n-1)$,则 n 最小取 4,满足前两个要求的最小数是 35,36,37 不能被 11 整除,可在 35 的基础上不断地加 $7\times 9=63$ 的倍数。

则 $35+63d=11k-2$,整理得 $37+63d=11k$,

等式右边能被 11 整除,等式左边也应被 11 整除,用 11 去切割,得

$33+4+55d+8d=11k$,则

$11|(8d+4),11|4(2d+1)$,则 $11|(2d+1)$。

d 最小可取 5,则 $35+63\times 5=350$。

验算这三个数 350,351,352 均符合题中 7,9,11 的整除要求。

答案为 350。

方法 3：妙用等差。

因 7,9,11 两两互质，且为相差 2 的等差数列，三个数的最小公倍数是 $7\times 9\times 11=693$，693 加 7 能被 7 整除，加 9 能被 9 整除，加 11 能被 11 整除，得连续的 3 个偶数，公差为 2，则除以 2 即为 3 个连续自然数，且最小。可得答案为 350。

【经典名题 7】某人从甲地走到乙地。甲、乙两地之间有定时的公共汽车往返，而且两地发车的间隔都相等。他发现每隔 6 分钟开过来一辆去甲地的公共汽车，每隔 12 分钟开过去一辆去乙地的公共汽车。则公共汽车每隔多少分钟从各自的始发站发车？

【思路点拨】

方法 1：单位"1"。

把相邻公共汽车之间的距离看成单位"1"。

车与人的速度和为 $\dfrac{1}{6}$，车与人的速度差为 $\dfrac{1}{12}$。

根据和差问题解法有（和＋差）÷2＝车速。

车速 $=\left(\dfrac{1}{6}+\dfrac{1}{12}\right)\div 2=\dfrac{1}{8}$，则发车间隔时间为 $1\div\dfrac{1}{8}=8$（分钟）。

方法 2：线段图处理。

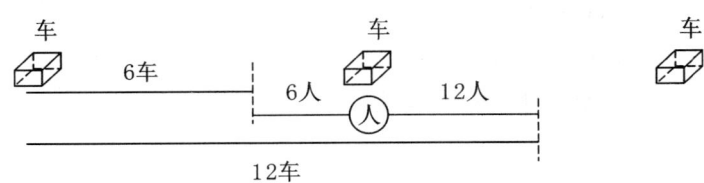

第 7 题方法 2 图

相邻两车之间距离相等，将相遇与追及的情形画图表示，从图上可看出，人行 $6+12=18$（分钟）的路，车只需要行 $12-6=6$（分钟），$18\div 6=3$，车速是人速的 3 倍，然后用代换即可得解，人 6 分钟的路程换成车只需 $6\div 3=2$（分钟），$6+2=8$（分钟），即车行两车之间距离的时间，也就是发车时间间隔。

列式为 $6\div[(12+6)\div(12-6)]+6=8$（分钟）。

方法 3：方程法。

解：设人速为 1，车速为 x。

可得 $6(x+1)=12(x-1)$

$x=3$，

则 $6\times(3+1)\div 3=8$（分钟）。

只用加法就会计数？——标数法分析
——武汉·付谦

【作者简介：付谦，"数学花园探秘"全国组委会主试委员会委员，湖北明心书院数学竞赛教研中心主任，毕业于北京大学数学科学学院。多次获得高中数学联赛一等奖。1997年入选中国数学奥林匹克集训队。在美国游学多年后，2012年回国，多次参与数学竞赛命题工作。】

标数法指在图形相应位置标上对应的有规律的数据，以利于解题的一类方法。常用于简单的计数问题，其本质是加法原理，有时也用到乘法原理。

相较于用文字表示的加乘原理，标数法一方面依托于题目给出的图形（或者自行构造的图形）的直观性，易于理解每一个加法算式的缘由，另一方面将相对大量的加法算式隐藏在图形背后，使解答看起来更加流畅自然。

标数法常用于以下几种情况。

一、一维标数

对题目中各步骤可用一个数据进行标记，且数据之间能理出清晰的关系。

例1 （第二十四届"华罗庚金杯"少年数学邀请赛）一群小青蛙到田里去，路上经过10层石阶，每次往上可以跳1层台阶或者2层台阶。结果发现没有两只青蛙跳的路线一样，如果增加一只青蛙则必有两只跳的方式一样。问这群青蛙有几只？

解析：注意到每层台阶只能由下1层台阶与下2层台阶跳上，所以将以每层台阶为终点的不同路线数标记在台阶上，则每层台阶上的数应等于下1层及下2层台阶上的数之和。

因此可以得到台阶图如下。

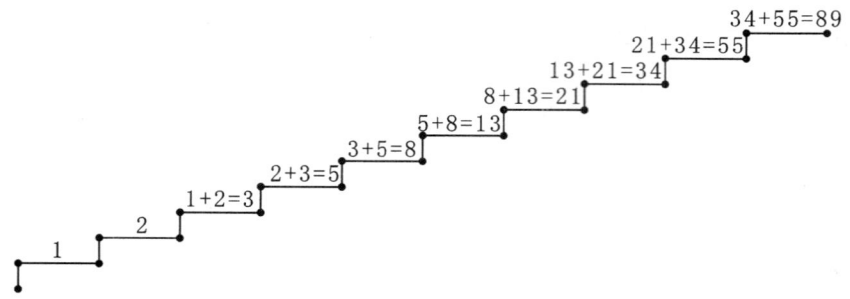

例1答题图(1)

所以，青蛙跳到第10层共有89种不同跳法，这群青蛙共有89只。

为方便起见，有时候以线段图的形式表现如下。

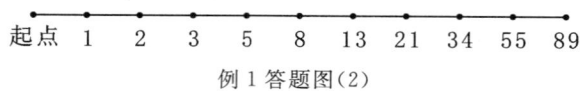

例1答题图(2)

也可以列表如下。

台阶层数	1	2	3	4	5	6	7	8	9	10
不同跳法数	1	2	3	5	8	13	21	34	55	89

由此可见,使用标数法,重要的是理清所标数据代表的意义,以及数据之间的逻辑关系,表现形式实际上可以多种多样。

例 2 (2019 年高思学校综合能力诊断活动)有一堆火柴共 7 根,如果规定每次取 1~3 根,那么取完这堆火柴共有_____种不同的取法。

解析:将火柴顺次编号,考虑每次取到的最后一根火柴的编号,只能是上一次取到的最优一根火柴编号加 1,2 或 3。所以将以某根火柴为最后一根的不同取法数量标记在编号下方,则该数量应等于前 3 根对应数量之和。因此可以得到线段图如下。

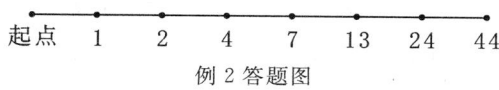

例 2 答题图

或者列表如下。

火柴根数	1	2	3	4	5	6	7
不同取法数	1	2	4	7	13	24	44

所以,取完这堆火柴共有 44 种不同的取法。

例 3 (第二十一届"华罗庚金杯"少年数学邀请赛武汉卷)某教学楼楼道有 12 盏灯。现为了节约用电同时又要保证楼道的照明需要,要求:(1)相邻的两盏灯不能同时开;(2)任意连续三盏灯不能同时关。

若请你设计不同的照明方式,最多能设计多少种不同的照明方式。

解析:将灯顺次编号,考虑开的各盏灯的编号,由两个条件知,关的灯为单独 1 盏或连续 2 盏,所以每盏开的灯的编号应等于上一盏开的灯编号加 2 或者加 3。

考虑每盏灯开灯状态下,前面所有灯的开关情况,每盏灯对应的情况数应等于编号减 2 和减 3 对应情况数之和。因此可以得到列表如下。

灯编号	1	2	3	4	5	6	7	8	9	10	11	12
情况数	1	1	2	2	3	4	5	7	9	12	16	21

注意到最后一盏开的灯的编号必然是 10、11、12 之中的一个,所以不同的照明方式共有 12+16+21=49(种)。

二、二维标数

二维标数有两种表现形式。

(1)图形标数:在题目给出的图形中相应位置进行标数,常见于指定路线方向的图形计数题。

例 4 蜂巢迷宫:题图是小蜜蜂的家,小蜜蜂准备从 A 房间移动到 B 房间,每次可以移动到相邻的右侧(包括正右、右上和右下三个方向)的房间。那么小蜜蜂所有符合要求的路线一共有_____种。

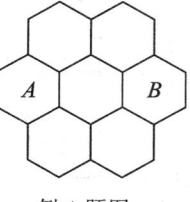

例 4 题图

解析:由于每次移动的方向是给出的,所以将这些箭头标示在图中[如图(1)]。将以每个房间为终点的不同路线数量标示在格内。则初始点 A 点标记数为 1,且每格内的数等于所有指向它的箭头起点处各数之和,如图(2)。

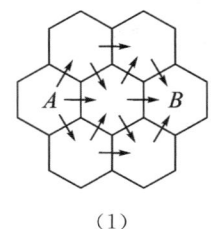 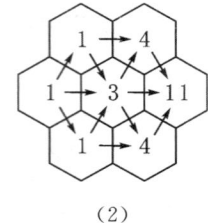

(1)　　　　　　(2)

例 4 答题图

所以从 A 到 B 的不同路线共有 11 种。

例 5 (第八届"高思杯")如图所示,一只蚂蚁从 A 点出发,沿正方体表面的格线爬到 B 点,要求只能在我们看到的 3 个面上爬行,那么蚂蚁爬行的最短路线共有_____条。

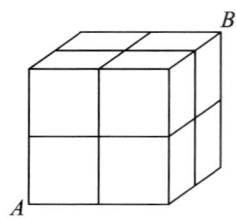

例 5 题图

解析:题目虽然没有给定方向,但"最短路线"的要求实际上已指定每条线段的爬行方向只能是从下至上(从左至右,从前至后)。因此,如图(1),同例 4 先标记出每条线段的爬行方向,再进行标数[如图(2)]。

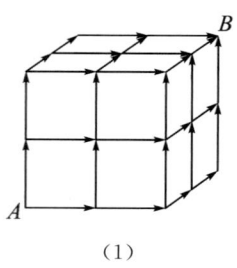 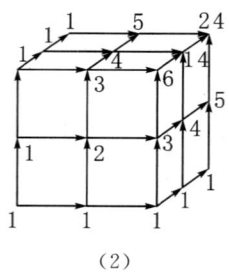

(1)　　　　　　(2)

例 5 答题图

由图 2 知,蚂蚁爬行的最短路线有 24 条。

例 6 (第二十二届"华罗庚金杯"少年数学邀请赛武汉卷)题图是兰兰家到学校的街道示意图。兰兰沿街道从家到学校共有_____种不同的最短路线。

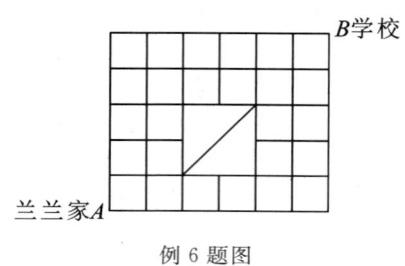

例 6 题图

解析:如图(1),由于题目仅考虑最短路线,所以每条线段的行走方向是确定的(向右或者向上),且 CD 段必走(三角形两边之和大于第三边)。

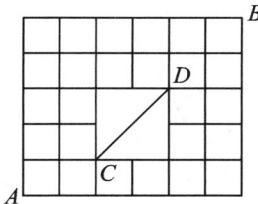

例 6 答题图(1)

将每条可能行走的线段标上箭头,并将以某格点为终点的不同路线数量标记在对应格点处,则每个格点处的数等于指向它的所有箭头起点处的数之和。

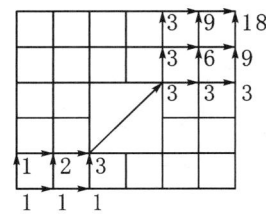

例 6 答题图(2)

由图(2)知,兰兰共有 18 种不同的最短路线。

例 7 (2020 年全国"数学花园探秘"数学竞赛)题图为某街区平面图,相邻两点间连线的长度均为 1。甲从 A 地出发去 B 地,乙从 B 地出发去 A 地,两人同时出发,沿格线走最短路径到达目的地。如果乙的速度为甲的 2 倍,那么两人会在途中相遇的路线共有_____种。

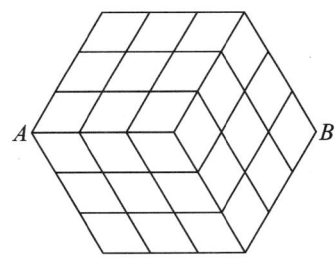

例 7 题图

解析:从 A 到 B 的最短路线均由 9 段等长线段组成,因此甲、乙两人一定相遇在距点 A 3 段的各个点处(如图(1)所示)。

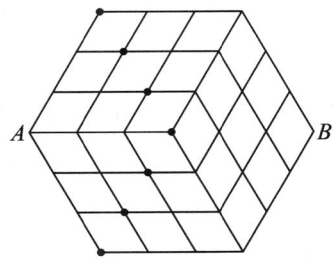

例 7 答题图(1)

分别从 A、B 出发以标数法标出甲、乙到相遇点的路线数量。

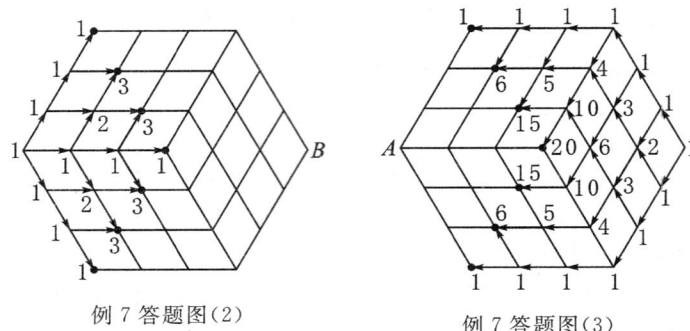

例7答题图(2)　　　　　例7答题图(3)

因此,两人相遇的不同路线共有$(1×1)^2+(3×6)^2+(3×15)^2+(1×20)^2+(3×15)^2+(3×6)^2+(1×1)^2=5100$(种)。

例8　如图,从 A 到 B 的最短路径有_____条。

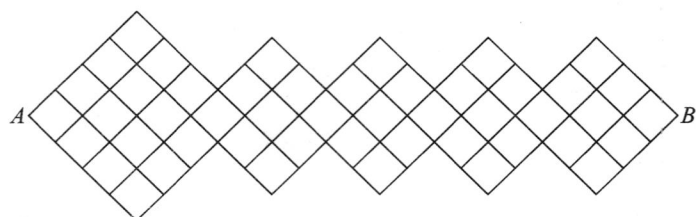

例8题图

解析：直接标数数量过大,可看作从 A 依次经过 $C_1(C_2)$、$D_1(D_2)$、$E_1(E_2)$、$F_1(F_2)$、$G_1(G_2)$ 最后到 B。因此,可进行分步标数。

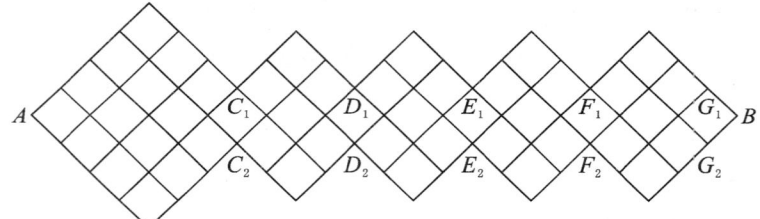

例8答题图(1)

由图(2)知从 A 有35条路径到 C_1,有35条路径到 C_2。

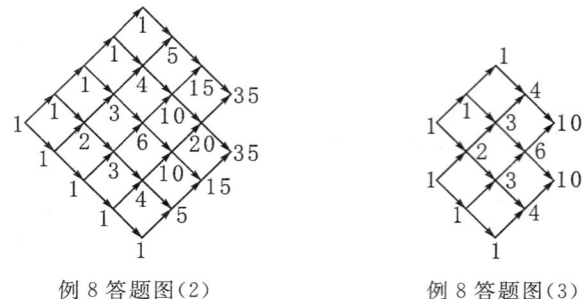

例8答题图(2)　　　例8答题图(3)

由图(3)知,从 $C_1(C_2)$ 到 $D_1(D_2)$ 共有10条路径。同理从 $D_1(D_2)$ 到 $E_1(E_2)$,从 $E_1(E_2)$ 到 $F_1(F_2)$,从 $F_1(F_2)$ 到 $G_1(G_2)$ 各有10条路径。从 $G_1(G_2)$ 到 B 有2条路径。因此,从 A 到 B 共有 $35×10^4×2=700000$(条)不同路径。

例9　(第二十二届"华罗庚金杯"少年数学邀请赛武汉卷)盒子里有4枚白色棋子和2枚黑色棋子,菲菲分若干次拿走所有棋子,每次至少拿走1枚,共有多少种不同拿法?

解析:将黑色棋子与白色棋子用方格表的行与列来表示,在对应方格中填上到某一次拿时,恰好总共拿走对应棋子的不同拿法数,则每格中填写的数等于它左侧、下侧、左下方的所有方格中填写的数之和。填表如下。

2 枚黑棋	2	8	26	76	208
1 枚黑棋	1	3	8	20	48
0 枚黑棋	1	1	2	4	8
	0 枚白棋	1 枚白棋	2 枚白棋	3 枚白棋	4 枚白棋

因此,共有 208 种不同拿法。

(2)表格计数:常见于能够将计数目标分成若干单独的步骤,且各个步骤之间的逻辑非常清晰。由于下面这个经典题目,又被称为"传球法"。

例 10 甲、乙、丙三人传球,从甲开始传球,传递 7 次后球回到了甲手中,请问共有多少种不同的传球顺序?(每次传球不能传给自己)

解析:考虑每次传球实际只是传出了一个镜像,那么 7 次之后甲手中有多少个 7 级镜像,即有多少种不同的传球顺序。而每次传球后每人手中的镜像即上一次其余两人手中的上一级镜像数量之和。

因此可以列表如下。

次数	甲	乙	丙
第一次	0	1	1
第二次	2	1	1
第三次	2	3	3
第四次	6	5	5
第五次	10	11	11
第六次	22	21	21
第七次	42		

由表中可以看到,第七次球回到甲手中的不同顺序共有 42 种。

例 11 (2017 年全国"数学花园探秘"数学竞赛)如图,在格子左端小格内有一颗棋子,右端有星星的小格是终点,现在按照如下规则走到终点。

(1)每次操作走 1~6 格。

(2)每次操作开始时,棋子都必须往右走,如果走到头,步数尚未用完,则调转方向,直到这次操作的步数走完(例:从 C 开始走 5 格会走到 D)。

(3)某一次操作完成后,恰好到达终点就算胜利。

那么,恰好三次操作后胜利的走法有_____种。(从 C 开始走 1 格到 D 和从 C 开始走 5 格到 D 算不同走法)

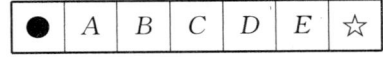

例 11 题图

解析:将每一步走到的格子列举成表,则每步每格不同走法的种数等于上一步对应种数之和,例如第二步的 C 格对应数量应等于第一步的 B 格(1 步)、A 格

(2步)、E格(4步)、D格(5步)、C格(6步)对应数量之和。列表如下。

次数	A	B	C	D	E
第一次操作	1	1	1	1	1
第二次操作	1	3	5	7	9

因此恰好三次操作后胜利的走法有 $1+3+5+7+9=25$(种)。

例12 (2016年全国"数学花园探秘"数学竞赛)如图,一个五棱柱形的铜鼓上,上下表面是正五边形,其余5个侧面都是正方形。现在该铜鼓的每个顶点放置一个白球或者黑球,要求每个侧面正方形的4个顶点不同色,有_____种不同的放置方法。

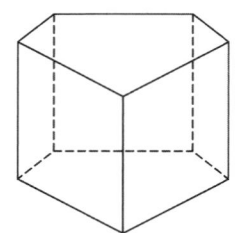

例12题图

解析:考虑每一条竖直的棱上下顶点的颜色,有(黑、黑)、(黑、白)、(白、黑)、(白、白)四种。列表如下。

条数	(黑、黑)	(黑、白)	(白、黑)	(白、白)
第一条棱	1			
第二条棱	0	1	1	1
第三条棱	3	3	3	2
第四条棱	8	11	11	9
第五条棱	31	39	39	30
第一条棱	108			

条数	(黑、黑)	(黑、白)	(白、黑)	(白、白)
第一条棱		1		
第二条棱	1	1	1	1
第三条棱	3	4	4	3
第四条棱	11	14	14	11
第五条棱	39	50	50	39
第一条棱		178		

注意到从(黑、黑)开始与从(白、白)开始的数量相同,从(黑、白)开始与从(白、黑)开始的数量相同。所以,共有 $(108+178)\times 2=572$(种)不同的放置方法。

例13 (2016年全国"数学花园探秘"数学竞赛)如图,用4种不同的颜色给圆圈涂色(4种颜色可以不全用),要求有线直接相连的两个圆圈的颜色不同,则共有_____种不同的涂色方法。

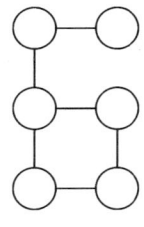

例 13 题图

解析：如图，假设四种颜色分别为红、黄、蓝、黑。不妨设 A 是红色，依次考虑 B,C,D 的颜色，则每格与上一格颜色不同，表格中对应格中的数是上一行另三列对应格之和。

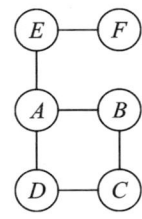

例 13 答题图

列表如下。

颜色	红	黄	蓝	黑
A	1			
B	0	1	1	1
C	3	2	2	2
D	6	7	7	7
A	21			

因此 A,B,C,D 的涂法共有 $21\times 4=84$（种）。注意到 E 和 A 颜色不同，F 和 E 颜色不同，所以全图共有 $84\times 3\times 3=756$（种）不同的涂色方法。

三、分图标数

某些计数问题中，可分成若干确定的步骤。其中每一步的数据相对较多，但每一步与上一步的数据之间的关系明晰，易于使用加乘原理。

例 14 如图，有一只小蚂蚁从 A 点出发，沿着格线走 5 条小线段，然后停下来在这个地方安家，将整个过程称为一次"搬家"。那么小蚂蚁共有_____种不同的搬家路线。（线段和点都可以重复经过）

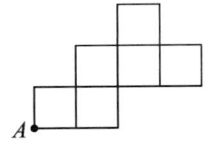

例 14 题图

解析：如果直接枚举，相对复杂。可以考虑每走一步后，将每个点作为终点的不同路线数量标记在格点处。则每个点上标的数等于上一幅图相邻格点上的数之和。依次画图如下。

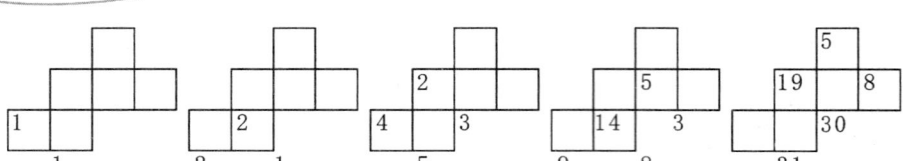

例14 答题图

因此，5步之后，小蚂蚁共有 5＋19＋8＋23＋30＋3＋31＝119（种）不同的搬家路线。

例15 （2017年全国"数学花园探秘"数学竞赛）如图所示，大正六边形的边长为2，一只青蛙从 A 点出发，每次只能沿格线跳到距离为1的点上。那么，第5次恰好跳到 B 点的方法有_____种。

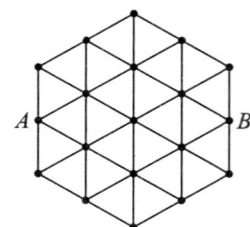

例15 题图

解析：按步数分图标数如答题图(1)。

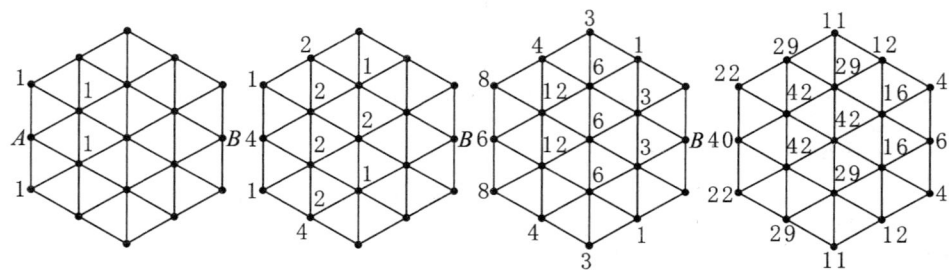

例15 答题图(1)

因此，第5步跳到 B 共有 4＋16＋16＋4＝40（种）跳法。

事实上，从竖线看，因为每步至多只能向右移动一条竖线，因此有些数据可以不用计算，简化如答题图(2)。

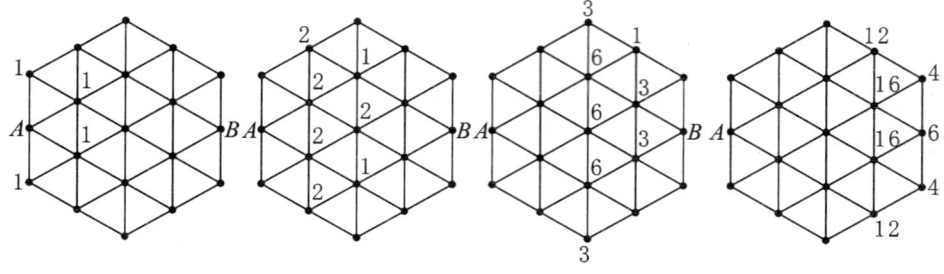

例15 答题图(2)

例16 （2018秋武汉明心数学资优生水平测试）小明在如图的棋盘上进行某种游戏：初始时棋子如图放置，每一步可将棋子沿网格线移动到相邻的格点处。已知经过6步后，棋子回到起点（中途可经过起点）。那么棋子移动的路线共有_____种。

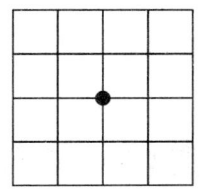

例 16 题图

解析:按步数分图如下。

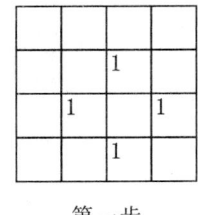 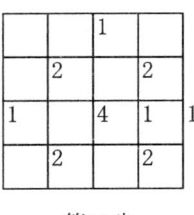 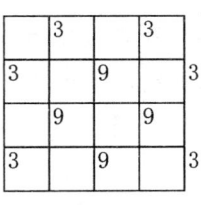

　第一步　　　　　　第二步　　　　　　第三步

例 16 答题图

注意到前三步走到某一点和后三步走回起点的走法数量是相同的。因此总的不同走法数量为 $3^2\times 8+9^2\times 4=396$(种)。

例 17 (第二十四届"华罗庚金杯"少年数学邀请赛)某班同学做游戏,把 3 个相同的白球与 2 个相同的黑球放入 3 个不同的篮子中(每个篮子中至少放 1 个球),结果发现任何两名同学放的方法都不一样。全班最多有 _____ 名学生。

解析:参照本文例 9,将黑球、白球数量用方格图的行与列进行表示。则相当于 3 步从左下角走到右上角。因此每幅图中方格中标记的数等于上幅图对应位置左下方所有方格(包括左侧和正下方)中的各数之和。分步作图如下。

1	1	1	1
1	1	1	1
0	1	1	1

第一次

1	4	7	10
0	2	4	6
0	0	1	2

第二次

0	3	12	27
0	0	3	9
0	0	0	1

第三次

例 17 题答图

因此,不同的放法共有 27 种,即全班最多有 27 名学生。

注:组合计数题常有多种解法。本文仅讨论标数法的应用,并不一定是每题的最优解法。

妙趣纵横——数轴一两根
——武汉·胡志峰

【作者简介：胡志峰，明心书院小学竞赛教研中心主任，"数学花园探秘"（原"迎春杯"）命题组小中组组长及教练员培训讲师，《明心数学问道小升初》《影响孩子一生的魔幻数学》系列科普丛书作者。】

何为小升初？

对于孩子而言，其自身的成长、生活的环境、学习的内容，面对的考验都将从小学提升到初中；对于数学教师而言，需要知道这个阶段的孩子已学到了什么、将要学习什么、适合学习什么、可能遇到的障碍、欠缺哪些数学思想。

本篇短文即为这样的小升初而作，旨在利用图像的直观性帮助孩子重新理解"见过的题"，也让"见过的题"成为孩子建立函数思维之路上的几块铺路砖。

0 引子

"天之高也，星辰之远也，苟求其故，千岁之日至，可坐而致也。"——孟子

古今中外的人们为了更好地生存，想尽了各种办法了解大自然：例如夜观天象预测第二天的天气、创立历法预测一年的气候变幻、设太史令观星以推演未来世事……想用这些方式征服大自然虽有些贪心，但也可爱，并且客观上推动了文明的发展。但真正做到仅用纸笔便能运筹星辰大海的起始，只是"两根数轴"。

[注：本文均在非负数范围内讨论。]

1 一条数轴

首先，我们来看看一根数轴能表达什么。

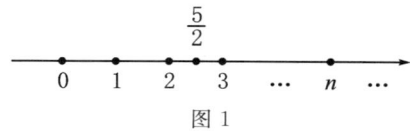

图 1

数学上，我们能将整数、分数、甚至无理数一股脑儿地全部塞进一根数轴，让它们有家可归，且众数平等——每个数一一对应唯一的点（家）。

而如果给一根数轴附加上不同的单位，那么数轴上的数 $0,1,2,3,\cdots$ 就可以表达出 0 米、1 米、2 米、3 米、$\cdots$，或者 0 厘米、1 厘米、2 厘米、3 厘米、$\cdots$，或者 0 秒、1 秒、2 秒、3 秒、$\cdots$，或者 0 克、1 克、2 克、3 克、$\cdots$ 等不同种类的信息。但一根数轴，同时只能表达同一类信息。

除此之外，我们在一根数轴上还能做加、减、乘、除。

1.1 加法：5+3=8

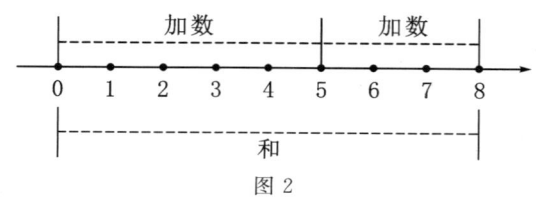

图 2

1.2 减法：5－3＝2

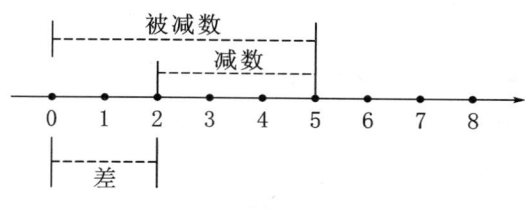

图3

1.3 乘法：5×3＝15

①因为乘法可以看作加法的简便运算，所以5×3＝5＋5＋5＝15可以表示为：

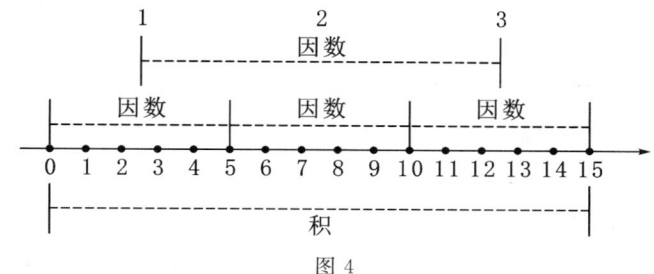

图4

②也可以利用平行线截线段成比例，过点C作AB的平行线，得到$CD=3AB$。

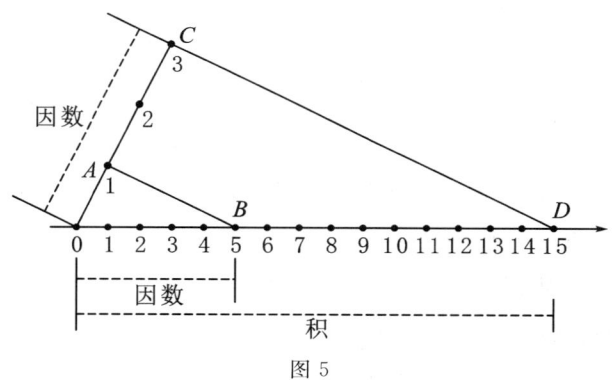

图5

1.4 除法：$5\div3=\dfrac{5}{3}$

同样利用平行线截线段成比例，过点C作AB的平行线，得到$OD=\dfrac{1}{3}OB$。

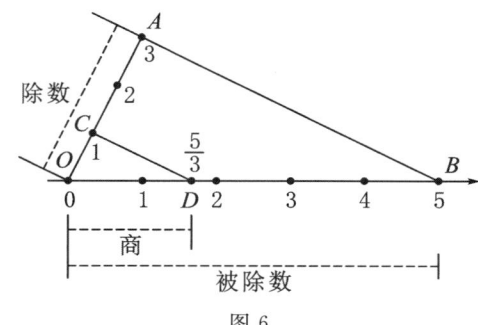

图6

以上就是在一条数轴上表示数，以及基本四则运算的表达方式。大家可以着重体会平行线在乘除法中起到的作用。

2 两根数轴

"一生二、二生三,三生万物。"——老子

如果将两种数量放在一根数轴上,不但容易混淆不清,而且可能连单位都不统一,所以还是将它们各立门户放在两条数轴上为妙,是为"一生二"。而两条数轴的搭配并不只是简单的"1+1",而是能产生更多的信息,这便是"二生三"(注:"三"在古代通常代表"多"的意思)。下面我们就来看看两根数轴上的"二生三"。

2.1 两数之和与两数之差

例1 两数之和为12,之差为4,这两数各是多少?

解析:①如何用两根数轴表示两数之差为4呢?不妨将两根数轴交叉垂直放置,用横轴代表较小的数、纵轴代表较大的数。当小数为0时,大数当然为4,即点A;当小数为1时,大数当然为5,即点B,作射线AB。因为$AG=GB=1$,且$\angle AGB=90°$,所以射线AB与纵轴横轴的夹角都为45°。(如图7)

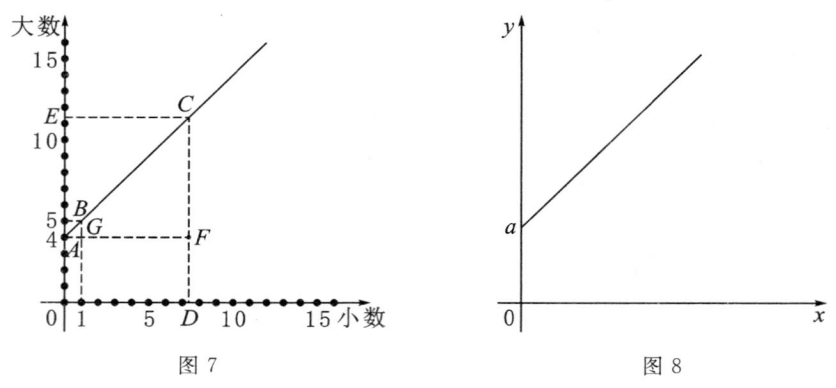

图7   图8

我们考察射线AB上的任意一点C,CD代表大数,CE代表小数,于是,又因为三角形AFC是等腰直角三角形,所以$CD-AF=CD-CF=FD=4$,也就是说射线AB上的任意一点都满足"两数之差为4"。反过来,比一个数大4的数不可能有两个,所以满足要求的点也一定都在射线AB上。于是,射线AB即可表示"两数之差为4"。推而广之:两数之差为$a(a>0)$,可以用图8表示。

②如何用两根数轴表示两数之和为12呢?用横轴代表其中一个数、纵轴代表另一个数。当横轴的数为0时,纵轴所代表的数当然为12,即点A;当横轴的数为12时,纵轴所代表的数当然为0,即点B,连接AB。因为$OA=OB=12$,横轴与纵轴垂直,所以三角形AOB为等腰直角三角形,$\angle OAB=\angle OBA=45°$。(如图9)

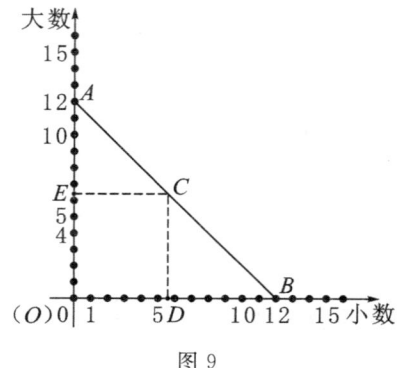

图9

我们考察射线 AB 上的任意一点 C,因为三角形 AEC 也是等腰直角三角形,所以 $CE+CD=AE+EO=12$,于是 AB 上的所有点都满足两数之和为 12;反过来,当其中一个数确定时,不可能同时出现两个不同的数与它相加都等于 12,所以满足"两数之和为 12"的点都在 AB 上,于是,线段 AB 即可表示"两数之和为 12"。推而广之:两数之和为 $b(b>0)$,可以用图 10 表示。

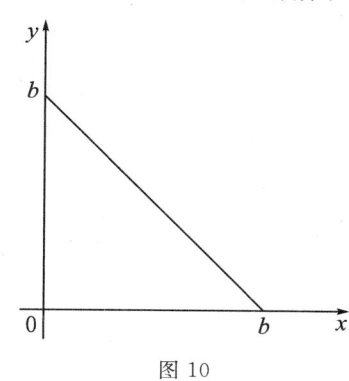

图 10

有了上面的铺垫,对于例 1 我们可以用图象表达如图 11。

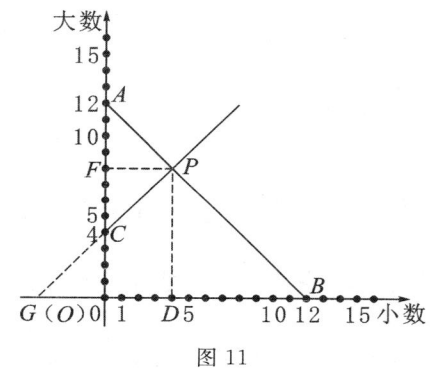

图 11

思考 1 交点 P 的含义是什么呢?

中国古代小说讲究"无巧不成书",交点 P 的含义也正是如此。图中线段 AB 代表"两数之和为 12"的所有特殊点,射线 CP 代表"两数之差为 4"的所有特殊点,点 P 既在 AB 上又在 CP 上,所以它就是那个恰巧同时满足两种关系的巧妙之点。

图中小数即为线段 PF,大数即为线段 PD,于是从图中我们可以得到 $PF=AF=CF=AC\div 2=(OA-OC)\div 2=(12-4)\div 2=4$,即我们常用的公式:小数$=$(和$-$差)$\div 2$。

我们也可将 CP 反向延长与横轴交于点 G,于是从图中我们可以得到 $PD=DG=DB=GB\div 2=(OB+OG)\div 2=(12+4)\div 2=8$,即我们常用的公式:大数$=$(和$+$差)$\div 2$。

思考 2 如果出现两个交点,那又代表什么意义呢?如果没有交点呢?

解析:出现两个交点,说明同时满足两种条件的解有两个。没有交点代表没有同时满足两个关系的解,即无解。认识到问题无解本身就是对问题的一种认识,脱离了对问题的无知状态,有着重要的意义,类似从"看山是山"走到了"看山还是山"。

2.2 两个量的商(倍数关系)

前文通过一道和差问题,让我们了解了如何在两条互相垂直的数轴形成的平面上表示两个量的和与差,接下来我们来尝试表示两个量的商(倍数关系)。

例 2 小明与小刚的年龄和为 16,并且小明的年龄是小刚的 3 倍,那么两人各多少岁?

解析:对于年龄和为 16,我们已经很清楚如何表达,那"3 倍"如何表达呢?

不妨用横轴表示小刚的年龄,纵轴表示小明的年龄。假设小刚 0 岁,则此时小明也是 0 岁,所以两根数轴的交点 O 即为满足要求的点;假设小刚 1 岁,则此时小明 3 岁,所以点 A 也是满足要求的点,作射线 OA。(如图 12)

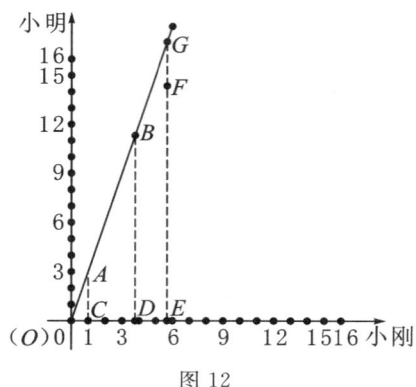

图 12

我们考察射线 OA 上的任意一点 B:因为 $BD \parallel AC$,所以 $\dfrac{AC}{BD} = \dfrac{OC}{OD}$,于是 $\dfrac{OD}{BD} = \dfrac{OC}{AC} = \dfrac{1}{3}$,那么点 B 也是满足要求的点。反过来,如果存在一个满足要求的点不在射线 OA 上,则同时有 $\dfrac{OE}{FE} = \dfrac{1}{3}$,$\dfrac{OE}{GE} = \dfrac{1}{3}$,这是不可能的,所以满足要求的点一定都在射线 OA 上。于是,射线 OA 即可表示"小明年龄是小刚年龄 3 倍"的数量关系。推而广之,两数的商(倍数关系)为 $k(k>0)$,可以用图 13 表示。

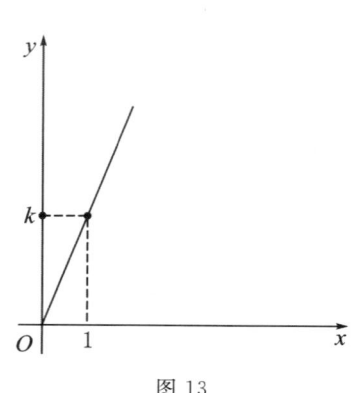

图 13

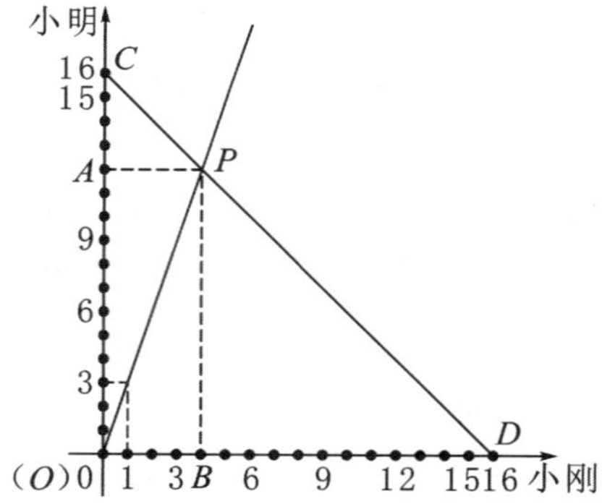

图 14

于是例 2 的图象如图 14 表示。

图中小刚的年龄为 PA,小明的年龄为 PB,$PB = 3PA$,且 $PA = CA$,于是 $PA + PB = CA + AO = CO = 16$,即 $PA + 3PA = 16$,$PA = 16 \div (1+3) = 4$,$PB = 4 \times 3 = 12$,小刚 4 岁,小明 12 岁。

从中我们也可以总结出和倍问题的基本公式:1 倍量 = 和 ÷ (1 + 倍数)。

思考 3 读者可以用上述方法解决下面的差倍问题并自行总结公式:小明比小刚大 9 岁,且小明的年龄是小刚年龄的 4 倍,两人各多少岁?

我们已经了解了如何利用数轴表达两种量的和、差、商,花了这么大的工夫磨刀,拿谁试刀呢?当然是应用题里最难啃的骨头——行程问题。

3 行程问题运行图

行程问题中,不妨用横轴表示时间,纵轴表示路程,由于速度＝路程÷时间,所以我们可以通过表达出路程与时间的商(即表达方式2.2)来描述速度。图 15 即为 50 秒跑完 400 米的运行图,由图可知此过程的平均速度为 400÷50＝8(米/秒),从表达时间与距离的图中利用"纵向距离÷横向距离"得到速度的信息,这不也是"二生三"么。

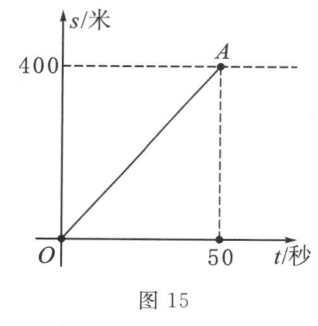
图 15

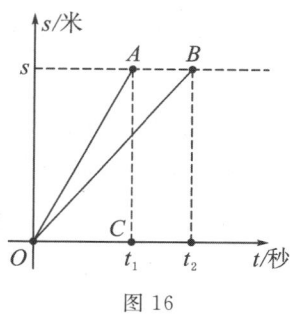
图 16

另外,在同一张运行图上:

① 垂直于纵轴的直线,其上所有点的距离都相同,例如 AB;
② 垂直于横轴的直线,其上所有点的时间都相同,例如 AC;
③ 运动轨迹坡度越"陡",速度越"快",坡度越"缓",速度越"慢",如图 16:OA 与 OB 走了同样的路程 s,而 OA 所用的时间 t_1 小于 OB 所用的时间 t_2,所以 OA 代表的速度比 OB 代表的速度快。

3.1 相遇问题

首先我们利用基础题来熟悉运行图的表达方式。

例 3 甲、乙两人从相距 24 千米的 A、B 两地同时出发相向而行。甲每小时行 6 千米,乙每小时行 4 千米,那么他们出发后几小时相遇?

解析 1:如图 17,甲需要 24÷6＝4(小时)走完全程,确定点 C,则 AC 即为甲的运动轨迹;乙需要 24÷4＝6(小时)走完全程,确定点 D,则 BD 即为乙的运动轨迹。AC 与 BD 的交点 P 即为两人的相遇点。至此,我们要明确相遇问题在运行图上表现为什么:点 P 到纵轴的距离 GA 即为所求的相遇时间。

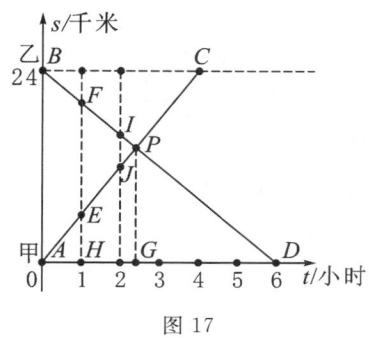
图 17

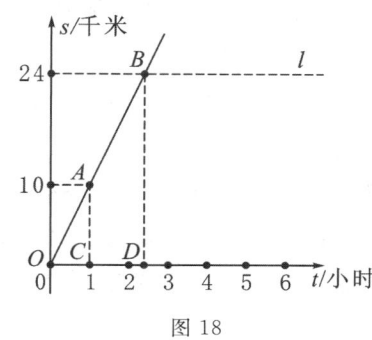
图 18

从图 17 中可以看到,1 小时后两人的距离 FE 为 $24-(6+4)\times 1=14$(千米),2 小时后两人的距离 IJ 为 $24-(6+4)\times 2=4$(千米),即每小时缩短 10 千米,直至缩短为 0,所以 $AG=\dfrac{24}{6+4}=2.4$(小时)。

解析 2：我们也可以将两人的速度和当作一个速度看待,即以 $6+4=10$(千米/时)的速度走完全程,如图 18。

找到 1 小时,10 千米对应的点 A,作射线 OA,交 24 千米对应的直线 l 于点 B,点 B 到纵轴的距离 OD 即为题目所求。

因为 $AC/\!/BD$,所以 $\dfrac{OC}{OD}=\dfrac{AC}{BD}$,$\dfrac{1}{OD}=\dfrac{10}{24}$,$OD=2.4$ 小时。

运行图解决基本问题稍显笨拙,但从基础题出发我们可以更容易地体会数形之间的转化,且画图的过程本就是一个梳理条件、深刻理解条件的过程,此间的收获很可能大于解题本身。

因为坐标系的纵轴与横轴呈直角,且不同的点与其横轴对应点的连线都平行,不同的点与其纵轴对应点的连线也都平行,所以运行图天然地与平行线、共边定理有较强的关联,利用好这两个几何知识点,可以灵活地从几何角度解决各类行程问题。

常用的几何模型有：

平行线截线段成比例定理 I	L_1,L_2,L_3 是三条平行直线,另外两条直线被这三条平行线所截得的四条线段的长分别为 a,b,x,y,则：① $\dfrac{a}{b}=\dfrac{x}{y}$；② $\dfrac{a}{a+b}=\dfrac{x}{x+y}$；③ $\dfrac{b}{a+b}=\dfrac{y}{x+y}$ 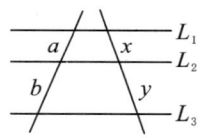 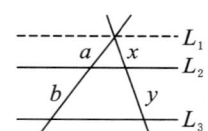 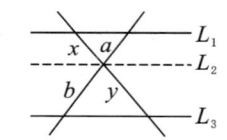

平行线截线段成比例定理 II	平行线截线段成比例定理 III
如图所示,$p/\!/q$,则 $\dfrac{a}{b}=\dfrac{x}{y}=\dfrac{p}{q}$	如图所示,$p/\!/q$,则 $\dfrac{a}{a+b}=\dfrac{p}{q}=\dfrac{x}{x+y}$

例 4 甲、乙从 A 地,丙从 B 地同时出发相向而行,甲的速度为 90 米/分,乙的速度为 50 米/分,丙的速度为 70 米/分。如果甲、丙相遇 1 分钟后乙、丙也相遇了,那么 A、B 两地相距多少米？

作法：甲、丙的速度和是 $90+70=160$(米/分),乙、丙的速度和是 $50+70=120$(米/分),由此我们可以确定点 C 与点 D。作射线 AC 代表甲、丙的速度和,作射线 AD 代表乙、丙的速度和,接下来如何在图上表达两次相遇相隔 1 分钟呢？过点 J 作 AE 的平行线交射线 AD 于点 F,因为 $AEFJ$ 是平行四边形,所以 $EF=AJ=1$(分钟),延长 FE 交纵轴于点 B,这样我们就准确地完成了运行图(如图 19)：

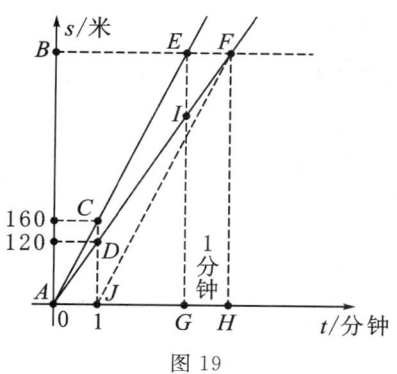

图19

解析1：因为 $EG /\!/ CJ$，所以 $\dfrac{EI}{CD}=\dfrac{AG}{AJ}$，即 $\dfrac{AG}{1}=\dfrac{120\times 1}{160-120}=\dfrac{3}{1}$，所以 $AG=3$（分钟），即甲、丙相遇用了3分钟，所以 A、B 相距 $160\times 3=480$（米）。

如果说解析1还存有算术方法思路的影子，那么不妨再来看下面一种解法。

解析2：因为 $EG /\!/ CJ$，所以 $\dfrac{EI}{CD}=\dfrac{AG}{AJ}=\dfrac{EG}{CJ}$，$\dfrac{120}{40}=\dfrac{EG}{160}$，$AB=EG=480$（米）。

此方法完全绕过了行程问题基本公式，直接用比例关系跳过"时间"这一要素得到答案。

例5 在商场里并排安装有两个速度、长度都一样的自动扶梯，一个向上开，另一个向下开。甲和乙同时分别登上向上的和向下的扶梯，若甲用一定的速度向上走则两人经过60秒相遇，若乙也用同样的速度向下走，则两人只需40秒即可相遇。现在如果他们都站在扶梯上不动，那么两人相遇需要多少秒？

解析：将扶梯和人的速度和看作一个人的速度，运行图如图20。AC 表示情况一（2倍电梯速度＋1倍人的速度），AB 表示情况二（2倍电梯的速度＋2倍人的速度）。

在情况一中，因为乙没有动，40秒时两人还相差距，而 $\dfrac{BP}{DP}=\dfrac{CB}{AD}=\dfrac{60-40}{40}=\dfrac{1}{2}$，所以 BP 为全程的 $\dfrac{1}{1+2}=\dfrac{1}{3}$。这 $\dfrac{1}{3}$ 是因为1倍人的速度少走40秒造成的，于是人的速度为 $\dfrac{1}{3}\div 40=\dfrac{1}{120}$。两人站着不动相遇需要 $1\div\left(\dfrac{1}{60}-\dfrac{1}{120}\right)=120$（秒）。

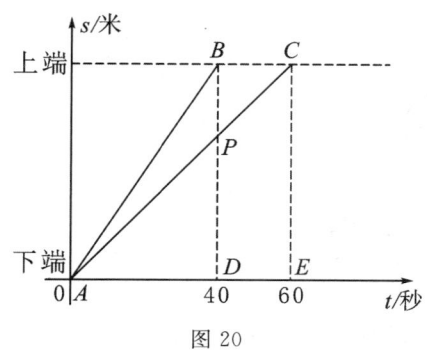

图20

例6 甲骑自行车，乙走路，同时从 A、B 两地出发，相向而行，中午12时整甲、乙两人在途中相遇。相遇后，他们都没有停留而是继续前进，12时10分甲到达 B 地，13时30分乙走到 A 地。如果甲、乙两人速度都是不变的，那么他们出发的时间是＿＿＿＿时＿＿＿＿分。

解析：因为条件中只有时间，且无具体速度，所以本题其实与 A、B 两地的实际距离具体值无关，我们只用横向表示时间轴，纵向路程留有一定间隔即可。著名的"柳卡问题"也属于这一类。

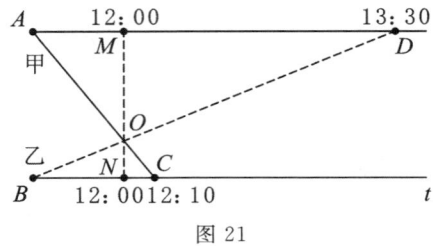

图 21

如图 21，$MD=90$，$CN=10$。因为 $AD \parallel BC$，所以 $\dfrac{AM}{CN}=\dfrac{MO}{NO}=\dfrac{DM}{BN}$，于是 $\dfrac{AM}{10}=\dfrac{90}{BN}$，而 AM 与 BN 表示的时间都是两人的相遇时间，所以 $AM^2=900$，$AM=30$。即两人相遇用了 30 分钟，那么他们的出发时间为 11：30。

例 7 早上 6：00，甲、乙两车分别从 A、B 两地出发，均在 A、B 两地之间沿同一条公路来回行驶。已知乙的速度为 45 千米/时，甲与乙首次相遇后 45 分钟到达 B 地，而乙与甲首次相遇后 80 分钟到达 A 地。甲、乙两车在第 3 次相遇的时刻是_____。

解析：图 22 为甲乙从出发至乙到达 A 地的运行图。

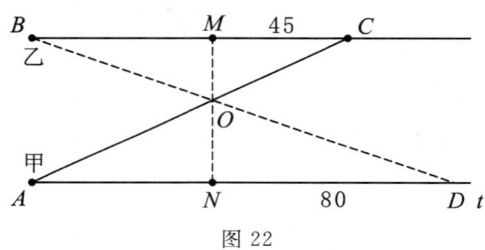

图 22

因为 $BC \parallel AD$，所以 $\dfrac{BM}{DN}=\dfrac{MO}{NO}=\dfrac{CM}{AN}$，于是 $\dfrac{BM}{80}=\dfrac{45}{AN}$，而 BM 与 AN 表示的时间都是两人的相遇时间，所以 $AN^2=3600$，$AN=60$，即两人第 1 次相遇用了 60 分钟，甲、乙两人的速度比为 $v_甲:v_乙=60:45=4:3$，利用时间比为 3：4 作图 23。

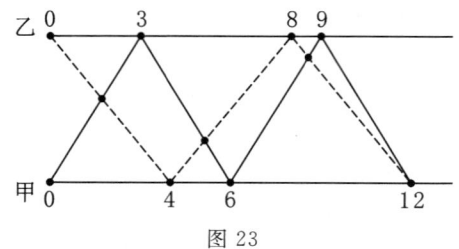

图 23

由图 23 可知，两人第 3 次相遇时合走 5 个全程，总用时 $60×5=300$（分钟）= 5（小时），即 11：00 相遇。

例 8 如图 24，A、B 两港分别在河道的上、下游。甲船的静水速度为 45 千米/时，乙船的静水速度为 33 千米/时。如果甲、乙两船分别从 A、B 两港同时出发相向而行，则他们在点 C 相遇；如果甲、乙两船分别从 B、A 两港同时出发相向而行,则他们在点 D 相遇。已知 C、D 相距 84 千米,那么 A、B 两港相距_____千米。

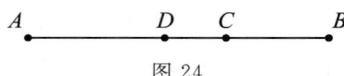
图 24

解析:如图 25,实线代表甲船的运动轨迹;虚线代表乙船的运动轨迹,将两种情况置于一张图上。因为速度和不变,所以相遇时间都是 t_1。在相遇时间内,如果两船都从 A 出发,则甲船比乙船多走 CD,即多走 84 千米,而水速不改变速度差,所以相遇时间为 $t=84\div(45-33)=7$(小时)。又因为速度和也不会变,所以 $AB=(45+33)\times 7=546$(千米)。

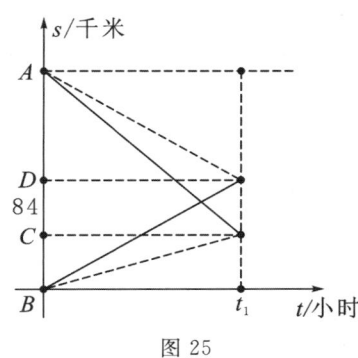
图 25

例 9 如图 26,一段公路 AB 的中点为点 O,OB 段实行限速 60 千米/时。如果甲车从点 A、乙车从点 B 同时出发相向而行,则两车在距点 O 75 千米处的点 C 相遇;如果乙车从点 A、甲车从点 B 同时出发相向而行,则两车在距点 O 45 千米处的点 D 相遇。那么,甲、乙两车各自走完全程所需的时间相差多少小时?

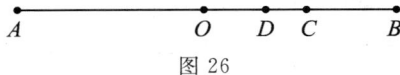
图 26

解析:由题意可知在 AO 段,甲车的速度比乙车快,且都高于 60 千米/时的限速(否则相遇在 AO 上);在 BO 段,两车的速度都是 60 千米/时,甲、乙两车各自走完全程所需的时间差即为两车在 AO 段的时间差。假设有一辆丙车从点 B 出发一直按 60 千米/时的限速行驶,如图 27 中 BO',将甲、乙从 A 点出发的两种情况同时在图 27 中表示,A—E—C' 表示甲,A—F—D' 表示乙。

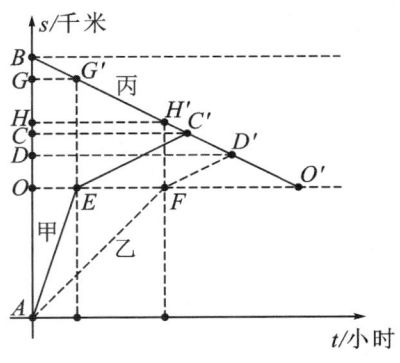
图 27

因为 BO' 段速度都相同,所以当甲到达点 E 时,丙车正在其关于 CC' 的对称点 G',于是 $OG=2OC=150$(千米);当乙到达点 F 时,丙车正在其关于 DD' 的对称点 H',于是 $OH=2OD=90$(千米)。所以甲、乙到达中点的时间差正好是丙车从 G 走

到 H 的时间，$(150-90)\div 60=1$（小时），所以甲、乙走全程也相差 1 小时。

例 10 如图 28，甲、乙两人以不变的速度同时从 A、B 两地出发相向而行，相遇点距 B 地 1200 米。如果甲提前 6 分钟出发，两人在距 B 地 900 米处相遇；如果乙提前 6 分钟出发，两人在距 A 地 1000 米处相遇。那么，A、B 两地相距多少米？

甲 ⟶   ⟵ 乙
A——————————B

图 28

解析：如图 29，第一种情况两人相交于点 C_1，于是 $BC=1200$（米）；第二种情况相交于点 G，$GI=900$（米）；第三种情况相交于点 H，$HJ=1000$（米）；假设两个人都比原来晚出发 6 分钟，则相遇点依然是点 C，即图中延长 EG、DH 交于点 C_2。

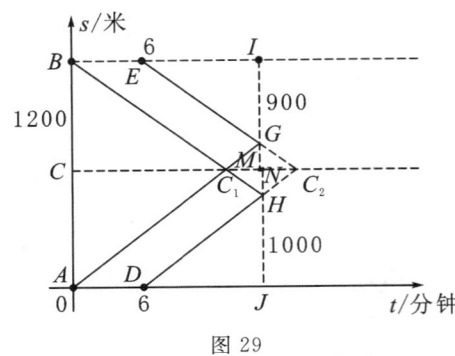

图 29

因为两人速度不变，所以 GC_1HC_2 是平行四边形，于是点 G、点 H 到对角线 C_1C_2 的距离相等。$HN=GN=1200-900=300$（米），于是 $AB=1000+300+1200=2500$（米）。

例 11 A、B 两地相距 7200 米，甲从 A 地出发到 B 地，10 分钟后乙、丙也从 A 地出发到 B 地，又过了 15 分钟乙追上甲。乙到达 B 地后立即返回，途中甲、乙、丙三人同时相遇。已知丙的速度比甲的速度快 $\frac{1}{3}$，那么甲每分钟行多少米？

解析：如图 30，线段 AH 是甲的运行轨迹，折线 C—G—H 是乙的运行轨迹，线段 CH 是丙的运行轨迹。由乙出发后 15 分钟追上甲可知 $v_甲 : v_乙 = (25-10) : 25 = 3 : 5$，于是三人的速度比为 $v_甲 : v_乙 : v_丙 = 3 : 5 : 4$。由甲、丙的速度比可知，丙追到甲的时间 AE 的关系为 $\frac{AE}{CE}=\frac{4}{3}$，$\frac{AE}{AC}=\frac{4}{1}$，$AE=40$。

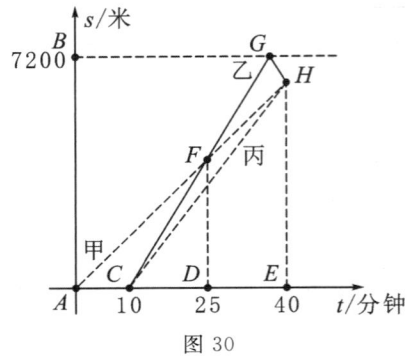

图 30

由图 30 可知，乙丙两人 $40-10=30$（分钟）合走 2 个全程，于是 $v_乙+v_丙=(7200\times 2)\div 30=480$（米/分），那么 $v_甲=480\times\frac{3}{4+5}=160$（米/分）。

3.2 追及问题

例 12 从 A 地到 B 地有 20 千米,甲 4 小时可走完,乙 5 小时可走完。如果两人同时从 A 地出发向 B 地前进,那么几小时后两人相距 3 千米?

解析:甲的速度为 $20÷4=5$(千米/时),乙的速度为 $20÷5=4$(千米/时)。所以两人相距 3 千米需要 $3÷(5-4)=3$(小时)。

本题算术思维非常简单,但从作图的角度而言它带给了我们新的问题与思考,即为"温故而知新"。

作法:通过"路程 20 千米,甲 4 小时走完"可以连接 AC 代表甲的运行轨迹;通过"路程 20 千米,乙 5 时走完"可以连接 AD 表乙的运行轨迹。

难点来了,在图上如何找到甲、乙两人相距 3 千米的点呢?可以假设另一人丙与乙的速度相同,且在前方 3 千米处与甲、乙同时出发同向而行,则丙与乙始终保持着 3 千米的距离,甲与丙相遇时即与乙相距 3 千米,从图 31 上表现出来即是过点 E 作 AD 的平行线,交 AC 于点 F,则点 F 即为所求。

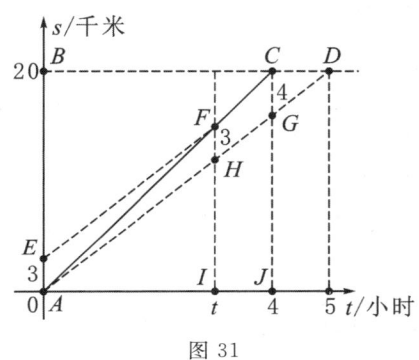

图 31

由题目条件可知 $FH=3$(千米),$CG=20÷5×(5-4)=4$(千米)。因为 $FH // CG$,所以 $\frac{FH}{CG}=\frac{AH}{AG}=\frac{AI}{AJ}=\frac{t}{4}$,于是 $\frac{3}{4}=\frac{t}{4}$,$t=3$ 小时。

例 13 哥哥从学校回家,弟弟从家到学校。哥哥比弟弟晚走 6 分钟,在哥哥出发 12 分钟后两人在学校到家的中点相遇。哥哥的速度是弟弟的_____倍。

因为没有具体的路程,所以相遇点是否为学校到家的中点无关紧要,运行图描述时间条件即可。

解析 1:由速度=纵向距离÷横向距离可知 $v_兄=\frac{BD}{12}$,$v_弟=\frac{BD}{6+12}=\frac{BD}{18}$,所以 $\frac{v_兄}{v_弟}=\frac{18}{12}=\frac{3}{2}$。

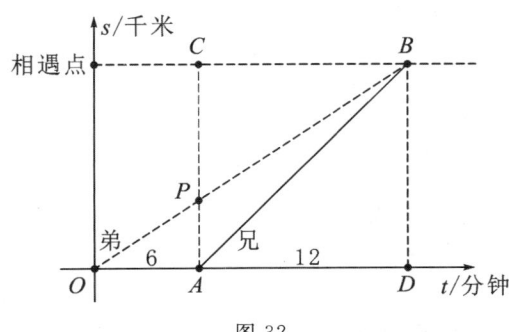

图 32

解析 2：在图 32 上由点 B 倒推 12 分钟，过点 A 作横轴的垂线，同样的 12 分钟，哥哥走的距离为 AC，弟弟走的距离为 PC。因为 $CB//OA$，所以 $\frac{CP}{AP}=\frac{BC}{OA}=\frac{12}{6}=\frac{2}{1}$，于是 $\frac{AC}{PC}=\frac{1+2}{2}=\frac{3}{2}$，时间相同，路程比就是速度比，所以 $\frac{v_兄}{v_弟}=\frac{3}{2}$。

例 14 货车与客车都从甲地经乙地到丙地。货车 8 点出发，客车 8 点 40 分出发。客车 9 点 40 分到达乙地时，货车已经离开乙地 10 分钟。两车刚好同时到达丙地。那么，两车到达丙地的时刻是_____。

解析：如图 33，OB_1 代表货车的运动轨迹，CB_1 代表客车的运动轨迹。

因为 $AA_2//OF$，所以 $\frac{BA}{BO}=\frac{A_1A_2}{OC}=\frac{10}{40}=\frac{1}{4}$；因为 $\frac{AB}{OA}=\frac{1}{4-1}=\frac{1}{3}$，所以 $\frac{EF}{CE}=\frac{A_2B_1}{CA_2}=\frac{AB}{OA}=\frac{1}{3}$，$EF=60\times\frac{1}{3}=20$（分钟），那么两车到达丙的时刻为 10:00。

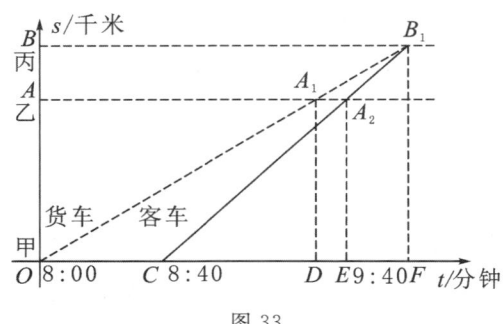

图 33

例 15 甲、乙两地间公路长 98 千米，8:00 一辆汽车从甲地开往乙地，8:40 又有一辆同样速度的汽车从甲地开往乙地。王叔叔 8:30 从乙地骑摩托车出发到甲地，在 9:00 遇到了第一辆汽车，9:30 遇到了第二辆汽车，王叔叔骑摩托车每小时走多少千米？

解析：如图 34，AC、DE 分别代表两辆车，FG 代表王叔叔。因为两辆车速度相同，所以两辆车走到同一位置总是相隔 40 分钟，于是 $HN=40$ 分钟。同走 HM 这段路程，汽车需要 $40-30=10$（分钟），王叔叔需要 30 分钟，所以 $v_车=3v_王$。同理，汽车走 NE 也用 10 分钟，所以汽车走全程需要 $50+10+10=70$（分钟）$=\frac{7}{6}$（小时），$v_车=98\div\frac{7}{6}=84$（千米/时），$v_王=84\div 3=28$（千米/时）。

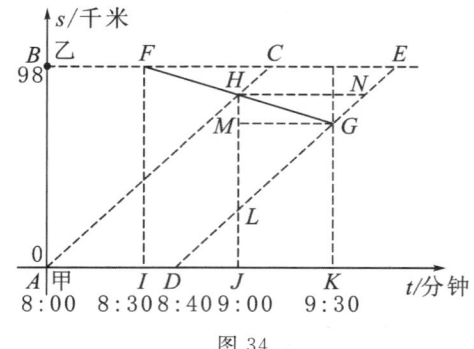

图 34

例 16 甲、乙两地相距 60 千米，快、慢两车都从甲开往乙。快车出发时，慢车已开出 20 千米；当快车到达乙地时，慢车距乙地还有 10 千米，那么快车追上慢车时距乙地多少千米？

解析：如图 35，因为 $CG /\!/ EF,CD /\!/ BA$，所以 $\dfrac{GF}{AF}=\dfrac{CE}{AE}=\dfrac{CD}{AB}=\dfrac{10}{20}=\dfrac{1}{2}$，于是 $GF=60\times \dfrac{1}{2+1}=20$（千米）。

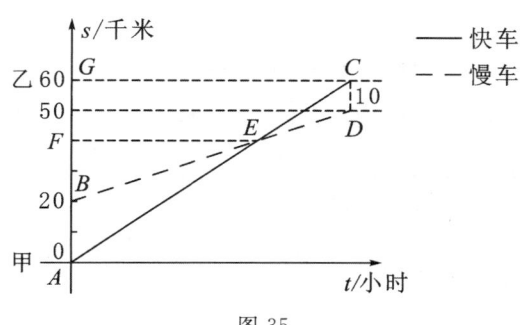

图 35

例 17 小轿车、货车、客车三辆汽车在一条环形公路上按顺时针方向行驶。某一时刻三辆车两两间距离相等（如图 36），走了 1 小时，小轿车追上了货车，又走了半小时，小轿车追上了客车，当货车追上客车时，小轿车在它们前面 72 千米处，问这条环形公路长多少千米？

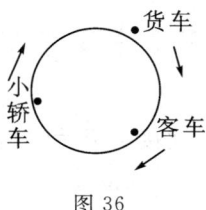

图 36

解析：如图 37，AF 表示小轿车的运动轨迹，BG 表示货车的运动轨迹，CG 表示客车的运动轨迹。假设开始时小轿车与货车相距 s，那么整条环形公路长 $3s$。

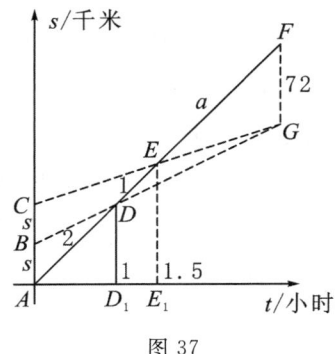

图 37

因为 $DD_1 /\!/ EE_1$，所以 $\dfrac{AD}{DE}=\dfrac{AD_1}{ED_1}=\dfrac{1}{1.5-1}=\dfrac{2}{1}$，令 $DE=1$ 份，则 $AD=2$ 份，假设 $EF=a$ 份。

因为 $FG /\!/ CA$，所以 $\dfrac{a}{1+2}=\dfrac{72}{2s},\dfrac{a+1}{2}=\dfrac{72}{s}$，于是 $\dfrac{a}{3}:\dfrac{a+1}{2}=1:2$，解之得 $a=3$。那么 $\dfrac{72}{s}=\dfrac{3+1}{2}=\dfrac{2}{1}$，$s=36$，环形公路全长 $36\times 3=108$（千米）。

3.3 柳卡问题

法国数学家柳卡·施斗姆生于瑞士，因数学上的成就，于 1836 年当选为法国科学院院士。他对射影几何与微分几何都做出了重要贡献。

在 19 世纪的一次国际数学会议期间，正当来自世界各国的许多著名数学家晨宴快要结束的时候,法国数学家柳卡向在场的数学家提出一个问题:"某轮船公司每天中午都有一艘轮船从哈佛开往纽约,并且每天的同一时刻也有一艘轮船从纽约开往哈佛。轮船在途中所花的时间来去都是七昼夜,而且都是匀速航行在同一条航线上。问今天中午从哈佛开出的轮船,在开往纽约的航行过程中,将会遇到几艘同一公司的轮船从对面开来?"这个有趣的数学问题,被数学界称为"柳卡趣题"。

解析:柳卡问题同样属于没有具体路程,也没有速度的问题,那么在运行图中,我们可以忽略纵轴的具体数值,只需要一段不变的距离代表路程即可。如图38。

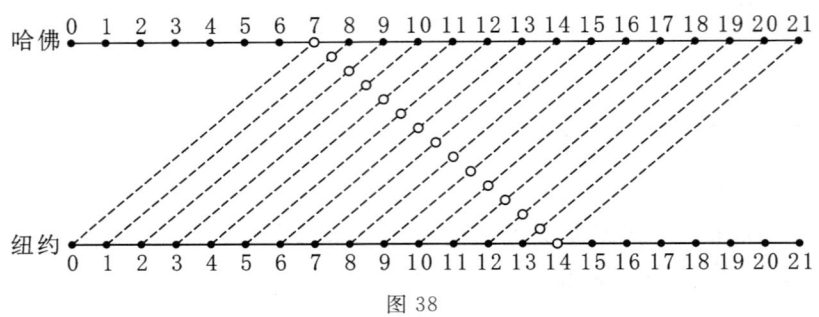

图38

将纽约开出的船依次连接7天后到达哈佛的时间点,例如"纽约0—哈佛7""纽约1—哈佛8"等。假设哈佛的轮船第7天开出,则第14天中午到达纽约,连接"哈佛7—纽约14",看图可知,这条船的运行轨迹与纽约开来的船的运行轨迹产生了15个交点,即共可遇到15艘船。

利用类似方式,我们还可以处理下面几类例题。

例18 小明与小刚在120米长的跑道两端同时出发练习往返跑,小明每秒跑6米,小刚每秒跑4米,在20分钟的练习过程中,两人相遇了多少次?

解析:小明跑单程需要120÷6=20(秒),小刚跑单程需要120÷4=30(秒),20分钟太长,但两人都是匀速运动,且跑道长度不会改变,所以一定具有周期性,所以我们尝试画出一个周期的运行图,如图39。

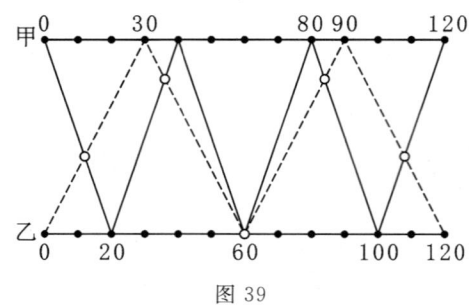

图39

值得注意的是,周期并不是[20,30]=60(秒),因为出发后30秒时,两人在同一地点,而非最开始两人在跑道两端的状态,而120秒后,两人又同时站在跑道两端,所以周期为120秒。看图可知,两人的运动轨迹在120秒(2分钟)内有5个交点,即相遇5次。所以,20分钟两人共相遇5×(20÷2)=50(次)。

例19 小明在某条公路上匀速行走,如果往返匀速行驶的公共汽车每隔4分钟就有一辆与小明迎面相遇,每隔6分钟就有一辆从背后超过小明,那么公共汽车的发车间隔时间是多少分钟?

解析:如图40,斜向的虚线代表固定间隔发车的公共汽车运动轨迹,折线"C_1—D—C_2"代表小明的运动轨迹。

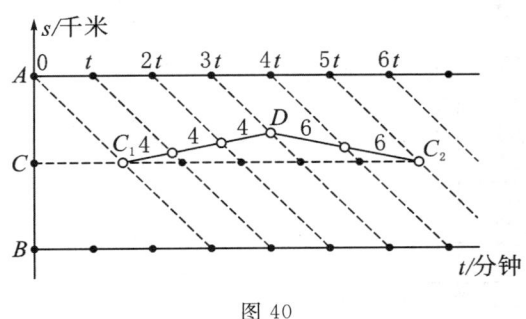

图40

从小明与一辆公共汽车在点C迎面相遇开始计时,经过12分钟,又与3辆公共汽车迎面相遇,此时小明立即反向掉头,变为与图中公共汽车同向,经过12分钟,有2辆公共汽车从背后追上小明。注意,小明向点A走12分钟,又反向走12分钟,即回到原点C,看图可知,C_1C_2横向距离为$4+4+4+6+6=24$(分钟),正好对应5个时间间隔,所以发车间隔为$24÷5=4.8$(分钟)。

例20 钟面上,三点多少分时,分针与时针重合?从0:00:00至12:00:00,分针与时针共重合多少次?分针与时针有多少次成直角?

解析:(1)钟面上,分针1分钟走1格,时针1分钟走$\frac{1}{12}$格,三点整时,分针在时针后面15格,所以本题实际上是一个追及问题,运行图如图41。

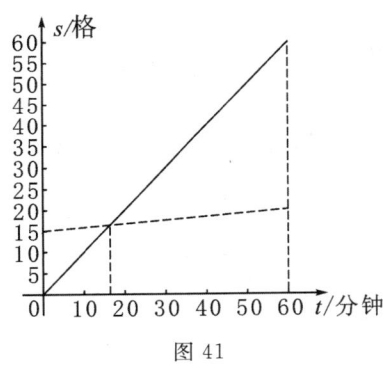

图41

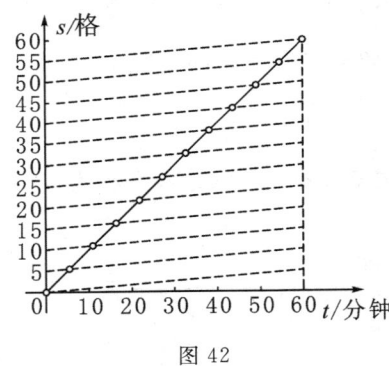

图42

分针追上时针需要$15÷\left(1-\frac{1}{12}\right)=\frac{180}{11}$(分钟)。

(2)类似柳卡问题,时针每个整点的起点不同,而分针每个整点的起点都相同,所以运行图如图42。

看图可知,包括0:00:00与12:00:00,共12次。

〔值得注意的是,从0:00:00至23:59:59,分针与时针共重合$(12-1)×2=22$(次),因为12:00:00重合的这一次是后一个周期的开头。〕

(3)分针与时针成直角,即两者相差15格,但分为顺时针、逆时针两种情况,所以可以假设有一根比正常时针慢15分钟(格)的时针,它与分针重合时,分针即与时针成90°;同理还可以假设有一根比正常时针快15分钟(格)的时针,它与分针重合时,分针也与时针成90°,如图43。

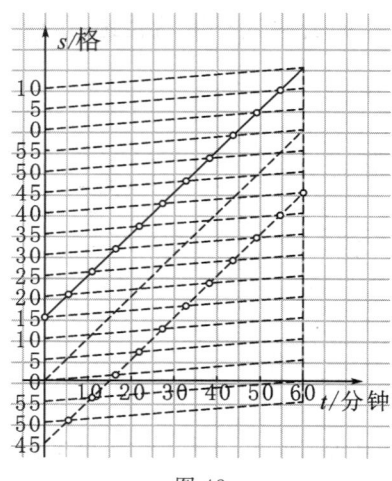

图 43

一个周期只取一个端点,所以看图可知,共 $11×2=22$(次)。

3.4 变速问题

例21 一辆汽车从甲地开往乙地。如果将车速提高五分之一,可以比原定时间提前半小时到达;如果以原速行驶84千米后再将车速提高三分之一,也比原定时间提前半小时到达。那么甲、乙两地相距多少千米?

解析:如图44,线段 AB 代表原速走全程,线段 AD 代表提速五分之一后走全程,线段 CD 代表到点 C 后提速三分之一走剩下的路程。

第一种情况与原速比较,路程相同的情况下,速度 5∶6,时间 6∶5,所以 $\dfrac{AB_1}{AD_1}=\dfrac{6}{5}$,$AB_1=0.5÷\dfrac{6-5}{6}=3$(小时),即原速走全程需 3 小时。

第二种情况与原速比较,路程都为 CD 的情况下,速度 3∶4,时间 4∶3,所以 $\dfrac{C_1B_1}{C_1D_1}=\dfrac{4}{3}$,$C_1B_1=0.5÷\dfrac{4-3}{4}=2$(小时)。

于是,原速走 84 千米需要 $3-2=1$(小时),全程为 $84×3=252$(千米),即甲、乙两地的距离。

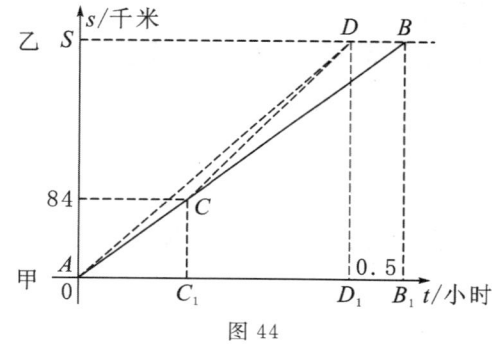

图 44

例22 男、女两名田径运动员在长 110 米的斜坡上练习跑步(坡顶为 A,坡底为 B)。两人同时从点 A 出发,在 A、B 之间不停地往返奔跑。如果男运动员上坡速度是每秒 3 米,下坡速度是每秒 5 米;女运动员上坡速度是每秒 2 米,下坡速度是每秒 3 米。那么两人第二次迎面相遇的地点离点 A 多少米?

解析:三种速度跑单程的时间比为 $\dfrac{1}{5}:\dfrac{1}{3}:\dfrac{1}{2}=6:10:15$,于是男运动员

的运动轨迹为 $A-H-D-G$，女运动员的运动轨迹为 $A-F-E$。如图 45。

那么 $\dfrac{AC}{BC}=\dfrac{DC_1}{GC_1}=\dfrac{DE}{FG}=\dfrac{25-16}{22-10}=\dfrac{3}{4}$，$AC=110\times\dfrac{3}{4+3}=\dfrac{330}{7}$（米）。

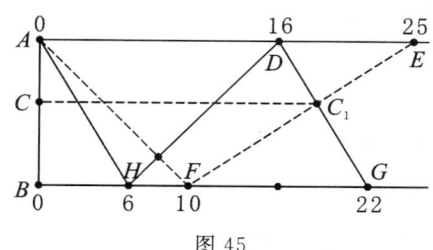

图 45

3.5 接送问题

例 23 甲、乙两班学生到离校 24 千米的飞机场参观，有一辆汽车，一次只能乘坐一个班的学生，为了尽快地到达飞机场，两个班商定，由甲班先坐车，乙班先步行，同时出发，甲班学生在中途下车步行去飞机场，汽车立即返回接在途中步行的乙班学生，已知甲、乙班步行速度相同，汽车的速度是学生步行的 7 倍，那么汽车应在距飞机场多少千米处返回接乙班学生，才能使两班学生同时到达飞机场？

解析：因为两班步行速度相同，为了同时到达，所以两班步行距离也相同，即 $AD=BC=1$（份）。

如图 46，折线 $A-C_1-D_1-B_1$ 代表汽车的运动轨迹，作 C_1D_1 关于 CC_1 对称的线段 C_1D_2，代表"如果汽车不掉头，当乙班走到 D 点时汽车会走到哪儿"；虚线 AD_1，C_1B_1 分别代表两班的步行轨迹。

因为汽车速度是步行速度的 7 倍，所以 $\dfrac{AD'}{AD}=7$，于是 $\dfrac{CD}{AD}=\dfrac{(7-1)\div 2}{1}=3$，那么 $BC=24\times\dfrac{1}{1+3+1}=4.8$（千米）。

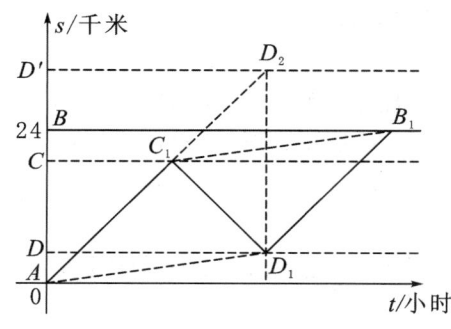

图 46

总结："7 倍意味着"前进 4 倍后退 3 倍"。

例 24 某校有 200 名学生要到离校 30 千米的工厂参观，只有一辆能载 50 人的汽车，已知人步行速度每小时 5 千米，汽车速度每小时 45 千米，为使全体同学尽快到达工厂，他们采用步行与乘车相结合的办法前往，那么到达工厂所用最短时间是多少？（精确到分；上、下车所用时间忽略不计）

解析：因为汽车速度是步行速度的 $45\div 5=9$ 倍，所以"前进 5 倍后退 4 倍"，因为全部学生被分为 $200\div 50=4$（组），所以汽车载人前进 4 次，后退 3 次，于是汽车的运行图可转化为如图 47。

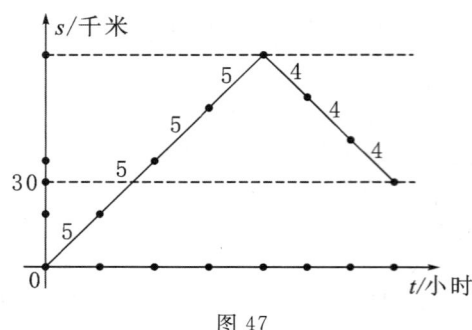

图 47

全程 30 千米对应的份数为 $5×4-4×3=8$(份),汽车共走了 $5×4+4×3=32$(份),所以总时间为 $30×\frac{32}{8}÷45=\frac{8}{3}$(小时)。

3.6 算,不如看

例 25 小明第一天 7:00 从山脚出发,沿一条山路爬山,16:00 时到达山顶;第二天,小明 7:00 从山顶出发,沿同一条山路下山,16:00 到达山脚。那么,山路上是否一定存在一个地点,小明在两天的行程中到达这里时,手机显示的小时、分钟读数相同?

解析:这个题既没有路程也没有速度,想要下笔计算是不是有一种跟汉高祖刘邦同病相怜的感觉,恨不得也说一声"为之奈何"?

图 48 为运行图。

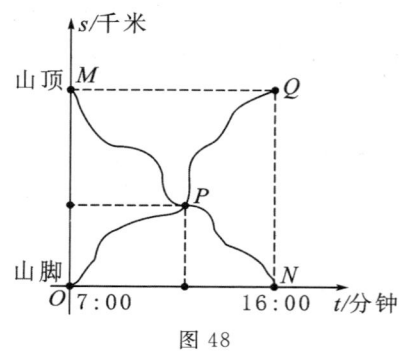

图 48

图中曲线 OQ 代表小明第一天上山的"时间—路程"轨迹,曲线 MN 代表小明第二天下山的"时间—路程"轨迹。因为 OQ 与 MN 是长方形 $ONQM$ 内部的两条对角线,不可能没有交点,而必然存在的交点 P,即代表了一定存在这样一个地点,小明到达这里手机显示的时间也相同。

数学是抽象的,将小明的运动过程转化成运行图即为抽象的过程;数学也是直观的,本题的结果我们从图中直接"看"出来。

思考 4 小明第一天的上山运动轨迹可不可能出现如下两种情况?

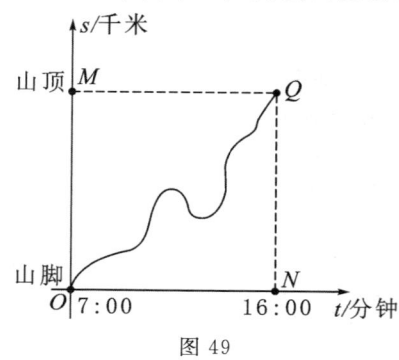

图 49

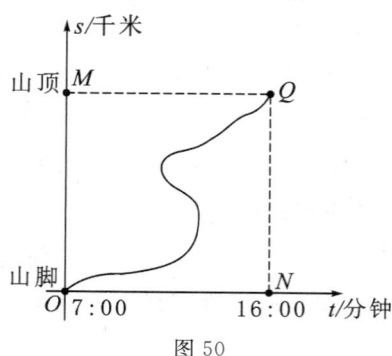

图 50

思考 4 解析:因为不同时间出现在同一地点是可能的,所以图 49 可能;如图 51,因为 A、B、C 三点处于同一时刻,小明不可能同一时间出现在三个不同的地点,所以图 50 中的情况不可能出现。

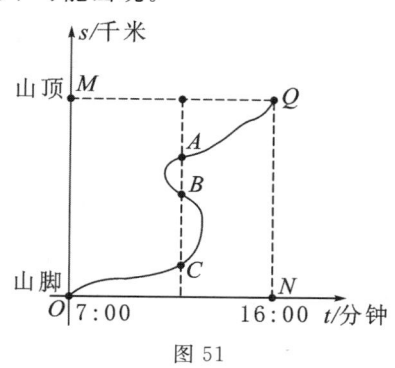

图 51

4　尾声

除了和差倍问题、行程问题,两条数轴所形成的直角平面能够直观呈现的小学数学问题还有很多,例如:

① 比较 $\dfrac{5}{8}$ 与 $\dfrac{8}{13}$ 的大小,因为 $\dfrac{5}{8}$ 即代表 5 与 8 的商、$\dfrac{8}{13}$ 即代表 8 与 13 的商,于是我们用横轴代表分母,纵轴代表分子,再利用本讲 2.2 中的方法表示 $\dfrac{5}{8}$ 与 $\dfrac{8}{13}$,看图 52 可知 $\dfrac{5}{8} > \dfrac{8}{13}$。

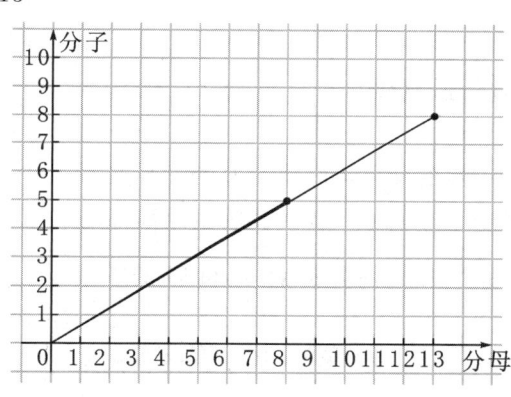

图 52

② 求两个数的最小公倍数:横轴表示倍数,纵轴代表数,看图 53 可知 $[4,6]=12$。

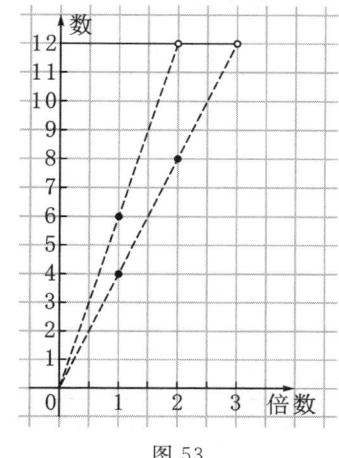

图 53

③鸡兔同笼：鸡兔同笼，共有 10 个头，24 条腿，鸡兔各多少只？

解析：以横轴代表鸡的数量，纵轴代表兔的数量，两数之和为 10，如图 54。

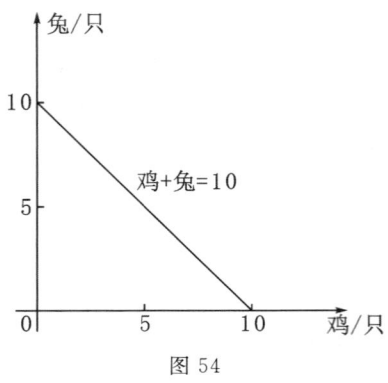

图 54

鸡×2＋兔×4＝24 又该如何表示呢？

首先我们可以化简上式，得到鸡＋兔×2＝12，将兔×2 看作整体，我们可以得到图 55 中的线段 AB，然后取 OA 的中点 A′，连接 A′B。

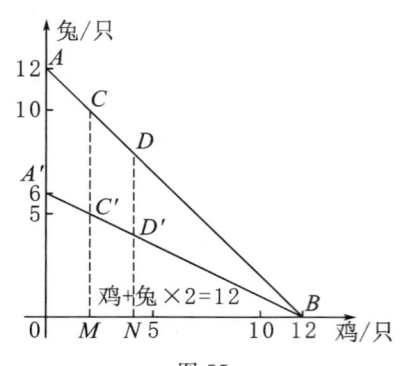

图 55

过 A′B 任意一点作纵轴的平行线，与 AB 产生的交点正好使 A′B 与 AB 上的点形成一一对应，由平行线截线段成比例可知，A′B 上任意一点到横轴的距离都是其 AB 上对应点到横轴距离的 $\frac{1}{2}$，同样是其与点 B 横向距离的 $\frac{1}{2}$，例如 $MC'=\frac{1}{2}MC=\frac{1}{2}MB$，$ND'=\frac{1}{2}ND=\frac{1}{2}NB$。所以 A′B 即为"鸡＋兔×2＝12"的图象。

将两个图象合并在一张图上，A′B 与 CD 交于点 E，看图 56 可知：$EE_1=E_1D$，$EE_1=\frac{1}{2}E_1B$，所以 $EE_1=E_1D=DB=12-10=2$，即兔子有 2 只，于是鸡 $EE_2=10-2=8$（只）。

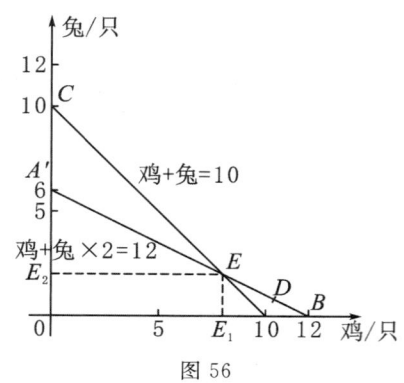

图 56

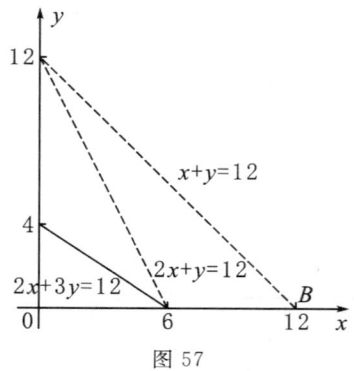

图 57

如果继续推广上面描述"鸡＋兔×2＝12"的线段 $A'B$ 的过程，我们就可以由 $x+y=k$ 的图象推导出 $ax+by=k$ 的图象，例如由 $x+y=12$ 推导出 $2x+3y=12$，如图 57。

是不是有点类似共边定理推导共角定理的图？

以上所有举例，无论图解是否比常用方法简单，它们都有一个特点——"直观"："数"看得见了，"图"也相应精确。其实，这本质就是笛卡儿用相交的数轴创立的"笛卡儿坐标系"。自古希腊时代开始分隔了 2000 多年之久的几何与代数在这里合二为一，所以"笛卡儿坐标系"的创立被认为在数学史上具有划时代的意义。对于"笛卡儿坐标系"，在初高中的数学学习中无论如何强调其重要性都不为过，所以怎样介绍它，怎样让孩子理解它便成为教师教学过程中的重中之重。

一点尝试，若读者稍有收获，则本人欢欣不已。而关于"哪些问题可以转化到笛卡儿坐标系且适合介绍给小学阶段的孩子？""不同程度不同天赋的孩子应该在怎样的时间点引入这些内容？"等问题，期待听到同行、孩子及家长的声音，感谢阅读，感谢您的宝贵时间。

非胜即败，非生即死——对策问题中的胜负位分析法
——北京·班昌

【作者简介：投身高思教育数学竞赛培优的班昌老师，毕业于北京大学数学科学学院，学生阶段曾获得初中数学联赛满分、高中数学联赛河北省第一名、冬令营金牌、国家集训队成员等数学竞赛荣誉，有15年教龄，对数学竞赛尖端学生的学习经历和培养过程了如指掌，希望带领学生感受不一样的数学之美。】

对策问题是组合数学中非常特别的一类题，主要指足够聪明的两人在面对相同或者不同目标时，竭尽全力达到自己目标，或者想方设法阻止对方达到目标的一类问题。这类问题对基础知识要求很低，小学、初中、高中学生面对这种问题差别不大，而且由于题目趣味性、对抗性都非常强，并且大多可以实际动手操作，像玩游戏一样，所以对学生吸引力很大，可以极大地提升学生对数学学习的兴趣，具有非常大的研究学习价值。

在一个必然会分出胜负的对策问题中，"非胜即败，非生即死，能让对方输则自己胜，不能让对方输则自己输，对对手的仁慈就是对自己的残忍"，这句话究竟是什么意思，只要讲完几个简单例题大家就明白了。

第一题我会详细讲解思维过程、方法由来、方法步骤、方法总结，第二题我会继续给出分析过程，相信有两道题作为铺垫，大家就能够掌握分析问题的方法，并解决后面的不太难的题目了。

例1 100枚棋子甲、乙轮流拿，每次只能拿1枚、2枚、3枚、4枚或者5枚，拿到最后一枚棋子的算输。如果甲先拿，问：谁有必胜策略？

这个题其实大家基本都会做，甲只需要先拿走3枚，然后凑6即可，即乙拿1甲拿5、乙拿2甲拿4。这样每一轮之后棋子数都少6，所以棋子数会按照97，91，85，…，13，7，1变化，这样最后乙面对1枚棋子，不得不拿走，甲就赢了。但是为什么要凑6呢？怎么想到的凑6呢？如果没有办法凑固定数时应该怎么办呢？

比较自然的想法应该是这样的，先从简单情况入手看一看，100枚有点多，想不清楚，那如果只有1枚呢？是不是甲肯定输了，而且这个和甲没有关系，因为谁面对1枚都是输；2枚呢？甲拿1枚，剩下1枚留给乙，所以甲必赢，而且也和甲没什么关系，无论是谁面对2枚，只要方法正确都是必赢；然后依次分析，可以得到面对3、4、5、6都是必赢，面对7是必输，等等。然后我们提炼一下思路，面对2，因为可以让对方面对1，所以可以让对方输，则自己必赢，这就是之前说的"非胜即败，非生即死，能让对方输则自己胜，不能让对方输则自己输"。当然，如果面对2你选择直接拿走2枚，或者面对6你选择拿走4枚这种，那肯定也是赢不了的，这就是前面说的，"对对手的仁慈就是对自己的残忍"。

我们再把思路整理一下,即可得到著名的胜负位分析法,也叫作 WL 法。

定义"L 状态"为面对 $1,7,13,\cdots,97$ 枚棋子,"W 状态"为面对其他数目的棋子。

(1)当一个人面对 W 状态时,一定可以让对方面对 L 状态。

(2)当一个人面对 L 状态时,只能让对方面对 W 状态。

(3)由于 100 是 W 状态、1 是 L 状态,所以只要甲愿意,乙会永久被甲限制在 L 状态中,直到乙面对 1 为止,所以按此策略,甲必胜乙必输。

如果用集合语言去写,过程会变得很简洁:

定义 $L=\{n\mid n\equiv 1(\bmod\ 6)\}$,$W=\{n\mid n\not\equiv 1(\bmod\ 6)\}$。

(1)W 可以变为 L(面对模 6 余 2,3,4,5,6 的,分别拿 1,2,3,4,5 枚即可)。

(2)L 只能变为 W(要想继续让对方面对 L,则至少要拿 6 枚,无法实现)。

(3)$100\in W$,$1\in L$ 且显然为输,所以甲必胜。

至此,WL 法总结完毕。需要注意的是,并不是用个字母 L 就一定是输了,而是一定要找到一个关键点,显然是输、不得不输、一走就输的关键点,并且这个关键点在 L 中。然后再严格证明 W 可以变为 L、L 只能变为 W、初始是 W,只有这样才算完成了 WL 法的所有步骤。本题的关键点就是 1,别的都不行,比如 7,我仍可以拿 1 个,但还没最后输,这就不符合一走就输的要求。

有了 WL 法,我们做后面一些简单题、中等题,就能手到擒来了。

例 2 100 枚棋子甲、乙轮流拿,每次只能拿 1 枚、3 枚、4 枚或者 5 枚,拿到最后 1 枚棋子的算输。如果甲先拿,问:谁有必胜策略?

$1\in L$,$2\in W$;3 不能让对方面对 1,故 $3\in L$;4、5 可以让对方面对 1,故 4、5 $\in W$;6、7、8 都可以让对方面对 3,故 6、7、8 $\in W$;9 不能让对方面对 1、3,故 $9\in L$;10 可以让对方面对 9,故 $10\in W$;11 不能让对方面对 1、3、9,故 $11\in L$;依次类推。

由此猜测 $L=\{n\mid n\equiv 1,3(\bmod\ 8)\}$,$W=\{n\mid n\equiv 2,4,5,6,7,8(\bmod\ 8)\}$。

定义 $L=\{n\mid n\equiv 1,3(\bmod\ 8)\}$,$W=\{n\mid n\equiv 2,4,5,6,7,8(\bmod\ 8)\}$。

(1)W 可以变为 L(面对模 8 余 2,4,5,6,7,8 的,分别拿 1,3,4,3,4,5 枚即可)。

(2)L 只能变为 W(要想继续让对方面对 L,则要拿 2、6、8 枚或者更多,无法实现)。

(3)$100\in W$,$1\in L$ 且显然为输,所以甲有必胜策略。

例 3 100 枚棋子甲、乙轮流拿,每次只能拿 1 枚、3 枚、4 枚或者 6 枚,拿到最后 1 枚棋子的算输。如果甲先拿,问:谁有必胜策略?

定义 $L=\{n\mid n\equiv 1,3(\bmod\ 7)\}$,$W=\{n\mid n\equiv 2,4,5,6,7(\bmod\ 7)\}$。

(1)W 可以变为 L(面对模 7 余 2,4,5,6,7 的,分别拿 1,3,4,3,4 枚即可)。

(2)L 只能变为 W(要想继续让对方面对 L,则要拿 2、5、7 枚或者更多,无法实现)。

(3)$100\in W$,$1\in L$ 且显然为输,所以甲有必胜策略。

例 4 100 枚棋子甲、乙轮流拿,每次拿的不能超过现有棋子数的一半,谁没有办法拿谁就算输。如果甲先拿,问:谁有必胜策略?

解答:定义 $L=\{n|n=2^k-1,k\in \mathbf{Z}^+\}$,$W=\{n|n\neq 2^k-1,k\in \mathbf{Z}^+\}$。

(1)W 可以变为 L(设棋子数为 x,若 $2^k-1<x<2^{k+1}-1$,则可以拿走不超过一半,就能变为 2^k-1)。

(2)L 只能变为 W(由 $2^{k+1}-1$ 想变为 2^k-1,则拿走的超过一半,无法实现)。

(3)$100\in W$,$1\in L$ 且显然为输,所以甲有必胜策略。

例 5 甲、乙二人进行游戏。黑板上写着整数 2,甲先进行,两人轮流将黑板上所写的整数 n 改写成 $n+d$,其中 d 为 n 的任意一个小于 n 的正约数。如果谁先写出大于 20121221 的数谁就输。问:谁有必胜策略?

定义 $L=\{n|n\equiv 1(\bmod 2)\}$,$W=\{n|n\equiv 0(\bmod 2)\}$。

(1)W 可以变为 L(加 1 即可)。

(2)L 只能变为 W(面对奇数,只能加个奇数后变为偶数)。

(3)$2\in W$,$20121221\in L$ 且显然为输,所以甲有必胜策略。

和前面不同的是,这题的"棋子数"是增加的,所以在分析时应该先从 20121221 开始。

例 6 游戏开始时有 n 枚棋子,甲、乙两人轮流取棋子,每次取走的棋子数必须为当时棋子数的正约数,取走最后 1 枚棋子的人算输。如果甲先取,问:谁有必胜策略?

定义 $L=\{n|n\equiv 1(\bmod 2)\}$,$W=\{n|n\equiv 0(\bmod 2)\}$。

(1)W 可以变为 L(减 1 即可)。

(2)L 只能变为 W(面对奇数,只能减个奇数后变为偶数)。

(3)$1\in L$ 且显然为输,所以,当 n 为偶数时甲有必胜策略,n 为奇数时乙有必胜策略。

例 7 甲、乙轮流在黑板上写 $2n$ 个自然数,每次只能写 1、2、3、4、5、6 中的一个,甲先写。若最后 $2n$ 个自然数之和是 9 的倍数,则乙胜,否则甲胜。问:n 满足什么条件时甲有必胜策略?

这道题甲、乙目标不同,即甲、乙的 W、L 不再是相同的,所以这题的胜负位分析和前面会有一些区别。

考虑模 9,乙的目的是最后一步写完后留 0;甲为了阻止乙留下 0,自己需要留下 0、1、2;乙为了阻止甲留下 0、1、2,自己需要留下 2;……

列举如下:0 与 0、1、2,2 与 2、3、4,4 与 4、5、6,6 与 6、7、8,8 与 8、0、1,1 与 1、2、3,3 与 3、4、5,5 与 5、6、7,7 与 7、8、0,0 与 0、1、2,…,9 组一循环,只有 7、8、0 是甲无法做到的。

定义 $W_甲$ 为甲最后一步留下的所有数之和模 9 余 0、1、2,倒数第 2 步留下的所有数之和模 9 余 2、3、4,…,倒数第 9 步留下的所有数之和模 9 余 7、8、0,…,定义 $L_甲$ 为甲除 $W_甲$ 之外的状态;再定义 $W_乙$ 为乙最后一步留下的所有数之和模 9 余 0,倒数第 2 步留下的所有数之和模 9 余 2,…,倒数第 9 步留下的所有数之和模 9 余 7,…,定义 $L_乙$ 为乙除 $W_乙$ 之外的状态。

(1)$W_甲$ 可以变为 $L_乙$，$W_乙$ 可以变为 $L_甲$。

(2)$L_甲$ 只能变为 $W_乙$，$L_乙$ 只能变为 $W_甲$。

(3)$9\nmid n$ 时，甲初始面对 $W_甲$，所以甲有必胜策略。

$9\mid n$ 时，甲初始面对 $L_甲$，所以乙有必胜策略。

例 8 甲、乙两人进行如下游戏：在桌子上放着一堆棋子，两人轮流执步，甲先行，执步者每步必须将每堆枚数多余 1 枚的棋子都分成两个较小的堆。如果谁在执步后能使得每堆棋子都仅有 1 枚，谁就获胜。若开始时分别有 31 枚和 100 枚棋子，对每种情况讨论甲、乙的胜负情况。

前面的题目面对的都是一个数，从本题开始变成两个数或者三个数。

还是先分析简单情况，如果都是 1，则必输；如果有一堆为 2 其余都是 1，不管有几堆是 2，都是赢；如果有一堆是 3 其余都是 1 或 2，不管有几堆是 3，都是输；……由此可知，胜负应该只和最多的那一堆的棋子数有关。

定义 $L=\{$最多的一堆棋子数为 $2^k-1,k\in \mathbf{Z}^+\}$，$W=\{$其他$\}$。

(1)W 可以变为 L [如果最多的一堆有在 $(2^k-1,2^{k+1}-1)$ 内，则分完可以让最多的一堆变为 2^k-1]。

(2)L 只能变为 W [如果最多的一堆是 $2^{k+1}-1$ 个，则分完必然有一堆在 $(2^k-1,2^{k+1}-1)$ 内]。

(3)全为 1 在 L 中且显然为输，31 在 L 中、100 在 W 中，所以初始 31 枚乙有必胜策略、初始 100 枚甲有必胜策略。

例 9 甲、乙轮流就两堆糖果进行游戏。甲先开始，每次可以将其中一堆取走并且把另一堆任意分成两小堆，但分成的两小堆中糖果数目必须都大于 1，谁没有办法再分谁就算输。如果开始时两堆糖果的数目分别为 33、55，问：谁有必胜策略？

面对的两堆，如果都是 2 或 3，则必输；如果有一堆是 4、5、6，则可以取走另一堆，把 4 变成两个 2、把 5 变成 2 和 3、把 6 变成 3 和 3，所以必胜；如果要拆分的一堆是 7 或 8，则无法让对方面对两堆都是 2 或 3，所以必输；……猜测与两堆模 5 的余数有关。

定义 $L=\{$两堆均模 5 余 2 或 3$\}$，$W=\{$其他$\}$。

(1)W 可以变为 L [考虑模 5，$1\equiv 3+3\pmod 5$，$4\equiv 2+2\pmod 5$，$5\equiv 2+3\pmod 5$]。

(2)L 只能变为 W（假设能变成 L，但 $2+2,2+3,3+3$ 余数是 $4,5,1$，矛盾）。

(3)两堆均为 2 或 3 在 L 中且显然为输，初始两堆 33 和 55 在 W 中，所以甲有必胜策略。

例 10 桌上放有 3 堆火柴，根数分别为 100、200 和 300。甲乙轮流进行游戏，甲先开始进行如下操作：每次取走一堆火柴，再把余下的两堆中的某一堆分成两个非空的堆，轮到谁时不能操作就算谁输。问：谁有必胜策略？

本题由于需要用到代数语言，所以比较适合小学高年级或初中学生。还是先从简单情况分析，面对 1,1,1 肯定是输，1,1,2 是赢，1,1,3 是输，1,1,4 是赢，…，1,2,2 是赢，1,2,3 是赢，1,2,4 是赢，…，1,3,3 是输，1,3,4 是赢，1,3,5

是输,1,3,6是赢,……对所得数据进行分析、总结,猜想 L 状态应该是三个数因子2的个数不同时产生。

定义 $L=\{$三堆火柴数因子2的个数相同$\}$,$W=\{$三堆火柴数因子2的个数恰有两个相同$\}$。

(1)W 可以变为 L。对于三数 $2^n a$、$2^n b$、$2^m c$($0 \leqslant n < m$)且 a,b,c 为奇数,取走 $2^n a$,分开 $2^m c$,变为三数 $2^n a$、$2^n p$、$2^n q$,$p+q=2^{m-n} c$ 且 $p、q$ 为奇数即可。

(2)L 只能变为 W。对于三数 $2^n a$、$2^n p$、$2^n q$,乙随便取一组,并分开另一组变为 $2^n p$、$2^{n_1} r$、$2^{n_2} s$,$r、s$ 为奇数,$2^{n_1} r + 2^{n_2} s = 2^n q$。考虑等式左右两侧因子2的个数,要么 $n_1 = n_2 < n$,要么 $n_1、n_2$ 中有一个等于 n 另一个比 n 大,即 $n、n_1、n_2$ 中必定恰有两个相等。

(3)(1,1,1)在 L 中且显然为输,(100,200,300)在 W 中,故甲有必胜策略。

此外,还可以证明,三堆火柴数因子2的个数两两不同时也可以归为 W,大家可以自己尝试一下。

例11 有根数分别为 $m、n、l$($m、n、l$ 均为正整数)的三堆火柴,甲、乙轮流从一堆中(不允许同时从两堆或三堆中)任取火柴(至少取一根),甲先拿,规定谁拿到所有火柴的最后一根谁获胜。问:$m、n、l$ 满足什么条件时甲有必胜策略?

本题是数学史上著名的"尼姆问题",标准尼姆是 n 堆火柴,但本质和三堆没有区别。本题难度较大,我们先枚举简单的 L 情况,

例如,0、1,1,0、2,2,0、3,3,0、4,4,0、5,5,1、2,3,1、4,5,2、4,6,2、5,7,3、4、7,3,5,6,通过对已有数据的分析总结,可以得出 $0、n、n$ 都是必败,$0、0、n$ 都是必胜($n>0$)。

考虑三个数的二进制码,如果各个数位上均有偶数个1,则属于 L 状态;存在某一位上有奇数个1,则属于 W 状态。例如,假设 $m、n、t$ 分别为3、5、7,转化为二进制后,三个数为11,101,111,最低位有3个1,属于 W 状态。这个猜测虽然跨越有点大,但也不能说是完全无中生有、凭空想象,其实与进制相关的胜负位分析问题非常多。比如之前的例10,如果我们换个说法,考虑三个数二进制码的从右到左第一位三个数码不全为0的位置上,三个数码是否全为1(大家可以思考一下,其实就是因子2的个数,没有任何区别),按这个来划分情况,例10就也是个二进制问题了。

将 $m、n、l$ 转化为2进制,考虑三个数的二进制码。

定义:$L=\{$各个数位上均有偶数个1$\}$,$W=\{$存在一个数位上有奇数个1$\}$。

(1)W 可以变为 L。若此时为 W 状态,则必有一位上有奇数个1,从最高位到最低位扫描,选择第一个有奇数个1的数位,则这个数位上至少有一个1;随意选定一个1,设这个1所在的堆是第一堆,考虑不包含这个1的第二堆、第三堆各个数位上数字1的个数,由于这个1所在的数位是有奇数个1的最高数位,那么第一堆一定可以拿走若干根火柴,从而达到可以与第二、第三堆数目二进制码凑成各个位上均有偶数个1的状态,这是因为有奇数个1的最高数位上的这个1,是要变成0的,无论后面低位上的需求是0还是1,高位的这一个1都足够往下减。举个例子,三堆火柴22、53、40,可化为二进制 010110、110101、101000,从

高位到低位扫描,第一个有奇数个 1 的是第三位,所以圈定 101000 的第三个 1,考虑另两堆的需求,另两堆需要第三堆是 100011 才能使各个位上均有偶数个 1,由于 101000 的前两位不需要改变,第三位需要从 1 变为 0,所以无论后面需要什么,都是足够做减法的。事实上,只需要从 40 那一堆中拿走 5 根使其变为 35,就变成 100011 了。

(2) L 只能变为 W。不妨设三堆中从第一堆中拿,可以从 L 变为 L,即拿之前与拿之后每个数位上均有偶数个 1。但此时,另外没有被拿的两堆,会完全确定第一堆各个位置上数字的是 1 还是 0,也就是说第一堆拿完剩下的各位上的 1、0 情况,与拿之前完全相同,即一根火柴都没有办法拿,这与假设是矛盾的。

(3) $000 \in L$ 且显然为输(因为上一步对方拿走了最后一根)。所以,当三个数的二进制码有某个数位上有奇数个 1 时,甲有必胜策略;当三个数的二进制码各个数位上均有偶数个 1 时,乙有必胜策略。

例 12 桌上放有 $n(n \geqslant 2)$ 根火柴,甲、乙轮流从中取走火柴。甲先取,第一次可取走至多 $n-1$ 根火柴,之后每人每次至少取走一根火柴,但是不能超过对方前一轮取走火柴数目的 2 倍。取得最后一根火柴者获胜。问:当 $n=100$ 时,甲是否有获胜的策略?请详细说明理由。

本题的难点主要在于,不同时刻面对同一个数目的火柴,结果可能是不一样的,因为每步能拿的火柴数要受到上一步对手的限制。

首先简单枚举胜负情况,2、3、5、8 先手胜,4、6、7、9、10、11、12 先手赢,这里一定要重点思考 12 为什么是先手胜?12 不能让对方面对 2、3、5、8 中的任何一个,即没有办法让对方输,那么自己不是必输吗?为什么反而是获胜呢?这个其实就是刚才说的,不同时刻面对同一个数,结果可能是不一样的。事实上,面对 12,只需拿走 1 根,即使对方面对 11,此时无论对方拿 1 根还是 2 根,下一次就可以让对方面对 8 了,这时对方没有办法直接拿完,那对方就一定是输的。所以我们可以下决心,猜测若 n 符合斐波那契数列时必败、非斐波那契数列时必胜,但是证明的过程中,仍然充满坎坷。下面我就介绍下总体思路,其中涉及的某些斐波那契数列性质,就直接使用、不再证明。

定义 $L=\{$斐波那契数$\}$,$W=\{$非斐波那契数$\}$。斐波那契数列为 $1,1,2,3,5,8,13,21,34,\cdots$,该数列除 1 和 2 外,前一项比后一项都大于等于 $\dfrac{3}{5}$;除 1 和 1 外,前一项比后一项都小于等于 $\dfrac{2}{3}$。

(1) 逐个验证 2 到 12 的胜负情况。

(2) 对于 $13,13=8+5$。

①先手不能直接拿走 5,否则后手直接拿走 8;②先手不能直接拿走 5,那么 5 的最后一根一定是后手拿的;③后手拿走 5 的最后一根的那一次,拿的火柴数目不超过 5 的 $\dfrac{2}{3}$,小于 8 的一半;④先手无法直接拿走 8,所以 8 的最后一根是后手拿的,后手胜。

(3) 对于 14 到 20,我们以 20 为例,把 20 做一个"最大斐波那契分拆",即尽量往外分拆出更大的斐波那契数,这时 $20=13+5+2$。

①由于斐波那契数中有 1,所以一定可以拆;②这个分拆中,不存在相同的项,否则可以拆出更大的斐波那契项;③这个分拆中,不存在相邻的斐波那契项,否则可以拆出更大的斐波那契项;④先手先拿走最后一个 2,此时后手无法直接拿走 5,所以 5 的最后一根是先手的;⑤先手拿走 5 的最后一根的那一次,拿的火柴数不超过 5,小于 13 的一半;⑥后手无法直接拿走 13,所以 13 的最后一根是先手的,先手胜。

(4)同理可知后续所有数,L 必败、W 必胜。因为本题中 $100 \in W$,故先手甲有获胜策略。

通过分析可以看到,本题其实并不是标准的胜负位分析,因为胜负情况要看上一步对手的限制。本题现在的过程并不是严格论证,但足以讲清楚思路。也可以用标准代数语言加数学归纳法书写,比如"最大斐波那契分拆",$n=F_{i_1}+F_{i_2}+\cdots+F_{i_k}$,其中 $i_1>i_2>\cdots>i_k$ 且任意两个至少相差 2 等,但并不适合用来理解思路。

可以尝试写出严谨的推导过程,或就斐波那契数列的性质做进一步证明,从而更好地提升自己的能力。

一道经典题引发的思考
——北京·孙佳俊

【作者简介：孙佳俊，毕业于北京大学，"数学花园探秘"中年级命题组组长。】

既然题目叫作一道经典题引发的思考，话不多说，先看题目。

例 2021！结果的末尾共有多少个连续的0？

看完题目之后，相信很多同学已经可以奋笔疾书了，毕竟，这个题目有"套路"啊！$2021\div 5=404\cdots\cdots 1$；$404\div 5=80\cdots\cdots 4$；$80\div 5=16$；$16\div 5=3\cdots\cdots 1$。所以，2021！末尾共有 $404+80+16+3=503$（个）连续的0。

的确，这个题目的答案确实得503，但是，如果仅了解这个算法，那当真是只看到了冰山一角了。我们先来把这个题从头到尾剖析一遍。

1. 末尾0的核心：分解质因数后2、5的指数。

其实末尾0的形成就是×10，而×10从分解质因数角度来看是×2×5，所以每有一对2、5，即有1个末尾0，所以末尾0的数量本质是由分解质因数后2和5中指数较小的那个指数决定的。而一般情况下，5的指数低于2，所以，题目即转变求2021！中5的指数（以下简称有多少个5）。

2. 如何求解5的数量。

5的倍数但不是25的倍数，包含1个5；25的倍数但不是125的倍数，包含2个5；125的倍数但不是625的倍数，包含3个5；依此类推……

所以，我们应该用仅5的倍数数量×1＋仅25的倍数数量×2＋仅125的倍数数量×3…

但实际上，我们一般习惯用$2021\div 5=404\cdots\cdots 1$，所以共有404个5的倍数。进一步分析，这404个5的倍数究竟包含什么？其实它包含的是5、25、125、625……即所有5的倍数的分类它都包含了。而$404\div 5=80\cdots\cdots 4$，求解的是什么？相当于每5个5的倍数中，有1个25的倍数，所以80其实是25的倍数的数量，同样，它也包含25、125、625……依次类推，16代表125的倍数，3代表625的倍数。值得注意的是，2021！中并不包含$5^5=3125$的倍数。

最后，我们来进行结算，404包含5、25、125、625的倍数，但25的倍数需要计算2次，404中已经算过1次所以需要再加上1次，即+80；而125的倍数需要算3次，404和80中各算过1次，所以需要再加上1次，即+16；后面同理，所以每种倍数只需加1次即可。$404+80+16+3=503$ 即为最终答案。

好了，看完例题的讲解，接下来我们通过变形题目看看为什么要掌握一道题目完整的逻辑。

变形1 $1000\times 1001\times\cdots\times 2021$ 末尾有多少个连续的0？

拿到这个题目之后，大家往往会有2大类思路，都和套用例题的方法有关。

1. 补全排除法。

既然 2021! 我会,那我就先把题目变成 2021!,再减掉 999! 不就可以了吗? 2021! 刚才已经算过,共 503 个 5;而 999! 共有 199＋39＋7＋1＝246 个 5;所以,本题答案为 503－246＝257。

其实,数学思路都有共通之处,大家想,这个算法是不是和利用平方和公式计算 $1000^2＋1001^2＋1002^2＋\cdots＋2021^2$ 有异曲同工之妙!

2. 直接计算法

从 1000～2021 共有 2021－1000＋1＝1022(个)数,直接套算法,则答案是 204＋40＋8＋1＝253。

做到这里,细心的同学肯定发现了,2 个答案不一样! 那么,究竟是哪里出现了问题呢? 我们来仔细地比对一下:

2021!:404＋80＋16＋3＝503。

999!:199＋39＋7＋1＝246。

1022:204＋40＋8＋1＝253。

上下对比看即可发现,2021! 和 999! 的差对比,都比用 1022 算出的数据多 1。那么,这个 1 究竟是哪里来的呢? 其实,它来源于一个大家默认的"简单"算法,在用 2021÷5 的时候,我们只取了商 404,删掉了余数 1,这是为什么? 其实本质这是一个周期问题,5 个数一个周期,分别是除以 5 余 1、2、3、4、0,其中 5 的倍数在周期的最后一个,所以,不论余数是几,这部分数中都一定不包含 5 的倍数,舍去即可;再用 404÷5＝80 余 4 的时候同理,5 的倍数中,25 的倍数也在周期最后一个,所以,不论余数是几,也都不可能包含 25 的倍数。

但是,如果一列数不是从 1 开始的话,这个结论就不再成立了! 1000～2021 确实是 1022 个数,1022÷5＝204……2,但要注意,从 1000 开始,5 的倍数在周期第 1 个,所以余下的 2 个其实代表 2020 和 2021,其中包括 5 的倍数。所以,5 的倍数共有 204＋1＝205(个),这样就和 404－199 相等了。同样的,在计算 25、125 和 625 的倍数时也要做类似的处理。

所以,即便是我们非常容易理解的事情,当题目出现变化时,也可能会变成最难的难点,这就是数学的魅力。当然,这时同学们也一定会总结,既然如此,选择用补全排除法是不是就可以了? 那我们来看下一题。

变形 2 2×5×8×11×14×…×2021 的结果末尾有多少个连续的 0?

一看到这道题,就知道补全的方法是不可行的,因为需要补上的数比题中有的数还多,此时就要进一步研究内核了。这类题目的本质还是研究分解质因数后 5 的个数,而 5 的个数依然等于 5 的倍数数量＋25 的倍数数量＋125 倍数数量……。回到这个数列,可以看出其中所有的数都是除以 3 余 2 的,所以 5 的倍数包含 5×1,5×4,5×7…(5×除以 3 余 1 的数)最大的是 5×403＝2015,共 (403－1)÷3＋1＝135(个)。

那么,25 的倍数个数应该如何计算呢? 虽然公式不能用,但思路可以类比,我们在之前计算 25 的倍数个数时利用 5 的倍数中每 5 个出现 1 个 25 的倍数进行,而这里我们是否也可以借用 5 的倍数呢? 当然可以,上面我们已经把 5 的倍

数总结为 $5\times 1, 5\times 4, 5\times 7, \cdots, 5\times 403$，那么，只要在 $1, 4, 7, \cdots, 403$ 中找到 5 的倍数，再用 5 乘以这些数就是 25 的倍数了。于是有以下思路：

25 的倍数利用 5 的倍数递推，在 $1, 4, 7, \cdots, 403$ 中找 5 的倍数，最小 $5\times 2 = 10$，最大 $5\times 80 = 400$；共 $(80-2)\div 3 + 1 = 27$（个）。125 的倍数利用 25 的倍数递推，在 $2, 5, 8, \cdots 80$ 中找 5 的倍数，最小 $5\times 1 = 5$，最大 $5\times 16 = 80$，共 $(16-1)\div 3 + 1 = 6$（个）。625 的倍数利用 125 的倍数递推，在 $1, 4, 7, 10, 13, 16$ 中寻找，只有 10 共 1 个；总计 $135 + 27 + 6 + 1 = 169$（个）。

由此可见，公式不是最重要的，公式的内在核心和思路才是最重要的，把内核理解透彻，才能做到举一反三！

变形 3 $n!$ 末尾恰好有 2021 个连续的 0，那么，n 的最小值是多少？最大值是多少？

这在数学里面是一种经典的出题方式，叫作"提反问题"，即把条件和问题互换。例如：把"给每个小朋友发 3 个苹果，5 个小朋友要发多少个苹果？"改为"一共有 15 个苹果，每个小朋友发 3 个苹果，共多少个小朋友？"如果具有"提反问题"的意识，不仅在探索问题时能举一反三，对于中学"充分必要条件"的理解也会无师自通。当然，我们今天主要还是解决关于末尾连续 0 问题的反问题解法。本题我们还是先说结论：如果 $n!$ 末尾有恰好 m 个连续的 0，那么，$n\approx 4m$。

看了这个结论，有的同学便直接套用了，$n = 2021\times 4 = 8084$，那么，末尾共有 $1616 + 323 + 64 + 12 + 2 = 2017$（个）连续的 0，还需要再添加 4 个 5 的倍数，添加 $8085, 8090, 8095, 8100$ 即可，所以 n 最小是 8100，最大是 8104，本题做完了。

可这个答案真的对吗？我又为什么要在结论中使用"≈"呢？进一步思考，便会发现其中的漏洞。因为 $8085, 8090, 8095$ 分解质因数都是 5，而 8100 分解质因数是 5^2！5^2 就是需要算 2 个的，所以 $8095! \sim 8099!$ 末尾都是 2020 个连续的 0，而 $8100!$ 末尾是 2022 个连续的 0！也就是说，本题是没有正确答案的！如果把本题改为 $n!$ 末尾至少有 2021 个连续的 0，那么，答案最小值即为 8100，但也不会有最大值，因为至少 2021 个 0 的话那就意味着最大多少都可以。只有把本题改为恰好 2022 个连续的 0，才能得到最小值是 8100，最大值是 8104 的答案。由此可见，验证是非常重要的。

本题到这里就做完了，但大家还有没有觉得哪里不对？应该还有！那就是，$n\approx 4m$ 这个结论是怎么来的？还是那句老话，不能只背结论，理解结论背后的原理更为重要。下面即是推理。$n!$ 末尾恰好有 m 个连续的 0，那么 $m\approx \dfrac{n}{5} + \dfrac{n}{5^2} + \dfrac{n}{5^3} + \dfrac{n}{5^4} + \cdots$；$5m\approx n + \dfrac{n}{5} + \dfrac{n}{5^2} + \dfrac{n}{5^3} + \cdots$。两式相减，可得 $4m\approx n$，很简洁。这里同学们肯定会非常疑惑，如果 $n\div 5$ 有余数怎么办？左边比右边多一项怎么办？这么想就对了！确实有问题，但应注意的是，这里使用的符号都是"≈"，也就是说，在求出近似值之后，还需要通过验证来保证正确性。

到这里，本题才真真正正地讲完了。但本题的各种思路给我们带来的思考却远远没有结束。后面的变形中有很多与本题相关的内容，大家试试看，能不能根据本题的思路想出新的变形？然后再看看，和接下来要讲的变形是否类似。

变形 4 $1×8×15×22×29×\cdots×n$ 末尾恰好有 500 个连续的 0,那么,n 的最小值是多少?最大值是多少?

结合例题和变形 2、3、4 一起看,会发现变形 3 是例题的反问题,变形 4 是变形 2 的反问题。如果看透这一点,那么,这道题目难度就不大了。可以借助变形 3 的思路,估算一个 n 的值,然后借助变形 2 的思路进行验算。

有了这两步举一反三,目前问题就只剩下一个了,n 应该估算成多少呢?这里我们可以借助变形 2 的结论,$2×5×8×\cdots×2021$ 末尾有 169 个连续的 0。既然是估算并不需要特别准确,且连续自然数大约是 4 倍关系,那么公差是 3 的等差数列大约平均 3 个数出现 1 个数,由此可以猜想大约是 12 倍关系,验算 $169×12=2028$,虽然不相等,但果然差不多。所以本题的估算就完成了,公差是 7 的等差数列,平均 7 个数出现 1 个数,那么,大约是 $4×7=28$ 倍关系,即估算 $n=28×500=14000$,再配合满足除以 7 余 1 的条件,估算 $n=14001$。

接下来借助变形 2 的思路计算 $n=14001$ 时 5 的数量:5 的倍数包含(满足除以 7 一直余 1,所以公差是 $5×7$,一直应是 5×除以 7 余 3 的数)$5×3,5×10,5×17,\cdots,5×2796$,共 $(2796-3)÷7+1=400$(个);25 的倍数利用 5 的倍数递推,在 $3,10,17,24,\cdots,2796$ 中找 5 的倍数,最小为 $5×2$,往后依次是 $5×9,5×16,\cdots$,最大 $5×555=2775$,共 $(555-2)÷7+1=80$(个);125 的倍数利用 25 的倍数递推,在 $2,9,16,23,30,\cdots,555$ 中找 5 的倍数,最小为 $5×6$,往后依次是 $5×13,5×20,\cdots$,最大 $5×111=555$,共 $(111-6)÷7+1=16$(个);625 的倍数利用 125 的倍数递推,在 $6,13,20,\cdots,111$ 中找 5 的倍数,最小为 $5×4$,往后依次是 $5×11,5×18$,共 3 个;4、11、18 中没有 5 的倍数,所以没有 3125 的倍数,总计 $400+80+16+3=499$(个)。

从 14001 往后开始再加 1 个含 5 的数即可。又公差为 7,往后数 2 个数 14008、14015 即可,而且 14015 不是 25 的倍数,即为确定的正确答案。14015 后续是 14022、14029、14036、14043、14050,那么,本题最小值是 14015,最大值是 14043。

通过本题我们可以发现:推导过程中出现的 400、80、16 刚好都是 5 倍关系,我们是否可以用 ÷5 巧算呢?这个问题希望大家可以独立深入研究一下,这里只给出简要提示:如果刚好这个数是 5 的倍数,那么 ÷5 不会有任何问题,但如果有余数,这个余数是省略还是 +1 就会产生区别了。所以,在研究透彻之前,不建议大家直接使用数量 ÷5 这个方法计算。

变形 5 $n!$ 末尾恰好有 m 个连续的 0,当 $m=1$ 时,n 可以有 5、6、7、8、9 共 5 种取值;但如果 $m=5$ 时,没有正整数 n 满足条件。那么,如果 m 是 1~100 的正整数,其中共有多少个取值是没有正整数 n 满足条件的?

这道题目同样是变形 3 的举一反三。通过变形 3 的学习,我们可以联想到:究竟什么样的 m 是无法取到的呢?那就是碰到一个 25,125,625,$\cdots$ 这样的倍数,就像 $n=24$ 到 25 一样,本来是 $m=4$,结果遇到 1 个 25 的倍数变成 $m=6$ 了,这样,$m=5$ 就跳过了。如果掌握这个核心,本题就有一个重要的巧算方法:即只需要计算 $m=100$ 之前要经历多少个 25、125、625 这样的倍数就可以了,因为凡是25的倍数会跳过1个,凡是125的倍数会跳过2个,凡是625的倍数会跳过3个……这里有没有觉得似曾相识?其实只需要用25的倍数数量＋125的倍数数量＋625的倍数数量…即可,和例题的公式思路一模一样。最后一个问题,$m=100$ 时,究竟 n 大约是多少呢?可以用变形2的思路解决问题。估算 $n=400$,此时,$m=80+16+3=99$,所以在 n 取 405 时,$m=100$;那么,在 1~405 这个范围内,25 的倍数共有 16 个,125 的倍数共有 3 个,那么,共跳过 $16+3=19$(个)。或者本题也可以用 $100-405÷5=19$ 计算,大家可以思考一下这是为什么。其实相当于,$n!=405!$ 时,$m=100$,但 1~405 中其实只有 $405÷5=81$(个)5 的倍数,那么,m 的取值在 n 取 5 的倍数时才会变化,只从 0 开始变化了 81 次,即自然 m 只有 81 种不同取值,故有 $100-81=19$(个)取值被跳过了。

变形 6 求分数 $\dfrac{1^2 \times (1^2+2^2) \times (1^2+2^2+3^2) \times \cdots \times (1^2+2^2+\cdots+100^2)}{100!}$ 化成最简分数后的分母。

看到这个题,大家第一反应可能有点蒙,这题和上面题目的算法有什么关系?别急,对于复杂的题目,我们不可能一眼望到底,先把能算的算一算,边算边想突破口。

首先利用平方求和公式,$1^2+2^2+\cdots+n^2=n(n+1)(2n+1)÷6$,把分子化简成 $(1×2×3÷6)×(2×3×5÷6)×(3×4×7÷6)×\cdots×(100×101×201÷6)=(1×2×3×\cdots×100)×(2×3×4×\cdots×101)×(3×5×7×\cdots×201)÷6^{100}$,化简完大家就恍然大悟了,原来 100! 很容易就被约掉了啊!但为什么最后还有分母呢?原来不是 100! 的问题。是 6^{100} 的问题。而 $6^{100}=(2×3)^{100}=2^{100}×3^{100}$,因此本题就是看 $(2×3×4×\cdots×101)×(3×5×7×\cdots×201)$ 中含有多少个 2 和多少个 3,而做到这里,是不是和阶乘求 5 的数量非常类似了!

继续进行,2 的数量非常好求,因为括号中全是奇数不含有 2,而前面相当于 101!,直接类比 5 的算法即可:$50+25+12+6+3+1=97$(个);3 略有难度,101! 可以完全类比,$33+11+3+1=48$(个);而 $3×5×7×\cdots×201$ 只能类比变形 2 等差数列的办法,即 3 的倍数包含 $3×1,3×3,\cdots,3×67=201$,共 $(67-1)÷2+1=34$(个);9 的倍数利用 3 的倍数递推,即 $1,3,5,\cdots,67$ 中找 3 的倍数,包含 $3×1,3×3,\cdots,3×21=63$,共 $(21-1)÷2+1=11$(个);27 的倍数利用 9 的倍数递推,即 $1,3,5,\cdots,21$ 中找 3 的倍数,包含 $3×1,3×3,3×5,3×7$,共 4 个;81 的倍数利用 27 的倍数递推,在 1、3、5、7 种找 3 的倍数,共 1 个;总计 $34+11+4+1=50$(个);那么,3 的数量共 $48+50=98$(个)。那么,约掉 97 个 2 和 98 个 3,剩余分母是 $2^3×3^2=72$,本题解决。

这道题目,使我们继续这个模型。脱离 5,任何一个质因数的指数,其实我们都可以完成求解。

此外,这里再给大家提供一个巧解,计算 3 的指数时,我们可以选择把 $2×3×4×\cdots×101$ 每个数都乘以 2,变成 $4×6×8×\cdots×202$,这样即便 × 很多 2,也不会影响 3 的指数,同时更好的一点是它可以和 $3×5×7×\cdots×201$ 完全结合,变成 $3×4×5×6×\cdots×202$,再补上不影响的 1 和 2,变成 202!,这样,就可以直接套公式计算了。67+22+7+2=98(个),这样计算就更简洁了。当然,这个思路也很有借鉴意义,这里不妨再卖个关子,大家往后看!

变形7 $\dfrac{n!}{63^{2021}}$ 的结果是正整数,那么,正整数 n 的最小值是多少?

看到本题,有没有一种"提反问题"的感觉?如果把下面的63改成10,问题是不是就可以变成变形3了?所以,本题相当于在变形6的基础上提反问题,有了这个想法,就可以借助变形3和变形6的思路解题了。

当然,和原题略有不同,$n!$ 当中虽然3多7少,但这里约掉的3的数量也是7的2倍,所以很难比较,只能都算一遍。$63^{2021}=3^{4042}\times 7^{2021}$,那么,估算 n 是多少才能够约掉 3^{4042} 呢?这里,想到类比关于约掉5时 $n\approx 4m$ 的思路:$m\approx \dfrac{n}{3}+\dfrac{n}{3^2}+\dfrac{n}{3^3}+\dfrac{n}{3^4}+\cdots$;$3m\approx n+\dfrac{n}{3}+\dfrac{n}{3^2}+\dfrac{n}{3^3}+\cdots$;$n\approx 2m$。看到这里,大家是不是也可以猜到,关于7的结论应该是 $n\approx 6m$ 了。所以,想要约掉 3^{4042},估算 $n=4042\times 2=8084$,想要约掉 7^{2021},估算 $2021\times 6=12126$,相比较之下,约掉7需要的 n 更大。

后续思路比较简单,验算7即可:12126! 包含 1732+247+35+5=2019(个)7,所以需要再添2个7的倍数,12131(不是49的倍数)和12138,所以,本题答案 n 的最小值是12138。如果有同学不放心3,完全可以验证一下,12138! 包含 4046+1348+449+149+49+16+5+1=6063(个)3,远大于4042,所以3也完全可以约掉。

变形8 $\dfrac{1011\times 1012\times 1013\times \cdots \times 2022}{1\times 3\times 5\times \cdots \times 2021}$ 的结果是多少?(答案可以用次方表示)

看完这道题,希望大家能够感觉到题目之间思路的相似性。看这道题的分母,有没有似曾相识的感觉?连续奇数的乘法,如何变化呢?我们可以补上偶数,这样就变连续了,所以把分母补上 $2\times 4\times 6\times \cdots \times 2020$,这样,分母会变成2021!而继续观察,分子缺少的是1010!而 $2\times 4\times 6\times \cdots \times 2020$ 刚好每一个数都是 $1\times 2\times 3\times \cdots \times 1010$ 的2倍。所以,把 $2\times 4\times 6\times \cdots \times 2020$ 变为 $2^{1010}\times 1010!$,分子就会变成 $2^{1010}\times 2022!$,上下约分后,结果得 $2^{1010}\times 2022=2^{1011}\times 1011$,原题是求解这个结果的个位,后面非常简单,2的次方个位2、4、8、6四位一周期,$1011\div 4=252\cdots\cdots 3$,所以 2^{1011} 个位是8,那么,再乘1011之后个位仍然是8。

练习题目的重点不在于题目本身,而是解决题目的方法,以及方法与题目之间的联系。能通过题目学会更多的方法,再通过方法解决更多的题目,建立一个关于题目和方法之间的知识网,虽然非常难,但是一定是大家学习和努力的方向和目标。

变形9 如图,把13、12、15、25、20 这5个数依次排列,它们每相邻的两个数相乘得4个数,这4个数每相邻的2个数相乘得3个数,这3个数每相邻的2个数相乘得2个数,这2个数相乘得1个数。请问:最后这个数从个位起向左数,